我在六十歲以前
馬敘倫年譜

盧禮陽 著

馬敘倫全集

許嘉璐 主編

浙江古籍出版社

圖書在版編目(CIP)數據

我在六十歲以前 馬叙倫年譜 / 许嘉璐主编；盧禮陽著.
—杭州：浙江古籍出版社，2021.4(2022.8 重印)
(馬叙倫全集)
ISBN 978-7-5540-1951-1

Ⅰ.①我… Ⅱ.①許…②盧… Ⅲ.①馬叙倫(1885—1970)
—回憶録 Ⅳ.①K825.46

中國版本圖書館 CIP 數據核字(2021)第 020330 號

我在六十歲以前 馬叙倫年譜

許嘉璐 主編 盧禮陽 著

出版發行 浙江古籍出版社
(杭州市體育場路 347 號 郵編：310006)
網　　址 http://zjgj.zjcbcm.com
責任編輯 魏曉麗 沈宗宇
封面設計 吴思璐
責任校對 吴穎胤
責任印務 樓浩凱
照　　排 浙江時代出版服務有限公司
印　　刷 浙江新華印刷技術有限公司
開　　本 850mm×1168mm 1/32
印　　張 18.875 **插　頁** 2
字　　數 370 千字
版　　次 2021 年 4 月第 1 版
印　　次 2022 年 8 月第 2 次印刷
書　　號 ISBN 978-7-5540-1951-1
定　　價 108.00 圓

ISBN 978-7-5540-1951-1

9 787554 019511 >

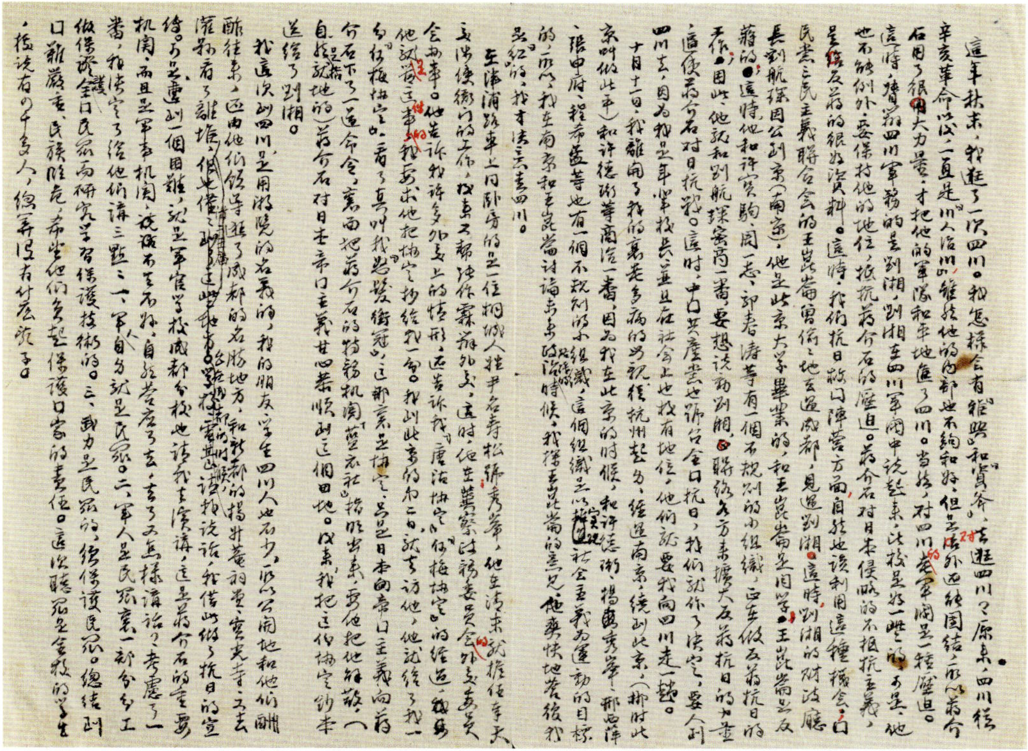
這年秋末，我進了一次四川。我怎樣會有興與和資斧，去進四川？原來四川從
辛亥革命以後，一直是川人治川的，雖然他們內部也不夠和好，但是對外還能團結，所以蔣介
石用了很大力量，才把他的軍隊和中央勢力進了四川。當時，對四川軍閥是一種壓迫。
這時，督辦四川軍務的是劉湘，劉湘在四川軍閥中說起來，比較是好一些的。不是，他
也不能例外，要保持他的地位，抵抗蔣介石的壓迫。蔣介石對日本侵略的不抵抗主義，
是給反蔣的很好資料。這時，我們抗日救國陣營方面自然也該利用這種機會，向
民眾三民主義聯合會的王崑崙曾經也去過成都，見過劉湘。這時，劉湘的財政廳
長劉航琛因公到南京（南京），他是北京大學畢業的，和王崑崙是同學。王崑崙是反
蔣的，這時他和許寶駒、周一志、鄧春濤等有一個不規則的小組織，正在做反蔣抗日的
工作，因此，他就和劉航琛密商一番，要想說動劉湘，聯絡各方來擴大反蔣抗日的力量，
逼使蔣介石對日抗戰。這時，中國共產黨也號召全國抗日，我們就作了決定，要人到
四川去，因為我是年紀最長並且在社會上也較有地位，他們就要我向四川走一趟。
十月十日，我離開了我的寓處多病的老妻，經過杭州整多，經過南京，繞到北京，（那時北
京叫做北平）和許德珩等商定一番，因為我在北京的時候，和許德珩、楊秀峯、邢西萍
、張申府、程希孟等也有一個不規則的小組織，這個組織是以推進社會主義為運動的目標
的，所以我在南京和王崑崙討論未來的時候，我得王崑崙的意見，他要快些着後我
是紅的，我才決定去四川。
在津浦路車上同卧房的是一位桐城人姓尹名壽松號秀峯，他在清末就擔任了天
主教傳教的工作，後來又幫張作霖辦外交，這時，他在冀察政務委員會外交委員
會當委員。他告訴我許多外交上的情形，還告訴我何梅協定的經過，我要
他就前這事，我要求他把協定抄給我一份。他就抄給了我一
份何梅協定。看了真叫我怒髮衝冠，這那裏是協定，只是日本帝國主義向蔣
介石下了一道命令，要他把蔣介石的特務機關並在河北撤出來，要他把他解散（
自然就是他的）蔣介石對日本帝國主義甘心幸順到這個田地。後來我把這份協定抄本
送給了劉湘。
我這次到四川是用游覽的名義的，我的朋友學生四川人也不少，所以公開地和他們酬
酢往來，遊覽他們的名勝地方，和成都的名勝，楊升菴祠堂、寶光寺，又去
灌縣看了離堆，但也借這些名勝地方說話，和借此做了抗日的宣
傳。不過，遇到一個困難，就是軍官學校成都分校也請我去演講，這是蔣介石的重要
機關，而且是軍事機關，我能不去不好，自然答應了去，去了怎樣講話？考慮了一
番，我決定了給他們講三點：一、軍人自身就是民眾。二、軍人是民眾裏一部分工
作做保護全國民眾而研究學習保護技術的。三、武力是民眾的，總結到
國難嚴重，民族臨危，希望他們負起保護國家的責任。這次聽眾是全校的學生
，據說有一千多人，總算沒有什麼說了。

馬叙倫校訂《我在六十歲以前》一書時寫的補充文（一）［原件藏于國家博物館］

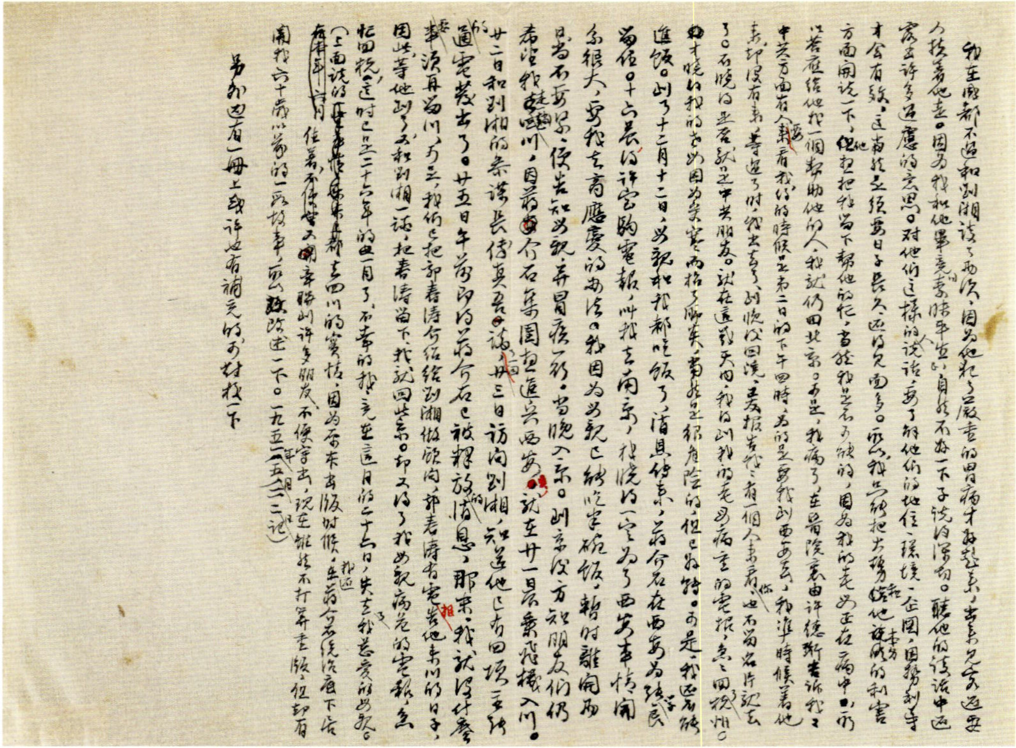

馬敘倫校訂《我在六十歲以前》一書時寫的補充文（二）［原件藏于國家博物館］

出版説明

本册收入《我在六十歲以前》和盧禮陽著《馬叙倫年譜》。

《我在六十歲以前》是馬叙倫的自傳，作於民國三十六年（一九四七）三月，同年五月由開明書店出版。一九八三年十二月，三聯書店根據作者遺留的校訂本重排。本次整理，即以三聯書店本爲底本。

爲使讀者深入瞭解馬叙倫先生的生平行迹，在征得馬老後人的同意後，我們邀請温州圖書館研究館員盧禮陽先生撰寫了《馬叙倫年譜》，作爲《馬叙倫全集》的附録，和《我在六十歲以前》合刊。

浙江古籍出版社
二〇二一年四月

目録

我在六十歲以前

我在六十歲以前

中華民國前二十七年(前清光緒十一年,公元一八八五年)四月二十七日(這是照新曆推算的日子),我生在杭州府下羊市街金剛寺巷口一所朝西的,還是太平天國戰爭後僅留下來的古老宅子(太平天國時是一所當鋪,鋪名元吉)中。我的家庭歷史是這樣的:我家原在浙江紹興府會稽縣東勝武鄉車家弄。高祖是一位農夫,名叫應鳳。曾祖雙名秀明,從紹興到杭州,學做鞋子,是個工人,後來自己開起店來了,又是商人,纔算入了杭州府仁和縣籍。祖父呢,名文華,字焕卿,『三考出身』,正路功名,在前清做京官二十多年就過世了。我的父親字獻臣,名叫琛書,當然承繼書香,但只做得一個縣學生員。

我五歲(實際不足四歲)那年的春天,有一天,我的父親在内客堂中間擺了一張四方桌子,靠外一邊縛上一幅紅呢桌帷,桌子上擺了一副香爐燭臺,爲着給我『破蒙』,要拜孔夫子。給我『破蒙』的老師是頭年(前清光緒十四年)浙江鄉試第一名舉人,俗叫解元的山陰王會澧先生,這就可以曉得父親對我的期望了。

王先生到了,簇新的禮服,映出他那樣風神昳麗的儀貌。更從他的談笑裏,顯着他的得意。因爲他正要上北京去會試,似乎指顧間『連中三元』可以操券而得。

我的父親自然也穿着禮服，先請王先生拜孔夫子，隨後自己也拜，隨後便叫我拜。我拜得真神氣，王先生稱讚了一番，父親便向王先生行托付禮，彼此互拜了一回，隨後父親叫我拜老師。

『破蒙』開始了，撤了香爐燭臺，擺上朱筆硯臺。一本羅澤南的《小學韻語》，是浙江官書局刻的大板，官堆紙印得雪白，鋪在桌子左邊。一個緑色花綢子做的書包，是四方的綢子，把三面向裏摺起，再縫住了，便成了袋子，一面不摺的角上，用黑色綢子挖了一個『如意』，鑲在上面，又安上一條紅布帶子。書包裏面放着一塊木板，大小和書包差不多，板的一面，四邊刻着古式花樣，無非『雙魚吉慶』『筆錠如意』一類。中間直刻四個大字，如『福緣善慶』一類，這塊木板的用意怎樣？或者是古代的『頁』，爲兒童學書用的（一般用的是板上用白鱔粉漆着，可以寫字）；或者不過爲書包質軟，借此襯得硬些，以便兒童裝書。

王先生當然衣冠端正，儼然人師地坐在上首，我就坐在左邊。王先生指着《小學韻語》開首四句：『小學之道，誨爾童蒙（這句或者有些錯誤，記不真了）。蒙以養正，是曰聖功。』叫我隨他的聲音念。教不到三遍，我就自己會念了。我的父親自然笑開了臉，王先生也向父親叫『恭喜』。

以後就是父親教我了，當然繼續讀完這本《小學韻語》。讀書以外，只有寫描朱字。我一寫就很合式，父親更是歡喜。

可是我家的生活，要靠父親每月薪水收入維持的，所以父親也不能準時地繼續教我。後來幾年，父親因爲我的兩位堂兄要讀書，請了一位蕭山某先生來家，我也跟着讀『大學之道』了。後來又換了一位塘栖勞先生。後來請不起先生了，把我送到鄰居一位張先生家。張先生有學生十幾個人，聚在一間小屋子裏，真是一陣一陣老鴉叫個不休，好在我也不過隨口亂叫，張先生也不過只要學生背誦得出，就算了事。

在張先生家讀書的那年，我已十歲了，可是我還不過讀到下《孟》（《孟子》三卷，下《孟》就是下卷），而且也不曉得裏面説些什麽，但是我的寫字算寫得相當好了。

這年十二月十二日（自然是舊曆）下午，我的大禍臨頭了。這時我剛剛在那裏叫『梁惠王曰：晋國天下莫强焉』，我家一個老做媽媽來對我説：『履官（是我的小名），少奶奶（我的母親）叫偌回去。』我早曉得父親這幾日病勢沉重，聽了，就把書包拿起，向先生作了一揖回家了。走入父親房裏，在父親床前對面坐下，只看着父親。父親叫我的母親拿長生果給我吃，我接着就不覺眼中要滚下淚來，正舉起手來要向眼上揩，父親便朝裏睡了，大約也不忍看我。這夜子時（十一點多鐘），父親就撇下了我們母子兄妹四個過世了。

父親在日，我已没有幸運好好地讀書，何况父親過去了。但是我的母親呢，偏偏要從他老十個指頭底下養活我們的生命，還要叫我承繼祖父的『書香』，並且對我説：『你爸爸没有得志，是他一生的恨事，你要替你爸爸争争氣。』所以請了一位父親的學生孫先生來教我們兄弟讀書，但是也不過和張先生一樣。

我十一歲的冬天，母親給父親辦葬事，父親的好友湯頤瑣先生從蘇州來會葬，便帶了我回蘇州。明年，湯先生就館到温州去了，却請了一位劉先生來教我。這位劉先生單名叫題，是蘇州閶門外一位醫生（自然是中醫），所以訂明是早來晚歸的。他老真會教書，每日早晨九點來鐘，我和一個鄰舍胡姓的同學到了館裏，他老個别的替我們上新書，温舊書，新舊書都要能够背誦得熟了，再替我們講解。我雖則懂不得文法，却能瞭解書上説些什麼。他老又叫我們寫大字小字。末了是『對課』。這件事情，象是現在的造句子一類的意思，爲做文的起碼練習。那時做文，都是預備將來考試中秀才舉人的，因爲那時考試要做『五言八韻』的詩，詩是要講對子的，所以從小就要來講柳眼、桃腮，飛絮、遊絲，青雲、赤日，亂頭風、長脚雨，紅板路、白門潮，由一個字起到五個字，五個字能對，就成了一韻詩。譬如先生出個『一團蝴蝶夢』，我們對個『幾處鷓鴣聲』，便是寫落花的一韻好詩了。

我當時只能對到三個字，但是他老出口，我就對上了。我那位同學天資比不上我，什麼都落後，但是他後來也趕上我了。我們在三個鐘頭裏把功課都做完了，他老真喜得要死，每日不到午時（十二點鐘），他老便回去行醫了。我們也覺得這個先生真奇怪，尤其是我，向來一竅不通，一忽兒覺得讀書很有意思了。

可是不幸的事又臨到我的頭上，不到三個月，湯先生從温州來信接家眷了，劉先生自然不去，我却跟了姨子（就是湯先生的夫人，是我母親的盟妹）到温州。湯先生是有名的學者，俞曲園先生的學生，詩文都做得好。他老原想自己教我的，但是他老文酒應酬太忙了，每晚歸來，已是『魚更再鳴』，就没工夫教我了，却叫我讀《詩經》《書經》。我覺得咯哩咯嗒，讀都讀不上口，哪裏還記得上心，瞭解更談不上了。但是三五日裏，湯先生要我背誦一回，我真叫苦了，因爲真是背誦不上幾句。這樣一年，母親惦記我了，叫我的叔父來接我回杭州。

我十三歲的正月間（舊曆）回到杭州，母親已替我請好了一位張先生，教我和我的兩個弟弟讀書。功課是和在蘇州一樣的，但是我依然得不到讀書的味道。不到一年，我的家境也決不能够請先生了，就進了一個『宗文義塾』，在『智齋』裏從胡誦清先生讀書。那時一齋裏的學生，程度高的文章滿篇，低的還只是背誦對課，我當然在低的方面，但是我却私下向同學裏的會做詩的學做五言『試帖詩』（試帖詩是應考試用的），自然做不成功，我也覺不得讀書的味道。

一年以後，母親因我的身體不好，叫我回家（原來住在塾裏的），在同巷的李伯伯家，從一位蕭山人魯六僧先生讀書。還不是老方子的一貼藥，仍舊叫我感不到興趣，只是寫字算越寫得好了，因爲我的父親是書法有名的，所以大家也誇獎我。這年是中華民國前十三年（前清光緒二十五年），就是『戊戌政變』的後一年，李家請的魯先生换了一位范成佐先生。范先生的教書，法子還是一様，可是活潑些，有一回事，却叫我大感興趣。我有一個姓洪的同學，天資也和我仿佛，我們對背誦，往往要争先到先生面前，我坐得近先生些，當然容易先到，這一回，他乘我不備，早離了他的位子，但是我的眼快，便同時搶到先生面前了，因此他和我都背誦起來。范先生左右爲難了，但是他老心裏明白，我是後離座位的，他老就出題目了，叫我們都停止背誦，由他老挑出書裏一句來，叫我們接着往下背誦。他老先對那位同學説：『你先背。』分明是照顧他的意思。他老就從《論語》裏挑出一句『不占而已矣』，那位同學却背不出。他老又向我説『是知其不可而爲之者與』，我立刻接上去背誦了。那位同學自然只得捧了書走，氣得幾乎下淚，我却一面背誦，一面很得意的向那位同學笑。

這時，我對於《論語》《孟子》算能瞭解他們文法的部分了，就請范先生教我做八股文。呷唔呷唔地讀了幾篇『程文』（就是模範文），却愛上了俞曲園先生《課孫草》裏『子路宿于石門』一章的一篇，因爲有這樣四句：『草草杯盤，席上之殘殺未撤；熒熒燈火，室中之舊榻猶存。』覺得描寫得有趣（這是用王安石的妹子作的詩改作的），就也學做八股文了。可是只做到起股，就不懂往下怎樣做了。

頭一年秋季，一夜，明月在天，我從外面回家，遇到有人慌張得很，擔了泥菩薩搬家。我很奇怪，聽人家説，原來康有爲學了外國人，要開學堂，清朝皇帝聽了康有爲的話，要廢佛教，拿天下廟宇來辦學堂，所以那些尼姑先着了急，趁夜裏這樣趕來帶菩薩逃難。我在那時，耳裏早經聽着『康梁變法』的話，曉得變法是爲什麽。那時杭州已有了一個『求是書院』，是新式教育機關（後來的浙江大學堂、浙江高等學堂都是從它改的，現在的浙江大學也設立在它的遺址），我却還没有曉得。

這年夏天，纔聽説杭州辦了一個『養正書塾』，是外國學堂的樣子。還曉得我父親的一位盟友宋澄之先生（也是俞曲園先生的學生）在這裏面教書，我就向母親説明了，要進這個書塾，母親自然没有不答應的。

其實，這種書院、書塾却是不中不外、不今不古，不過不得不叫他們做新式教育機關。養正書塾的程度，可以説是現在的初小二三年到高中的混合體。我進去的時候，裏面有二班三班四班三個班頭，二班學生不過六七個人，都會做滿篇的文章，年紀也都在二十左右了。我呢，入學考試仍就是背誦一回書，因我還不懂做策論文，把我和同時過去和我一樣程度的同學湊了一班，叫做新四班。

我在新四班裏和蕭山三個姓韓的同學算是一班的『翹楚』，其實不過能做一百來字長的策論。我在半年將完時候，星期做文，一連考上了七次第一，第二第三就是二個姓韓的同學。不到年終考試，我和兩個姓韓的同學便升入老四班了。我在老四班裏不過一兩個月，國文第一又往往輪到我的頭上了，所以這年年終考試的結果，我就升到三班。

我升到三班時候，只有一個算學教員趙望杏先生，是在四班裏就教我們算學的，可是我對算學總是格格不入，一部《筆算數學》，做到命分就弄不清楚。好在那時還没有物理化學等科目，有的不過是歷史、地理、英文。歷史、地理都無教科書，也是那時還没有編得出來，所以我們讀的歷史，是整部的《御批通鑑輯覽》，地理是《水道提綱》，我對地理簡直無從入門。英文呢，我對發音來得不準，而且很蔑視外國文，所以英文教員魏冲叔先生用盡方法引誘我。年考的時候，我的試卷稍稍象樣，他老竟給我獎金。但是我總覺得這是鬼話，我一生的吃虧却在這裏。

這時三班的歷史教員是剛剛請來的一位有名的歷史學家陳介石先生（名叫黻宸），他老的古文也做得好，我們當初並不曉得，只當是一位布衣布鞋的鄉下老先生。他老一口温州話，我們初初也真懂不得，可是我占便宜了，因爲我到過温州，雖則我在温州住了將近一年，實在没有和温州人正式接觸，不過聽聽鄰舍人家講話，有了些印象，所以陳先生説出來，我倒覺得和『他鄉遇故知』一樣。我聽了他老對歷史上的議論，很感興趣。他老因爲言語不通，總是用筆來考問我們。他老不但『循循善誘』，還真懂得『不憤不啓，不悱不發』的教法。我們經他老幾次的啓發，没有不五體投地的歸依他老了。我在三班裏半年終了，又升到二班，便和原在二班的各位同學並駕齊驅了。

這年是清朝光緒二十六年，北方出了義和團的事件，歐美日本八國聯軍攻入北京，皇太后、皇帝都向西安逃跑了。那時杭州有三份上海報紙，是《申報》《新聞報》《中外日報》，但是我們書塾裏只教員室有報看，我們哪裏敢進去。這位陳老先生却常常把時事告訴我們。一日，他把我叫得去，告訴我聯軍進了北京，皇帝走了。我好象天向我頭上壓下來了，就號啕大哭。他老却不響，直待我哭得太傷心了，他才對我說：『你不要哭，慢慢對你說。』我聽他的説話，好象基督徒相信《聖經》一樣，曉得他老必定有個道理的，也就止了淚。他老説：『你去息息罷。』我内心還是凄凉得很，也没有話説，就退出了。

後來他老並不怎樣特别地告訴我什麽，但是我們從他老講歷史裏説到六朝五代和宋明亡國的事，我們不知不覺瞭解我們所處的時代了。他老又叫我們在課外看《天演論》《法意》，和《黄書》《伯牙琴》《明夷待訪録》一類的書，我們又不知不覺懂得須要革命了。因此我們考試文裏也大變了色彩。

我在二班裏，也是半年就和全班的同學一起升了頭班。可是我苦了，因爲他們的算學都是學微積了，而我連三角也學不好。英文也連造句還咯哩咯嗒，改學日文，又討厭他總是鬼話。不過我在歷史、國文、掌故（這門功課有些特别，大概等於現在的政治學、經濟學裏的概論，而又只限於中國歷史以内，並且没有教本，只在《九通》裏面自己摸索）方面的成績，除了湯爾和、杜士珍兩位同學外，我總超過其他同學們，所以保持了在頭班的地位。

我在頭班半年不到，和湯、杜兩位同學的成績又超過了其他同學，忽然把我們三個加了一個特班生的頭銜，却仍在頭班裏讀書，這是在前清光緒二十七年上半年。下半年書塾裏又出新花樣了，加設師範生六名、備班學生一班。備班取來的都是象現在初小一二年級的學生。師範生呢，並非另開一班，也不增加教育科目，就是給我和湯、杜兩位同學，和還有周繼善、葉誠然、龔壽康三位同學（都是頭班生）加了一個職務，叫我們去教備班學生，不過不算正式教員，所以特立這個名目。

我們在備班裏，一面是教師地位，一面還是同學地位。我們對於這班裏的小兄弟，真是看得和自己的兄弟一樣。而我們的教法，不但用了陳老先生教我們的方法，『不憤不啓，不悱不發』，我們和他們真『德漠克拉西』。我們有時設了一個問題，反而自己退下講臺來坐在學生位子上，請他們裏面自動要説話的上去互相質問辯難，所以他們也和我們親熱得要死。他們裏面有一個楊崇英，是書塾總理的孫子，不過十二三歲，先和我在新四班裏同學，他後來告退了，這時重複進來，他每次能够侃侃而談。還有一個傅孟，也是了不得的。

這時，我們書塾裏還没有體操，我們到求是書院裏去看了一番，『不勝欣慕之至』，就由高級同學發起向總理（就是校長）上書，請求增加體操科目。起初總理以爲這是不需要的，後來終究被我們的『絶妙好詞』感動了，增加了體操。我對這事，倒大感興趣，翻杠子、蕩秋千，居然第二手。

我們又發起組織同學了，一個現在學生會似的組織，由我們幾個高級同學來領導，雖則形式上很不完全，精神上倒很團結。我們幾個人常常晚上到年級較低的同學宿舍裏集合他們作演講、辯論，很似現在的座談會。

照例，每年端午、中秋、年底三個時間，要由杭州府、錢塘縣、仁和縣輪流來考試。他們拿了卷子回去，評定了次第，五名以前都有獎金。有一回輪到錢塘縣，知縣黄大華先生，倒是一個有學問的，可是他偏鬧了一個亂子。他隨意把我們升降了，頭班的降到三班，四班的升到二班，平日成績好的偏偏都落入次等。我們大哄起來，好在校方並不依照他的評定辦理，我們却大家都不願意接受他的獎金。説也可笑，一共也不過五六十塊錢（銀元），我們却要辦一個藏書樓了。湯爾和會刻圖章，他就犧牲了石頭一方，刻了『皆大歡喜樓藏書』七個字，捺在買來的一些當時新出的課本書籍上。那時杭州出了一份綫裝書式的《白話報》，其實都是求是、養正兩校的教員的作品。我們就定了幾份，供給同學看看。

這時，我的十七歲光陰過完了，養正書塾也改爲杭州府中學堂，我們六個師範生都要在明年（光緒二十八年）暑假畢業。校方預定派我和湯、杜到日本去留學，我們約定去學陸軍，學了回來就好革命。（後來湯爾和曾去日本，一度進成城學校。）可是將要畢業的前兩個月，却給我們一個留學計劃的根本打擊。

事情是這樣的：我們同學們合理的思想發展了，我們組織起來了，對於校方古典式的一切會表示不滿。在歷史上,學生一進了校門,除了工友們以外,都是師長,尤其是在四十多年前,師字是和天地君親成了聯繫的,杭州人家家裏往往供着一塊天地君親師的牌位,便可以曉得師字的尊嚴,所以書塾裏的職員,人人自以爲師,個個自以爲長。我們塾裏一位學正先生(類似現在的總務主任),真很神氣,大家就把他做了攻擊的對象,但是平常對他還是禮貌不衰。

二十八年清明時節,西子湖邊,山盤翠髻,水皺青絲,柳似舞腰,桃如含笑,怎不逗起我們的春情? 向來清明、立夏這些節日是放假的,這年却改了規則。我們向學正先生要求,請向監督(改學堂後,總理也改叫監督)商量,仍舊放假。他説不行,自然大家不高興。我們幾個師範生却有點不師範了,就和幾個頭二班裏的同學請了假,溜到西湖上,賒了幾匹馬,大家輕衫軟策,遊山玩水,好不賞心悦目。哪裏曉得半路上碰着了學正先生,三名轎夫,一乘快轎,衝到我們馬前,來個照面。彼此來不及招呼就過去了。這日晚上,我們就聽見這位學正先生在那裏和教員們説我們不遵規則,還有形容我們的兩句話,是『扇子揚揚,馬鞭揮揮』。我們想他也何嘗守規則,大家就有了一肚子氣。

一會兒到立夏節了,當然没有放假的希望,大家倒也不想出去。

一日,我們六個師範生正陪着陳老先生吃晚飯。(我們有特别權利在宿舍裏開飯,請他老同吃。)忽聽到樓下飯廳裏那位學正先生的聲音很高,還有拍桌子的聲音。趕緊叫工友去看，他回來説：『邵師爺同傅少爺、徐少爺相駡，邵師爺坐得轎到監督屋裏去哉。』我們趕緊下去一問，方曉得和這位學正先生同桌子吃飯的同學傅振紳（後來改名鋭，字毋退）、王孚、徐景清三位，吃飯時候談天，被學正先生斥責了，所以争起來。我們曉得學正先生向監督那裏一去，這三位同學定被嚴厲的處分了。向來我和湯、杜兩同學是被監督特別看待的，這時湯爾和因病睡在隔壁醫院裏，大家就推我和杜士珍也趕到監督家裏去，好替那三位同學説説話。可憐，我們是一盞燈籠兩條腿，怎樣趕得過學正先生的轎子。半路上就看見『翰林院編修』的燈籠，曉得監督向校裏來了，又急忙回身就趕。趕到了校裏，只見全校的同學已布滿在監督辦公室外面院子裏，好些教員都在監督辦公室外面君子堂裏，監督準備開除三位同學的學籍了。

我們幾個高年級的同學都急了，有什麽辦法？有什麽辦法？請總教習（陳老先生）來救救他們，就把陳老先生請來。他老一聽要開除學生，便『怒髪衝冠』，一口氣跑進監督辦公室，正碰着監督手拿朱筆要寫開除條子（那時開除學生要監督親筆用銀朱寫條子的）。他老迫不及待地向監督説：『不能！不能！』監督只是不理會，他老更急得喊：『先生，先生，不能，不能！』監督纔慢慢地説：『本監督自有權衡，該教習無得干預。』他老的『無明火』自然燒起來了，便説：『那末我辭職罷！』這句話方説出他老的口，這時我們也混在『君子堂』裏，所以聽得明白，便嚇得往院子宣布，總教習辭職了。就有潮湧似的聲音：『陳先生辭職，我們也走！』大家聚起來商量辦法，一面凑出錢來租一所房子，預備暫時安頓身子，一面做了一篇呈文，直到巡撫、布政使、按察使（當時稱爲三大憲）那邊去控告這位學正先生。第二天早晨大家向孔子牌位行禮而別。這樣一來，校方就用分化我們的手段，用感情來抽回一小部分，我們六個師範生除了湯爾和在病外，也都被開除了。可是監督寫條子，不用朱筆而用墨筆，『以示優異』。後來我們還聽得監督寫開除我們的條子，還流了淚説：『我手裏只造就了這幾個人，偏還在我手裏開除他們。』

説到我的革命思想，是發生在十六歲。那時，我讀了王夫之的《黄書》、黄宗羲的《明夷待訪録》，和《明季稗史》裏面的《揚州十日記》《嘉定屠城記》一類的書，有了民族民權兩種觀念的輪廓，這年又碰上了義和團的事變，八國聯軍衝破了北京，就峻深了我的民族觀念，又讀了些孟德斯鳩的《法意》、盧梭《民約論》的譯本，和李提摩泰的《泰西新史覽要》（十三年，我代理教育部部務，後藏班禪喇嘛來北京，我去訪問他的時候，遇見了李提摩泰先生，他已七十歲左右了，一口很好的中國官話。但陸丹林先生告訴我李提摩泰在一九一九年四月十七日死在倫敦，享年七十四歲。怕我遇到的是另一個李提摩泰）一類的書，不知不覺地非要打倒滿洲政權，建立民主國家不可，並且就想找同志了。

在同學裏，和湯爾和、杜士珍也基於這點上拜了把子，還想向求是書院裏找同志。當時求是書院裏有蔣尊簋、蔣百里、史久光、李斐然、周承菼、許壽裳、錢家治等一輩，我們就和湯、杜的，因爲我們在養正書塾裏是特班生，同學就把我們和周繼善、葉誠然、龔壽康聯起來，又稱六君子，這是他們給我們開玩笑的。那時距離『戊戌政變』不過兩年，所以他們這樣叫我們）也決意待畢業後往日本學陸軍，不想巴望得可以達目的的時候，竟爲了抱不平，幫同學，被學校除名了。

我的家貧，我們兄弟姊妹五個，依賴母親十個指頭維持生活的，這樣一來，不但不能再進學校，也不能不解决一家的生活問題了，纔跑到上海來幫助蔣觀雲先生（他的原名記不起來了，那時他又自號智由。他是蔣尊簋的父親）編輯《選報》。

那時（前清光緒二十八年），上海是維新派集中的地方，維新派是和平改革派，戊戌黨人裏『碩果僅存』的張元濟先生就在這裏，隱然是個龍頭。革命黨呢，露面的只有章炳麟先生。

蔣觀雲先生是維新派，《選報》不過選取各報裏國内外的重要消息，加一篇論説批評批評政治，形式還是綫裝書。

我幫助蔣先生編輯《選報》，不久，資方的趙祖德先生（他的别字和我相同，都叫彝初。見面，我稱他彝初先生，他叫我彝初兄，後來我改爲夷初）想再辦一個刊物，和我商量，就出了一份《新世界學報》，編輯寫文的是我的老師（陳黻宸先生）和同學（湯、杜），不免要帶點革命思想給讀者了，但是真也『微乎其微』，因爲刊物雖辦在上海的外國租界，但却要公開行銷到内地去，自然不能『暢所欲言』了。

這時，正是清朝的政治日見腐敗，英、德、俄、法、日本等帝國主義在中國『爲所欲爲』的時候。因爲庚子以後，清朝的帝、后和『權貴』都怕他們，正是『唯命是聽』了。

但是，知識分子對政治改革的要求，日見加强，革命思想，灌輸到知識青年，也象油在水面擴充不止，因爲革命黨在日本出版的鼓吹革命的刊物，在上海固然容易看到，内地也秘密輸入的了。孫中山先生領導的革命行動，常常給人們不斷地刺激。庚子年，唐才常弟兄在漢口起事被殺（唐先生弟兄死後，他的家屬住在上海虹口什麼路的隆慶里，他的大兒子唐蟒〔圭良〕年紀比我小幾歲，我們很要好。一天，他約我和杜士珍同到他家，拜見了他的七十歲的祖父，這位老先生要哭不哭，一種説不出的悲慘樣子，摸着圭良的頭〔那時圭良活象一個寺院裏的小沙彌〕託我們替他照管照管，聲音低得幾乎聽不出〔原來，圭良還有九十歲的曾祖母在上頭，唐先生弟兄的死信還瞞着她呢〕）也給大家很大的衝動。在上海的維新派或革命派，除了文字工作以外，遇有外交上的事件發生，又是一個工作的機會，因爲在上海租界上，我們還可以昌言無忌。那時，清朝雖則也有象胡適考據過的『校事』，却還不懂希特勒、墨索里尼的那一套，差了蔡鈞做上海道，叫他來偵探革命党，結果，《蘇報》的案子，還碰了一鼻子灰。

我這時年紀不到二十歲，遇到法國對龍州、俄國對奉天這些事發生，張家花園（現在的泰興路南段就是張家花園遺址）開會總去參加的。張園開會照例有章炳麟、吴敬恒、蔡元培的演説，年青的只有馬君武、沈步洲也夾在裏面説説。遇到章炳麟先生的演説，總是大聲疾呼的革命革命，除了聽見對他的鼓掌聲音以外，一到散會時候，就有許多人象螞蟻附着鹽魚一樣，向他致敬致親，象徵了當時對革命的歡迎，正象現在對民主一樣。

後來，趙先生又别有企圖，我們師生也各有各事，就散了。《新世界學報》也就中止。湯爾和往日本學陸軍去了，奉天事情緊急的時候，留學日本的學生『鼓噪』了，組織義勇隊，要回國來，請願和俄國開戰。先派了湯爾和、鈕永建回來，向北洋大臣直隸總督袁世凱申説意見。到了保定，見了袁世凱，袁只給他一個電報看，他們的任務就終止了。因爲清朝已得了報告，説他們是革命黨，有密令叫袁世凱逮捕。當時，我在杭州，得到消息，爾和已『被殺』了，急忙打電報給杜士珍，叫他來商量，我們怎樣去處理他的後事。又給袁世凱『幕府』裏一位魏少棠老先生去信問問情形（這位魏老先生，是和林琴南翻譯小説著名的魏易的叔父，也是爾和的長輩），得他的覆信，説没有這回事。原來，他們想通過魏老先生和袁世凱説話，魏老先生勸他們快離保定罷。

我因家庭生活的負擔關係，往來杭州、上海，教書寫文。那時，一位廣東人鄧實先生（别字秋枚），獨自辦了一份期刊，叫做『政藝通報』，約我寫文。後來他更有興趣了，又約我和他的同學黄節先生(别字晦聞,他們都是康有爲的同學簡朝亮的弟子,晦聞後來在北京大學任教授)辦了一份期刊,名目是『國粹學報』。這個刊物有文藝復興的意義,而鼓吹民族主義的革命很賣力氣,居然風行一時,柳亞子、陳佩忍、章炳麟、劉師培都是革命分子(劉師培後來拜了端方的門,並且袁世凱想做皇帝,他竟加入了籌安會),也先後加入寫文。柳亞子、陳佩忍發起組織南社,做同盟會的外圍,我也加入了。這時,我正學做詩,讀了一本《孫逸仙》,就胡謅一首七律,現在只記得末了兩句是:『一擊滿湖烟雨破,誰家天下舉杯看。』因爲在杭州遊西湖船裏做的,所以就把『滿湖』兩個字雙關用了。

我是二十歲(前清光緒三十年)結婚的,那時,膽子却不算小,自己做了一副新房聯對,現在也記不起了,末了大概是『卿桴獨立鼓,我揭自由旗』。明年,湯爾和結婚,我送他一副新房聯對,記得上聯的末了是『快播革命種』,都在杭州裱畫店裱出來,却没有遭到危險,因爲當時没有特務。

以後,我在杭州、江山、諸暨、廣州做了幾年教員,在江山縣立中學堂,遇到一件有關革命的案子。原來,江山是浙江邊上的一個縣份,在宋明的時候,文化水準還不錯,到了清朝,乾隆以前,就科舉考試的還不多,據説是因爲『故家遺族』反對清朝的緣故。在《江山縣誌》上記載,乾隆時候有一位姓鄭的還爲『清風不識字,翻我案頭書』兩句詩幾乎滅族。這種歷史的教育,到了這時,還有人接受他。

一位毛雲鵬先生，是江山數一數二的讀書人，他熱心要辦一個縣立中學堂，和知縣李鍾岳商妥，把舊有的涵香書院來改造一下，這樣，就得罪了地方上舊派裏靠書院膏火（就是現在的奬金）補助生活的人。毛先生是有革命思想的，他在省城裏買了些清朝皇太后那拉氏（就是西太后）、皇帝載湉和什麽什麽妃子的相片回去，他偶爾在那拉氏的相片上寫了《西厢記》裏一句『我見了也消魂』，給他們設法拿走了，就告到縣裏，説毛先生是革命党，在皇太后相片上寫這樣的東西，便是『大逆不道』。

知縣李鍾岳是山東人，是個『忠厚長者』，做官也還不差。（前清經義和團運動失敗後，各國的『傳教士』在地方上真正『横行』極了。江山縣前任知縣龔廷玉吃過教士和教民許多苦頭，他却對付得『奉命惟謹』。李鍾岳到任，當然先向他『請教』一番，他説：『這裏人民很好，只是教士、教民不可放縱。』李鍾岳當他説的是好話，頭一件辦的案子，便是教民控告平民，李鍾岳毫不『徇情』，辦了教民一個罪，教士去説情，也不理會，因此他們倒不敢胡來了。其實龔廷玉倒是『不懷好意』的。）他曉得這裏面的緣故，但是，案子太大了，他不容易明白地幫助毛先生，况且他的頂頭上司衢州府知府是個滿洲人，更使他棘手了。他趕忙設法把對方緩住，而對方還威脅他説：『知縣辦不了，我們上府裏去告。』

毛先生自然也没有辦法，因爲憑據落在他們手裏。那時，我替他寫了辯文，只説皇太后皇帝的『御容』，並没有明令頒發出來，民間無從得着。這固然不够替他解釋，但也有點道理。我又和本地人兩位同事,在夜裏跑去訪李知縣,給他説利害,如果這事不能消弭,你的『處分』也不小。第二夜他來回訪我們,他説:『請你們告訴毛先生家裏,我決要把這件事情消弭掉,叫毛先生暫時避開一下,我就要上府裏去,祝道臺的壽。道臺是我的同鄉,我和他的少爺又要好,必定想個辦法。』後來,果然叫毛先生出了一百擔穀,就了事了。

有了這件事情,毛先生自然不能再辦學校了,我也回了杭州,下半年去廣州,這是前清光緒三十二年的事,這時我二十二歲。

我到了廣州,先在兩廣師範館,後到兩廣方言學堂,都是教書。方言學堂的學生,有許多加入同盟會的,如朱執信、林雲陔自較知名,却有一個怪人,他並没在方言學堂畢業,中途就去了,這人姓廖,名容,惠州人。他離開了學堂,去加入『洪門』,辛亥革命時候,他在王和順部下,後來王和順做了惠州鎮守使,他當了袁世凱總統府顧問,他却是有懷抱的。且等後邊再講。

我在方言學堂三個年頭,實在没有什麼貢獻,學堂的前身是個遊學豫備科,請過日本教員,還留下許多日本軍刀,據説是體操教員用的。我向來弄弄過什麼『開四門』一類的玩意兒,也就借此温習温習。後來又和幾個同事在休息日子去到長堤遊玩,總是騎馬往來,我又練習騎馬,居然可以不用控繮踏鐙,大跑而特跑,這都是我有用心的。可是,有一次把我嚇壞了。這次大約是春秋佳日,我們同事高興去玩息鞭亭,一夥八個人,個個跨上牲口，他們都是不會騎馬的，各找了駑馬代步。我却出風頭了，馬保把他們選剩的，其實也只有這一匹白馬，神氣的確不凡，我没有曉得他的性子，因爲向來没有碰到這樣出色的，一搭他的背，就坐上了，那曉得他不等指點，出了馬棚，一口氣自由地向息鞭亭大跑而特跑，我拚命地勒住繮繩，連偏繮也勒緊了，他的頭至少有七八十斤重，可憐我把全身的力氣用盡了，還要照顧踹死别人，但是，竟没有辦法控制他。可是十里長途，不過兩分鐘就到了『息鞭亭』外，我正怕跑進遊人聚集的地方，收勒不住，怎樣得了？幸虧有一個馬保早看見了，他就做了一個耶穌在十字架上的姿勢，説也真怪，我這坐騎到了他的面前，動也不動了。我在馬上雖是心驚膽落，可也覺得滿身舒服，向來騎馬不曾遇着過。回來時，我没有勇氣和這匹神駿鬥法了，我硬請一位同事調换一下。可是，我騎着一匹可憐得很的，腿又粗、軀又長的劣馬，仍就怕他有什麽怪脾氣，而那位同事坐在這匹神駿上閒暇得很，這匹神駿也絶不離開隊伍，不過有一個馬保押住了他。從此，我幾乎不敢騎馬了。

這年，正是清朝末代皇帝溥儀的宣統元年，方言學堂的監督是我的老師陳黻宸先生，他當選了浙江諮議局的正議長，要我回杭州替他幫忙，而且杭州兩級師範學堂也找我當教員，我就回了杭州。那時，杭州有一個秘密組織，我的朋友參加的不少，常在廟宇或祠堂（如西湖的白雲庵、三潭印月的彭公祠）裏秘密會議，我也有時參加，但没有什麽作爲。我有一位『宗文義塾』的同學楊廷棟，後來改姓名做顧乃斌，從武備學堂畢業，做了營長，我和他常在火車站小茶店碰頭，他坐茶店是有點孫二娘賣人肉的派頭，我們也在這裏談心，好在那時没有特務。

話要説到『辛亥』年了。這年夏天，湯爾和爲籌辦浙江醫藥專門學校到日本去，我跟他到東京一玩，但是，我不能説日本話，他又不常在東京，因此，我就窘了。我的目的要找章太炎先生，我和章先生，論親他是長輩，論年我是後輩，不過如上文説過的，在上海爲國事運動的時候，我們是時常碰頭的，所以我們是誼在師友之間。那時，他住在東京一個鄉間，和他的大女兒章㸚、女婿龔寶銓同居，裏外不過十多張席子的地，章先生和我算有凳子坐的，龔寶銓就日本式的坐地了。他和我談得火熱，定要留我吃午飯，飯是白潔得不能再白了，但是，配飯只有一碗大蒜煎豆腐，是我們杭州的家常小菜，我覺得使他享受這樣的生活，是爲什麽？我和他談起國事，他自然仍是革命、革命的一套。我請他介紹入同盟會，他答應了，但是他却想回國。我許他回國後和陳老師商量辦法，因爲陳老師和他是好朋友，他的第一次逃亡臺灣，是由陳老師從黄紹箕、孫詒讓、宋恕得了清朝要逮捕他的消息通知他的。這時，陳老師做了諮議局議長，或者可以想點法子。我回來以後，自然也給陳老師商量了，恰巧這年浙江大水，浙東很鬧亂子，章先生的故鄉餘杭縣也有水災，而且也鬧事，怕他在這個時候回來，於他不便，我當時就回信給他説明，請他等一等。

這年，正是清朝的運氣不好，盛宣懷做郵傳部尚書，要把商辦鐵路收歸國有。滬杭甬鐵路原是從外國資本家手裏争取回來，由江浙人自己籌款辦的，辦的也相當不錯。鐵路局總理是一位浙江有名的湯壽潛先生，他是翰林出身，老虎班（翰林散館放知縣，照例馬上得缺的，俗稱老虎班）的安徽××縣知縣，他老在八股裏議論時事，文章也做得出色，而且另外做了一部《危言》，也是大談國計民生，尤其是討論鹽務，所以『名滿天下』。那時，他和做中國歷史的夏曾佑先生是浙江雙璧。（夏先生也是老虎班安徽知縣。）他們都是辭官不做，所以名氣更高，所以湯老就被推舉做了滬杭甬鐵路局總理。

江浙人爲了反對滬杭甬鐵路收歸國有，鬧得『不亦樂乎』。清朝要一要手段，把湯老放了安徽鹽運使（湯老先被賞給四品京堂），這是調虎離山的計策，江浙人却留他不放，湯老也不肯去，清朝就把他革職了。這樣一來，正是火上加油。這時，争路的代表由京回杭（沈玄廬就是代表的一個），鐵路局開股東大會，我和湯爾和、樓守光（諸暨人，諮議局議員）想把擴大事態來送清朝的終，我和湯爾和都是窮光蛋，守光也不是豐裕的人，想在大會裏去發生作用，引起革命。可是没有股權進不去的，守光想了辦法，借得幾個股權，便參加了大會，這次會場就被我們控制住了，一致主張挽留湯老，反對收歸國有。早預備好了替盛宣懷捧場的人，都不敢吐一吐舌頭。那時有人這樣説：『這次股東會是爲三個小老頭兒開的。』因爲我和爾和都養了長鬚，守光也有胡髭，但是，論年紀我還不到三十歲。

一會兒，武漢起義了，我們三個就借這個因頭，和陳老師商量，在省城辦民團，表面是自己防衛，實際預備回應。陳老師自然贊成，就聯合了商會紳士發起在諮議局開成立會，公推湯老做總理，陳老師做副的，請巡撫下照會。我們擬了辦法，三個人分任城裏上中下三段的重要職務，並預備各要一匹馬，做巡夜的代步。爾和是長在江北，江湖上武藝很來得幾手的，自然要讓他做領導了。我們雖然計劃内定了，可是民團必須有槍械纔有作用，一面正式向巡撫去要，一面和督練公所總參議袁思永去商量，請他把盡新式的撥給。原來袁思永是湯老的門生，而陳老師是諮議局議長，他一口承擔。但是，不曉得怎樣走漏了風聲，巡撫增韞（蒙古人，溥儀做『滿洲國』康德皇帝，他是侍從長）把照會擱起來，杭州的駐防守軍也把新式槍械都提了去，這個民團局就成立不起。

我們又想别的路子，等到上海光復了，我們到上海來向民立報館找于右任，右任告訴我們，浙江的革命機關在振華旅館。我們要找褚輔成，遇不着，只得仍回杭州。我把外祖母、母親和我的妻小都送到鄉下，一個人守了一所住宅。這時一個出裸弟兄（杭州叫鄰舍從小一起的做出裸弟兄）程途，他是武備學堂畢業，在標統朱瑞部下當個排長，他在夜裏趕來告訴我，一兩日内杭州也要動了，這是標部裏的消息，他説：『我還要趕回營去。』

那時，陳老師也有一個姓葉的處州軍人，和他老去談光復浙江的事，無非大家取得聯絡，不想程途來報告我的這晚就起事了。在先，陳其美曾來杭州（上海光復以前），找朱瑞的另一個標統周承菼商量。到了這時，朱瑞剛纔請假不在杭州，周承菼部的顧乃斌在巡撫衙門東邊買了一塊空地，預備包圍巡撫衙門的時候，計算增韞必定從這裏打通墻壁逃亡的。果然不出所料，就把增韞擒獲，送在我的舊住宅相近關王閣東首全閩會館看守起來。全城（除了駐防）文武自然不消説得沒有反抗的了。據我曉得，勸業道董元亮也是開了永不開的後門，由管驛後逃走的。

第二日（陰曆是九月十四日，推算公曆一時記不起了）大早，我急忙趕到諮議局，副議長沈鈞儒已在陳老師卧室裏談夜裏起事的情形。沈先生因爲當時布告上的都督童伯吹，實際上我們找不到這位都督〔二〕，就説，我們須得把湯蟄老（即湯壽潛，他的别字叫蟄先，那時在上海）找回來，就由我起了一個簡單的電稿，陳老師、沈先生和我的名字都署上，沈先生還加上一個褚輔成，也就由我送鐵路局去請他代打。

當時就有一部分軍隊方面的人，到諮議局來辦公，可是一顆印信都沒有，我便去刻了一顆『浙軍都督府都督之印』，立刻應用起來。最要緊的是封查倉庫，但是人手簡直太少了，我便携帶了封條，向大清銀行、布政司、鹽運司等衙門把倉庫次第封了。在藩司前（布政司衙門所在地名）遇到一排人駐紮着，排長徐允中和我説：『子彈不够了，請你告訴一聲。』

這日下午，我因爲到車站去接湯蟄老，就在車站先和顧乃斌談了一下。這時，顧乃斌負了駐守車站的任務，我從他曉得都督已换了周承菼了。一會兒，上海火車打了白旗進入車站，湯老隨帶了張竹生和另外兩個人一同下車，直到諮議局。夥頤，一間普通接應室裏，人頭攢動，劈頭聽見説話的是駐防協領貴林的口音，我引湯老一行，排開衆人向裏走，迎面的就是周承菼，八字式坐着，佩刀地上立着，兩手捧住了刀柄，凛然是個大將氣概。陳老師和貴林對面坐的，湯爾和坐在周承菼右邊，任臨時的書記，紙上已經寫了不少條款。原來貴林是代表駐防出營來議降，他也全身『命服』，最惹人注目的是兩根雪白的忠孝帶。他倒侃侃不屈的在争某些條件，似乎難得解决。他看見湯老到來，立刻就説：『蟄老來了，蟄老怎樣説，我無不依從。』這時，周承菼却不做聲，起身迎讓蟄老就座，蟄老象煞自己是都督了，毫不謙讓，草草看了一遍條款，就説：『便這樣，我簽字吧。』提起筆來寫上他的大名。這樣一來，大家都無話説，一場議降會議，就此告終。但是，湯老就算是第三任都督了。

我不曉得爲什麽事離開了諮議局，直到晚飯以後，再到諮議局，湯老一個人踽踽凉凉很無聊的樣子，這時，褚輔成在機關部，沈鈞儒是在臨時擔任警察局長，都没有和湯老見面。一會兒張竹生來了，請湯老着手組織都督府。湯老開了一張名單：民政司長陳黻宸、財政司長張鴻（這是張竹生的大名）、教育司長沈鈞儒，褚輔成是什麽長，我記不清了，我和樓守光都是秘書。但是，怎樣發表？外邊槍聲常常掠耳而過，原來，旗營還被圍着，駐防也不肯降。據説下午的會議的條件，不能算數。湯老叫我和樓守光出去打聽打聽。我從回回新橋走出大街，落北向官巷口走，一路十個五個的兵把旗營包圍着。正到官巷口，在一盞路燈底下，被一位排長看見了，叫一聲：『先生，前去不得了，迎紫門上有守軍，不時放槍呢。』我聽聲音，正是我在養正書塾做師範生時候教過的學生傅孟（他在書塾時候的原名叫傅振繩，這是他進武備學堂改的名字，他和黃郛是同學還拜把的）。我問他怎樣了，他說：『還不肯降。』我也就折回了。湯老叫我起兩個草稿，一個是給湖北都督黎元洪的電報，一個是豁免全省錢糧的文告。後來是不是用的我的草稿不曉得。豁免錢糧這件事，幾乎使財政上没有辦法，因此有三百萬的省債。

第二日早晨，我因爲要去安慰一下母親，到鄉下去了。在鄉下多耽擱了一夜，再回城裏，局面全不同了。湯老固然正式做了都督，但是没有實權，而褚輔成做了政事部長，是和都督平行，和湖北、江蘇等都督府的官制不同的。貴林和他的兒子都被槍斃了。原來，駐防不肯投降，革命軍駐紮在糧道山上的大炮，對着旗營南頭什麼門上炮臺，要取攻勢了，他們還想發炮抵抗，幸而他們炮上的閂子早被革命軍方面叫幫裏的朋友張子廉（是洪門的大哥）想法卸去，那門炮就没用了，因此，終於投降，只把許多槍桿向河裏丢。

話説貴林，他的母親是個節婦，相當給他一些舊式教育，叫他結交『知名之士』，所以他對宋恕，幾乎是師事的（宋恕別字燕生，又號平子，是一位博學而且詩文都注意近代化的。他和章炳麟都是俞樾的學生，和梁啓超一輩維新、革命黨派的知名人士多有交情。這位先生很象後漢的郭泰。前清的重臣李鴻章，是他妻父的門生，想叫他做官，不敢出口。

他做了一本書，名叫『卑議』，李鴻章説：『這叫「卑議」？我看來太高了！』），由宋恕又結交了陳老師，他在旗營裏有聖人的綽號。他是一個滿洲人裏的開明分子，自然，一般的種族觀念他也有的。那時，杭州駐防裏還有兩個知識分子：一個是三多，蒙古人，他是詞學大家譚獻的學生；一個是金梁，他的阿哥是杭州駐防的協領（貴林是補他的缺的），他和杭州的革命史上却有關係。

浙江大學校址的前身，就是求是書院（後來改稱浙江大學堂，最後改做浙江高等學堂），當我在養正書塾讀書的時候，陳老師給我們同學啓發了革命思想，陳老師又介紹了宋先生到求是書院當總教習。宋先生對言語是萬分謹慎的，但是，他和陳老師一樣，會在古書裏發出新義，叫人們自然會走上這一路去。那時求是書院有一群有革命思想的學生，這裏面最傑出的叫史久光。他是江蘇溧陽縣人，他的祖上有一位名叫貽直的，曾做過清朝宰相，但史久光却是個『亂臣賊子』。有一年暑假裏，他出了一個題目，叫『罪辮文』，他的同學李斐然（辛亥革命前任周承菼標部的參謀）也『大放厥詞』，斥責清朝，史久光還嫌他們文章裏『本朝』兩個字不行，給改作『賊清』，不想被院裏的旗籍學生曉得了，報告了金梁。金梁通過他的阿哥，報告到將軍那裏，將軍就請巡撫查辦。這是一件『大逆不道』的事情，巡撫怎敢怠慢？但是，他曉得一經查辦出來，除了幾個活該的外，從他起直到芝麻緑豆大的官，都要擔着處分，不是玩意兒的，所以他很謹慎，先把這件事秘密起來。

這位巡撫是江蘇宜興縣人，姓任，名叫道鎔，是個正途出身，究竟讀過些書的。一日，他並不鋪排他的文武執事，開鑼喝道（前清在任官員出門，先有兩扇『肅静』『回避』的頭牌，再把他的在任官銜，如浙江巡撫部院，除了『巡撫浙江部院』，還有『兼管兩浙鹽政』『節制水陸各鎮』等等官銜牌子叫做『執事』；再有紅黑高帽子的皂隸，敲起大鑼，哦、哦地叫，叫做『喝道』），只帶了一個當差，青衣小帽，坐了一乘普通轎子（巡撫照例是坐緑呢大轎，四抬四插），一直到了求是書院。他也不待通報，先看了各處書院的布告和齋舍壁上黏貼的學生文課作品，然後再請『監院』把學生平日作文檢來帶走，説是要考察考察他們的成績，那時，大家並不以爲有什麽大事。

過了幾日，巡撫率領兩司（布政司、按察司）二道（杭嘉湖道、督糧道）一府（杭州府）兩縣（錢塘、仁和）全副執事到來書院，纔叫大家驚奇了。（向例書院没有大典禮，他們不會一齊來的。）巡撫召集了書院的當局以下，在嚴肅的狀態底下，宣布他本日來院的任務，是有本院旗籍學生告發本院學生有悖逆文字，所以上次親身來院查訪一下，帶去書院的布告和學生的課卷，都經自己一樣一樣仔細地過目了，確實並無一點悖逆文字，可見是誣告的。在這時候，還有挑撥滿漢意見，希望『大興文字之獄』，實在不是國家的福氣，該當嚴辦誣告，姑念這些都是年輕没有知識的，馬上就命仁、錢兩縣，把院中旗籍學生勒歸營裏，又命杭州府去告將軍，請他懲辦，纔後向靴筒裏取出紙卷，叫司道以下看完，還給監院而去。（學生課卷中還把史久光一篇《莊子〈天下篇〉書後》賞識得了不得，『置爲第一』。史久光在辛亥江浙的革命都有份兒。中華民國參謀本部成立，他任第四局局長，直到近年，方纔退役，但窮得過不了日子。後任上海市立師範專科學校國文教員。他和我同年，比我早生一個月。）

這場大事，竟化做無事，不能不説這位巡撫心地厚道，辦事能幹。如果落在現在官吏手裏，只有擴大事態，多殺青年來邀功了。不過旗籍學生的來書院讀書，是受貴林們鼓勵的，這件事可是實在有的，不過真憑實據没有落在他們手裏，只好認錯息事，心上當然很不痛快的。後來孫江東被人告了風化案子，貴林就在後面支持原告，鬧得孫江東在杭州不能立足。這時，駐防既然投降，貴林連同他的兒子也被槍斃，他的罪狀是抵抗革命，貴林因此反得了清朝忠臣的名譽。其實據我所確實曉得的，貴林在武漢起義後，他曾請教於陳老師，陳老師告訴他，不可拘執『君臣之義』，應該看在老百姓份上，並且老實告訴他，清朝的政治太腐敗，没有希望了。他回去把陳老師的話告訴了他的母親，陳老師是見過他的母親的，貴林又邀了陳老師去見他的母親，陳老師又懇切地説了一番，並且説將來有事，只要你們不抵抗，總可以保證你的生命安全的。他的母親就對貴林説，陳先生是至誠的君子，你得聽他的話。貴林在旗營裏有孝子的稱呼，這時也没話説。在圍營的第二日，陳老師和樓守光商議，由守光設法進營去和貴林接洽出來議降的。（這節事不是我親自聽陳老師和樓守光説的。)那末,他實在不是要替他的主子盡忠的,他的死算成了他『清史』上的名。

這時,江蘇巡撫程德全也宣告獨立,自稱都督了,程德全的宣告獨立,是我的一位世交長輩應德閎先生和江蘇督練公所裏的幾位湖南人張通典、章駕時、羅佶子和我的同學杜士珍幹成的。應先生的父親,曾做過江蘇布政使,後來應先生也去江蘇,候補知府。辛亥那年,他新過了道班,他是在程德全幕裏很被賞識的。布政使陸××升了陝西巡撫,程德全就派應先生署理布政使,着實叫當時的按察使和一班老的候補道難看。程德全竟被御史參了一本,説他不合以未引見道員逕署布政使(清例,道員未曾引見,不能正式任官的,引見就是由吏部或軍機處帶領去見皇帝),這樣『一箭雙雕』,把個應先生前途丢了,程德全也碰了一鼻子灰,加上上海都督陳其美要移師北伐了,所以給章駕時等一凑,就宣布獨立,應先生做了都督府的秘書長,杜士珍也在都督府任職,邀我去蘇州一走。我到蘇州,他們要我在上海辦一份日報,我就擔負了這個任務,在福州路找了一所房子,預備起來。

這時,章炳麟先生已由日本回到上海,同來的有他的學生,幾位四川人,其中一位就是現在重慶民主運動裏的鬥士黄墨涵先生(他名叫雲鵬),都住在愛儷園——哈同花園。我每日都和章先生去商談。袁世凱叫馮國璋攻破了漢陽,上海各報不敢發表,因爲那時人民寧信《民立報》爲宣傳揑造的消息,而對於真實的如革命軍失敗的消息,就會打毁報館的,《申報》《新聞報》就被打過,這是民意的測驗。章先生却得了黎元洪的電報。章先生氣得給我的信上竟稱黄興做逃帥。我那時就由應德閎先生和程德全拉攏了，爲的是要北伐。因此，這份報紙取名『大共和日報』，請章先生做社長，杜士珍任經理，我擔任了總主筆，章駕時、汪東（章先生的學生）都是主筆。（章駕時因軍事關係，始終未到。）

湯爾和、黄群、陳時夏和陳毅都在這時由浙江都督派赴湖北和黎元洪議事。那時，湖北因爲是起義的地方，成了革命的中心，黎元洪也成了領袖。可是，孫中山先生也在這年冬天由英國回來了，各省便商議擁護孫先生組織臨時中央政府，由十七省代表在南京票選孫先生做臨時大總統，黎元洪做副總統，湯爾和是以議長資格授孫先生大總統證書的。這樣，就促成了南北的統一，因爲清朝是已把政權交給了袁世凱，袁世凱曉得打是打不了的，心裏也羨慕着總統的虚榮，所以雖則也做了許多姿態，而實際他早已準備把清朝的江山結果了。

湯蟄老在浙江，因爲環境做不下去了，樓守光的哥哥樓守愚和蔣尊簋的父親是同鄉，又是好友，蔣尊簋的父親和湯老也是朋友，他們兩弟兄就替湯老去找蔣尊簋來做替身，湯老和孫先生説了，自然没有不妥的。一日，樓守光來向我説，本晚蔣尊簋專車回杭，叫我約了應德閎先生同去，要應先生去做秘書長，我任秘書。當夜就是蔣尊簋和應先生、樓家弟兄和我，還有一個是蔣尊簋的學生夏超，一同回杭。蔣尊簋就走馬到任，接了都督的印。蔣尊簋是做過浙江標統的，和周承菼是同學，自然一無問題，可是應先生爲程德全的不放他走，並沒有就秘書長的任，我却在秘書處混了幾個月。到了樓守光由都督府印鑄局長出去任衢縣知事，我補了他的遺缺。印鑄局的公報總纂杭辛齋先生和編輯邵飄萍和我鬧一點過節兒，印鑄局改了公報處，我改任經理，我却就此『還我初服』，仍回浙江第一師範學校教書了。這時是中華民國元年，我二十八歲。

明年，湯爾和在北京創辦國立北京醫學專門學校，邀我去當國文教員。我覺得革命成功了，我本來不曉得政治，不過推翻滿清好象是我不能辭謝的責任，我雖則不曾參加革命的重要工作，也盡過些兒力量，現在滿清被推翻了，革命的目的達到了，以後是怎樣建設中華民國了，應分讓『學有專長』的人們去做，我還是做教書匠，在我的崗位上工作吧。况且我總算生長在『仕宦之家』，幼年曉得文天祥是個狀元宰相，盡忠報國的人，很羡慕他，所以也想中狀元，做宰相，後來被革命思潮打消了這個觀念，從讀了皇甫謐的《高士傳》《後漢書》的《獨行傳》和《逸民傳》，配合了什麽『不事王侯，高尚其志』和『日出而作，日入而息，鑿井而飲，耕田而食，帝力何有於我哉』，就想做一個高人逸士，也想做個俠客。從陳黻宸老師讀書的時候，他老給我談些社會主義的大概，後來又讀了俄國的無政府主義者托爾斯泰的傳記，都給我的思想有很大的陶鑄的影響。所以在這時，我便不問一切，只做教書匠了。

在上年，章炳麟先生和趙竹君（僞政府的什麽部長趙尊岳的父親）、應德閎在上海組織一個什麽聯合會(名稱忘記了),託我在杭州替他們組織分會,我替他辦了一下,但我自己却『超然物外』。陳老師是加入統一黨的,也叫我幫過他私人的忙,而我也依舊『超然物外』。後來,有人説我是進步黨人(大概是《語絲》裏),大概是這些原因。其實我的師友在進步党的確不少,我終究没有踏入他們的門檻。也就因爲如我上面所説的,我自己别有一個志趣。

我在國立北京醫學專門學校教書,真是什麽事也不問。那時,由湯爾和認識了一位老鄉,這人姓邵,名叫長光,别字裴子(十七年,他代蔣夢麟做浙江大學校長,就用裴子做名了),他是求是書院學生,轉到南洋公學,又到美國學經濟,但是,他却最歡喜弄中國的金石書畫,他是用科學方法研究的,又有特别的眼光,所以精於辨别,却又不是一般舊式賞鑒家或古董鬼。他特别對於寫字有研究,相信姚配中的翻、絞兩法。他自己寫字,雖則不盡能應用他的學理,我的寫字却受了他的指導。我又發明了寫字不但要運腕,還要運肘;不但要運肘,還要運指;不但要運指,還要五指齊運。我寫了二十首論書詩,把我寫字的方法寫出來,都得他的『首肯』。

每晚,他總來到醫校,和爾和、我,上天下地,無所不談。橘子、長生果是幫助我們健談鋒的。但是,好景不常,袁世凱想做皇帝了,他把現金都挪用到軍事上去,鈔票不能兑現,中國、交通兩行的紙幣,價值跌到五折以内,公教人員叫苦連天,那末,這種『風雅之談』,

就此擱起。

這時，有一件案子，是袁世凱想收拾應德閎先生的。原來應先生在元年做了江蘇民政長，剛剛碰到應桂馨暗殺宋教仁，這件事是袁世凱叫人幹的，應先生把宋教仁被殺的情形通電全國，大家都曉得政府當局是個『嫌疑犯』。袁世凱因此恨死了應先生，就借一件公債案子查辦他。應先生被平政院傳到北京，住在白廟胡同的大同公寓，公寓門口站了一個警察，叫他失了出入的自由。他的通信也受檢查，有時是我替他帶給東交民巷的郵政局發出，因爲使館界裏的信是不檢查的，這也是一件故事。應先生雖則幸而無事，但是不敢再做官了。

一忽兒到了中華民國第四個年頭了，袁世凱把他的爪牙布滿了全國，他以爲皇帝可以做得了，叫他的美國顧問古德諾、日本顧問有賀長雄替他主張中國是適宜於君主立憲的，再找到中國頭一批的留學生譯《天演論》和《原富》一類的書，還當過京師大學校校長的嚴復、著名的國學大師劉師培、辛亥起義時候湖北都督府的外交司長胡瑛、前清四品京堂楊度、辛亥革命時候吳淞都督李燮和，還有一位是辛亥革命的安徽都督孫毓筠，這麽六人發起了籌安會，當時稱他們做六君子，這個籌安會，原是替袁世凱籌備皇帝『即位大典』的。

籌安會發表的頭一日，我聽説劉師培來了，我不曉得他是來發起籌安會的，很歡喜地就去訪他，因爲他和我是《國粹學報》的同事。可是，見面以後，他就提出一個問題，他説：

『我們做文章要記年的時候，總寫什麽甲子、乙丑，但是甲子、乙丑六十年一轉，那末，便弄不清楚了。元年、二年地下去也不方便。』我便馬上答覆他，這有什麽問題，用什麽什麽記年，是漢武帝纔起的，漢武帝以前寫文章的没有發生問題，歐美各國用耶穌降世記年，到現在一千九百多年，也没有不方便。他聽我這麽一説，便没有話了。第二日在日報上看到籌安會發起人，這位國學大師名在第六，因此恍然大悟，怕他要給袁皇帝擬『年號』了。果然不久，『明年着改爲洪憲元年』的令就下來了。

袁世凱要做皇帝，却不敢公然『我自爲之』，他又學王莽故事，叫各省『紳士』歌功頌德，『上書勸進』。他看中了兩個有名的文人學士：一個是湖南王闓運，一個是江蘇繆荃孫，這兩位白髮公公，我和他們都有『一面之緣』。説起王闓運，他在晚清歷史上很有關係。原來清朝的皇帝奕詝（咸豐）死後，兩個親貴掌握政權，一個叫端華，一個叫肅順，肅順比較端華有才具，王闓運是他府裏的教書先生。太平天國革命勢力一日强盛一日了，清朝有點『愁眉莫展』，王闓運向肅順建議，叫他重用漢人，便推薦了曾國藩。（曾國藩雖則是他保舉的，但曾國藩還看他不起。曾國藩做兩江總督的時候，他去訪問他，兩個人坐在炕上（前清官場儀節，平等待遇，纔同坐炕，下屬便不得升炕了），他『高談闊論，目空一切』，曾國藩却拿指頭蘸了茶，只在炕几上寫：『妄人、妄人。』）曾國藩便訓練湘軍，叫他的學生李鴻章訓練淮軍，居然打平了太平天國，給清朝保全了一統江山，王闓運就做了一部

《湘軍志》，大家都稱讚他這部書。他本來會做駢體文，會做選體詩，因此文壇上有他的地位，這樣更加重了他的名譽。

但是，他雖然中了舉人，却不能『三考連捷』（三考是鄉試、會試、殿試），他脾氣又大，以爲總有人會用他，不肯出錢買官，後來還爲一件什麽事，就更不能得志（似乎就因爲是肅順的人），所以直到清朝快亡，纔賞給他一個翰林院檢討，他的歲數已近八十了。到了中華民國，他自然是『國之大老』了，袁世凱因爲他是他父親的朋友，把他請到北京，叫他做國史館館長，禮待很爲隆重。（這時，國務總理是熊希齡，是他的老鄉，可是他的後輩。國務院設在中海的集靈囿，熊希齡請他吃飯，陪他逛中海，他問這是什麽地方，熊希齡説是集靈囿，他説：『呵，四靈除你鳳麟龍。』）我便在這個時候見他的。（他住在西城一個什麽胡同，我自然是個後輩，拿我作的『古文』去請教他。他送客一直送到大門口，着了一雙紅色雲頭緞鞋，『步履如飛』，這時他的兒子王無功年紀也五十多了，跟在後面，着實趕他不上。）他住了一晌，便回原籍，就有電報『勸進』，可惜電文我忘記了。（他的『勸進』，據説是楊度替袁世凱幹成的。）

繆荃孫是清朝翰林，他也是少年有名，詩文都還不錯，尤其金石、版本、校勘的學問，是他專長。他在江蘇算是前輩了，他的『勸進』據説是『袁頭』（袁世凱時候的銀幣）三千的功效。

此外各省的紳士『聞風而起』，袁世凱自然『不亦樂乎』。那時，各省武官最大的是督辦軍務，文官最大的是巡按使，頭號漢奸王揖唐，名叫一個賡字，袁世凱因爲他辦統一黨，替他拉攏了很多『攀龍附鳳』的人，就叫他做奉天巡按使，他就第一個在公文上稱『臣王賡謹奏』了。還有一個巡按使（屈映光），不但他自己稱臣，還替別人稱臣，惱得這輩被他代稱臣的『敢怒而不敢言』，尷尬得很。此外我爲存些厚道，恕不盡説。

袁世凱看得『人心歸往』，便先把副總統黎元洪封做『武義親王』（他先和黎元洪攀親），督辦廣東軍務龍濟光封了什麼『郡王』，海軍總長劉冠雄封了什麼『公』，此外『侯』『伯』『子』『男』，不消盡説。只有徐世昌、張謇、李經羲、趙爾巽四個，他很難對付。他却想出一個辦法，請他們合拍了一張照相，題上『嵩山四友』四個字，還下了一道褒揚令。可是張謇還替他改過文章呢，所以有人仿『月令』題了一句『是月也師化爲友』。

那時督辦安徽軍務倪嗣冲要奪頭功，特地繡了一件黄袍，親送到京（這件黄袍，仍就由倪嗣冲帶回，他因爲袁世凱不識相，便一逕送了譚叫天的徒弟唱老生的劉鴻聲），請袁世凱就登龍位，袁世凱還要看看風色，想在五年『元旦』纔稱皇帝，不想經界局總裁蔡鍔一溜烟逃出北京，逕往雲南，袁世凱終究有點虚心，不敢放膽胡來。

蔡鍔原是梁啓超的學生，又是革命黨，這時，梁啓超和袁世凱分手了，而且還反對他做皇帝。袁世凱對蔡鍔分外注意，在經界局和他的住宅左右，都分布了警察和特務。蔡鍔却照常辦公，到晚却溜入八大胡同（北京妓女聚集的地方，什麽石頭胡同等等），『沉湎酒色』，結識了一個漂亮妓女，『樂不思蜀』。早有特務報告了袁世凱，袁世凱對他才放些心。但是蔡鍔趁他防備略鬆，離了北京，到了天津，就和梁啓超商議倒袁。他就在這年十二月二十五日在雲南起義討逆了。

那時，天津會議的人裏面，有一位陳先生，名叫敬弟，别字叔通，他是清末翰林、中華民國第一屆國會議員，副總統督辦江蘇軍務馮國璋請他做副總統的顧問。他有一個朋友叫胡嗣瑗，也是前清翰林（後來溥儀復辟，他做起内閣裏什麽不大不小的官了），正做馮國璋的秘書長。他拿顧問的資格要了幾張『印電』紙（機關裏發電報的紙，預先蓋好機關長官的官印），到了上海，便發電給西南各省的軍政長官：廣西陸榮廷、貴州劉顯世、四川陳宧，都以爲馮國璋在暗裏主持着的，就一齊響應了。袁世凱聽到蔡鍔起兵討他，已經慌了，加上他的『心腹之臣』陳宧也參加了義軍，這一急非同小可。

説到袁世凱想做皇帝，還有一段外交上的關係。上面提到的美國顧問古德諾，還不算什麽，實際慫恿袁世凱做皇帝的是英國公使朱爾典。那時，英國和日本雖則結了英日同盟，但是對中國的權利競争，日本是不放鬆的。日本爲對付英國起見，却反對袁世凱做皇帝，『二十一條』固然是『乘勢要脅』，另外還正式向袁世凱提出了反對他做皇帝的警告，蔡鍔的能够安然回南，也得日本一些幫助。

在這年穿夾衣的時候（大概上半年），我和我的妻子去逛天壇，忽然遇到兩人：一個『風姿昳麗』，秀眼『虬鬚』，衣服整齊華美；一個瘦黑短小，鄉氣十足。那個『風姿昳麗』的急急地走來，向我口稱老師，我記不起他的名姓，面孔也並不很熟，他便自己説是從前兩廣方言學堂學生廖容，我覺得對的，是有這個學生。他又把那個鄉氣十足的介紹給我，叫他向我行禮，説是他的弟弟廖毅。我很注意了一下，怎樣弟兄兩個相差得這麽多？廖容問明我的住處就分手了。

過了不久，他們來訪我了，禮貌非常恭敬。廖容説他在總統府任顧問，住在西門外什麽胡同惠州郡館，請教我該讀些什麽書。據他説，願意研究歷史，曉得國家興亡的道理。他的弟弟和他一樣，也要多讀書，我很奇怪他們竟這樣好學。後來我去回看他們，一進住屋，便見四面皆是『史部』的書籍，廖容便問我讀書的方法，我問他有什麽志向，他説，國家没有大定，想求點『應世之學』，我很稱讚他一番。他後來又來看我，方説出他離開方言學堂，是爲了要推翻清朝，便入了洪門，洪門就是俗叫三點會的。他們以後常常來看我，問些國家事怎樣辦。到了這時（四年冬），我問廖容：『袁世凱要做皇帝了，你怎樣？』廖容説：『回廣東去。』我説：『光是回廣東？』廖容便説：『老師想怎麽辦？』我問他：『你從前的舊部還在？不能再起兵討逆？』廖容説：『可以的。』我説：『你回去就能召集？』他説：『只須三日就召集了。』我很詫異，這樣容易？我問他，他説：『我往各人家裏送一名片，我回家的信息就傳遍了，他們自會得來的。我穿草鞋，三日便可走遍。』我就叮囑一番。後來我回南了，果然得到廖容從廣東來信，要我寫一篇討袁的文字。我用駢體寫了一篇檄文寄去，他曾在香港報紙上發表了。後來曉得他曾糾集七營的兵，隨同西南各軍討逆。

這年的下半年（四年），北京大學請我在文學院擔任教課。那時，章炳麟先生被袁世凱軟禁在北平東四牌樓的錢糧胡同，住宅是前清小貴族的遺產，着實堂皇。可是除他本身以外，一概由警察總監吳炳湘包辦。大門口呼幺喝二的便衣警察五六個，算是他宅子裏的門房。可是『上房』裏只有一個聽差，還帶司厨。客人呢，起初只許兩個人進去，一個是清史館纂修、北京大學教授朱希祖，是章先生的弟子，別一個我忘記了。後來馬裕藻、錢玄同、吴承仕和我都陸續可以進去了。我有時在北大上課後去看看他，有時我星期日去看他，一談就是一天，有時他還要我吃了晚飯走。説起吃飯，可笑了，四盤一湯，菜不算壞，他呢，照例只吃在他面前的兩盤菜，這倒不可笑，只是飯碗、筷子、湯匙都是銀的，這是他吩咐的，因爲他怕袁世凱下毒藥，叫他死得不明不白，他根據了《洗冤録》的話，銀子可以驗毒的，所以這樣。可是熱氣騰騰的飯拿不上手，湯喝不進口，我拿陪他吃飯，當作一件苦差了。

他在這樣的生活裏，自然痛苦極了。當他第一次被軟禁在南下窪龍泉寺的時候，已經絶過一次食，我和黄節先生都寫信給袁世凱的政治會議議長李經羲，請他向袁世凱説話，恢復他的自由，纔由龍泉寺遷移過來，這時他又來這一套了。他絶食的第二日，我纔得了信息，一清早由西南城趕到東北城，進了他的卧房，三條棉被裹了他的身體睡着。這是冬天，不消説了，北方大家小户都生火了，他住的房子又高又大，可是連一個白爐子也没有，因爲他防袁世凱又用煤氣熏死他。因此，我連一件𢿝裘大衣也不敢脱，只是身上感覺沉重，兩隻脚幾乎没感覺了，只好在他房裏不停的兜圈子，一面走，一面向他種種譬解。他是九流三教無所不通的，尋常言語休想打動他，幸而我還有幾套，忽然談孔孟，忽然談老莊，忽然談佛學，忽然談理學。談到理學，他倒感覺興趣，原來他對這門以往還缺少深刻的研究，這時他正在用功，所以談上勁了。但是説到本題——勸他復食，他就另來一套。他説：『全生爲上，迫生爲下，迫生不如死。』這是《吕氏春秋》裏話，他用來説明他絶食的理由，我又用别種話支吾了他，一直説到下午八時，他的精神倒越興奮了，我的肚子裏却咕嚕咕嚕地叫了。我看準了他不至於堅持了，便告訴他我受不住了，要他陪我吃點東西，他居然答應了，我便做起主人來，叫那位聽差兼司厨的進來。好在他本來有偵探的職務的，一晌在房門外伺候着，這天他們這些特務個個心驚肉跳，爲了要擔責任哩，所以我剛開口，門簾就打起來了，我吩咐他做兩碗雞子兒來，因爲飯是趕不及辦了，也防章先生餓的時候多了，怕不方便。一忽兒兩碗雞子兒搞到他床邊，我先遞一碗給他，他一口一個，不消一分時便落肚了。我再遞那一碗預備我吃的給他，他也不推辭，照樣落肚了。我算完了今日的任務，便叫那位聽差兼司厨的給他洗面，又吩咐他們好好伺候，就離開了他。走近大門，那幾位特務都排着向我恭恭敬敬地説一聲謝謝。有一位徐一士先生根據錢玄同先生的説話，記這件事，實在有點不對，我也不用多辯，只把我身經的情形寫在這裏。

此後我更不斷地去安慰他，並且去訪一位吴炳湘的老鄉、參政院參政、桐城派古文名家馬其昶先生，想他能够和吴炳湘説幾句話，却好馬先生正要把他的著作《毛詩考》託我請章先生批評，我就給他介紹和章先生見面，以後他的『門禁』果然鬆了許多。

這年寒假將近，我和湯爾和、邵裴子都不願在袁皇帝『輦轂之下』混事，趕在他『登極』以前，我辭了北大和醫專的教員，湯爾和辭了醫專校長，邵裴子辭了財政部的主事，都離了北京。那時北京和上海的某報把我們辭職離京當做特别的事情登了出來。我們本來都是光蛋，無鄉可歸，這樣一來，只好借光上海的租界了。我住在卡德路祥福里，恰巧對門住的是我的破蒙老師王解元的姊夫楊霞丞先生（楊先生在辛亥年做雲南提法使，雲南光復的前一日，總督李經羲叫他進衙門去，對他説：『吾輩在位，事急惟有一死。』一忽兒李夫人着人把李經羲叫了進去，好久不出來，後來聽差的出來説：『請楊大人回去吧，我家大人出城去了。』楊先生回到自己的衙門，家口已不知去向，這是楊先生親口告訴的），因此，曉得王老師也在上海，還住在相近的善昌里，二十多年不見的師生竟得見面了。

王老師的大哥哥叫王會□，後改名一個『焕』字，别字輔丞，是一個前清的工部郎中。

他和他的大哥哥都和大刀王五有交情。王五是著名的鏢師，北道兒上緑林中人奉他做領袖的，由此可見他們弟兄的氣概了。我十一歲的時候，正是他們死了母親，我渡錢塘江去悼喪。那時正是前清光緒二十一年（甲午後一年），他們在家裏吃飯，桌上都鋪了白布，也可見他們『維新』得早了。那位輔丞先生和一個滿洲人壽山有交情，壽山很貧，王先生常常照應他。壽山做了黑龍江將軍，就把王先生『奏調』同去（『奏調』是向皇帝説明被批准的），一切都託付王先生替他辦。不想庚子義和團的事變，壽山也要盡除黑龍江的中外教士和外國商人，王先生和他大争一番，竟被他殺死。

王老師由舉人揀選知縣（俗叫大挑知縣），分發河南，他雖則做了兩任官，但是不會弄錢，却會用錢，結果虧空了官款，被袁世凱下令查抄家産。可是，他那時已無産可抄，躲避在上海，身邊算有一件青銅器，倒是被金石家『著録』過的，但也不過值得八百上千吧，其餘有點書畫，如他的老鄉趙之謙的手筆一類，後來由我介紹一位朋友，辛亥革命時候攻打南京的炮兵統領徐朔（徐紹楨部下）給他代爲銷售度日。不久他死了，我也窘得不能幫助，還是請徐朔幫助他的後事。

在我要離開北京的時候，去和章先生商議倒袁的事，章先生囑我找張謇先生商量。當我最後和他分别的時候，我很爲難過：一則我好象是他的護衛，我離開了他，不曉得以後他又怎樣；二則他向來送客不出客廳的，這時，他不知不覺下了臺階，看他是不願意我走開，但是我怕特務們的注意，不得不低了頭快快地離開了他。所以我爲他做了一首《高陽臺》詞：

燭影摇紅，簾波捲翠，小庭斜掩黄昏。獨倚雕闌，記曾私語銷魂。楊花愛撲桃花面，盡霏霏、不管人嗔。更蛾眉暗上窗紗，只是窺人。從前不解生愁處，任灞橋初别，略損啼痕。争道如今，離思亂似春雲。銀箋欲寄如何寄，縱回文、寫盡傷春。奈人遥，又過天涯，斷了鴻鱗。

這是我回南後一年（五年）春天寫的，那時没有得到他的消息，可是隔了一個多月，他的信來了。他發信的日子，有郵政局的鋼印，是『洪憲元年五月三日』，我收信的時候，郵政局鋼印上没有『洪憲元年』，仍就是『中華民國五年』了。這個信封我認爲很可寶貴，已送給浙江圖書館或博物館了，抗戰後却不曉得還在？

我在上海住了幾個月，生活没法維持了，應德閎先生送我三百元早用完了，我把明初板《洪武正韻》一部、譚獻過校的《意林》一部和别一部記不起名的託朋友向商務印書館張元濟先生賣了十六塊『大洋』，也不够付一個月房錢。幸而天氣向暖，把在北方必需的幾件皮衣，一股兒連箱子交進當鋪，得了八十多塊錢，終究不是『持久之道』。總算命不該絶，浙江獨立了，莫永貞先生做了財政廳長，龔寶銓把我介紹給他，莫先生馬上把我『經師人師』的恭維一番，請我屈就他的秘書，其實我正不得了呢！

我因此便搬家回到杭州，住在飲馬井巷一所古舊的房子裏，這所房子經太平天國的軍人住過，樓上房門上還有他們寫的什麼□大人□大人奉命□□在此住□夜字樣和秧歌式的小調（並無正確的革命觀念），可惜我不曾把它攝個影下來，但是值得紀念的吧！天國軍隊走了，頭一個住這所房子的是刻《榆園叢書》的許益齋先生，他的名是一個增字，别字邁孫。他是一個有名的幕僚，歡喜藏書、校書，還喜刻書，詞也填得不錯。這位先生在杭州聲名不大好，他抽大烟，也喜打牌，他有六七個姨太太，但是他的姨太太可以來去自由，他的人生觀，真做到一個達字，所以一般人都毁他，只有一位『言行不苟』而且爲清末有名『循吏』的陳豪先生（陳敬第先生的父親）却和他做朋友，還要好。清末一位達官兼文學家的樊增祥，來到杭州，特地去拜訪他，説他是『晋宋間人』。這也算這間房子的歷史。

這年九月，莫先生要到北京參加財政會議，他問我：『高興去北京逛逛？』我做他的秘書，自然不能説不高興，而且我也很戀愛北京，就比他先到了北京，和他同住在白廟胡同的大同公寓。可是整一個月没有見面，我還是逛琉璃廠，跑醫專，找湯爾和談天，那時他和邵裴子都復員了。一天，我的那位陳老師，説起國會裏許多浙江同鄉（陳老師這時做衆議院議員），想叫蔡鶴卿（蔡元培的别字，後來改做孑民）回來做浙江省長（這時蔡先生在德國），打了電報去，他回電説，回來是可以的，但不願做官。我就和湯爾和説：『北京大學的校長胡仁源有點做不下去，何妨把蔡先生請回來替代他。』湯爾和說：『這是很好的，但是蔡先生不是辦事之才，你可以幫助他。』我說：『人家恭恭敬敬把我請得去，完全不拿「僚屬」看待我，我現在怎樣可以就說辭職？但是我有辦法，我們只須把北大内部布置好了，就不使蔡先生爲難，以後更無問題了。』我想，找陳仲甫（就是陳獨秀）來做文學院長，是很適當的。理學院長讓夏元瑮擔任，聲望夠的（他是夏曾佑先生的兒子，德國留學生，本是北大的教授，研究相對論）。法學院長仍舊不動吧。另外請沈尹默在實際上幫忙。湯爾和連聲說好。第二日，他就去和教育總長范源廉說了。范先生正找不到北大校長，開心得了不得，一面打電報請蔡先生回來，一面便向總統黎元洪説明，自然絶無問題的發表了。

我在北京住了一個月，覺得老是閒逛，興趣索然，便留了一封信給莫先生，徑回杭州。剛過陰曆的年，忽然來了兩位遠客，就是廖容兄弟，他們倒地便拜，我們聚了寒暄，談了一番討袁的經過，他們便告辭，仍舊往北京讀書去了。我也得了蔡先生電報，叫我回北大擔任教授，我纔向莫先生請假，先到北京看上一看，後來終於辭去浙江財政廳秘書，任北大教授了。

廖容兄弟曉得我又到北京，仍不斷地來和我談，談的也更深了。廖容以爲看中國情形，仍須有從草莽起來的，纔可平定，因此想出居庸關走沙漠，結納馬賊，樹成勢力。但是關外没有滿洲、蒙古有力的人介紹，不很方便。他們就靠着他們的叔父和前清湖北按察使梁鼎芬是要好朋友，這時梁鼎芬是宗社黨的領袖，他們便由梁鼎芬交結了前清陜甘總督升允。張勳復辟運動，他們事前曉得了，來告訴我，請我早早避開。我正要趁暑假回南，果然我離開北京，東華門的事情就發作了。他們得升允的介紹，到滿洲、蒙古各處王公那裏，一度和白俄謝米諾夫也有往來，所以他們到處毫無阻攔，有時仍入關來，必來拜我，商榷方略，廖容文秀不改，廖毅却完全象蒙古人了。我留他們吃飯，廖毅一下子八碗落肚，還説可以再吃。他們談起和馬賊決鬥，有聲有色，連我也把在廣州長堤跑馬的興子引起來了。從十一年以後，他們竟不復來，後幾年忽然在北京報紙上見到奉天破獲宗社黨，有廖毅的名字，已被張作霖殺了。廖容究竟怎樣，到今還未曉得，但他們決不是想替滿洲愛新覺羅氏復興社稷，那是我很曉得的。

我在北大仍取教書不問別事的態度，因爲一則我曉得自己没有辦事的才能，在醫專的時候，還兼辦文書，但是，極平常的一件公事，我還不能辦得『恰到好處』，時時要湯爾和修改，覺得經過他改以後，就情理都合，因此，我便看得事真不易辦，也就不願再問別事了。二則我從元年起，就决心做學術上的工作，便研究中國的文字，要寫一部《説文解字六書分纂》——後來改了『體例』，叫做『説文解字六書疏證』，這時興趣正是濃厚，又加我在北大擔任着老莊哲學的科目，感覺到莊周的學説和佛學太相象了，便要參考一下佛學，所以也没有時間去問別事。

可是，事情找上我了，『平地一聲雷』的『五四運動』在我埋頭寫書的時候爆發了，這是八年五月四日。我完全沒有得到一些消息，突然聽到各大學的學生會集在天安門，要政府懲辦賣國賊，拒絕日本對膠濟鐵路的要求，還一條長蛇陣式子直向趙家樓找賣國賊。趙家樓是外交總長曹汝霖住宅所在的地方，當時駐日公使章宗祥正在曹家，聽到消息都逃避了，他們撲了個空，有人冒火了，便演成一出火燒趙家樓。因此，被認爲現行犯的許多學生如許德珩、蔡海觀等都被捕了，這樣事態便擴大了，各大學都成了怠課狀態。

在學生和政府相持的狀態底下，北大校長蔡元培先生寫了一張小小便條，說什麼『民亦勞止，訖可小休』『殺君馬者道旁兒』，一徑離開北京上天津了，失掉一個學生和政府中間的『第三方面』，事情更難辦了。北大文學院院長陳獨秀先生一天把傳單塞滿了他的西服上兩口袋，跑上城南大世界最高的樓上，把傳單雪片地往下散，因此，陳先生也被捉將官裏去。

這時，北京各公私立的大學（那時，國立的除北大稱大學以外，如法政、醫學、工業、農業，都是專門學校，還有男女兩個高師，一個明年便改做專門學校的美術，當時稱做八校，此外如朝陽大學、中國大學、匯文大學等都是私立的）的校長無形的成了一個集團，各校教職員也各自組織起來了，學生自更不必說。

到了五月快要過完，沒有解決的希望，學生就想罷課。教職員方面怕一罷課學生就散了，而且正近放暑假的時候了，因此勸告學生，學生方面也有『持重』的，所以頭一次開會没有通過。但是，他們想了分組遊行演講的辦法，終究在五月底宣告罷課，教育園地裏成了『遏密八音』的氣象。

演講隊在街頭巷尾，三五成群，高舉白布旗子，寫上『山東問題』等等口號，背了板凳，站在上面，向老百姓演講。起初大家理會不了，經他們『鍥而不捨』，終究唤起了群衆的覺悟。軍閥政府的領袖徐世昌不能不理睬了，據説，他聽了三個賣國賊裏面一個叫做陸宗輿的話，居然下毒手了，把一群一群的大小學生（那時中學生也響應了）捉來，送到北河沿北大第三院（法學院），把他們當囚犯似地關着，把北大三角形的三座校舍，都用兵圍着，校舍門外排列了帳篷，真有『連營七百里』的樣子。

那時，北大成立了教職員會，推康寶忠做主席，我做書記，由北大教職員會發起組織了北京中等以上學校教職員會聯合會，也推康寶忠做主席，我做書記。後來康先生因心臟病死了，我就改任主席，沈士遠（也是北大教授）任書記，我因此和北京教育界發生了緊密的關係。長長的十幾年裏，教育、革命、抗戰雖則説不上是我領導着，我也不客氣地承認我是關係人裏面重要的一個。那時，由教職員會聯合會向政府説話，所有披露的文字，都出於我的手裏，我倒得了機會，習會和人打筆墨官司的一套，直到我最後離開北平（我在二十五年夏天最後離開北大，那時北京已改名北平了），如果編一册《代言集》，材料倒也不少吧。

關在北大第三院的學生們，整日水不到口，飯不入肚。教聯會的各校代表得了消息，設法送茶送飯，都不許進去。直到第三日輿論起了反響，學生的家族也和政府打麻煩了，一輩軍閥政府的官僚，還讀過些四書五經，輿論倒很注意的，所以茶飯也得送進去了。

教聯會推舉了八位代表，要進去看看這些被幽禁的大小朋友，起初照例不許，不想惱了一位滙文大學的代表（滙大是燕京大學的前身）美國人博晨光，他竟大踏步朝裏走，我也戳着他的牌頭，衝了進去。那些武裝同志，對於『洋大人』是不敢得罪的，和我也不爲難了，只攔阻了其他六位。我們到了裏面，大小朋友們自然好象見了親人一樣，個個跑過來，要說不說，只表示着一種形容不來的感情。終究我是中國人，被他們格外親熱，博晨光也就此走了。但是我剛說了一句安慰的話，倒惹動了他們的反對，他們却要求我演說。我想在這種『武裝同志』監視底下，好說什麼話？却又不能不允許他們的要求，一時心靈起來，想這些『武裝同志』，『來自田間』，『目不識丁』，我只要『咬文嚼字』，他們是不會懂的，因此，有恃無恐，很安詳而慷慨地把外邊消息隱約告訴了他們，再鼓勵了他們一番，贏得他們個個拍掌，我纔轉了『詞鋒』，勸告他們各自回家（這是監視的『武裝同志』囑咐過的），他們却回答我一句：『寧死也不回去。』

這樣三日，自然有人向政府說，這樣的辦法不妙，徐世昌也識風頭，就解圍了。這時，教育總長范源廉辭職離京，次長袁希濤代理部務，我們教聯會代表頭二十個，死纏住了他，好象討債的，他也只得『挂冠而去』，來了一個和教育界太無淵源的傅岳芬，也了不下這個風潮。可是，風聲早已傳遍了國内國外，學聯會派了代表向上海、廣州進發，全國大中學生都響應了。『五四運動』，已經不是一個單純爲外交問題，在民主和科學兩個口號底下，改成了一個時代意識，被青年首先接收去了。因此，上海教育界的人們和工商界的知識分子發起了拿罷市做後盾的要求罷免三個賣國賊，纔把徐世昌嚇倒了，給三個賣國賊做些假面子，准許他們辭職，纔算結束。我呢，在這次大風潮裏，接觸了官僚的作風，也算得些不需要的常識，我的辦事也相當老練起來了。因爲從『五四運動』開始後到結束，教聯會是我主持着。

有一件事情，可算『五四運動』裏的插曲吧。在風潮高長的時候，我是每日從早晨八時到晚六時，有時直到八時以後，都在沙灘北大第一院（文學院）三樓臨街中間一間教員休息室呆守着，爲了保持各方的接觸。有一日，我已回家晚飯，忽然得到電話，是休息室工友打來，叫我去開會。我想，有什麽會？向來有會，我總事前接洽的，這是什麽會？但是不好不去。到了第一院問起工友，他只對我説：『東屋裏開會啦，有人在簽名啦。』我過東屋去一看，長桌上擺了一本簿子，寫着：『北大遷往上海，老師同學願去的請簽名。』（原文記不清了，這是大概文句。）果然，已有教員、學生簽上幾個名字，我還記得有『五四運動』

的『鉅子』北大同學傅斯年、羅家倫的大名。我想，這真怪事！是什麼人的主張？我便退回休息室，且看動靜。一忽兒劉文典先生來了，他說：『開會？』我說：『不知道，不過你可以往東屋裏看一看。』他聽我的話有點蹊蹺，一看便來問我：『你看怎樣？』我說：『我們不是要奮鬥？奮鬥要在黑暗裏的。』他轉身便走。第二日，他來告訴我：『昨晚我把你說的話告訴了獨秀，他說：「你的話很對。」他已把傅斯年、羅家倫叫去訓了一頓。』果然，這件事算就此不提了。

但是五四風潮雖告結束，蔡先生却回了紹興，不肯再做北大的校長。因此，各大學的校長也不敢『復職』。各方又費了一番心思，教育部和校長團、教聯會、學聯會都派代表南下挽留，蔡先生還不肯回校，終究由校長方面挽留蔡先生的代表湯爾和替他出上一個主意，叫他的學生，正在江蘇教育會辦事的蔣夢麟做代表，替他回校辦事。可是，蔣夢麟先生在北大裏毫無根瓣，拿什麼資格來替蔡先生代辦校長的職務？北大裏原有幾位怕江蘇教育會來搶北大的，便放了空氣。可是，蔣夢麟先生已經到了北京，假定不讓他來做代表，連蔡先生也不回來了，仍就妨礙了大局，又是我在裏面疏通疏通。幸而蔣夢麟先生很識相，在某晚出席教職員會上很謙虛地說，蔡先生派他來代捺捺印子的，一切請各位主持。因此，大家也沒有怎樣他，只得在評議會上通過了聘他做教授，擔任總務長，從此蔡先生離開學校的時候，蔣夢麟先生就代理校長了。

評議會是北大首先倡辦的，也就是教授治校的計劃，凡是學校的大事，都得經過評議會，尤其是聘任教授和預算兩項。聘任教授有一個聘任委員會，經委員會審查，評議會通過，校長也無法干涉。教授治校的精神就在這裏。表面看來，校長只有『無爲而治』，什麽權力好象都被剥削了，但是，北大在連續幾年風波動盪裏面，能够不被吞没，全靠了他，後來北京師大等校也仿行了。我算不斷地被任爲評議員，直到十五年張作霖據北京，我離開北大。

『五四運動』後安穩不到一年，北京大小各校教職員因挨不起餓，發起了一次『索薪』運動。這時，因五四的經驗，大家都曉得組織的重要了。運動開始，便組織了『北京小學以上各校教職員會聯合會』，除了私立各校以外，大、中、小幾十個學校都聯合了，聲勢自然不小。我呢，又被舉做了主席。這時，我真要紅得發紫，因爲我兼任高師、醫專的教員，所以，不但北大教職員會是我主席，高師、醫專也硬把我推上主席，因此，我辦事很有把握，而學生聯合會又有了緊密的連繫。政府覺得很討厭，就用分化手段來對付我們，把京師學務局管轄的中小學分化了出去，我們也用一點手段，對付政府當局。當時的政府當局還曉得老夫子不好過於得罪的，對於我們的要求，三件敷衍兩件，我們也將就了事，算没有把一個團體公然崩潰，我也得了一個教訓。

到了十年春天，大家又不耐饑了，而且實在没法維持了，而且也覺得政府對於教育滿不在意，只是做它妝點門面的工具。因此，除索薪以外，還提出教育基金和教育經費獨立的口號，並且拒絕了他們敷衍的辦法，罷課相持，直到六月三日。那時，教育部長早已没有人敢做，由一位教育廳長馬鄰翼升任次長，代理部務。這位馬先生忒大意了，不但毫無預備，冒冒然來就職，而且對幾十個老夫子的代表禮貌不周，已經引起了反感，他又大膽地答應了發還積欠薪金，他並不曉得積欠薪金總數有七八十萬，政府是無法籌措的，而且他並不先查一查，各校教職員一再地辭職在先，纔後『索欠』的，他不經過慰留，便許發清『積欠』，這樣，便激動了大家必須叫他立刻發清，自然是辦不到的。同時國務院秘書長郭則澐也不會應付，早爲教職員所不滿。所以到了這日（六月三日）北京國立八校的教職員既決議向徐世昌説話，上年分手的公立中小學教職員也自動地臨時加入，還有小學以上的學生也共同來做教育經費運動，一共有三五千人，都齊集在教育部内外，請馬代部長率領往總統府見徐世昌。馬先生倒並不推辭，可是，總統府早已關了新華門（總統府大門），布置了隊伍，在門外迎接我們，我們一到，就被攔阻，就被槍擊。我是以八校教職員會聯合會主席的身份，和聯合會書記李守常（大釗）先生走在教職員學生前頭。我和幾個同事都被打得頭青臉腫（沈士遠先生也是被打的一個），徐世昌還要非法懲辦我們，我們受傷的住在首善醫院，被他派下等特務看守住了卧室。但是，人家勸他不可大意了，教書先生惹不得的，何況實在是政府對不起他們，他纔走向法律路上。説我毁壞他的名譽（這是他要法律解决，法官説：『無罪可附，只有這樣的一個罪名還可以辦。』)，向法院起訴，前清皇帝載湉曾告章炳麟先生到上海會審公堂，這番我被大總統告到法院，也可入了『同書』。結果，我們固然白挨了打（首善醫院的醫藥費倒是教育部擔負的），他也失敗了，因爲我已設法遷入了東交民巷法國醫院（我要謝謝一位徐鴻寶先生，他是替我設法，而且護送我到醫院的），法院没法『傳案』，而且各校教職員説：『要「傳案」大家都到！』後來因暑假已過，非開學不可，由各大學校長等和教育部商量，拉了兩位做過國務總理的，一位汪大燮先生、一位孫寶琦先生，一位做過教育總長的張一麟先生，還有一位是清朝廣西布政使，辛亥革命時反正，做了廣西都督的王芝祥先生出來轉圜，他們三位先到醫院來慰問，纔後法院派了法官，便衣私入醫院，用談話式問了一問，就算了案。

六三事件的規模，不下於『五四運動』，它也是有革命意義的運動，而且『事聞中外』，受到國内教育界的廣泛支持，孫中山先生在廣州也給我們正式的援助。北京軍閥政府的威信就此一落千丈，後來徐世昌又被他的部下一逼，溜之大吉地下臺了。

我這次受傷，雖不曾流血，血却瘀積在腦上，時時發痛，並且神經衰弱的舊病又發了（這因上年爲教育經費問題每日開會，有一日，從午前八時起直到午後八時，没有五分鐘停止説話的，散會後在中央公園裏吃飯，一下子跌倒了，以後就犯了這病），日夜不得睡眠，醫治了幾個月，還没有大好，因此請假回到杭州休息一下。不想浙江第一師範學校在上年因學生施存統(就是施復亮先生)做了一篇《非孝》的文章，鬧成一次大風潮，校長經亨頤因此離校。接替他的姜琦，是一位教育家，但是，那時一師學生自治會做了學校的主體，校長『動輒得咎』，姜琦幹不下去，借要往美國的理由，堅決辭職。一師這個學校，是浙江惟一前進的，一般的人儘管有『食指動』的，却不敢去惹他，急壞了教育廳長夏敬觀先生，曉得我回杭州，就託我的朋友諸宗元先生再三再四地要求我去擔任，終究在有條件的底下接受了。

我雖則做過頭二十年的教員，却不是教育家，我没有辦學校的經驗，我就拿北大教授治校的辦法推行到一師，同時仍不去削弱學生自治會的權力，調劑了一下，算得相安無事。到得第二個學期，有一次爲一件什麽事和學生會代表談話，有一位代表對我語言失禮，我覺得辦教育的失了信仰，只有立刻離開學校，便提出辭職書，可是，學生會也馬上推了代表來挽留，只得忍耐一下。

杭州教育界分成兩系，一系是前進的，一系是保守的(其實是飯碗主義)。保守系裏有我的老師和學生。自然，我在本省早有地位，又加我在北大地位也不算差，他們曉得我不是他們的儔伴，但是，也曉得我是不容易攻擊的，因此，轉用柔術進攻，就是從各方面來拉攏，可是，我有我做人的一套法寶，就是『獨立而不倚』，他們也没辦法，不過他們背着一個教育會，甚至還有一個省議會，都可以替他們出場的、支撑的，我不免有單槍獨馬的顧慮，我倚靠的只有自己的隊伍——學生了。

一師的校舍建築在前清光緒末年，大概是工料的關係，到了這時，屋頂損壞，有坍塌的危險。前任校長提出修理案，省議會總不給他通過。我覺得我怎樣擔得起這個責任？將來有點問題，就給人們一個攻擊的題目。我先招待省議員茶會，希望他們明瞭情形，給予通過修理案，可是，只到了三個議員，一個是沈玄廬（就是沈劍侯），我曉得他們不來的意思了，我只得用點小手法先得了財政廳應急費三千元，後來還在省議會裏正式通過。這件事情給學生曉得我對學校前途還有辦法的，但是，我覺得浙江的教育需要改革，要打開這個環境，不是一個中等學校校長的我容易辦到的，不過我決定想做一番工夫。

我看到杭州教育界保守派的幾位人物，真正覺得太卑鄙了，怎樣可以『激濁揚清』？有一次是教育會推我和一位私立體育學校的校長王先生做代表去見省長。王先生是保守派裏的一位健將，而且專門放炮的，還喜出風頭的，所以推代表常常有他。這次我和他到了省長公署，一位招待員是我的朋友，很客氣地邀進了招待室。我們照例遞給了名片，我的名片上向來不寫什麽什麽頭銜的（後來任國民政府教育部政務次長，纔用了一次頭銜，是爲火車上的方便，也不用在别處），只告訴他是代表教育會來的，可是，他和我們『寒暄』了，又閒談，没得談了，請我們看報，我莫明其妙地等了四五十分鐘，耐不住了，請他替我們傳達吧，他做手勢，表示省長正在睡午覺，我冒火了，我説：『我的學校裏有事，不能再等了！』他纔急急起身進去通報，居然就來請了。我們見了省長（沈金鑒先生），我便説：『我們是爲公事來的，已經在招待處等了四五十分鐘了，我們都有職務，以後有事再來，請省長早點接見。』省長倒很客氣，説：『我不曉得，他們不該這樣。』可是，我看那位王先生好象出了神，我把公事説完了，他也不發一言。

不多時（十一年夏天），教育廳長夏先生要辭職了，那時，廳裏一位秘書許寶駒先生，是北大畢業的（却並未聽過我的講），杭州第一中學校長黄人望先生，是我北大的同事，又是我介紹給夏先生的，我們商量，要改革浙江的教育，應該和廳長是一條路的人，夏先生走了，後來的是誰？和得攏？他們兩位就主張我們自己來。因此，許先生就到北京和蔡元培先生和教育界幾位浙江同鄉討論了一下，他們都覺得是對的。恰好那時一位教育次長全紹青，是北大同事李大釗先生的朋友，經大家把我提出來做繼任的預備，請李先生介紹一下，不想馬上就發表了。那時，各省都有督辦軍事的武官，可是文官都要得他的同意，往往他不同意，就不得到任，督辦浙江軍務的是盧永祥，他比較算好的，我呢，有倔强的脾氣，總不理會這一套，可是，我不得不先去見一見省長。省長是領過我的教的，非常客氣，但囑我須得去見一見督辦，我只得照例『銜參』了一次。盧督辦却也客氣，我就到任了。同官自然也不得不去訪謁一次，此後就都没有特别見面了。照例，新官上任，僚屬要更動一番，而且上司還要推薦些人，叫你不敢不用，我是定了主意不敷衍的，且喜督辦、省長都不交下一張條子。後來聽説，有人去找省長的『八行』，沈先生對他説：『别處我可替你出信，馬廳長那裏我出信也無用的。』他竟不給一封『八行書』，當時經過宣傳，我便清爽得多。

不凑巧，浙江起了大風灾，十一個省立中學、十一個師範學校的校舍，多半遭灾，墻坍屋倒，雪片的告急文書望廳裏飛來。我覺得這是件棘手的事情，因爲必須經過省議會纔有辦法。不想那位教育次長全先生，他以爲自已是醫生，不懂辦教育，却找了他的同行湯爾和去替代他。一轉眼國務院改組，教育總長王寵惠任國務總理，湯爾和升了總長，他便不經我的同意，發表了我署教育次長，而且浙江教育廳長放了一位張宗祥，是我的朋友。這時，我正要帶了視學親到各縣視察教育，弄得尷尬得很。因爲湯爾和相信他和我的交情可以不必徵求同意，我一定會去幫助他的，而我呢，因爲和北京教育界的關係也不得不去，希望更有作爲，更不得不去。張宗祥已急急來上任了，我不得不讓他，但是，我曉得改革浙江教育的希望，是没有了，因爲張先生不是擔得起這種責任的人。我在依照我預定的計劃，巡視了蕭山、紹興兩縣，就算給浙江乃至全國開了一個教育廳長不專在公事房看報告的風氣，我就到北平就教育次長的職了。

我在教育部，大概不過四個月，總算承各校舊同事的情，没有『索薪』的風潮，但也辦不了什麽事。一件中等教育『三三制』的改革，我也不過隨同『畫諾』，因爲這個制度是黄炎培先生們研究好了，湯爾和贊成，我只覺得舊的『四二制』是有弊的，也需改革罷了。

這時，總統是黎元洪，他的外號是黎菩薩，大概因爲他『有求必應』。這年年尾（或者明年年頭）第一屆衆議院議長外號吴大頭的吴景濂，他原是國民黨黨員，後來他不去『護法』，仍就做他的議長。那時，檢舉袁世凱叛國的京師總檢察長羅文幹，正任王寵惠内閣的財政總長，發生了一件奥國庚子賠款舞弊案。吴大頭原是有政府背景的，他一口咬定羅先生舞弊，可不依法向法院告訴，也不由政治程序由國會提案請政府查辦，他却和總統府的『幕僚』串通了，一面請黎總統徑把羅先生拿交法院。這件事原是倒閣的計劃，其實羅先生是個『强項』清廉的官兒，後來經財政部一個科長徐行恭挺身替他作證，他的冤枉是表白了，可是，吃了個眼前虧，王内閣終究讓了他的陸軍總長張紹楨。住在張紹楨宅裏『佳客』黄郛做了外交部長，他到任第一件公事，就是簽字在這退款案上。他後來對我説：『我拿筆還發抖的。』

在羅文幹先生捕交法院以後，國務總理王寵惠、外交總長顧維鈞、教育總長湯爾和是一起的，王寵惠没法救出他的財政總長，湯爾和主張總辭職。第二日在湯爾和宅裏晚飯，湯爾和提出他的主張，顧維鈞不作聲，王寵惠説：『爾和，你是醫生，只要救人，我是負救國責任的。』湯爾和立刻答覆他：『人家正要打倒你，你還想救國？』王寵惠還囉嗦了一回，但是，他們畢竟提出辭職，陸軍總長張紹楨却不『連署』。我呢，自然也辭職。

我離開了教育部，仍回北大教書，直到曹錕的伙計王承斌攆走了黎菩薩，曹錕用『賄選』做了總統，吴佩孚拿曹錕大兒子的資格，入京『清君側』，槍斃了曹錕的『男嬖』李燕青，令馮玉祥出關討伐張作霖。馮玉祥中途『倒戈』，把曹錕軟禁在延慶樓，由黄郛出來『攝政』。黄郛先生和我在北大有同事的關係，他原來是教育總長，參預馮玉祥先生軟禁曹錕的計劃的，所以由他代理國務總理，由他的内閣攝行大總統職務。後來他把教育總長讓出來給了易培基，通過李石曾先生的關係，請我去幫忙，我便第二次任教育次長了。

那時（十三年冬天），馮玉祥先生帶了國民軍第一軍，孫岳先生帶了國民軍第二軍，胡景翼先生帶了國民軍第三軍，都是革命的行動。孫岳、胡景翼兩位本來都是革命黨，實際，這件事和廣東孫中山先生有關係的，所以孫中山先生也就宣言要『北上』。在前，孫先生和段祺瑞、張作霖發生了聯繫，合作討伐曹、吴，不想這時，段祺瑞深恐孫先生到了北京，他就不能和孫先生争地位。他本是袁世凱部下龍、虎、狗三傑裏的一隻虎（龍是王士珍，狗是馮國璋），他很想繼承袁世凱的大位的（王士珍不歡喜争權，也淡於名利），所以他不贊成袁世凱做皇帝。袁世凱『金匱』題名（袁世凱造了一座『石室』，裏面置了一個『金匱』，匱裏放一本册子，題上三個人名，預備他死後揭開來看，誰是第一名，便繼承他的地位，段祺瑞也在裏面），却把他的大兒子袁克定名列第一，預備傳位給他，被段祺瑞曉得了，自然更不贊成袁世凱做皇帝，並且露骨反對，纔被袁世凱監視了。袁世凱死後，馮國璋倒被舉了副總統，並且補了大總統，徐世昌也趕上他前頭，做了大總統，甚至曹錕也坐過這把椅子，段祺瑞自然不甘心這時再退讓了，所以他便『近水樓臺』（他住天津）一下子帶了他的幕中人章士釗、林長民、梁鴻志、李思浩一輩先到北京。他却不肯繼承曹錕的大總統的『統』，自己以爲他是革命的，就想出一個特別名詞，叫做『臨時執政』，這還有一點怕孫先生來不得下臺的意思吧。

段祺瑞一到北京，立刻組織政府，發表梁鴻志做秘書長，龔心湛做内務總長，吴光新做陸軍總長，李××做海軍總長，章士釗司法總長，葉恭綽交通總長，攝政内閣裏三個次長留任，外交部沈瑞麟代理部務，農商部劉治洲代理部務，教育部便是我代理部務。我對於『出處』向來自主，不和别人商量的，因爲不當和人商量的，不過這時我爲我的做官完全不是個人主義，此番應該怎樣，便訪問幾位朋友，如張繼、王法勤、李大釗、馬裕藻等等，聽聽他們的意見。有些説：『段祺瑞也是軍閥，不做下去好。』有些説：『教育部關係革命很大，我們不應放棄，何况孫、段是有合作密契的。』我從多數的意見，就繼續做下去。可是，我成了直接的當家人了。幸而段祺瑞心上也没有教育兩個字，所以推廣或革新教育根本不必談，我只把北京的大中小各校維持得好，雖則薪水不能不欠，我總每個月使各校的朋友相當滿意，尤其注意到中小學方面，所以大家對我『宛如家人』。我那時就感覺到應該負責任的不積極去負責任，就自己搞糟了。我也掏不出腰包，不過我心心在這輩朋友和青年子弟身上，不怕麻煩，用些手段（我用的手段，絶對避開『陰謀』性質，所以我向來反對對付人用手段，但是反對的是有『陰謀』性的手段），向財政總長麻煩。那時李思浩先生，可以説是很幫忙的，因爲他總没使我失望過。

這個時候，後藏的班禪喇嘛額爾德尼被逐，投奔中央。在清朝，他是『國師』，『國師』來朝，有特别禮節，經過城門，要替他搭天橋，從橋上進城的（這是我據筆記的傳説，没有查過《大清會典》），這時，自然兩樣了，但是，段祺瑞還拿皇帝接待『藩王』的儀式，『賜宴』一次。段祺瑞在臺上居中南面，獨占一桌『酒席』；班禪喇嘛在臺上右邊稍前一點，也是南面獨占一桌『酒席』；我們國務員和『滿蒙王公』，每桌六人，每個國務員配上滿蒙王公五人，大約有十多桌，都在臺下。當時還召了北京名角唱戲『侑酒』，譚叫天的孫子譚富英不過十八九歲，演了一出什麽，我忘記了，然而他唱的是戲中戲，我是這齣戲裏的一個配角。

在我回杭州任一師校長的時候（十年），北京北大、師大的青年在杭州的，許多和我聯繫了（那時，有『馬黄黨』的一個名詞，是杭州教育界保守派造出來的，黄是指黄人望先生。還委屈了蔣夢麟先生，稱他做蔣腿），他們認爲我是可以發揮革命作用的，從我再到北京，益發有青年集中到我這邊。這時，北京地下工作的國民黨漸漸露面，共産黨也早在地下做工作，因爲國民黨已容納了共産黨，所以，秘密的公開的只是國民黨，我被任做北京特别黨部的宣傳部長。

國民黨開第一次代表大會，北京特别黨部和北京市黨部都有代表赴廣州出席。那時，朋友們要推我一走，我没法分身，就推了張國燾、許寶駒等幾位。許先生問我有什麽建議，我說：『革命一定在幾年裏成功的，不過國民黨得了政權以後，立刻要拿東西出來，我覺得現在已是急需預備的時候了，你可替我轉達一點意思，請總理（孫先生）注意設兩種機關，一個專門做調查工作，一個專門做研究工作，調查的材料供給研究，研究的結果來做計劃，免得「措手不及」。』後來，許先生回來，答覆我是：『總理接受這個意見，很高興。但是，孫先生說：「軍費浩大，專設機關，恐怕不易，調查工作，我再設法，研究工作先叫王雪艇（王世杰的別字）他們做起來，我津貼他們些。」』（那時王先生們正辦了一個什麽周刊。）

不久，孫中山先生扶病來到北京，北京的知識青年，没有剩了一個，都湧到東車站，要見一見孫先生的顏色。市民也瘋狂似的擠到正陽門前，路也不易通過。我還兼了一個國務員的身份，和龔心湛等都在停車的地方『恭候』，車到了，我便上車，碰着了吴光新剛要下車，他是從天津伴了孫先生來的。他向我說：『先生在裏面。』『先生』是國民黨裏對孫先生一個恭敬的稱呼。我就向頭等車卧室找到了孫先生，看他『滿面病容』，着實感動。他是爲了什麽？ 孫先生也就起身下車，直赴協和醫院，後來又遷住鐵獅子胡同顧維鈞的住宅。

如織的光陰，到了三月十一晚上，我剛從鐵獅子胡同回家不久，想睡了，楊杏佛一個電話，叫我快去，我曉得孫先生到『彌留』的時候了，急忙又趕了去，果然，孫先生這天就離開了中國國民，也和世界訣別了。十二日有國務會議的例會，我正要看看段祺瑞的態度，到了段宅（那時，國務會議都在他的家裏開的），曉得國務會議爲了孫先生過世，停開一次，這是前清『輟朝』的例子。看見大家都在段祺瑞書房裏，我也走了進去，段祺瑞正在議論孫先生說：『辛亥革命，不是孫中山的功勞。』章士釗就接着說：『是的，章太炎也這樣說過。』段祺瑞就拿出他做好送孫先生的輓聯來，叫大家推敲，特別對李思浩說：『贊侯，你是進士出身，你斟酌斟酌。』李思浩自没說話。也就商量到孫先生『飾終典禮』，不過『照大總統在職病故例治喪』，派内務次長王耒辦理。

孫先生的遺體定第二日下午二時入殮，段祺瑞原說來送殮的，可是到了一時還未『駕到』，電話催問，說是脚痛不來了，派内務總長龔心湛『恭代』。說到龔心湛呢，孫先生在倫敦中國使館被囚，那時公使正是龔心湛的叔父，龔心湛這時也正在那裏。這日上午，王耒爲某事辦得不妥，李烈鈞和他鬧起來了，王耒把他的老同學汪精衛請出來，纔算顧了面子，但是已經給大家一個不痛快。這時聽到段祺瑞說來不來，還派龔心湛代他來，青年們添了一把怒火，還虧幾位前輩壓住了。其實段祺瑞正因爲革命黨和成千上萬的青年都在那裏，他怕呢。

大概過了一個多月，段祺瑞發表的教育總長雲南唐繼堯的代表王九齡到京，先有人來對我說：『他到一到任，仍要回雲南的。』叫我仍就做下去，王先生也來周旋一下。可是，王先生是抽大烟，早被各校曉得了的，他們議決反對他，他到任的時候，他們一群代表要當面和他爲難。我自然爲難了，不免進勸一番。他們説：『這不是你的事。』我正爲難，而警察總監朱深伴同王先生到部(向來没有這種例子)，朱深找我先談，要我替王先生去向各校代表解釋。這分明是給我一個難題，但是，假使他不是警察總監，還有商量，他拿警察總監的身份向我説這話，我自然一口回絶，不能照辦，馬上送出辭呈。朱深大概也去報告了段祺瑞，當晚下了把我免職的命令。

我這次在教育部，却遇幾次學潮，如北京醫專、美專、農專、女高師，却都不是『索薪』問題，而是他們校内教師、學生雙方都有政治關係的風潮，就是國民黨内的國共鬥争，倒很費了我的心。同時有一件事情幸是我在教育部。原來内務部得到情報説共産黨首領李守常(就是李大釗)在各校活動，諮請教育部查辦。我把他壓下了，否則李先生不必等到張作霖做大元帥就會被捕。

我又回北大任教授了，教育風潮也多而激烈了，革命的氣氛也籠罩着北京了。十四年五月三十日上海南京路的血案消息傳到北京，我和國民黨許多朋友就組織了五卅慘案後援會，我就任了最高職務的名義。那時會所設在東城，我却住在西四牌樓大拐棒胡同，每日到會辦事。有一日，有人告訴我：『有偵探跟着你來。』第二日我從家裏坐人力車走出胡同，果然見一個不三不四的人對我的家門坐着，旁邊擱着一輛自由車。他見我的車子拐了彎兒，就騎了自由車跟着。我已覺察了，直讓他跟到後援會相近，我突然下車問他：『你奉了誰的命令跟我？』他立刻轉身就逃。以後胡同口上便没人坐着，車子後邊也没人跟着了，原來這也是朱深對付我的。

後援會辦了一件痛快的事，就是英國公使館的華人罷工，這件事鬧了十來天，工友們都同意了，却要一位資格最老的中文『文案』董先生參加方行。這位董先生在英使館有二十五年的歷史，再經五年，就可以得養老金休息了，他自然捨不得這個職務，但是我們朋友把愛國大義説他，居然也被説動了，但許他必定給他找個職務，因爲他的家累的確也重，不能一日没有事的。他似乎不相信一輩青年朋友，最後由我和朋友們招待董先生和使館華人代表談判，他們曉得我是有地位、身份的人，便答應了。罷工實現，英人大吃一驚。那時慘案還牽涉日本的，因此，日公使館也起了戒心。可是，我到今朝還覺得做了一件對不起人的事，就是没有給董先生找到職務，因爲事關外交，機關裏都不敢請教，結果，英國人識相，都把他們請了回去。

這年的冬天，因爲段祺瑞對孫先生有背信負義的行爲，而且他漸漸地敵視國民黨了，王九齡果然不久回去雲南，章士釗兼署教育總長，他是段祺瑞『智囊』裏的一個，替他出力對付教育界。北京的國民黨人尤其是青年，對段祺瑞極度不滿意了，便來一個『首都革命』的口號，學生和文化界、工商界的民衆聯合上兩萬人，由自由車行犧牲一天的利益，把自由車做了一道闌栅，在天安門宣布了段祺瑞種種罪狀，我是被推做主席的。段祺瑞派出隊伍，『如臨大敵』，但是因爲有廣大的民衆參加，他也不敢怎樣，大概他還是一個清朝的秀才，讀過四書五經，還看看佛經，他腦子裏還有人民不可欺侮的觀念。散會後群衆分隊遊行，在激昂的氣氛裏，打毁了一兩處段祺瑞部下要人的住宅，燒了晨報館，因爲他平日有反革命的言論表現。

後來（不記月日了），又有一次，仍想在天安門集合，做更大的行動，北大學生由第三院出發，我和朱家驊各領了一隊。正要出去，大門已被警察封鎖了，大家回頭，開邊門走，這時，我反成了『殿後』的，而且已離開了隊伍，不想邊門也有了警察，幸是少數，所以走得快的都衝了出去。那邊門平常不開的，門檻離街道上有二尺多高，我剛要下去，被警察飛起一脚，正中了我的鼻嘴，都發木了，只好『鎩羽而歸』。天安門的群衆也被軍警驅散，但也没有傷害。

十五年的頭上，段祺瑞改行内閣制了，許世英做國務總理，易培基又做教育總長了。那時，教育經費仍是常常發不出，許多朋友和我計劃，我們本來主張教育經費獨立，孫中山先生也贊同我們這個主張，我們還是再來試一試，擬了一個教育特税辦法。那時，浙江省長夏超派了黄人望到京，和許世英先生接洽事情，就由黄先生和許先生接洽，得許先生的贊同。許先生和我本來相識的，因此，就在國務會議上通過這個提案，而且發表了我督辦教育特税事宜。我明曉得這件事當然不是段祺瑞願意的，而且也絶不容易辦，因爲歷史的關係，嘗試一下，果然會同辦理的財政部、京兆尹，表面上敷衍我，實際上連督辦公署的經費也無着落。不到一個月，『三·一八』的事情發動了。

這時，北京的國民黨黨部已分成兩個，一個是西山派，由林森、鄒魯、張繼、謝持一輩領導的，他們怕國民黨被共産黨篡竊了，他們反對階級鬥争，他們主張國共仍就分開，但是他們是孤立的。我呢，雖然信仰社會主義，却不贊成暴動政策，我和李大釗談過，他在共産黨的紀律底下，没有表示，後來他們常有紅字的傳單，明白鼓勵暴動，我因此也參加了西山派。

『三·一八』的事情，我算是西山派黨部的參謀長。這日也有頭兩萬人浩浩蕩蕩地直趨執政府，吶喊的聲音，一里外都可以聽到，各校的教授，尤其是北大的教授參加得很多。段祺瑞調了衛隊警察想鎮壓我們，群衆又圍住了他們，互相争持了幾個鐘頭。群衆不散，段祺瑞的衛隊開槍了，被傷害了十七個（這係憑我的記憶，怕還不止這幾個），又遭驅逐，群衆纔退。這件事情，兩個黨部雖則對立，也各自計劃，但行動上都要争先，後來因爲西山派方面没有受傷害的，有説西山派不過出來敷衍敷衍的，這是冤枉了他。

十九日我便寫了一個辭職呈文，痛快地教訓了段祺瑞一頓，我也被通緝了，因此又進了東交民巷法國醫院，吴敬恒、李毓瀛、蔣夢麟、朱家驊、易培基也都住在法國醫院或六國飯店。以後張宗昌進北京，殺了《京報》總編輯邵飄萍。（比邵飄萍先被殺的是《社會日報》總主筆林獬，他別字少泉，在報上的筆名就叫白水，他在袁世凱時代就辦報，被袁世凱每月送三千塊大洋封了口，一時『起居』闊綽起來，他倒並不自欺，公開地對人說：『我變了金人兒了。』）黑暗光臨北京文化界、教育界的頭上了，隨後吴佩孚、張作霖都到北京，他們大有桃園結義的氣概，拜了把子，北京因此更加恐慌，我纔『易服』（我除了做官不曾穿過西裝，這次却换了西裝，扮了商人模樣）混出北京，直回杭州。

這是十五年的夏天，這時浙江省長夏超是我的朋友，在我做浙江教育廳長時候，他是浙江全省警務處處長兼省會警察廳長，他很不滿意外省人統治浙江，所以願意我留在浙江，可是，我一忽兒也離開了。這次我回杭州，就先託黄人望勸他參加革命，他正對孫傳芳和他的部下督辦浙江軍務盧香亭不滿意，因此被我説動了，就請我代表到廣州和國民政府接洽，大概是中秋邊的事情。

當我還没有離北京的時候，我覺得革命的力量，還是需要集中，不當分散，曾經和幾位青年（西山派）表示我的意見，這樣孤立而不能發展，是違背了革命的『宗旨』。回南以後我又和一位青年説了，希望他們趕緊加入軍事工作，他們果然接受了我的建議，聯名登報聲明脱離西山派（王昆侖、許寶駒等都是這時退出西山派的），等我代表夏超到廣州，他們已經有七八成都擔任着革命工作了。我在廣州和中央黨部主席張人傑先生、國民政府主席譚延闓先生接洽妥當，委任夏超做『國民革命軍第十八軍軍長兼理民政事宜』，回到杭州，交代清楚。我曉得夏先生的决斷力比較是弱的，而且他只有保安隊和警察兩部分力量，不免增加了他的遲疑，我就冷静地等他一下，到了蔣介石統率的中路軍已和孫傳芳在江西正面接觸，孫傳芳集中了他的兵力來對付，我就請黄人望、許寶駒兩位去催促他發動接應。他和他的十兄弟團商量一回，大家因爲浙軍周鳳岐一師被孫傳芳調赴前綫，恐防有礙，周鳳岐也是十兄弟團的一個，不能不顧。當然，這個消息會立刻傳到周鳳岐那裏的，周鳳岐就瞞了孫傳芳，把他的部隊向浙江撤回，這也是周、夏的鬥争。夏先生得到這個消息，立刻找我决定宣布獨立。那時，盧香亭部下兩旅也開赴上海了，省裏都是夏先生的部下，我請他立刻出兵開赴淞江，防禦盧部過來。他辦事不够密不够快，一則不曾把在省的盧香亭部屬扣留起來，致被泄漏了消息，軍事策略並未『謀定而後動』，臨時布置，他和他的部屬都没有軍事經驗，軍事的技術也差，再加保安隊的訓練也不够，而且他在平時爲了避免盧香亭的注意，運輸軍火甚至訓練軍隊，都是不能完全公開的，所以『倉卒之間』不能立刻動員。及出發後還未到達楓涇，盧部孟昭月旅已快到楓涇，只得拆斷三十八號大橋爲抵禦。這從軍事上説，已失了優勢。

當時，就部署省政機關，除夏先生兼理民政已有『明文』外，仿廣東例子，設建設、教育、財政、司法等廳，和夏先生商定了一張名單，現在只記得朱家驊長教育，我長建設。這日，因我在廣州，由張人傑先生面囑，請夏先生撥十萬元付上海鈕永建先生。這時，鈕先生是駐上海，和各方接洽且籌畫軍事的。夏先生開了一張支票，由我找勵乃驥先生立刻由早車帶走，幸而車已通過，不曾出事。這日下午，我和蔣夢麟渡錢塘江到紹興，宿了一晚，第二日走寧波，由寧波乘輪船到上海，找鈕先生想法補救，但是鈕先生一下子也没辦法。這日，曉得夏先生的隊伍已折回嘉興，盧部孟昭月和段××兩族都過楓涇，大事已去，因夏部的戰鬥力太缺乏。杭州仍就被盧部占據了，孫傳芳命令『通緝』我和黃人望、許寶駒、王强四個，我的名字『忝居第一』。

我在上海住在法租界蒲石路漁陽里裏面的昌餘里，仍想夏先生能够從上江（錢塘江上游）設法『再振旗鼓』，一面請黃人望先生到九江去報告蔣介石，一面派了一位朋友到桐廬一帶打聽，没有確實消息，許多傳説，也没法證明。後來聽到他已到了上海，住在哈同花園，託人轉託姬覺彌的同鄉一位馬姓的去打聽，並不絶對否認，但是，這是上海灘的買賣行爲，到底夏先生早在杭州被孟昭月槍斃了。

據相當可靠的消息，夏先生的確想往上江走的，因爲他的部隊在上江的還不少，但是他不知怎樣，忽然回頭從江干翻山過嶺，到了西湖南岸，跟到他的是他的一位部下。他們每人腰上纏了幾千元紙幣，他自己胸前還挂了一尊西藏的護身佛，聽説是班禪喇嘛送給他的。他們在黃昏時候，想往西湖北岸花塢地方去，不想遇到了哨兵。他的那位部下走在前頭，相隔有百來步路，先遭哨兵喝住，問他：『你是不是夏超？』他只做了個姿勢，哨兵便放了他，去向後面的人攔阻，原來正是夏先生。夏先生被捕，解到司令部，驗明不錯，孟昭月問他些話，夏先生只説：『你要槍斃就槍斃，没有話説。』這個消息，似有漏洞，但是聰明人去看他，可能是這樣的，總之，夏先生是被捕而死了。

這年年邊，我得到蔣介石的任命狀，任命我做浙江政務委員會委員，同時，委員除了國民黨裏的共産黨黨員兩位外，還有褚輔成、蔡元培、查良釗、魏炯、沈鈞儒、朱少卿（還有别人，記不得了），主席是張人傑，代理主席是褚先生。那時，浙江省城仍就入了孫傳芳手裏，所以我們從上海到鄞縣（寧波）去就職（我在這時，把二十多年的長鬚剃去，爲預備『亡命』），其實寧波也没有正式被收復，不過没有孫傳芳的軍隊，只有浙江第二師的旅長石鋒（和我是養正書塾的同學）在那裏。我們當夜得了段××旅往寧波開來的消息，就在魏炯先生家裏宿了一夜，第二日大早，分頭各奔前程。

我和蔡先生同了三位青年朋友，一位是姜紹謨，一位是勵乃驥，一位是戴應觀，從上海來的，這日，就請戴先生回上海報告我們的家庭。姜、勵兩先生作伴同行，乘小火輪到象山縣城宿一宵，曉得段旅已到寧波，我們又乘過山籃轎到東鄉勵先生家裏。住了六七日，有象山縣縣知事要來拜訪，雖則他並没有『惡意』，我們却有『戒心』，一夥兒又投黄公岙勵先生的同學史文若先生家裏，住上幾天，風聲還是不好，又投奔石埔勵先生的妹夫紀先生家裏。紀先生的父親是一位孝子，又是慈善家，他在石埔是惟一無二受尊敬的，石埔又是一個大鎮，比較東鄉黃公岙局面開闊得多，我們倒象『隱居闤闠』。不過久住總會泄漏消息，因此雇了兩隻帆船，乘夜上船（這時多了一位勵先生的同學王永祥先生同行了），我和蔡先生坐了一隻，姜先生等三位坐了一隻。我雖則『曾經滄海』，但是都乘輪船的，帆船漂海是第一次，白天倒也平常，夜裏遇到風浪，聽他們一輩船家轉舵時呼叫的聲音，和船身的傾斜起伏，倒覺得有點骨悚。我和蔡先生都是睡着起『腹稿』做詩，消磨了兩天已到福州。

這時，東路軍總指揮何應欽已破了督辦福建軍務周蔭人的兵，收復了福建。何總指揮還駐在福州，他的參謀長蔣伯誠是我的學生，快二十年不見了，北大的一位同學袁世斌正做政治部主任，正是『他鄉遇故知』，而況在革命發展勝利的時候，自然都有不可形容的高興。等到何總指揮離開福州，向浙江進發的第二日，我們也離福州往厦門，可是我們一個同伴姜先生，却被任了指揮部參議，隨軍前進，原來姜先生是浙江江山人，這次入浙江的軍隊，正須經過他的家門，所以要他去做嚮導。

我們在厦門青年會住了一晌，中間又去厦門對岸的鼓浪嶼，逛了幾個大資本家的花園（一個是中南銀行老闆黄奕住的花園）。他們這些花園，簡直是『官山府海』，有一家花園，原是明末延平王鄭成功的水操臺，這還不闊？我們又到泉州登了一座什麽山，逛了開元寺，游了萬安橋（小説裏蔡狀元造洛陽橋，就是這橋）。萬安橋跨兩縣的境界，活象長虹卧海，那種厚大的石料和建築的工程着實可驚。又到漳州，逛了一逛山水，過一頂橋，是用二三丈長、五六尺方的石頭造成的（萬安橋的石料没有這樣長大），我不曉得當時没有起重機，是怎樣搬運的。在漳州遇到一個縣長，原來是我的朋友虞廷颺先生的兒子。虞先生（字賡甫，浙江浦江縣人）是章炳麟先生倡造的光復會會員、軍界的前輩，辛亥年被一位也是我的朋友叫盛碧潭的爲着政治關係暗殺了（國民黨和光復會的鬥争也是陳其美和陶成章的鬥争），後來這位『少君』替他的父親報仇，殺了盛碧潭『自首』，國民政府不追究他，這時，做了縣長，我很感傷了一番。

我們再逛了集美學校，回到厦門，計算何總指揮早進浙江，起了『歸與』的念頭。集美學校校長葉采真先生是北大畢業的，就用他的捕魚輪船送我們先到温州（永嘉），曉得何總指揮部下一位軍長曹萬順在城内，我們和他是在福州會了又會的，就連夜進城去和他談了一回，曉得何總指揮已到杭州，第二日就向寧波而進。到了寧波，滿眼革命氣象了，袁世斌先生正在寧波，水上警察廳長陳其蔚先生也是我的朋友，又是一團高興。

在寧波曉得褚輔成先生等已到省城，正在預備政務委員會重新開幕，我們又急急向杭州進發，路過紹興，紹興各界招待周到，我們什麽都不須問，我又想到去年和蔣夢麟先生經過這裏的情况，好象换了世界。到了杭州，住在青年里蔡先生的弟弟、前任杭州中國銀行經理蔡元康先生的宅子裏（元康這時已過世了），以後就出席委員會了。

從福州到泉州、漳州、厦門、寧波，隨地都要演説，總是闡揚革命主義，喚起群衆，最可紀念的，在福州陪何總指揮閲了一次兵。

政務委員中，褚先生是兼民政科的，查先生兼建設科，朱先生兼教育科，我和蔡先生等都是『散員』，這時委員中又有莊崧甫、王廷揚兩位先生，都是浙江的『名宿』，蔡先生還稱王先生做『年伯』呢。

委員中除了那位年輕的共産黨委員和三位兼科的委員外，差不多没有話問，每件公事經共産黨兩位委員許可就成了决議案。我們却擔任一件工作，就是各方推薦縣長，審查『履歷』。共産黨兩位委員對於審查報告，除了一部分不能否認他合格的外，總説某人是土豪，某人是劣紳，當然，我們也不認識得許多，我們也痛惡土豪劣紳，但是有一個方某，他是北大畢業生，五四運動學生會中老當主席的，擔任浙江第七中學校長也好幾年了，論他的資格『毫無疑問的』，可是，提了出來，一位共産黨委員説他是土豪劣紳，就把他的履歷扔過去了。王廷揚先生是他的母舅，正坐在這位委員的對面，他却『一言不發』，我覺得奇怪極了，難道方某真是土豪劣紳？他的母舅既不説話，蔡先生和我自然無從插嘴。

這時浙江，還有一個政治會議浙江分會，主席是張人傑，我和宣中華、莊崧甫、蔣夢麟都是委員。

光陰象箭那樣地去了，東路軍指揮部前敵總指揮白崇禧早占了上海，何總指揮也向南京進發，蔣介石也有到上海的消息了。湊巧，在三月底邊的一天，我和邵元冲、蔣夢麟在大街上碰到一個隊伍，後面一串的藤轎，最後又是隊伍，邵元冲一眼瞟着一乘轎裏躺着一位很象張人傑先生的，後來一打聽，果然是他，住在新新旅社。當晚我們就去看他，張先生住了幾天，就約蔡先生和我們同到上海。這天，滬杭鐵路經破壞後剛剛通車，車子還是到處遇險，我們坐的還是一輛貨車，擱了幾張椅子，到了龍華，就在白總指揮司令部耽擱了一天。大概第二三日，蔣介石就到上海，住在楓林橋上海鎮守使署，張先生邀我們一同到那裏，也就一同住着，還有吴敬恒、李煜瀛兩位國民黨中央監察委員，也都由白總指揮那裏同來的，也一同住着。我和蔣夢麟和中央黨部没有關係，邵元冲是中央委員，常常想打聽消息，但是四老(吴敬恒、蔡元培、張人傑、李煜瀛)是另住一院的，司令部出入是不得自由的，我們雖有『派司』，總是自己小心不隨便走的。一天，蔣介石約了四老在我們卧室間壁一間屋裏(蔣介石常在這裏會客)談話，邵元冲撞了進去，立刻被攆出來。又一天，胡漢民先生來訪蔣介石，也在這屋子裏，我有事要繞這屋子過，看見他們主客必恭必敬地坐着。這間屋子和我們卧室，實在只隔一扇門簾，我們也没聽他們多説什麽話。

四月七日(或六日)下午，説開中央監察委員會了，也就在上面説的這間屋裏，我們進去看看，桌上有一張油印品，好象學校裏的講義，邵元冲拿來一看，便説：『這象是我寄給總司令的，上面還有我寫的話，已裁去了。』我們仍就退了出來。一忽兒，張先生叫人請我進去，説委員會秘書都不在這裏，請我『權充』一下，我當然只得擔任下來。這天，就決定了『清黨』，根據的是蔣介石提出的那張油印品，連同一張油印的名單。傍晚消息恐怕要有事變，就是共産黨要占上海。到了晚八九點，又得消息，没有問題了，已由幫裏朋友出來維持了！我們不過聽聽，安慰安慰自己。

第二日，四老和我們都各自回家。第三日或第四日，張先生找我和蔣夢麟回杭州主持政治分會，加上一個陳其采，主持政務委員會。這時，杭州的軍事機關，也執行『清黨』命令了，共産黨自然逃避，褚輔成、沈鈞儒兩位不曉得爲什麽也被扣了。我們回到杭州，委員會已成星散的樣子，我們布置了一個新局面，過後便正式成立了浙江省政府，仍是張先生主席，我兼任民政廳長，周鳳岐軍事廳長（周鳳岐在抗戰時在上海亞爾培路被暗殺），阮性存司法廳長，陳其采財政廳長，蔣夢麟教育廳長，程振鈞建設廳長，陳訓政、蔣尊簋、黄人望、馬寅初等都是委員，邵元冲委員兼秘書長。

我向來做事，只望前進的，很想把浙江的『吏治』和風俗、『民食』等等計劃改革一下，叫廳裏的職員草擬了許多計劃以外，還請朋友幫忙，想逐漸實現出來，盡我力量的可能。先從『吏治』入手，我對縣長、警察所長等人才很爲注意，但是，和人民最接近的是警察，中國的警察，從來就是糟糕得厲害，警察所長和『警佐』介紹來登記的却特别多，我定期和他們説話，看了真是頭痛，有些樣子竟象清朝的『佐貳雜職』，看來除了能够伺候長官以外，對於人民會發生些什麽？有一個通病，就是不説話。不能説？不必説？不敢説？大概還是不敢説吧。向來政府裏只有長官説話的，他們大概是遵守這個原則吧。

人民告狀的非常的多，告警察的就不少，這也可以曉得向來警察的成績了。鑽謀警察所長和『警佐』的非常的多，託我的朋友寫介紹信來以外，也有『投吾所好』，間接直接送扇子文玩來，我除了拒絶以外，便給他摘了登記簿上的大名。有一天看到一件公事，是紹興縣柯橋鎮警察分所所長——警佐×××『呈請辭職』，我很詫異，居然有不要做警察所長的？看了『呈文』，他老實説，『柯橋警佐每月有六百元的收入』（比廳長還多兩百元），但是，他的本薪不過三十多元，但是，他做不下去，因爲應付的困難。他並且聲明如果不准，他也不負責任了。我就把同我去福州的那位王永祥先生找來，把這件公事給他看了，請他去擔任，因爲王先生是厚道人，而且他的『家景』還好，他又是法政學校畢業生。我給他説清楚：『這是委曲你的，但是，我們革命黨來搞政治，就得把顏色給人民看看。』他只得應許了。他在柯橋做了三年，叫苦不了，但是，得了人民『恭送』的許多頌揚他政績的東西。直到朱家驊先生做民政廳長的時候，苦苦辭掉。

這時候，『廉潔政府』是省政府門前的『飾物』。浙江第一次省政府委員，除了陳其采先生以外，都是從書堆裏來的。我們本來『清白乃心』，而且張先生和我們約，要做點成績，給各省做榜樣，我們自然更興奮了。一天，晚上十點鐘的時候，馬寅初先生來找我説：

『明天恐怕要罷市了。』我詫異起來，什麼話？他告訴我，爲的是中國銀行杭州分行經理金順泉的弟弟金××包辦絲繭捐，找孔鳳春香粉店的老闆孔繼庸出面擔任絲繭委員。這種事情，每年照例的公事，作弊賺錢，也是公開的秘密。不想在蕭山正是省黨部『主委』沈玄廬宅子相近的地方，被踏着了，沈先生就叫邵元冲、蔣夢麟報告了張主席，立刻命令省會公安局長章烈把金順泉弟兄兩個都扣起來。金順泉當然優待些，留住在公安局。各銀行首腦、大商家的領袖都在商會會長王竹齋家裏開會，因爲是革命的廉潔政府，不敢向政府説話，尤其是公安局歸民政廳管的，我的難以情説，他們是領教過的。因此，大家束了手，不過説『如果政府太厲害了，我們只有大家同來對付』，銀行方面尤其一致。馬先生得了這個消息，着急了，特地來告訴我。可是，我滿不曉得，我怪沈先生們不該這樣鹵莽，張先生也該和我接洽一回。我立刻往見張主席，問他有没有這件事。他説：『元冲、夢麟叫我立刻命令公安局這樣辦，否則要被他們逃脱了。』我説：『只對金順泉不該這樣辦，因爲這件事並没有拿到他有關係的憑據，現在銀行、商家這樣的態度，鬧了事，我們政府要爲難了。』張先生就把這件事交給我辦，當然，也是我的職務範圍内的事。我就把秘書長許寶駒先生請來（這時邵元冲任杭州市長，秘書長换了陳布雷，又辭職了，由許先生繼任），請他立刻出了一張布告，説明政府的態度，告誡人民必須安靖。同時，我把商會會長請來，囑他明日由兩家銀行具保，把金順泉保出去，這件事另外依法辦理，算解決了當晚的困難。

後來這件事由省政府和法院共同審訊了結。可是，革命黨也有很多做官發了財的呀。

我自己曉得我是不會做官的，在省政府裏又兼了常務委員，張主席再把他的私印交給了我，除了關於建設的計劃，他感興趣的，以外的事都由我代表了他，自然招來妒忌，尤其是省政府改組了一次，一位曾經共患難的朋友落了選，就怪着我不幫忙，就和周鳳岐、××、×××等合夥靠着中央有背景，要擠去我。（周鳳岐大概爲了夏超獨立的事。）有一天，蔣介石忽然給張主席一個電報，大致是説我不孚衆望，囑我辭職。張主席給我看了電報，叫我『不必介懷』，又説：『這事我明白的，我今天正要往南京，我會給蔣先生説明的。』果然，也就没事。不久，蔣介石因和『桂系』諸位大將不能諒解，自動『下野』，張主席正在上海得了消息，立刻電報催我到上海，叫我給他擬個辭職電報，我也自然辭職了。果然，周鳳岐做主席了，杭州報上立刻發現『馬叙倫賣官得賄二十四萬存在滙豐銀行』，也有『揚言』：『馬叙倫被打倒了。』

張先生離了浙江不久，做了國民政府常務委員，他忽然給我一個電報，叫我立刻到南京。我到南京的時候，國民政府的電燈，比我小時讀書用的菜油燈還暗，張先生後來和交通部長王伯群争辦電氣事業，也是有原故的。我問張先生：『爲什麼事招我來？』他説：『我想請你來做秘書長，如果你來幫我，我做常務委員就有作用了。』我説：『要我來幫助你是没有問題的，但是，吕苾籌做得好好的，况且他是譚先生（延闓）的人，怕不可以换吧。』張先生想了一想，對的，我仍就回了上海。不久，却發表了我做國民政府參事，我向來幫忙不幫閒的，辭了不就。到了十七年底，大學院改了教育部，蔣夢麟任部長，我任政務次長，這是我第三次做教育次長，也是我最後的『官階』。

老實説，我離開浙江省政府以後，就『灰心仕途』，想學『信陵君醇酒婦人』，再來做教育次長，只是還捺不住一點火氣。人家説我被打倒，不過説我丢了官，我就再做一次官看看，所以，這次做官真是做官了。但是，『江山好改，本性難移』，我還是每日早到遲歸，『案無留牘』，也辦了一件改革大學制度的事情，又替蔣部長頂了二次大學潮。但是總叫人灰心的，爲了國民教育問題，我們正在計劃，中央黨部政治會議竟把中央委員考試院院長戴傳賢的計劃發到教育部叫照辦，我覺得戴先生的計劃要得要不得，另是一個問題，政治會議直接把他的計劃，不經國民政府和行政院而直發到教育部，將來這種事情多了怎樣辦？又一次，國民政府秘書（陳立夫）來了一封『便函』，説：『奉主席（蔣中正）諭：着教育部發給留日學生×××書籍費貳百元。』蔣部長問我：『怎樣辦？』我説：『擱着吧，我們部裏預算，都有規定的，這筆款子，數目雖小，没法支出，而況主席命秘書「便函」叫我們部裏發款，怎樣能照辦？就是主席正式的命令，也該由行政院轉來，擱着吧，不會有問題的。』這樣的事，實在不易應付，就是做官，官興也不佳了，又碰着我家庭的問題，就此辭職。那時『賦詩』一章，有『從此柴門不再開』一句，就是我的『誓墓文』。這是十八年的冬天。

在杭州住了半年，北大找我回去，我想把《説文解字六書疏證》寫成了，就遲到二十年一月才去北平，但是《疏證》並未寫成。這是第四次還北大了，我又依我六年回北大的方針，只教書，不問事，連評議會當選也不應，纔把《疏證》又陸續寫了許多。可是『九・一八』的事情發生了，心裏雖然鬱悶，還按住不動。這時，我的環境也壞，就漸漸地多做詩了。

我做詩是没有『師承』的，也不向古代詩人墳墓裏覓他們的屍骨，不過在自己的園子裏拉拉唱唱，不過寫我自己要寫的。從『九・一八』後一年起，每年的『九・一八』，總要胡謅一首，就把我對每年『九・一八』的意思留在紙上。到得熱河也失掉了，敵人的飛機出現在北平空中，我的母親年紀七十多了，就把老小都搬回杭州，我呢，爲着生活，仍在北大教書，身體還不健康，所以感覺到一種悲凉，我的詩境也跟着悲凉。

直到二十四年，敵人侵略華北更露骨了，北平文化教育界的人們，尤其象我一輩的人們，從前怎樣慷慨激昂拚生命來革命的，自然更受不住，『聲求氣應』，又有了結合。北平大學法商學院院長白鵬飛和院裏的教員李達、陳豹隱等，北大有我和許德珩、張申府、尚仲衣等，都要説話了。這時北大校長是蔣夢麟，文學院長是胡適，法學院長是周炳琳（北大學生，五四運動裏的一員）。校長是政府任命的，自然必須『仰承意旨』；周炳琳是國民黨黨員，也做過教育次長，不免是政府派（現在周先生任北大教授，他的表現十足站在民主方面了)』,胡適是主張『好人政府』的,這時,這些『好人』已『登龍門』了,胡適當然也是靠政府牌頭的一個,而且他是蔣校長的親信呢,所以北大已不是當年的北大——五四運動時代的北大。爲了抗日問題,一晚教授俱樂部聚餐,餐後開會,却加入了高級職員(在先許德珩先生主張不限教授,不得同意),吃飯多些人倒也有趣的,可是開會的時候,應該不是教授就退出了,『然而不然』,我們自然不好意思竟請他們出去的。原來,當局們曉得如果討論抗日問題,一般的看法是會通過的,因爲究竟北大教授傳統上的關係,主張抗日的會占多數,所以拉上高級職員來凑場子。這晚對於抗日問題,我當然是主張北大教授應該表示態度,而且主張抗戰。許先生是附議我的,尚先生也同意我們,陶希聖説了些令人不可捉摸的話(那時他是汪派)。胡適便不同意我們的主張,他是相當會説話的,很宛轉地説明應該讓政府去主持的意思。周先生當主席,很拿主席的地位,想硬壓下我們的主張,竟有越出範圍,拿黨的地位來説的話,我也只得不客氣地和他抬了一陣槓子。這晚没有結果而散。

過了幾日,又是照樣聚餐,再討論抗日問題,依然周先生主席。我和張忠皾先生開了辯論,插入一位樊際昌先生(北大教授兼總務長),酒氣熏人,發了許多帶『醉態』的言語,然而也不過爲政府派張目。最後主席拿出一張字條,寫着對日外交的五項主張,都是報紙上見過了許多『人云亦云』的一套,總之近乎不外『避實就虚』。周先生還宣布着:『政府有命令叫各大學校長、教授、學生各推代表入京陳述對日問題意見。蔣校長校事甚忙，不得分身，已請胡適之先生代表入京，我們教授也可以請胡先生做代表，把這些條件帶了去。』我馬上答覆：『我們大學教授的身分，對於國事的主張，不能「拾人牙慧」，這些條件，説的人也多了，何必我們大學教授再來重説一遍？況且胡先生既做了校長代表，校長是政府任命的，我們教授如果認爲該派代表，也得另舉，決不可以叫胡先生「兼代」。』這樣，又和樊先生争一陣子嘴，我就跟着説：『要這麽辦，我就退出吧。』尚先生還起來説話，我就退出了，後來怎樣，也没聽得再説。

我和白鵬飛先生等就約了各校的『同志』，組織了北平文化界抗日（或者是抗戰）救國會，我被推做主席，白先生做副主席。這時，上海也有了百歲老人馬良先生領導的救國會，北方的朋友戲稱：『「南北救國，「惟馬首是瞻」。』

北平究竟是『五四運動』的發源地，各公私立大學中學的學生也組織起來，每日的演講會、座談會，弄得我兜不過來，經過十幾天，只好『敬謝不敏』，實在累得病了。

在病榻上，有人來告訴我：『評議會議決，許你請假一年。』我説：『我援評議會議決教授請假規程：教授滿五年可以休息半年，得支全薪；休息一年，得支半薪。我到暑假，已滿五年，我爲生活關係，請假半年，怎樣會給我一年呢？優待我？怕你聽錯了。』他又打聽了一下，再來告訴我：『没有錯，問過出席會議的某系主任，他説胡適之先生拿出一張字條說「馬先生請假一年」，就通過了。』我再請人打聽一下，果然不錯，我就提出了質問，蔣校長没法答覆，只說：『仍送一年的薪水好了。』我說：『不行，决没有我請半年假，反而給我一年的，除非有理由。』這樣一來，自然逼得我提出辭職書了。原來，他們給我一年的意思，是想叫我離開北大，因爲北大的教授，還是每年送一次聘書的，如果我請假半年，假滿仍就回校，因我和北大的歷史關係，不容易不繼續聘我的。

我提出了辭職書，就有一個聽我課的女生（萬仲寅）來說：『女同學已决議向學校當局質問，必須挽留先生。』我說：『謝謝你們，不必，我向來「言出事隨」，挽留也不留的。』接着，男生方面也來請我絶對不可辭職，各校學生會也來請我『打銷辭意』，我都謝了他們：『不要把我這件事，弄得這樣嚴重。胡先生呢，許有不滿意我的地方；蔣先生和我有交情，我不願叫他爲難。』〔二〕

蔣校長派秘書長退回我的辭職書，我不受，他自己來了，『道歉』一番。談到適之，他也承認對我有不滿，不過爲着要我加增教課，我不答應。原來這時定了一個新例，教授每周至少擔任八小時，我呢，只擔任五小時，教的只有兩門科目，但是歷來已久了，從『六三』受傷後，身體總未復原，所以學校也優待不計。蔣校長提了這話，我就回答他說：『别人不提，你是從「五四」來都曉得的，我替學校出過多少力？蔡先生曾在給我的信上説過北大賴我給他維持住的話（這封信爲着保存師友們的手跡一直存着，日軍侵犯杭州，有人把我的箱篋都打開了，我現在還不曾回去過杭州，不曉得遺失了没有），我對你也幫助得不少（當然是爲公的），我的身體，還未大好，難道不可以原諒些？』他只是把聘書再三地留下而去，我也終究退還了聘書，就回杭州。

這年秋末，我逛了一次四川。我怎樣會有『雅興』和『資斧』，去逛四川？原來，四川從辛亥革命以後，一直是『川人治川』，雖然他的内部也不够和好，但是對外還能團結，所以蔣介石用了很大力量，纔把他的軍隊和平地進入四川。當然，這對四川的老軍閥是一種壓迫。當時贊辦四川軍務的是劉湘，劉湘在四川軍閥中説起來，比較是好一些的，可是他也不能例外，要保持他的地位，抵抗蔣介石的壓迫。蔣介石對日本侵略的不抵抗主義，是反蔣的很好資料。這時，我們抗日救國陣營方面，自然也該利用這種機會。國民黨三民主義聯合會的王昆侖曾偷偷地去過成都，見過劉湘。這時，劉湘的財政廳長劉航琛因公到京（南京），他是北京大學畢業的，和王昆侖是同學。王昆侖是反蔣的，這時他和許寶駒、周一志、郭春濤等有一個小組織，正在做反蔣抗日的工作。因此，他就和劉航琛密商一番，要想説動劉湘，聯絡各方來擴大反蔣抗日的力量，逼使蔣介石對日抗戰。這時，中國共産黨正號召全國抗日，我們就作了決定，要人到四川去，因爲我是年輩較長並且在社會上也較有地位，他們就要我向四川走一趟。

十月十一日，我離開了我的衰老多病的母親，從杭州起身，經過南京，繞到北京（那時北京叫做北平),和許德珩等商洽一番,因爲我在北京的時候,和許德珩、楊秀峰、邢西萍、張申府、程希孟等也有一個小組織,這個組織是以實現社會主義爲運動的目標的,所以,我在南京和王昆侖討論未來政治路綫的時候,我探王昆侖的意見,他爽快地答覆我是『紅』的,我纔決意走四川。

在津浦路車上同行的是一位桐城人,姓尹名壽松號秀峰,他在清末就擔任奉天交涉使衙門的工作,後來又幫張作霖辦外交,這時,他在冀察政務委員會的外交委員會辦事。他告訴我許多外交上的情形,還告訴我《塘沽協定》《何梅協定》的經過,他就是管這件事的。我要求他把協定抄給我一份。我到北京的第二日,就去訪他,他就給了我一份《何梅協定》。看了真叫我『怒髮衝冠』,這哪裏是協定,只是日本帝國主義向蔣介石下的一道命令,裏面把蔣介石的特務機關『藍衣社』指出來,要他解散(自然是指就地的),蔣介石對日本帝國主義竟甘心恭順到這個田地。後來,我把這份協定抄本送給了劉湘。

我這次到四川,是用遊覽的名義,我的朋友、學生四川人也不少,所以公開地和他們酬酢往來,還由他們導遊了成都的名勝,和新都的楊升庵祠堂、寶光寺,又去灌縣看了離堆。在成都的時候,學校電臺請我説話,我借此做了抗日的宣傳。可是,遭到一個困難,就是軍官學校成都分校也請我去演講。這是蔣介石的重要機關,而且是軍事機關,不去不好,自然答應去。去了又怎樣講話?考慮了一番,我決定了給他們講三點:一、軍人自身就是民衆。二、軍人是民衆裏一部分分工做保護全國民衆而研究學習保護技術的。三、武力是民衆的，須保護民衆。總結到國難嚴重、民族臨危，希望他們負起保護國家的責任。這次聽衆是全校的學生，據説有四千多人，總算没出什麽亂子。

我在成都不過和劉湘談了兩次，因爲他犯了嚴重的胃病纔好起來，出來見客還要人扶着他走，而我和他畢竟『素昧平生』，自然不好一下子説得深切，他在談話中還露出許多顧慮。對他們這樣的人説話，要瞭解他們的地位、環境、企圖，因勢利導纔會有效，這當然是須要日子長久，還得見面多，所以，我只能把大勢和他本身的利害方面開説一下。他想把我留下幫他的忙，當然這是不可能的，因爲我的老母正在病中，所以答應給他找一個幫助他的人，我就仍回北京。可是，我病了，在醫院裏由許德珩告訴我，中共方面有人要來看我，約的時間是第二日的下午四時，爲的是要我到西安去。我準時候着他來，却没有來。等過了時，我出去了，到晚飯回院，工友報告我：『有一個人來看你，也不留名片就去了。』不曉得是否就是中共朋友。就在這幾天内，我得到我的老母病重的電報，急急回了杭州，纔曉得我的老母因爲受寒而得了肺炎，但已好轉。到了十二月十二日，消息傳來，蔣介石在西安爲張學良扣留。十六日晨，得許寶駒電報，叫我去南京，我曉得一定爲了西安事情關係很大，要我去商應變的辦法。我因爲母親病情好轉，暫時離開兩日，尚不要緊，便告别母親，當晚起程。到南京後方知朋友們仍希望我走一趟四川，因蔣介石集團想進兵西安，就在二十一日晨乘飛機入川。二十二日和劉湘的參謀長傅真吾談了一回，二十三日訪問劉湘，知道他已有四項主張的通電發出了。二十五日午前即得蔣介石已被釋放的消息，那末我就沒什麽要事須再留川，可是，我們已把郭春濤介紹給劉湘做顧問，郭春濤有電相告他來的日子，因此，等他到了，又和劉湘一談，把春濤留下，我就回北京。却又得了我母親病危的電報，急忙回杭。這時已是二十六年的一月了，不幸的我，竟在這月的二十六日，失去了慈愛的母親。

我失掉了母親，又感到家國的環境，都使我的心上好象裂了一個創口，除了一個悲字以外，再寫不出什麽。急急地把母親安葬好了，想學『雲遊僧』了，但是，我不但痛恨一輩酒肉和尚，還對什麽高僧，都不敬重，因爲他們拿『法施』二個字遮蓋了他們分利的劣行，假使他們真正本着大乘佛法，應該個個和尚都是社會主義的信徒。所以就是我的朋友象弘一法師，都認他爲只是一個自了漢，他的影響，也不過多幾個自了漢，這種自了漢，還比不上一個終身服務田地上的農人，反過來，他們却靠農人來養活，否則他們也不能自了。所以我和還有幾位朋友象夏丏尊、許炳堃先生的，常常辯論，他們都只好説『一個人總是要個信仰纔有安頓』（夏先生的話），或者『我的確信仰西方有樂土，臨終會有佛來接引了』（許先生的話），只算我的『法力』敵不過他們，然而我認爲他們還沒有把『分别我執』破除，『終身學道』，只是被『小我』在耍把戲。

我在六月初，因爲已給母親安葬好了，閒着在家不是道理，就帶了極支絀的一點旅費，先到了北平，住了一個月，又想轉到西北去走走，因爲我没有到過西北。不想旅費還未籌到，『七七』事件發生了，我只得又回到杭州，虹橋事件又發生了。我曉得世界的戰事還會因此而起，上海是絶對不安全的，但是，也是相對可以避避亂的，其他的地方，因爲我就没有力量，打不起主意了，就從『八·一三』前幾日來到上海，直到今日還没有離過上海。

杭州的之江大學遷到上海，曾經邀我去擔任了一個學期的課，不想因爲上下公共汽車、電車，把我的右臂關節炎又弄得嚴重起來，右脚又有點不便走路，因此，什麽地方也不能去，什麽事也不得做，實際做了上海『寓公』。但是我哪裏有『寓公』的資格？簡直没法生活下去。因爲我是在北平文化界抗日救國會當過主席的，自然不能露面，這時（二十八年夏天）我只得寫了一封信給蔡元培、朱家驊兩位先生，如今寫在下面：

不奉教益，忽及三秋，遥頌興居，伏祈康祐。倫自廿五年夏，謝别北大，困蟄至今。國難方殷，避地於此。以倫平生志尚，戮力爲民，當此艱危，義無默處。况曾發曲突徙薪之謀，豈樂冒行與言違之誚？乃以體近半枯，不勝行役，兼之膏秣未儲，望途而歎，遂使投鞭有願，致愾無從，既背心期，動形夢寐。仍歲以來，僦居斗室，詭呼張禄（當時我變了姓名），據案疾書，著述自勤。蓋惟報國之術，不限同途，從守勢殊，古訓並重。汗馬之勞，雖非病質所勝；鉛槧之業，猶幸弱腕能堪。倫自元二之間，草創《説文解字六書疏證》，中間奔走國事，亡命遷徙，屢續屢輟，今遇閒暇，已成定本，未乞寫官。二年之中，製二百餘萬言，右臂早中風寒，近患流麻室斯，二疾並加，寤寐兼苦，比已飲食不能自快，作書運筆，亦感木强，然心力未衰，所願尤大。倫昔著《莊子義證》《老子覈詁》，流傳海外，頗見引重，然成書在十年以上，亟思修補，期臻美備。又欲就《説文解字》中闡發語原，别爲一帙，以爲吾國語言學者所取資。蓋今世有瑞典人高本漢者，於漢語漢字頗有述作。觀其張條陳範，據前證後，自足多稱，而局促《廣韻》，拘牽《毛詩》，尋流探本，猶待瓠穌，而國人塤篪相和，莫能揚榷。此倫雖讜陋，妄欲猶有所爲者也。然倫計拙治生，迄無藏畜，頻年衣食，資于故人。將伯之助，本得于無望；周急之途，日就于自柴。吾生未厭，來日猶長。一襲十年，勉可希于古式；三旬九食，實難踵於昔賢。不有援手，便成餓莩。倫素齊萬有，不卑行乞，但念弱冠以來，鼓吹革命，文字歌哭，尚存方册。辛亥之役，亦竭所能；項城僭帝，獨辭太學。蓋欲樹此風聲，彰彼惡德，所以犯金革而置生命於不顧。區區之懷，豈爲一校一事而已！其後滯北則首都揭竿，實參帷幕；歸南則夏超易幟，頗費籌惟。倫之于國，既盡吾才；而國之於倫，忍視其死？若使吹簫吴市，學步楚亡，於倫未辱，懼辱國耳。比者孟森、錢玄同身後見褒。國家旌寵，所以勸善，然比度所樹，倫實過之。使倫竟不能生，一棺長掩，而後澤及枯殖，縱百其辭，何益逝者？且倫自念生平，小德多愆，大義自閑，是以燕都之弓招累至（湯爾和派人來請我去做北大校長），疊山之弦響無更。固倫所以自立，亦倫所以爲國也。夫昔殷土已墟而夷齊耻食周粟，今國家號召猶及四方，而使他日鐫倫之墓石曰餓夫，或亦爲在位者所不取。然倫體已近痛，不堪力作，願親隴畝，無志簪纓。俾有三徑之資，得續一編之業，長爲無用，以没餘齡，所覬如此而已。近有桂林故人（白鵬飛先生正任廣西大學校長）悉其垂阨，招使西移，而倫自審殘疾餘生，不任舟車，況能跋涉萬里乎？倫於子丈搵趨卅載，于騮兄亦把臂一時，今二公各握文化之璇璣，覽藝林之逸足，如倫駑騫，或同駿骨，用是陳衷左右，以裁死生。方寸慷慨，不能盡白，佇侍還音，有如望歲。

這信去後半年光景，朱先生從英國庚子賠款委員會裏每月撥給我二百元的生活費，直到三十年十二月八日太平洋戰事發生止，總算支持住了。

這年秋天，姜紹謨先生來到上海，做地下工作，和我一起住，因爲我有家眷的，要我替他掩護掩護。十二月裏，汪精衛已在愚園路六六號，和日本派來的某某商結賣國『協定』了，起初是陶希聖、高宗武幫助汪精衛在搞的，後來把陳公博從香港找得來。姜先生請我去找一下公博，因爲他是北大學生，而且還聽我的課的，我自然『義不容辭』，託人約公博談了一次。他對我説：『我和汪先生雖然同樣主張和平，但是，我不主張有行動，更不願汪先生上臺，現在，商結「協定」，對方壓迫得很厲害，我在儘量地減輕損失。』並且具體的舉了些事實，我現在記不得了。他問我輿論怎樣，我説：『和平是大家希望的，但是也不願意「瓦全」的和平。』他點點頭，最後他説：『我和汪先生關係太深了，如果，他竟要上臺，我只有犧牲了，那時，還要師友來幫忙。』我説：『我還是勸你不出來吧，我呢，早決定不出來。』就此握手而别。

過了兩日，我寫了三首詩，托人交給他，如今也寫在下面：

我愛當年陳白沙，静中修養茁萌芽。（公博廣東人，他在北大聽我的課，和譚平山坐在一塊兒，安静不過。他們參加發起中國共産黨，也『不露頭角』。）已成桃李垂行畔，更作瑚璉蔚國華。一時官柳摇金佩，三載烏衣駐玉車。卓犖聲名吾黨健，還須珍重向無涯。

立齊立楚（張邦昌、劉豫）竟何如，爲帝爲臣止自娱。討賊使來侵岷廓，連横約就背商於。可使智囊蒙五鼎，願將慧劍斬千狐。明朝我艤春江側，同狎鷗波倒玉壺。

一椎博浪駭秦皇，三户居然殪虎狼。莫道書生無大業，早將奇勳創司常。龍象已嗟回短命(胡漢民先生),藺廉能使趙延亡。汪倫本是多情侶,出處還相細細商。

第三首還叫公博去勸汪精衛,然而事實已早定,我也不過盡心而已。二十九年二月我有詩三首,就爲汪精衛做的,寫在下面:

垂老聞將割燕雲,更輸歲幣更監殷。連横計就秦爲長,和議稱臣構署文。

不師沫請歸侵地,不學汪錡作國神。降表獨修歸命急,降王長已屬他人。

匹失犒敵有弦商,擅結盟書史未嘗。欲起宣尼問書法,春秋何例比刑章?

此後就和公博没有往還,他叫人和我説,要來看我,我謝了他。直到勝利的前一年(三十三年)陰曆元旦,他忽然冒雨來了,我是『門無門焉者』,他一徑進了客堂,纔和他又見一面。我向他問了些情形,告訴他些『人民疾苦』,勸了他些及早回頭的話,他走了,我又給他一封信,如今又寫在下面:

日者瑶軒紆道,辱慰杇衰;積愫相傾,未空十一。區區愚衷,諒要曲鑒。雞鳴不已,明夷待期。止衣冠於塗炭,起織耕于熸沉。使《小雅》之憂,不見於咏歎;南山之石,可勒其薆勤。則瀛王枉道,猶得恕于宋儒;狄相忘身,竟表忠乎唐室。倫雖藏蹤人海,久絶塵緣,耿耿方寸,惟在國民。與兄弦歌一夕,期致千秋,重以眷舊,輒被隆情。報德以德,徒誓如江,用據古誼,貢此私懷。尚照丹忱,副兹襟望。

這年四月，是我六十歲的『初度』，我寫我生平經歷的大概，就此結束。我從得了神經衰弱病以後，記憶力日差，所以對於自身經歷的事情，許多僅僅記得大概，上面寫的恐怕還有顛倒錯亂，將來再修正吧。

三十六年三月十日寫完

注

〔一〕周赤忱，名承菼，海寧人，故求是書院學生。辛亥浙江省會光復之日，赤忱曾爲都督一日。余因詢其何以此一日中都督三易，赤忱曰：『實一易耳。』因曰：『初，余任一標標統，家板兒巷。朱介人（瑞）代理二標標統，居福禄巷。相距頗近。一日，陳英士自上海來，在介人家食蟹，邀余往與。英士力主革命，余以與英士初面，而介人家屋窄，弁卒與人皆伺於窗外，不得深言，持重而已。及武昌事發，余方請假成婚，甫八日，聞訊，即電詢蕭統制，應否銷假。蕭趨余歸，遂謁巡撫增韞，報告銷假。余時例着軍服，且佩刀，增韞見余即戰慄，蓋以余予假未滿，懼有故也。余自與英士談後，即陰擇將校，特別訓練，有所鼓勵。至是，將校即欲響應，而以格於軍制，未敢徑言于余，乃由教官某以陳意，余因指示方略，以待機緣。及上海發難，褚慧僧（輔成）持上海同人意旨來，余即與王文叔、顧子才、徐允中定謀，攻巡撫署，執增韞。事定而突見有都督童伯吹之告示，部下譁然，即扯去之。所由然者，以余非同盟會，而事起倉卒，衆意無準耳。此事實也，然亦不必論是非耳。』

〔一二〕二十五年春天或者再遲些，中國哲學會在北平開年會，適之演講他的『鄉先生』程綿莊的學說。程先生固然是清朝『儒林』中的人物（顔元、李塨一派），但近時學者們對他的著作能够看到的已少，連曉得他的名字也不多。哲學會演題是要有討論性的，適之只證明程先生是顔、李的弟子，是個實用派，説他的學説根據『有天地然後有萬物，有萬物然後有男女，有男女然後有夫婦，有夫婦然後有父子……』，隨後就批評了周敦頤、程顥、程頤等一頓。適之的意思在表彰程先生學説有創造性的，把一個人的哲學，只簡單叙述一下，又只是一位姓名不大有人曉得的哲學家，那只是尋常的演講，叫人只是接受，没法討論的。他説完了，照例有十分鐘的討論，却没有人提出問題，其實也真提不出問題。我算是在北大擔任理學講座的，還曉得程綿莊這個人，也讀過周、程、顔、李的書，我便申説了程先生（綿莊）的學説在周、程學説裏已包含着，周、程的學説也不是完全不講實用的，聽講的人差不多都回頭向我看，適之却没有答復。這件事是打落了他的『紗帽翼子』，可能因此不滿意我。

校後記

象這樣平常的我，絶對没有把『生平事蹟』寫出來的必要，而且我曾在我的日記上寫着我死以後把我的遺體燒得一乾二净，不要有絲毫玷污了世界。那末，還可以留着這樣平常的『生平事蹟』來費紙墨？所以在三年以前，有一位青年朋友，勸我寫一篇『自傳』，我只是謝謝他的好意。

今年又有一位朋友一定要我寫一篇關於我的革命工作。我雖然參加過革命工作，但是革命陣綫上的一個小卒，還不曾做過行陣工作，有什麽好寫？而且在國民的天職上，也不能『自詡有功』。我還常常自己覺得對人民説起來，是一個罪人，因爲革命不曾帶給了他們些微的快樂。所以也再三地辭了。

可是，這位朋友仍是再三地逼我寫，因爲要拿去補充補充他編的刊物上的篇幅，因此，終究寫了一篇《我在十八歲以後》，因爲我曾寫過一篇《我在十八歲以前》。在我寫《我在十八歲以前》的時候，並非爲寫『自傳』的『楔子』，因爲叫我寫文章的是開明書店出版的刊物——《中學生》，就把我做中學生的經過寫出來，補充他的篇幅，實在是一時找不着題目的辦法，不想惹起了麻煩。

我寫好了《我在十八歲以後》，那種刊物上登了一半，便停版了。有幾家出版社便來要求代爲出版，終究答應了生活書店，也便把《我在十八歲以前》合併在裏面，叫他做『我在六十歲以前』。

但是，我自己覺得我的過去，可以自信的，還在做人總算十不離九，此外算讀書還勤的。可是，學問的成就也微細得可憐。本想時世太平，有『補讀十年書』的福氣，再得成就多些，不想勝利到來，偏又把我驅上民主運動的隊伍裏，一忽兒快要兩年了，一本書也不能從頭到尾看他一遍。覺得對於人民並未見得有益，對於自己，怕就此封住了學問上的進步。而微細得可憐的一些成就，這裏並未説到，這原不是『自傳』。

三十六年五月卅一日於上海

馬叙倫年譜

盧禮陽 著

例言

一、馬叙倫是本《年譜》譜主。叙述譜主活動，一般省略主語，在不便省略之時，以『馬』簡稱。凡譜主與他人連署的函電、宣言、聲明或其他文件，其名次一般依照原文件落款署名爲序；出席社會活動，一般省略譜主姓名，部分活動點出與會的其他人士。

二、本《年譜》按時間順序逐條紀事，秉筆直書。個別條目根據叙事需要以紀事本末體撰寫。日期考訂不清者繫以旬，旬不清者以月，月不清者以季，季不清者標以上半年、下半年或本年。

三、徵引文獻注明出處。著作，首次引用交代著作人、書名、版本、頁數，必要時括注寫作日期，第二次引用僅注明書名與頁碼；報刊，注明作者、篇名、報刊名稱、期號等；檔案，注明卷宗號；手跡，注明收藏人。

四、與條文相關的人物、事件，酌情以按語形式説明，以便讀者瞭解其歷史背景。對於一些一時難以考訂的事件，則交代緣由，予以適當説明。

五、抗戰勝利之後，一九四六年、一九四七年譜主活躍在民主鬥争的第一綫，撰著大量犀利的政論文章，社會活動又相當頻繁，《年譜》内容特别豐富，早年内容則顯得單薄，篇幅難以平衡，并非刻意爲之，取决於譜主生平資料留存之多寡。

六、鑒於《年譜》置於《馬叙倫全集》中出版，文字直排，引文内的阿拉伯數字相應改爲漢字，但文章題目中的阿拉伯數字，則保留原貌。

馬叙倫年譜

馬叙倫，字彝初，後改夷初，號石屋、石翁、寒香，别署嚼梅咀雪之庵，杭州府仁和縣人。父琛書，字獻臣。生員。與王福厂（禔）、宋澄之（文蔚）、湯寶榮（頤瑣）友善。善書。母鄒氏，係桐鄉勞乃宣義妹。

祖父大華，字焕卿。咸豐九年己未科（一八五九）進士。授吏部文選司主事。與吴雲屏結爲異姓兄弟。光緒八年（一八八二）故。

外祖鄒在衡（一八〇六—一八七四），字蓉閣，號紅芋詩人。生員。曾官江蘇金山、長洲等縣典史。紅亭詩社社友。有《問桃花館詩集》。寓杭州大東門雙眼井巷。嫡外祖母汪愃，别署竹斐。有《竹斐夫人遺墨》。

曾祖秀明，字圃耘。十二歲自紹興府會稽縣東勝武鄉遷居仁和縣。鞋匠，後設『步雲齋』於横河橋。

高祖應鳳。業農。家在會稽縣東勝武鄉車家弄。

一八八五年（清光緒十一年乙酉）一歲

四月二十七日（三月十三日），生於杭州府仁和縣下羊市街金剛寺巷（今屬杭州市上城區）。小名履官。排行居長。

一八八六年（清光緒十二年丙戌）二歲

一八八七年（清光緒十三年丁亥）三歲

一八八八年（清光緒十四年戊子）四歲

一八八九年（光緒十五年己丑）五歲

春，父請山陰解元王會澧來寓『破蒙』。隨後師從王先生習羅澤南《小學韻語》。不久，王會澧晋京會試，就由馬父自教，繼續學《小學韻語》，并描朱字。

一八九〇年（光緒十六年庚寅）六歲

父應聘入幕杭州織造。

同年，四弟效倫（阿謙）生。

一八九一年（光緒十七年辛卯） **七歲**

弟效倫夭折。

約本年，父請蕭山某君來寓教『大學之道』，兩位堂兄同學。後來『又換了一位塘栖勞先生』。

一八九二年（光緒十八年壬辰） **八歲**

大姊頤姑殤。

《廿五年一月八日先君忌辰泣賦》夾注：『大姊頤姑先三歲殤。』（周德恒編《馬叙倫詩詞選》，文史資料出版社一九八五年版，五三頁）

一八九三年（光緒十九年癸巳） **九歲**

一八九四年（光緒二十年甲午） **十歲**

家裏請不起先生，送到鄰居張家讀書，同學十幾位。念至《孟子》卷下。字『算寫得相

當好了』。(《我在六十歲以前》,三聯書店出版社一九八三年版,四頁)

暮秋,祖母病故。

年底,父病重。

本年,母爲馬『寄庫』(還『受生錢』)。

一八九五年(光緒二十一年乙未)十一歲

一月七日(甲午十二月十二日),父病故。

父執湯頤瑣(伯繁)詩《哭馬獻臣》題注:『前二十日,其夫人來書,言獻臣自知病篤,思余往託孤,然後瞑目。余困于貧,不能成行,而答書以他日分任諸子讀書婚嫁相慰。嗟呼!延陵逝矣,敢忘一劍之酬;隨會與歸,痛志九京之感。時甲午歲不盡九日。』夾注:『後其太夫人歿七十餘日。』『君三子,長者時十齡,一女名阿臨,止三歲。』(《頤瑣室詩》,民國十五年湯氏家刻本卷一,三五葉)

上半年,母請孫先生教兄弟讀書。

本年,蒙師王會澧之母辭世,渡錢塘江去山陰弔唁,謁王先生并其兄王煥。

冬,湯頤瑣自蘇州來杭會葬,隨後帶馬返蘇州。

湯頤瑣詩《哭馬獻臣》附記:『君長子名叙倫,小名阿履,自字夷初。次年冬,馬夫人爲獻臣營葬，余往會送。即挈阿履回蘇。又次年，偕赴温州，爲之課讀。至丁酉正月，由其叔西玉伴歸。追溯淵源，附記及之。丙辰五月。』（《頤瑣室詩》卷一，三五葉）

《追念聖善敬賦五章》其三注：『倫離膝下纔十一歲。人謂母親何忍捨之遠行，母曰：「吾欲令兒繼吾舅書香耳，念兒在我心也。」』（《馬叙倫詩詞選》，二〇至二一頁）

一八九六年（光緒二十二年丙申）十二歲

本年，湯伯繁到温州就館，請蘇州中醫劉題教馬讀書。劉先生命馬『新舊書都要能够背誦得熟了，再講解』，使他和同學胡君『能瞭解書上説些什麽』。由此體會到讀書的樂趣。

馬晚年自述：『不到三個月，湯先生從温州來信接家眷了，劉先生自然不去，我却跟了姨子（就是湯先生的夫人，是我母親的盟妹）到温州。這樣一年，母親惦記我了，叫我的叔父來接我回杭州。』（《我在六十歲以前》，五至六頁）

在温州自修《詩經》《書經》。

湯先生買一婢，年僅九歲。『數月後』，婢父持新鞋探視其女。湯家長婢阻父女久叙，令幼婢入而催其父去，馬當時『悲憫萬狀』。（《婢亦人子也》，載《石屋餘瀋》，建文書店民國三十七年版，一九八頁）

一八九七年（光緒二十三年丁酉）十三歲

正月，在温州課讀近一年，由叔父馬西玉接回杭州。與兩弟繼續師從張先生，不及一年，『依然得不到讀書的味道』。

約年底，進宗文義塾，師事胡誦清，平日住在義塾。

一八九八年（光緒二十四年戊戌）十四歲

仍在宗文義塾，同學有楊廷棟（後改名顧乃斌）。

六月，光緒帝下詔變法。

秋，某夜回家，遇到有人『擔了泥菩薩搬家』，原來是尼姑們風聞皇帝聽了康有爲的話，要改天下廟宇辦學堂。

九月，西太后下令通緝康有爲，殺害『戊戌六君子』，百日維新失敗。

一八九九年（光緒二十五年己亥）十五歲

年初，進義塾一年之後，因身體不好，秉母命回家。在同巷李家師從蕭山魯六僧，讀書仍舊感不到興趣，而『寫字算越寫得好了』。

上半年，李家西席換成范成佐，范先生教書活潑些，馬『大感興趣』。

八月，杭州知府林啓于圓通寺開辦養正書塾。稟母得同意，參加入學考試，通過後編在新四班。書塾總理楊文瑩（雪漁），父執、俞樾弟子宋澄之任教習。

年終，因星期作文考試一連七次第一，與蕭山兩位韓姓同學升入老四班。算學教習爲趙望杏。

一九〇〇年（光緒二十六年庚子）十六歲

初，年（期）終考試國文第一，升到三班。

五月二十二日（四月廿四日），求是書院創辦人林啓去世，享壽六十二歲。家屬本擬運柩歸福州，後因陳漢第、邵章、陳敬第、何燮侯等杭州人士倡議在西子湖畔建林社設祭，故決定留葬孤山。立社公牘由諸以觀、樊嘉璋等領銜，項藻馨、蔣方震等署名，內稱『社基四分六釐，後面尚有空地六分七釐，并非民產，堪作佳城，因商諸林氏諸孤，共欲卜窆前山，以妥先魄』。

上學期史學教習係瑞安陳黻宸（介石）。對陳先生的史學見解很感興趣。

下學期升到二班，陳教習常與馬等同學談時事。

八月，八國聯軍攻占北京，西太后挾光緒帝逃往西安。從陳先生處得悉，『號啕大哭』。

本年，與湯爾和、杜士珍（傑風）結拜。課外遵陳先生之囑閲王夫之《黄書》、黄宗羲《明夷待訪録》及《揚州十日記》《嘉定屠城記》等書，有了民族民權兩種思想輪廓。并閲《天演論》《法意》《民約論》《泰西新史覽要》。（《我在六十歲以前》，十一頁）

一九〇一年（光緒廿七年辛丑）十七歲

年初，與二班同學升入頭班。

夏，因成績突出，與湯爾和、杜士珍三人被稱『特班生』，仍在頭班聽課。

六月，《杭州白話報》創刊。

八月十四日（七月朔日），求是書院漢文總教習宋平子致孫季穆書稱『杭城少年風氣甚開，而以養正書塾爲最。其中學生進境異常之速』。（胡珠生編《宋恕集》，中華書局一九九三年版，下册，七一〇頁）

《陳先生墓表》回憶：『先生之主養正書塾也，以教授歷史，即陳夷夏文野之義，于五胡、金、元之跡，反復而不厭。又以孟軻、鄧牧、黄宗羲之説，敷演于講席之間。於是杭之學者，莫不盛張排滿革命而談民治，風浸被于全浙。』（《天馬山房文存·外篇》，民國三年鉛印本。又見陳德溥編《陳黻宸集》附録，中華書局一九九五年版）

下半年，與湯、杜、周繼善、葉誠然、龔壽康共六人被稱爲『師範生』，受命兼教書塾新收的備班學生楊崇英、傅孟。

中秋前後，錢塘知縣黄大華到養正書塾考試評卷，前五名發給獎金。與湯爾和等用獎金（五六十塊銀元）買一些新課本，訂幾份《杭州白話報》，上面捺印『皆大歡喜樓藏書』，供給同學看。

十一月，養正書塾更名杭州府中學堂，總理改稱監督。校方預定派馬與湯、杜次年夏天畢業後留學日本，三人相約學陸軍。

本年，任道鎔繼惲祖翼任浙江巡撫。

施蟄存《浮生雜咏》其二跋語：『家君名亦政，字次於，浙江仁和縣學生，與馬叙倫、黄郛同窗，同進學，爲知交。既而罷科舉，失進身之階，家君以孤貧，未能入大學堂，遂以傭書授徒謀生。』（《沙上的脚跡》，遼寧教育出版社一九九五年版，一九一頁）按，馬并未考入縣學。

一九〇二年（光緒廿六年壬寅）十八歲

四月六日（清明），不顧學正邵章（伯絅）反對，與師範生、二班同學請假遊西湖。

四月十五日（三月初六），與同學杜士珍等遊松秀山莊（夏園），遇宋平子。

宋恕壬寅日記三月初六日：『入（雲林）寺，從韜光徑上山，遊松秀山莊。少頃，翰香母子來，先有約也。而介石之弟子杜士珍、馬叙倫及龔、王二生亦來，坐久乃出，杜等四人先去。』(《宋恕集》，下册，九四九頁）按，龔、王，指龔壽康、王凱成。

四月二十三日，宋平子（燕生）簽贈《留别杭州求是書院諸生詩》。本書初版僅印一百部。

宋恕壬寅日記三月十三日：『介石代中學師範生索留别詩，諾之。』十四日：『是日字贈詩六部於養正師範生湯、杜、馬、周、龔、葉六人，託介石轉發。』(《宋恕集》下册，九五一頁）按周、葉，即周繼善、葉誠然。

上海南洋公學特班總教習蔡元培回憶：『養正書塾的教員，如陳介石、林少泉、陳叔通諸君，監學邵伯絅君，均時相過從。學生中如湯爾和、杜傑峰、馬夷初諸君，均傑出之才。高等學堂所聘的教員，有宋君燕生，博覽，廣交遊，善清談。著有《六齋卑議》，反對洛閩理學，頗多新思想。但慮患特深，特喜作反語，自稱著有十種《鳴冤録》，又嘗爲駐防營的桂（貴）翰香作詩集序，湯、馬諸君深不以爲然。』（蔡元培《自寫年譜》，中國蔡元培研究會編《蔡元培全集》第十七卷浙江教育出版社一九八九年版，四四三頁）

五月上旬，同學傅振紳、王孚、徐景清用餐談天，遭同餐桌的學正邵伯絅斥責，發生争吵。邵向監督楊文瑩告狀。馬聞訊與杜士珍等高年級同學央求陳先生出面爲三位同學説情。楊不聽陳的勸阻，決定開除三人。陳以辭職相抗議。馬憤而隨陳先生離校，因而與另四位師範生（湯爾和因病未在内）也被學堂開除。

五月十六日，與陳介石、宋平子、黄溯初（旭初）等乘舟離杭赴滬，自謀職業。次日四時，舟抵上海。

宋恕壬寅日記四月初九日：『早朝雷雨，旋晴。動身，同介、旭、馬、堯往滬，高夢旦來送行，隨送至淳祐橋，翰香送至興嘉舟。翰香同啜茗食桑棗於拱宸橋茶館。』初十日：『晴。四點鐘到上海。』（《宋恕集》下册，九五六頁）按，堯，疑爲林祝堯。旭，黄溯初，永嘉人，晚馬兩年入養正書塾。

五月中旬，入選報館幫助諸暨蔣智由處理編務，選取各報刊上國内外要聞，加一篇論説評述時政。

五月二十二日，訪晤宋平子。

宋恕壬寅日記四月十五日：『沈仲輝來，張經甫來，馬彝初繼來，共談頗久。』（《宋恕集》下册，九五七頁）

五月二十三日，宋平子來選報館訪晤。

宋恕壬寅日記四月十六日：『晴。上半天如選報館候新，皆晤，贈《别求是》詩。并候趙彝初、馬彝初，皆晤。』（《宋恕集》下册，九五七頁）

五月二十八日，訪宋平子，託其返温時帶交兩信。

宋恕壬寅日記四月廿一日：『下午，孫氏兄弟來，龍積之、趙藺生來，汪穰卿來，馬彝初來，張東山來，俱以睡託出外不晤。夜飯後，馬又來，託帶兩信。』（《宋恕集》下册，九五八頁）按，其中一通致黄溯初。壬寅日記四月廿六日：『早晨到温州，與金同如黄正興號候旭初，不晤，晤其父，交馬信，留早飯後入城。』（《宋恕集》下册，九五九頁）

九月二日，《新世界學報》半月刊上海租界創刊，陳介石主編，馬與湯、杜爲撰述。遷居于惠福里。

稍後，又搬與王小宋（季同）爲鄰。因表字彝初與選報館經理趙祖德（彝初）相同，稱呼不便，而改字夷初，以示區别。

本年，結識馬一浮。

夏承燾日記一九五二年三月廿二日：『晴。午後與心叔往蘇堤蔣莊謁馬湛翁，祝其七十壽。三月二十日，夏正二月廿五日。坐談一小時餘。湛翁謂二十歲識陳介石先生及馬夷初先生時，介石先生爲杭州養正書院山長。』按，陳介石并非養正書院（塾）山長，而是總教習。

夏承燾日記一九五七年三月八日：『夕與陳子明華南師院教務長往虎坊路前門飯店政協會議寓所訪馬湛翁、鄭曉滄、陳鶴琴，遇高覺敷、蘇步青。湛翁謂二十歲在上海見馬夷初纔十八歲，爲《新世界報》撰文。談杜甫與蘇涣事，湛翁謂唐文人有武俠風氣，李白亦然，此如歐洲人。』按，若兩人結識於上海，則是下半年事；如初見於杭州，則是上半年事。

一九〇三年(光緒廿九年癸卯) 十九歲

一月十三日(農曆十二月十五),截至《新世界學報》壬寅第九期,共在該刊發表《史學問答》《中國無史辨》《農史》《新物理學》《戰譃》《古希臘兩大教育家列傳》《古羅馬兩大豪傑傳》《原俠》《印度宗教興革記》《印度波羅門教發達小史》《女子教育平議》《兒童教育平議》《世界三特力》等十六篇文章。

三月十三日至四月二十七日,在《新世界學報》癸卯一至六期發表《明季俠士毛公列傳》《日儒加藤氏之宗教新説》《中國工界》《説死》《罪法》《桑木氏哲學概論》《改文字議》《兵奴》《政教分合論》《宋愛國士岳文二公傳》等十篇文章。

五月,被指與杜士珍截用一筆款項(『吴幼蓮四十洋』,疑爲稿費)。

陳介石《致弟醉石書》説:『報館事腐敗已極! 吴幼蓮四十洋,亦由馬、杜二人截用,此洋只得由兄賠出。』遂『先將報館停辦』,赴京參加會試。(《陳黻宸集》,一〇五六頁)

五月,《政藝通報》主編鄧實『欲赴開封應試』,乃邀馬爲代。馬此前在《政藝通報》第十四至十六期發表《二十世紀之新主義》。

六月十九日,殿試,陳介石與邵伯絅、陳叔通同榜爲二甲進士,陳介石授户部貴州司主事。

農曆九月，林文潛（左髓）病故，年僅三十。賦《長亭怨慢》致哀，題注：『瑞安林君左髓同及介石老師之門，卓犖英才，志清胡穢，居杭之歲，過從爲樂。嗣余棲遲海上，君亦來遊，不幸遘疾逆旅，怛然物化。寒潮歸柩，永傷旗鶴。兹從小阮獲睹遺容，長歌當哭，識於楮尾。』（《馬叙倫詩詞選》，一五七至一五八頁）

冬，訪《警鐘日報》主編蔡元培。

蔡元培《自寫年譜》：『蔣君之《選報》，由趙君出資印行，銷行頗廣，因爲蔣君選輯精嚴，編次亦有條理，便於檢閲。自撰之評論及選録之詩均足以感人。但後來杭州之養正書塾，因陳君介石反對林君少泉之故，陳君率高材生湯、馬諸君離塾赴上海，編《世界學報》，亦擬由趙君承印，蔣君反對，蔣、趙幾至絶交，於是《選報》停刊，而《世界學報》出了不多期，也停了。』（《蔡元培全集》，第十七卷，四四四至四四五頁）

本年，訪鎮江錢寶仁于蘇報主人陳範寓。結識徐敬吾。

一九〇四年（光緒三十年甲辰）二十歲

因爲家庭負擔，往來滬、杭兩地，教書、撰稿。

與同里王瑛結婚，所作新房聯内有『卿桴獨立鼓，我揭自由旗』句。（《我在六十歲以前》，二二一頁）

十一月，光復會成立於上海，推蔡元培爲會長。

本年，與鄧實（秋枚）、黃節（晦聞）、劉光漢（師培）、陳去病（巢南）、陸紹明（良丞）、諸宗元（貞壯）、高天梅（旭）諸人發起國學保存會。

一九〇五年（光緒三十一年乙巳）二十一歲

二月二十三日，國學保存會機關刊《國粹學報》問世（鄧實總纂），爲主要撰稿人之一。《古政述微》發表於創刊號，續登於一卷二號（三月二十五日）。

暮春，自滬乘輪至杭，應馬君武、馬一浮之邀同遊西湖。

四至八月，在《國粹學報》第一卷第三、五、七號發表《嘯天廬古政通志》。

秋，浙江高等學堂創立，與監督陸懋勳、盟兄湯爾和參加開學典禮。

十月十八日（九月廿日），在《國粹學報》第九號發表《嘯天廬政學通義》，至第十二號續完。

十月，子龍驤生，小字阿回。

本年，在諸暨東鄉里浦谿（今浬浦鎮）翊忠學堂任教習，讀書必作札記。

同年，湯爾和成婚，贈以新房聯，託杭州裱畫店裱出。上聯末句主張『快播革命種』。（《我在六十歲以前》，二二頁）

一九〇六年（光緒三十二年丙午）二十二歲

二月十三日（正月二十），《孔氏政治學拾微》發表於《國粹學報》第二年第一號。隨後本年第三、五、六、九號及丁未年第一號續登。

二月，應江山縣立中學之聘任教習。『拂塵數日』，毛雲鵬（西峰）導遊景星山。本年有《游景星山賓暘洞題記》。

越三旬，復偕毛西峰、余紹宋、萬鑄九、毛敬居等同事并學生三十餘人重登景星山。

六月十一日（閏四月二十），《宋徐正節先生傳》亦發表於《國粹學報》第二年第五號。

七月十一日（五月二十），《方召傳》《記鄭濤詩禍事》發表於《國粹學報》第二年第六號。

八月九日（六月二十），《史學存微》發表於《國粹學報》第二年第七號。《嘯天廬搜幽訪奇録》亦發表於《國粹學報》第二年第七號（署名西泠逸民），第十三號續登。

上半年，與余紹宋一同剪去髮辮。創辦《新衢州雜誌》。在校内發起『天足會』。學堂主持人毛雲鵬在西太后的畫片背面寫上『我見了也銷魂』，被同里周渠清告發。馬爲毛作辯文，又與兩位同事夜訪知縣李鍾岳。次夜李回訪，囑其轉告毛暫避。結果毛出穀百擔贖回畫片了事。

夏，受『畫片案』影響，學堂停辦，離開江山回杭州。

七月三十日，温州府中學堂監督劉紹寬託黄溯初（旭初）函致馬，擬聘其爲國文教員。但未應允。

劉紹寬日記光緒三十二年六月初九日：『黄旭初來商中學事，擬函致東京神田區今川小路集賢館林大同、大閭，聘請慈溪洪允祥君，國文擬聘馬彝初叙倫。』六月初十日：『黄旭初來，託函致馬叙倫。』（温州市圖書館編，方浦仁、陳盛獎整理《劉紹寬日記》，中華書局二〇一八年版，第一册，四四七頁）

初秋，作爲八名創辦人之一列名《國學保存會會叙》，稱『念吾國殆亡，非學無以保存之』。保存會宗旨：『研究國學，發揚國光，以興起人之愛國心。』總部設上海虹口，『俟辦有成效，再圖擴充』，在各省建立『支會』。同時訂立《國學保存會藏書樓章程》，稱開辦伊始已由『同志數人』搜求得五萬餘卷。閲書室設於上海商務總會西邊六號洋房。（馬以君主編《南社研究》第六輯，中山大學出版社一九九四年版，二四二至二四五頁）

下半年，應聘到廣州，執教於兩廣優級師範學堂。學堂監督爲黄岩王舟瑶，教務長爲陳介石。

一九〇七年（光緒三十三年丁未）二十三歲

年初，回杭度歲，取道上海，拜會宋平子。

致宋平子函：『丙午季冬，侍介石師自粤東返滬，曾一見杖履於逆旅之舍。』（温州博物館編《宋恕師友手札》，浙江攝影出版社二〇一一年版，下册，一四六頁）

春，改在兩廣方言學堂教文科兼倫理科。監督爲陳介石，教務長爲東莞倫明。一教三個年頭。

五月卅一日（四月二十），《書體考始》發表於《國粹學報》第三卷第四號。

九月，浙江巡撫張曾敭因秋瑾案激起民憤，調轉江蘇巡撫。

九月廿七日（八月二十）至十一月廿五（十月二十），《論性》發表於《國粹學報》第三卷第八號至第十號。

十一月九日（十月初四日），同事林濤病故。同月十八日舉行追悼會。會後編輯《林伯齡哀輓録》，應邀作序。

序曰：『丁未十月初四日，瑞安林君伯齡以足疾殁于方言學堂。同學諸子感伯齡之勤於教育而罹此凶，請于監督陳公，爲之開追悼會。公嘉其請，以是月十八日擇地粤秀山麓先賢祠，懸伯齡之遺容，獻以花果，陳公率衆致祭而哭焉。是日他校之不知伯齡者，與同學之父兄率其子弟非受業于伯齡者亦來吊，屨跡滿庭闥間，而來觀禮者不與焉。將散會，有老人年已七十，不知其姓氏，來叩于伯齡之靈，遍録其哀詩詞聯而去。於乎！伯齡不死矣。伯齡何所得於人若此哉？然同學諸子之義，又何讓于古之炙雞瀝酒而哭墓者歟？將謀刊其哀詩詞聯，叙倫曰：是不可無記。謹僭弁數言於此。仁和馬叙倫夷初甫。』（《林伯齡哀輓録》，廣東學務公所印刷所光緒三十三年刊本，四葉）按，樂清高誼繼任地理教習。

十一月，次子龍潛（克强）生於杭州。

本年，課餘與同事倫明結伴逛舊書攤。

倫明《辛亥以來藏書紀事詩》（一九三五年）回憶：『閑攤往往獲書佳，日日同尋府學街。』注稱：『仁和馬夷初叙倫，三十年前與余同居廣州，游每同行。府學東街，廣州賣舊書處也。』（東莞圖書館編《倫明全集》第一册，廣東人民出版社二〇一二年版，一三三頁）

一九〇八年（光緒三十四年戊申）二十四歲

三月廿二日（二月二十）至七月十八日（六月二十），《論性》續刊於《國粹學報》第四卷第二、四、六號。

五月至七月，陳介石舉辦南武公學講學會五期，與陳懷爲之筆録。第一期五月五日開講，馬筆録，陳着重闡明可講之學與不可講之學的區别，以爲可講之學『將出其所用而措之於天下後世者也』。

六月二十日，浙江全省教育總會副會長孫詒讓病逝。

六月廿九日，撰《冒暑重尋九溪十八澗記》。

七月，上海國學保存會開會追悼孫詒讓。

十月，携妻、二子及乳嫂遷居。

陳介石致孟冲侄書第二：『現夷初所租屋甚貴，（離方言學堂）又甚遠，不知其故者頗咎夷初』。（《陳黻宸集》下册，一〇九九頁）

十一月廿八日，陳介石五秩，與倫哲如（明）、澹如（鑒）兄弟，黄通甫爲之賀壽。撰《陳介石夫子五十壽叙》。

十二月，爲明年仲春母五秩，致函宋平子求壽序。函札略稱：『此乞言者必求諸立德者而後行事可藉以不朽也。先生道高德立而負文章大名，叙倫又早獲侍杖履，失而不求，其罪孰甚！夫以家慈之孝于姑、節于夫、恩於子、苦於身者，異於恒婦人，而得先生之一言，非特爲壽于一時，將壽家慈於不朽矣！』（《宋恕師友手札》，一四七至一四八頁）另請江寧鄧嘉緝作壽序。

本年，撰《周都司傳》《童瘋子傳》《外王考鄒公遺事狀》《王考事略》《亡弟效倫哀述》。（見《天馬山房文存内篇》）

約本年，結識南雄場大使葉左文（渭清）。

《葉左文之孝友》：『余識左文于廣州，左文方以介執業吾師瑞安陳介石先生門下

也。』（《石屋餘瀋》，一八九頁）

一九〇九年（宣統元年己酉）二十五歲

二月四日，偕陳懷、黄式蘇游杭州烟霞洞，訪石屋寺。

二月二十一日，符璋來函。

符璋日記宣統元年二月初二日：『陰。發陳介石、褚九雲、馬彝初三椷。』（《符璋日記》，上册，二八六頁）

六月十一日，長子龍驤殤于廣州。隨後撰《亡兒龍驤權厝銘》。

上半年，陳介石贈以《馬太君壽序》。

《團拜和朝賀》回憶：『我曾在廣州參加過一次浙江同鄉的團拜，我覺得已經摻了些官場氣味，於我性情不近，此後就恕不奉陪了。』（《民主》周刊第十五期，一九四六年一月，六三頁）

九月，袁嘉穀任浙江提學使。

十月十四日，陳介石當選浙江諮議局議長，副議長爲嘉興沈鈞儒、鄞縣陳時夏。

十月廿二日（重九），偕同事登越秀山，中午劉贊文招飲，即席賦詩。（高誼《嶺南吟草》，宣統元年鉛印本）

本月，陳介石囑馬回杭，兼任諮議局書記。

十二月二十二日，浙江教育總會會長夏震武接替沈鈞儒任兩級師範學堂監督。夏震武以『師校名譽甚壞』爲由，率領教育總會會員十六人到校，揚言整頓，教師要求夏出示證據，於是罷教。隨後學生罷課，由此發生『木瓜之役』。

十二月，袁嘉穀兼署浙江布政使。

下半年，應浙江省官立兩級師範學堂之邀，離粤返杭教優級公共科群經源流課。《一個回憶和感想》：『我從廣州回到杭州，那時浙江已經有了諮議局，是後來有議會的前身，當然代表民衆意識，做民衆喉舌的機關。我呢，當時年齡不够做議員，因爲老師的關係，也在諮議局兼了一個職務。』（《周報》第四十期，一九四六年六月八日）

本年，葉左文署理南雄場大使未滿一年，即棄官辭歸。馬贈以七絶一章云：『偶然一著宰官衫，歸去圖書滿竹函。遥指嚴陵山色好，釣魚臺下要停帆。』按，據夏承燾日記一九五一年四月二十日。此詩見於《石屋餘瀋》手稿，但刊本未收録。夏承燾日記：『左老時監南雄榷務，予俸甚優，忽投檄歸，有讀書歸隱之志。夷翁時方執教羊城，爲此送之。夷翁謂平生問學之友，惟馬太淵浮、葉左文及都雲田毅侯溓，最爲服膺云。』

本年，撰《顯考行述》《從兄晋生君權厝銘》。（見《天馬山房文存外篇》）

一九一〇年（宣統二年庚戌） 二十六歲

本年，繼續在浙江兩級師範任國文教習，朱希祖、徐道政在同科執教。兼任《浙江日報》主筆。

《一個回憶和感想》：『在三十五年前，我們杭州曾經有一份日報，他的名稱也叫「浙江日報」。我在三十六年前從廣州回到杭州，擔任浙江兩級師範學堂的教員，《浙江日報》便邀我任他的社論的主筆。（中略）我寫社論，總是暗地裏鼓吹民族、民權兩種主張。民族主義自然是反對滿洲一族統馭中國，民權主義自然希望推翻專制政體。』（《周報》第四十期，一九四六年六月八日）

一月十一日，兩級師範學堂復課。

三月六日（正月廿五），宋恕病故，享年四十九歲。輓以聯語：『黄顧得嗣音，卑議早傳，尚有著書驚滿篋；龍蛇成歲讖，大師頓逝，應教風雨泣名山。』（《宋徵君哀輓録》，宣統二年冬瑞安務本書局石印本）

四月十日（三月初一），浙江高等學堂國文教習、國學保存會同人陳去病（巢南）發起南社第二次雅集，與柳亞子、陳陶遺、朱少屏等十六人相聚于金沙巷唐莊，與柳亞子係初次見面。

四月二十二日，致符璋函，告知執教於浙江兩級師範。

符璋日記宣統二年三月廿四日：『陰，微雨。飯後旋郵局來十五日彭兒信，由瑞安退回者。又來十三日馬彝初自杭信，蓋已就師範教員。』（《符璋日記》上册，三七二頁）

四月二十三日，符璋覆函。

符璋日記三月廿五日：『陰。發彭兒信及答馬彝初函，付郵。』（《符璋日記》上册，三七二頁）

八月廿三日，滬杭甬鐵路局總理湯壽潛奉旨革職。馬隨後與湯爾和、樓守光借得『股權』，出席鐵路局股東會，主張挽留湯壽潛。

十月三日，浙江諮議局第二届常會開幕。

十月五日，浙江諮議局正式開會，提議爭回浙江鐵路商辦權。

冬，京師大學堂教員夏震武約談。

《夏震武》：『年假還里，過杭州，寓望仙橋堍旅館，使招余往。』（《石屋續瀋》，建文書店民國三十八年版，七五頁）

本年，協助提學使袁嘉穀對萬斯同《儒林宗派》六卷鈔本詳加審訂，翻刻流傳，提倡姚江之學，以立學風。（《袁嘉穀年譜》，見《袁嘉穀文集》第三卷，雲南人民出版社二〇〇一年版，八二六頁）

本年，撰《李知縣傳》《召試經濟特科平陽宋君别傳》。（《天馬山房文存·外篇》

一九一一年（宣統三年辛亥） 二十七歲

年初，邀馬一浮孤山雅集。馬一浮回函，表示難以應約。函札云：『家居泊然廢人事。開歲猥荷先辱，亦遲而不答，闊略甚矣。承雅集孤山，招預清宴，所至訢願。會是日當渡江看叔父，不獲往從。負此清遊，更虛延佇，深歉於懷。盛柬例返，少遲詣謝，尚乞見諒爲幸。方春，惟道履休和，不宣。』（吴光主編《馬一浮全集》，浙江古籍出版社二〇一三年版，第二册上，四〇二頁）

二月上旬，湯爾和借寓馬家。（《石屋餘瀋》，見《時事新報》民國二一年六月七日）

二月十六夕，伯父故。次日訃告至。（《石屋餘瀋》，見《時事新報》民國二一年六月七日）

春，憲友會成立，成爲主要成員。

（日）宗方小太郎《辛壬日記》：『本會由部分國會速開聯合同志會及大部分帝國統一黨成員組成，與辛亥俱樂部同爲資政院之白票派。以去春全國諮議局聯合會開會爲動機，由各代表之有力人士組成。』浙江會員主要有『湯爾和、馬叙倫、陳黻宸、邵羲、陳敬第、胡鍾翰、劉紹寬、蔡汝霖。』（（日）宗方小太郎《辛壬日記·一九一二年中國之政黨結社》，馮正寶譯，中華書局二〇〇七年版，一二四至一二五頁）按，陳介石同時加入辛亥俱樂部。

夏，湯爾和赴日考察醫學教育，馬隨行。在東京拜訪章太炎。

《我在六十歲以前》：『這年夏天，湯爾和爲籌辦浙江醫藥專門學校到日本去，我跟他到東京一玩。但是，我不能説日本話，他又不常在東京，因此，我就窘了。我的目的要找章太炎先生。我和章先生，論親他是長輩，論年我是後輩，不過如上文説過的，在上海爲國事運動的時候，我們是時常碰頭的，所以我們是誼在師友之間。（中略）我和他談起國事，他自然仍是革命、革命的一套。我請他介紹入同盟會，他答應了，但是他却想回國。我許他回國後和陳老師商量辦法，因爲陳老師和他是好朋友。』（《我在六十歲以前》，二六至二七頁）

按，據林輝鋒考訂，章太炎并未介紹馬加入同盟會。

到上野圖書館查閲《省心雜言》日本刻本、《睡庵集》《雪庵注史》抄本等。

孟秋，過馬關，感賦《百字令》：『海天一閣，是當年、辛相和戎之地。敵國重排胭脂陣，輸了嚴疆千里。紅豆春生，白蘋秋老，忽忽廿年矣。雞鳴風雨，唤來難醒春夢。回首故國江山，燦然如繡，却付兒曹戲。海上魚龍方曼衍，室裏沉沉死氣。吴市吹簫，燕都屠狗，空想其人耳。長歌斫地，目中安有餘子。』題注：『馬關春帆閣，甲午中日議訂和約處也。辛亥孟秋東遊經此，不勝感慨，因賦。』（《馬叙倫詩詞選》，一四九頁）

十月十日，武漢新軍起義。陳介石組省城民團，推湯壽潛爲總理，自任副理。分管上中下城巡守者爲湯爾和、樓守光、馬叙倫。

十一月三日，上海光復，聞訊趕去，至民立報館訪于右任，得知革命機關設在振華旅館，因尋不著褚輔成，折回杭州。晚杭州新軍醞釀起事，陳介石往旗營勸告協領貴林。

十一月四日，晨往諮議局見議長陳介石，接著起草并發出致上海湯壽潛電，與陳黻宸、褚輔成、沈鈞儒四人具名，報告杭州光復情況，促其速返杭州。下午赴東站迎候湯壽潛。和約訂定：『約限三小時旗營繳軍械，允發旗兵三月餉，三月後爲籌生計。革命軍以湯壽潛簽押，旗軍以貴林簽押。』

十一月五日，至提學使署，幫助袁嘉穀『代探路途』。

袁嘉穀《辛亥宣統三年日記》農曆九月十五日：『昨夜撫署被焚，杭州全歸民軍。余待至天明，無一人至，因命内子等眷先行至滬。馬彝初兄至，代探路途。嗟乎！望古遥集，吾誰適從哉？』（《袁嘉穀文集》第三卷，五五一頁）

同日，湯壽潛就浙江首任都督，陳介石任民政司長，馬爲都督府秘書。浙江通電全國，宣告獨立。江蘇獨立，原巡撫程德全爲都督，應德閎任秘書長。

十一月九日，因褚輔成、沈鈞儒、陳時夏、周承菼『僞託湯名』謀斃旗營協領貴林（翰香）、量海父子，陳介石、胡鍾翰、樓守光被迫離杭赴滬。

是日前後，應江蘇都督府職員杜士珍之邀赴蘇州，接受在滬辦報的委託。

十一月下旬，漢陽爲袁軍馮國璋部攻陷，黄興退回武昌。章太炎得悉後來信，稱黄爲『逃帥』。

十二月，諸暨蔣尊簋被推舉爲浙江第二任都督。與應德閎、樓守愚、樓守光、夏超隨蔣返杭，供職于秘書處。

不久，都督府印鑄局樓守光調離，接任局長。

本年，撰《蔣髯傳》。（《天馬山房文存·外篇》）

一九一二年（中華民國元年壬子）二十八歲

一月初，印鑄局改爲公報處，創辦《浙江軍政府公報》，任經理，因與總纂杭辛齋、編輯邵飄萍意見不合而未就職。

一月四日，《大共和日報》創刊于上海，任總主筆。社長爲章太炎，經理爲杜士珍。《一個回憶和感想》：『雙十節的喜音惠然來臨，杭州不久也就光復了。《浙江日報》因他有一段開始的歷史關係，也停版了，我就和章太炎先生在上海辦了一份《大共和日報》，還是把《浙江日報》的工具搬到上海來應用的。』（《周報》第四十期，一九四六年六月八日）

一月十四日，陶成章遇刺於上海法租界，從屈映光處得悉，赴廣慈醫院探視。不久，成章叔祖陶在寬取其柩運歸杭州，適與馬同寓清泰第二旅館。

五月，共和黨組成，《大共和日報》成爲共和黨機關報。

下半年，回浙江兩級師范學校執教。

八月十四日，《都督蔣諮教育部據司呈報優級師範公共科概略文》轉報《浙江兩級師範學校優級部公共科概略五條》。其中教員十一名，第一名爲『馬叙倫，前在廣東方言學堂任國文教授，現任本校倫理，每周一時，月薪八元』，以下依次爲鄭永禧、沈君默、葉謙、陳雄飛、范琦、唐德業、夏鑄、胡浚濟、陳景鎏、張希清，校長經亨頤。（《浙江公報》第一百八十四册，五至六頁）

八月，都督府軍事參議官、光復會員虞廷侯遇刺。追悼會前致送輓聯。

約八月，新得譚獻《意林》校本，借與浙江圖書館總理錢恂過目。

錢玄同日記九月一日（七月二十日，星期日）：『在兄處見譚復堂丈《意林》校本。其中譚丈親筆校録者，分朱、墨二色。又有朱筆字，不知誰氏所寫，繹其文義，似是譚丈倩人移録者。書爲馬彝初所新購，彼携帶伯兄一觀。逖先因慫恿余及冷僧分録一本，因借歸。』（楊天石主編《錢玄同日記》，北京大學出版社二〇一四年版，上册，二二九頁）

十月三十日，大總統袁世凱任命章士釗爲浙江教育司長。

十一月五日，錢玄同點評《國粹學報》章、孫、劉、馬、陸諸家作品。

錢玄同日記一九一二年十一月五日（九月二十七日，星期二）：『檢訂《國粹學報》，因憶申叔諸作，雖過於求博，又倉卒成篇，心不細，識不精，而疵纇甚多，要之其人在近今實不可多得者，況彼治學之途，實能探諸清代諸先生之門徑，不同專事目録之事者比，穿鑿固有，精當亦甚多，真所謂瑕不掩瑜者也。《國粹報》中除章、孫兩家外，劉氏實爲第三，彼馬夷初、陸紹明者，焉足比數！』（《錢玄同日記》上册，二三四頁）

十二月，《彗星報》創辦于上華光巷，任發行人兼主編。

十二月，五子龍翔出生於杭州。

本年，應陳介石之囑，分擔統一黨黨務。

同年，江山劉子庚自陝旋杭。詢以其父劉履芬影宋本《鄧析子》下落，答稱『板毁書無留存』。『决心做學術上的工作』。

本年，夏震武《復馬彝初》：『來書推奬過情，非所敢當。志傳之文，素未之學，不敢妄作，以玷先德。足下文筆茂美，充其所至，不難追步昔人。乃薄此不爲，汲汲焉欲反求諸身心性命，此真儒者之用心，未可望之世俗，所造益未可量。竊以實踐身心性命之學必先，西夷北狄均非吾神州之舊，非法不服，身體髮膚受之父母，不敢毁傷，孔教之所以異於佛耶？盛意無可答，願誦先聖之言以進，唯足下不斥其迂謬，而辱賜之採擇，幸甚。』（《靈峰先生集》，浙江印刷公司民國五年刊本，卷四，六四葉）

一九一三年（中華民國二年癸丑）二十九歲

一月初，致函錢玄同談《説文校議》板片情况。

錢玄同日記一月三日(十一月廿六日,星期五):『馬夷初來信謂嚴鐵橋《説文校議》之板片共有多種,其姚家所刻之一種,現聞尚在,因阿兄意有購歸存湖州圖書館之説,故夷初來告。』(《錢玄同日記》上册,二五二頁)

仲春,應國立北京醫學專門學校校長湯爾和之邀,入都當國文教員,兼辦文書。在校期間鼓勵學生洪式閭讀了不少性理方面的書籍。

洪式閭《自傳》:『其時國文教師馬叙倫先生頗器重我,他鼓勵我閲讀了不少性理方面的書籍,這對於我後來在抗日戰争中能站穩民族立場,是不無關係的。』(《樂清文史資料第四輯,浙江省樂清縣政協文史資料工作組一九八七年鉛印本,二頁)

經湯介紹,結識同里財政部主事邵裴子,交往密切,書法得其『指導』。

五月十六日至廿五日,《石屋餘瀋》連載於《時事新報》第四張『雜俎』,共五十三則。《石屋餘瀋》五月廿五日末則關涉同門同事高性樸(心博):『賀縣于晦若侍郎式枚,爲陳蘭甫入室弟子。(中略)丁未改學政爲提學使,(中略)博極群書,弱冠即爲宿儒所畏。丁未廣東師範學校校試,樂清高心博廩生時主講是校,出西北輿地題,頗本《新民叢報》之説。侍郎閲之即曰:「卓如之言雖如此,然考某書尚有異論。」所舉原原本本,略無遺滯。』

五月二十五日至九月十日,《嚼梅咀雪盦筆録》刊登於《時事新報》,不下四十七則(五月二十八、二十九兩期館藏缺)。其中六月二日第三則提到『先曾祖錢塘公』的履歷與爲官之道。

六月八日至廿二日，又在《時事新報》發表《石屋餘瀋》三十五則。

九月六日至九日，在《時事新報》發表《石屋餘瀋》六則，其一記陸氏皕宋樓叢書出售日本事。

十一月十六日，錢玄同來書討論『鞠躬』與『玄冠』問題。

錢玄同日記十一月十六日（十月十九日，星期日）：『作書與馬夷初，論《論語》之「鞠躬」當作「𥨊窮」（金誠齋説），今之「鞠躬」當正爲「匑」。又謂冠、帣、髮、弁、攀（皆見《白虎通》），非笄不可，且「冠」僅覆総，亦不得改爲「冒首」，故深衣可服，玄冠不可用，歐洲昔所謂禮帽者，今可用，加檐護目，亦無□焉，以正吾前此「玄冠」説之誤。』（《錢玄同日記》上册，二七二頁）

本年，章太炎被軟禁于南下窪龍泉寺，絶食。爲此致書政治會議議長李經羲，稱『太炎學通古今，名達中外，不特赤縣爲冠冕，亦宇内之昆侖也』，要求恢復其自由。

本年，撰《唐風集跋》《公祭沈子惇先生文》。（《天馬山房文存》）

一九一四年（中華民國三年甲寅）三十歲

一月，《儒學論》發表於《孔教會雜誌》第一卷第十二期（陳焕章主編）。

春，從北京大學教授、衆議員陳介石返京任教，道經天津，同訪梁啓超。

春，孫詒棫應馬之邀約賦詩《馬彝初以所藏李雲谷研拓本屬題》：『何年紫雲髓，流傳在君手。空山自著書，莫負嶺南叟。』小注：『研有陳白沙銘。雲谷名孔修，爲白沙弟子。』（胡珠生點校《孫詒棫詩集》，見《温州歷史文獻集刊》第三輯，南京大學出版社二〇一三年版，六〇頁）

六月，南社柳亞子寄入社書并附信，要求馬『補填』并匯繳『社款』。

夏，應邀爲黄晦聞琉璃廠所得明陳雲淙手札作跋：『余往喜網羅宋明忠義之士，載其遺聞軼事，以爲最足動人肝鬲，存正誼而扶元氣，捨此蓋稀矣。至遇其故物，雖寸縑一字、缺劍敝研，撫摩流涕，往往不能自已。古人之感余與，余之感古人與，亦不復質其所以也。今過晦聞寓齋，出觀其所藏陳雲淙先生手札，墨瀋爛然，三百年如一日，晦聞固與余有同志者，况其鄉賢手澤哉！寶愛之固宜。余惟崇禎甲申之役，天地變易，冠履倒置，雲淙與張文烈、瞿忠宣之儔，皆維持西南，使海角山隈，猶有人義，豈非貞元之所鍾，而爲光復舊物之符驗者與？輒附記數語，以質晦聞。甲寅相月處暑節日，杭東里人石屋父馬叙倫謹書于宣城南舍。』（李韶清《順德黄晦聞先生年譜》，見《蒹葭樓自定詩稿原本》附録，廣東人民出版社一九九八年版，二九八頁）

本年，《彗星報》遷址，改爲胡醒囚負責，次年停刊。

同年，撰《黄文獻集跋》《次孫爲後議》《解難守喪》《毛詩正韻後序》。

本年，黄岩王棻《柔橋文鈔》刊行，老同事褚傳誥（九雲）贈以一部。

一九一五年（中華民國四年乙卯）三十一歲

一月十七日，探望章太炎。

錢玄同日記一月十七日（十二月三日，星期日）：『晨訪崔師，旋至章師處，見警確已撤去。師今日欣然起床。旋夷初來，談至傍晚始歸。』（《錢玄同日記》上册，二七九頁）

二月十四日（正月初一），再次探望軟禁中的章太炎，留晚飯，同席爲沈尹默、朱希祖、周樹人、許壽裳、馬幼漁等人。

錢玄同日記二月十四日（正月初一，星期日）：『晚餐本師宴，同座者爲尹默、逖先、季茀、豫才、仰曾、夷初、幼漁諸人。』（《錢玄同日記》上册，二八一頁）

六月三十日，《大共和日報》停刊。

下半年，兼任北京大學文科教授。開講『宋學』，受業有馮友蘭、孫本文、黄文弼、于登瀛諸人。

十月十日，大總統袁世凱下令停止國慶日閱兵、宴會和其他慶祝儀式，暗示民國命運告終。

十月二十二日，周樹人寄贈《會稽郡故書雜集》。

十二月十二日，袁世凱下令『明年著改爲洪憲元年』。即日毅然辭去北大、醫專教職。北大哲學門學生聚會餞行，并合影留念。合影者共三十二人，後排左二爲馮友蘭。

爲畫像作記：『乙卯之冬，余以歸省先壟，言去京國。將遂伏影海隅，静修行履。太學之友，緬惟講肄之久，欲慰離索之思。既造歌以寵行色，覆命術人模成是圖。謦欬暫違，鬚眉永對。《書》曰：「天工人其代之，維兹有矣。」獨念余學慚脱席，行愧人師，有《汝墳》之感，非行役之才。遂乃濫竊浮聲，屢汙黌序。雖復不掩固陋，傾吐所聞，未足宏贊兹道，裁成大雅。諮惟君子，不鄙其人，相從以來，彌彰情愫。嗟夫！余南遵番禺，北極宛平，雖仁義末由，敢云矜式，而肝鬲相照，幸有同心。方今之時，仲道發歎於洛下，幼安高舉於海東，遠覽存亡，未知何極！塞此亂離，允惟履德，用勉君子，以爲世則。異日有報余以四方高行之士者，余知其必吾黨矣。中華民國四年十二月，石屋農人記於北京大學。』

《國立北京大學校史略》（一九三三年編印）：『袁世凱叛國稱皇帝，文科教授馬叙倫憤然曰：「是不可以久居矣。」即日離職去，一時有挂冠教授之稱。』（轉引自張中行《馬叙倫》，見《負暄瑣話》，黑龍江人民出版社一九九七年版，三〇頁）

十二月中旬，乘車抵滬，在卡德路祥福里租房住下，『車次無聊，口占《浣溪沙》五解』。

十二月廿五日，雲南宣布獨立討袁。

十二月廿九日，函覆褚傳誥，感謝見贈王棻《柔橋文鈔》。

函云：『九雲先生尊鑒：奉書并《柔橋集》敬誦。柔橋先生爲尊州近儒之冠，經、史二途堂廡極深，《獨論》一書，諸篇似尚有賢者之失。其集向得一山檢討見贈一部，因太炎未見，遂爾轉贈。三兩年心目中猶時存此書，故向復求之于先生，乃以令弟插架之賓割而見貽，使弟有奪好之譏，方寸屏營。然先生之惠，則不敢不謝。弟年來極欲潛心學業，區區之私，更欲溝合浙東西而出一塗，顧早失學，博雅多慚，唐有此願，恐無以副耳。向不自掩，有所造論，輒灾梨板，正欲得有道君子摘而正之，乃辱藻飾過恒，非所以見益也。夏曆之臘，想還珂里，尚望時惠德音，以獲循遵。耑此奉覆，順攽道祉不宣。學弟馬叙倫頓首。十二月廿九。』（朱汝略藏）按《柔橋文鈔》民國三年上海國光書局鉛印，復函言『三兩年心目中猶時存此書』，姑繫於本年。

本年，章梫撰《題馬彝初茂才所藏明李雲穀殘研》。（《章王詩存合刻》四，一二葉）

本年，撰《爲外王母請褒揚狀》。（《天馬山房文存·外篇》）

一九一六年（中華民國五年丙辰）　三十二歲

年初，仍流寓上海租界。應廣東廖容之約撰寄討袁檄文。

二月二日，賦《桃源憶故人》兩闋，其二夾注：『時避地上海，故鄉襟帶間，竟不得歸。』

四月，浙江獨立。吕公望接任浙江都督。

五月十日，莫永貞被任命爲浙江財政廳長。（《浙江公報》民國五年五月十九日）

七月五日，章太炎、褚輔成到浙江都督府訪晤都督吕公望與財政秘書馬叙倫。《申報》民國五年七月七日：『章太炎、褚慧僧兩君於昨日（五號）午刻偕參議會會長張翅、副會長龔寶銓、軍府委員戚思周乘四號快車抵杭。軍政長官暨各團體在城站恭迓。兩君下車後，向各界行相見禮，即乘輿至都督府，謁見吕都督。偕財政秘書馬彝初君，至參議會。先期由各界在參議會預設歡迎會，外搭彩棚，内書「全浙歡迎」四字，并派有警察、樂隊站立兩旁。各界代表及來賓持券入場，計有二百餘人。以議事廳爲會場，上懸紅匾方額，題「泰山北斗」四字，以表示歡迎之意。』（轉引自嘉興市政協學習和文史資料委員會編《褚輔成文存》，中國文史出版社二〇一一年版，二一四頁）

七月上旬，陳介石自滬來書，囑馬與浙督顧問姜桐軒隨時接洽，推心置腹商討政治問題。

按，章太炎恢復自由，回到上海，浙江籍國會議員設宴于一品香，集會歡迎，陳介石作爲衆議院議員出席并致辭。函末有民國七年馬短跋：『相從十餘年，遺墨僅此，一讀一泫然。戊申五月檢篋得之，輒記事。』

八月廿二日，浙江省長公署指令第三百四十四號令財政廳長莫永貞，呈一件爲請任命馬叙倫、樓聿新爲該廳秘書由：『呈及履歷均悉。據稱擬任馬叙倫、樓聿新兩員爲該廳秘書，應即照准，仰將發去任命狀二張，轉給祇領。此令。履歷存。八月二十二日。』（《浙江公報》民國五年八月二十九日）按，此職係龔寶銓介紹，馬先期回杭，住飲馬井巷。

九月，莫永貞赴京參加財政會議。馬先期進京，下榻大同公寓。與陳介石、湯爾和諸人策劃，推薦旅法同鄉蔡元培回國主持北大。得到教育總長范源廉首肯後，留條告別莫，徑返杭州。

十月十一日，錢恂請客。

錢玄同日記十月十一日（九月十五日，水曜日）：『午後校中放假。阿兄來電話邀往不老娘，因夷初、尹默、幼漁均在，阿兄請其晚餐，往西安晚（飯）店也。』（《錢玄同日記》上册，二九四頁）

十月十五日，錢恂再次請客。

錢玄同日記十月十五日（九月十九日，月曜日）：『午，兄邀往六國飯店西餐，畢即至兄處晚餐。兄邀夷初、幼漁、尹默諸人在家吃飯，飯畢飲俄國烹法之茶。』（《錢玄同日記》上册，二九五頁）

十月卅一日，黄興在滬病逝。

十一月，代莫永貞擬輓黄興聯。

聯云：『勳庸在國，婦女也争傳姓氏；豪傑爲神，英靈猶自鎮山河。』又云：『赤手造新

邦，千載勳名書册府；銀濤歸客柩，萬家雞黍哭先生。』（《輓聯愜當之難》，見《石屋餘瀋》，六頁）

十二月，蔡元培被任命爲國立北京大學校長。

一月二十日，約馬一浮擔任兒子家庭教師，託友人彭遜之轉達。馬一浮回函，婉言推辭。

函云：『向承見語，欲使浮爲諸郎傅，誠愧不敏，未敢奉教。頃見遜之，謂足下將以明日見招，聞之滋惑。浮既謬荷愛重，曷敢有隱？良以蒙正之始，世俗重之，須求名德著聞、足爲後生矜式者，浮固不足以當斯選。矧諸郎尚幼。唯俞之教，端之於免懷；飲食之讓，謹之於即席。猶不必有傅也。朝夕講肄，疑若有先時之過。古者易子而教，若浮幸不爲友朋所棄，至於耆艾之年，學行粗立，爾時諸郎方少，或以足下之命而來學，浮苟有可告，亦當當仁不讓，然非所論於今日也。故願足下罷之。北發尚需，更遲言晤，不悉。』（吴光主編《馬一浮全集》，第二册，四〇二至四〇三頁）按，遜之，即彭俞，又名安仁，與林大同友善，著有《天命説》。

同日，馬一浮再次函覆，答應次日前往會晤，但請求『請勿以傅禮見』。

一九一七年（中華民國六年丁巳）三十三歲

一月四日，蔡元培到校就職。

一月十二日，教育部派陳獨秀爲文科學長。

一月下旬，廖容、廖毅到杭拜訪，談討袁經過。

年初，蔡元培電邀馬回北大任教授。向莫永貞請假，先到北京講課，後再辭浙江財政廳秘書職。

二月十六日大總統令：『浙江財政廳廳長莫永貞著免去本職，來京另候任命。任命張厚璟爲浙江財政廳廳長。』（《浙江公報》民國六年二月十九日）

二月下旬浙江省長公署通告：『浙江財政廳長莫永貞呈報於二月二十四日卸交，新任廳長張厚璟接管。』（《浙江公報》民國六年三月四日，二〇頁）

孟夏，于京師之城南跋瑞安孫宣所贈孫詒讓《籀廎述林》十卷。

六月下旬，從廖容處得悉張勳復辟的預謀，離京南下度暑。

七月下旬，致函蔡元培。

蔡元培日記一九一七年七月二十八日：『得稚暉、商務印書館、馬夷初、王造周等函。』（《蔡元培全集》第十六卷，三六頁）

七月卅一日，恩師陳介石在瑞安辭世，享年五十九歲。聞訊後從杭州趕往瑞安奔喪。

八月卅一日，訪晤符璋。

符璋《暖姝室日札》民國六年七月十四日：『馬彝初自杭州來，蓋赴瑞安吊其師陳介石也。』（《符璋日記》中册，六二一頁）

秋，返北大任教，與朱家驊、胡適、李大釗共事。

十月十五日，錢玄同來借孫詒讓著《名原》新刻本。

錢玄同日記十月十五日（星期一）：『至大學授課三小時。向夷初借得孫仲容先生之《名原》。此書新近刻成，惜乎主校勘之事者太外行，凡作篆體之處有一半没有刻出，記以黑木塊，殊爲缺點。孫氏此書所擇文字似不逮羅氏考釋之精，其中分象形字爲原始象形、省變象形、後起象形三種，則至當不易之論。據此可知《説文》所載確是小篆，鄭知同《説文本經答問》所説實在不對。』（《錢玄同日記》上册，三二二頁）

十月十九日，同事餐叙缺席。

十月廿五日，徐仲可爲馬所贈《李雲谷殘研拓本》題詞發表。

《祭天神·題李雲谷殘研拓本》小引：『研爲馬夷初所藏，昨以拓本見貽，譜此題之。研有陳白沙銘，爲屈翁山所書。』詞曰：『倚小樓江上聽疏雨。幾摩挲、片石韓陵差可語。淵襟自接嶠南，莫道儒冠誤。問而今，剩水殘山誰是主。且守缺文章府。試回首斜日湖濱路。人間世，桑海淚，鴝眼無今古。更何堪、關河揺落，丘壑因循，老我天涯，硯北悲秋苦。』（《小説月報》第八卷第十號，民國六年十月二十五日版，四頁）按，倫明有《馬夷初屬題硯》五絶三章，其三曰：『高第街南講舍空，百年絶學復誰宗？流傳片石緣非偶，嶺海經師拜馬融。』（《倫明全集》第一册，八至九頁）

十一月十九日，孫詒讓著《籀廎述林》贈與朱希祖。

朱希祖長女朱倩日記十一月二十一日：『前日杭州馬夷初先生贈家君《籀廎述林》十卷，瑞安孫先生仲容所著。中有《四代尺銘》四首。家君擬命銅工仿製四尺，背各繫以銘，并請善書者録此銘，各附拓本之尺，付之裝潢云。』（朱元曙、朱樂川整理《朱希祖日記》下册，中華書局二〇一二年版，一四〇三至一四〇四頁）

十一月三十日，《北京大學日刊》專任教員題名：『文科本科教授馬叙倫，哲學門研究所，三年級每周六小時，二年級每周三小時。』

十二月七日，列名《陳介石先生追悼會啓事》，蔡元培領銜，會銜人共卅四人。（《北京大學日刊》本日四版）

一九一八年（中華民國七年戊午）三十四歲

一月四日，錢玄同來訪未遇。

錢玄同日記一月四日（星期五）：『午後訪夷初不晤。至大學取薪水未得。』（《錢玄同日記》上册，三二七頁）表明馬寓不在北大内。

一月十三日，回訪錢玄同。

錢玄同日記一月十三日（星期日）：『上午夷初來。』（《錢玄同日記》上册，三二八頁）

二月，加入北大進德會，與陳獨秀、王建祖、温宗禹、何炳松、陳懷、康寶忠、胡適諸人成爲甲種會員。甲種會員以不嫖、不賭、不納妾爲條件。

四月十二日，《北京大學日刊》布告，馬叙倫開課爲二程學説。

六月廿九日，上海商務印書館董事張元濟來訪。（張樹年主編《張元濟年譜》，商務印書館一九九一年版，一五四頁）

六月，北大文科哲學門第二次畢業攝影，教職員蔡元培、陳獨秀、馬叙倫、梁漱溟、陳漢章、陳映璜等八人，學生馮友蘭等十三人參與。

同月，《古書疑義舉例札迻》付印。

《古書疑義舉例校録》序：『德清先生《古書疑義舉例》，發蒙百代，梯梁來學，固縣之日月而不刊者也。諷籀所及，小有懷陳，爰記札耑，以待商兑。敢方著糞，非比續貂，兹從迻録，付之梓人。一九一八年六月，叙倫謹識。』（收入《古書疑義舉例五種》，中華書局一九五六年版）

九月五日，走訪余紹宋。

《餘廬日記》（乙集卷二）民國七年九月五日：『傍晚馬彝初來談，夜林宰平來談，聞是日選舉副總統未選出。』（《余紹宋日記》，北京圖書館出版社二〇〇三年版，四五〇頁）

九月十四日，《北京大學日刊》報導，馬叙倫所开設中國哲學科目包括道家哲學與宋明理學。

九月,《莊子札記》發行。《唐寫本經釋文殘卷校語補正》兩部捐贈校圖書館。本學期爲二年級講道家哲學,爲三年級講宋明哲學,每周各三小時。

十月七日,《讀書小記》刊於《北京大學日刊》。隨後十月十一日、十五日,十一月一日、四日、九日、十一日、十二日、廿五日,十二月十一日、廿三日續登。

十月廿一日,《北京大學日刊》報導,馬叙倫在哲學研究所所开設科目有諸子考訂學。

十二月三日,《馬夷初啓事》刊於《北京大學日刊》。

十二月,新潮雜誌社成立,『專以介紹西洋近代思潮,批評中國現代學術上、社會上各問題爲職司』。

一九一九年(中華民國八年己未)三十五歲

一月四日,北大學生顧頡剛對《讀書小記》很不以爲然。

顧頡剛日記一月四號:『凡小家文人、小家學者,都是爲捷徑成名一語所誤,不知若要成名,必無捷徑可言。馬叙倫一輩人,做什麼《讀書小記》,什麼《校勘記》,什麼《疏證》,他自以爲是一個大學者,他心裏也不曉得學問是什麼東西,不過他曉得有了名,受人恭敬,是很快樂的。這輩人的結果,只是個絕物。因其與「經上題名」的心理是很相近的,所以

聊想及之。此輩人舉世皆是，實也不值得一提。』（《顧頡剛日記》，聯經出版事業股份有限公司二〇〇七年版，第一卷，四三頁）

一月七日、十六日，《讀書小記》繼續發表於《北京大學日刊》。

一月八日，《馬夷初啓事》發表於《北京大學日刊》，通知預訂的學生領取《莊子義證》。

一月十日，列名《哲學研究會啓事》，陳大齊領銜。（《北京大學日刊》本日）

一月十一日，《新潮》雜誌創刊號發表國文系學生傅斯年（孟真）《馬叙倫著〈莊子札記〉》。

錢玄同日記一月十一日（星期六）：『大學學生所辦之《新潮》第一册已出板，中以傅孟真、羅志希兩君之文爲最有精彩，傅評馬夷初之《莊子札記》，羅評林琴南之譯小說，都說得很對。』（《錢玄同日記》，三四〇頁）

一月十八日至廿一日，《釋〈新潮〉中評〈莊子札記〉》發表於《北京大學日刊》，回應傅斯年的批評。文章説：『君謂倫書十八卷釋「種有幾」至「萬物皆出於機，皆入於機」節，攘取胡適之先生之説。今姑退一步，作爲倫已見胡先生講義而後下筆，則請先將鄙説與胡先生説詳爲一校，畢竟全同否？倫書未毁，有目共睹。其釋名物，倫皆根極故書，以相證明，與胡先生説大有出入，如説蛙蠙之衣、説程等，不一而足，皆班然可證也。更退一步，以君所指，乃其中勝義，如説「幾」字，及生物由水先具云云，倫既根於《管子》以説由水生物，復本六書以説「幾」字，又以《管》《莊》説「幾」如佛書阿耨大秦言原子。蓋以「幾」爲微，許書本義，而極微如原子，説發於章太炎先生《齊物論釋》，倫實本太炎，不與胡先生相涉，詳下自明。至倫謂「人又反入於機」云云，三「機」字皆當作「幾」者，能綜覽前後文義，誰不能明？胡先生想亦從此悟出。而倫説此，則援佛義，與胡先生又不盡同也。君謂胡先生講義印於去冬，倫書出於今夏，同教一堂，不得云未見。不知校中同事，各講所聞，本無互相交閱講義之必要，倫寧必讀胡先生講義耶？然如此説，君猶謂之無憑强飾，更申證之。倫書雖出於今夏，乃是刊竣之期，而倫則先口述而後付諸筆札，又復裝成册子，則逾時又久矣。此不能以出書時間之遲，强坐以攘取之罪也。又憶倫講此章「青寧生程，程生馬」之時，狄君福鼎云「程是狌狌，馬是狒狒」者，倫時未知其所舉何人説，及後得胡先生講義觀之，乃知是胡先生説也。自見胡先生講義，於《天下篇》説惠施所舉二十一事，即兼舉胡先生説。此事證鑿鑿，特君未知耳。然則謂倫攘取胡先生説者，乃傅君用意在抹殺倫書無一是處，遂以其所認爲勝義者，亦不許出於倫，而適胡先生有相同之説，則更坐以攘美之罪耳。抑倫取前人之説，各列原文，則傅君以爲詞費；自有所明，傅君必以爲攘美。倫愚實不能承君之盛意。』（《北京大学日刊》附张，中华民国八年一月二十一日五版）

一月廿二日，就《新潮》辦刊意旨，顧頡剛致函傅斯年，勸其評騭人物應有所顧忌。

顧頡剛日記一月二十二號：『上午讀《新潮》，寫伯祥、孟真、子俊函。孟真函中，勸其現在處人籬下，應有顧忌，俟此後本社脱離學校獨立時，始可暢快的説去。《易》曰：「尺蠖之屈，以求申也。」蓋爲其詆馬叙倫、蔣維喬等。予視馬、蔣等已成絶物，而吾輩則日有進境，絶不與彼輩立在平等地位。我輩只須將正理去發揮，自然日出而爝火息矣。即使不息，視已息者何異？』（《顧頡剛日記》第一卷，七九頁）

一月廿五日，北大哲學研究會成立。與楊昌濟、陶履恭、梁漱溟、胡適、陳公博爲發起人。研究會以『研究東西諸家哲學，瀹啓新知』爲宗旨。

一月廿六日，國故月刊社在文科教授劉師培私宅開成立會，通過章程十三條。與朱希祖、康寶忠、梁漱溟、孟壽椿、伍一比諸人被推定爲編輯。

二月十四日至廿六日，《清史零拾》連載於《北京大學日刊》附張。

二月廿七日，《讀書續記》連載於《北京大學日刊》，至五月十二日卷第一結束。

三月二十日，《列子僞書考》發表於《國故月刊》創刊號。《馬夷初先生來函》刊登於創刊號『記事欄』。按，《國故》月刊『以昌明中國固有之學術爲宗旨』，所載文章全用文言，一律直排，不施標點。

三月廿五日，與蔡元培、湯爾和、沈尹默商談北大校務，同意湯爾和以『私德太壞』爲由撤陳獨秀文科學長一職的主張。

三月，《列子僞書考》《莊子札記》《六書疏證》託舊同事褚傳誥寄與楊定孚，請求作序。

楊定孚覆孫公達書稱：『得馬彝初書，以東浙靈光見推，寄書數種，浼爲作序。知係吾甥噓拂，感愧無似。不知去冬受寒腰痛以後，委頓無聊，不耐思索。渠所作《列子僞書考》與仲容及鄙見同。《莊子札記》多引佛書，精微處素未研究。《六書疏證》博引貫通，固爲絶作，但前儒注許已多，恐不免爲紀文達所誚。（中略）馬君書本由天台褚九雲來，郵寄恐有失誤，擬俟同縣北上者帶還也。馬信似同在大學堂，究竟如何，詳示遵照。』（謝作拳、陳偉歡編注《瑞安孫家往來信札集》浙江大學出版社二〇一七年版，三七三頁）按，孫公達，名宣，瑞安人，時任北大校長室秘書。

四月三十日，楊定孚致函孫公達，不擬爲馬書稿作序，託徐雲甫返京之時歸還，《台州叢書》一部也託徐帶贈馬。

楊定孚致孫公達書略稱：『馬彝初書代交，亦託徐帶。據愚見，治《説文》書已衆，攻内典者亦離，以渠才力，似可不須鄙人佛頭著糞也。』（《瑞安孫家往來信札集》，三七四頁）

四月二十日，《列子僞書考》（續）、《説文解字六書疏證序》發表於《國故月刊》第二期，序言落款爲『乙卯春三月』。第三期續登。

五月四日，北京學生會集天安門，要求外争主權、内除國賊。

五月九日，爲抗議當局鎮壓五四運動，蔡元培辭職離京。

五月十日，與馬寅初、李大釗等八教授代表北大教職員赴教育部請願，表示蔡元培不留任，『即一致總辭職』。（《許德珩回憶録》，中國青年出版社二〇〇一年版，五九頁）

下午一時，北大全體教職員所舉之代表『馬叙倫、馬寅初、李大釗、康寶忠、徐寶璜、王星拱、沈士遠等齊赴教育部，謁見傅總長，請其設法挽留，傅（中略）宣明自己誠懇挽留蔡校長之態度。各代表復問總統、總理之意如何。傅總長默然有間，謂「總統、總理之意見，余未深知，故余亦無從代爲宣布」云。』（高平叔《蔡元培年譜長編》，人民教育出版社一九九九年版，第二卷，二〇五頁）

五月十一日，北京專門以上學校教職員聯合會成立。

五月十三日，各校教職員聯合會代表九人到總統府請願。（《許德珩回憶録》，中國青年出版社二〇〇一年版，五九頁）

六月十日，北京中等以上學校教職員聯合會在北大文科開成立大會，當選爲聯合會書記。主席爲康寶忠。

六月廿四日，與康寶忠致電蔡元培，勸其勿再辭職。

蔡元培日記一九一九年六月二十四日：『心孚、夷初來電：「□□號電聞部已代覆，仍堅挽留，勿再辭。君默、幼漁禡日南謁，當能接洽。寶忠、叙倫。敬。」』（《蔡元培全集》第十六

卷，八〇頁）

六月廿八日，致函蔡元培，促其『北行』。

七月初，致函逗留杭州的湯爾和，囑其面促蔡速發打消辭意的電報。

蔡元培日記一九一九年七月七日：『得爾和函，催發電，因得彝初函故。』（《蔡元培全集》第十六卷，八三頁）

七月十八日，致電湯爾和，敦促蔡元培復任。

蔡元培日記七月十九日：『得學生幹事會電，又馬夷初及陳、洪、金、王四校長各致爾和電，均催我速往。』電文：『蔡谷清兄轉湯爾和：「鶴老緩來，外潮未已，務同北上，此間多同此意。倫。巧。」』（《蔡元培全集》第十六卷，八七頁）按，陳、洪、金、王四校長，指北京高師陳寶泉、北京高工洪鎔、北京農專金邦正、北京法專王家駒。

七月廿一日，到醫專訪蔡元培私人代表蔣夢麟，商談北大校務。將蔣代理校務啓事油印分送同事，并張貼校内。

蔣夢麟致函蔡元培：『今晚九時半到京，寓醫校。即晚十時半，適之、夷初、士遠三君來談校事，約定明日下午五時開教職員幹事會。（中略）校長啓事交夷初用油印送各教職員，并揭示校中。』（高平叔《蔡元培年譜長編》第二卷，人民教育出版社一九九九年版，二二九頁）評議會隨後聘蔣爲教育學教授、總務長。

七月廿五日，教育部第六六號令：『准北京大學蔡校長函，合即令該教授(蔣夢麟)代表蔡校長主持校務。』

七月廿八日，致函蔡元培。

蔡元培日記七月三十一日：『得夷初二十八日函。』(《蔡元培全集》第十六卷，九四頁)

八月九日，蔡元培覆函，對其五四以後『苦心維持』北大表示『不勝欽佩』，并申述不能及早北行的因由。覆函稱：『奉前月二十八日惠書，懇切周詳，令人感泣。』(《蔡元培全集》第十卷，四三四頁)

九月十二日，蔡元培病癒後北上抵京，照常供職。

九月十七日至十月廿九日，《讀書續記》卷第二發表於《北京大學日刊》。

九月二十日，北大新學年開學。上午十時，教職員開會歡迎蔡元培，馬主持，并致歡迎詞，略謂：『今天歡迎蔡校長有二種意思，一爲歡迎校長之回校，二爲歡迎蔡先生這個人。蔡先生學問道德之高尚，世所公認，今又回校，這是我們極誠意歡迎的。』(《北京大學日刊》民國八年九月二十二日)

同日，《讀書小記再續》發表於《國故月刊》第四期。

九月廿四日，錢玄同讀馬《修辭學講義》。

錢玄同日記九月二十四日(星期三)：『下午一時在家看夷初《修辭學》講義。二時至

同文校對《學論》印的《莊子・天下篇》。』（《錢玄同日記》上册，三五〇頁）

九月廿五日，列名《徵求朱宗萊教授賻儀的啓事》。（《北京大學日刊》本日）

十月六日，列名《關於雙十節公宴慶祝的啓事》。（《北京大學日刊》本日）

十月十日，衆推康寶忠、馬叙倫、馬寅初、沈士遠、俞同奎、姚憾、錢維驥等爲代表，與各專門學校教職員共圖薪俸發現之舉。

十月廿一日，爲共圖發現之事，與沈士遠致信京師各校。

錢玄同日記十月二十一日（星期二）：『下午二時到大學去，適逢各學校聯合要求薪水發現洋事，夷初、士遠兩人寫與各學校聯絡之信件忙不過來，於是幫他們寫寫。』（《錢玄同日記》上册，三五四頁）

十月廿三日，應蔡元培之約赴桃李園。

嚴修日記十月廿三日：『在北京桃李園，赴蔡孑民約，同坐蒯若木、傅佩青、胡適之、馬彝初、馬寅初，王、陳兩教授。』（《嚴修年譜》，轉引自《蔡元培年譜長編》第二卷，二五〇頁）

十月廿五日，與胡適、蔣夢麟、俞同奎、馬寅初、陶履恭等十二教授當選校評議員。

十月三十日至次年二月七日，《讀書續記》卷第三發表於《北京大學日刊》。

十一月一日，同事康寶忠病故，卒年三十五。

繼任北京小學以上學校教職員聯合會總務幹事兼主席。

十一月十三日（九月廿一），楊定孚覆孫公達書提到譜主來函與對書稿的自信：『馬君前寄《莊子札記》十一至十八卷，前函謂比焦弱侯沉深活潑，自是必傳。』（手札藏温州市圖書館）

十一月十四日，列名關於康寶忠喪事的啓事。（《北京大學日刊》本日）

十一月廿二日，在北大、法專、高師、朝陽、中國大學等五校聯合舉行的康寶忠追悼會上演説。主祭蔡元培。（《晨報》十一月二十三日）

十一月廿七日，陳去病致函蔡元培，談劉師培（申叔）後事，并問黄晦聞、陳獨秀、馬叙倫、劉三、吴梅五人安善。（《北京大學日刊》民國八年十二月五日）按，劉師培本月二十日逝世。

十二月一日，《馬夷初啓事》發表於《北京大學日刊》，稱《莊子義證》『原擬今年定全印就，乃初爲印刷局不守契約，任意延緩，繼因五四運動發生，鄙人日夕奔走，無暇理稿而未印出，道歉的同時聲明『將諸君預定餘款交存出版部，先行退還』。

十二月六日，列名北大組織委員會報告校長書，蔣夢麟領銜。（《北京大學日刊》本日）

十二月九日，受任北大預算委員會委員、聘任委員會委員、庶務委員會委員長。

十二月十三日，在北大第三院禮堂向教職員報告與教育次長交涉發薪的經過。

本年，講授老莊哲學。康白情遲到，予以批評，康不僅不接受，而且狡辯，同班同學陳公博不以爲然。

陳公博回憶:『康氏當時是新潮社的活躍分子,我看見他這樣的詭辯,不由對新潮没有好感。既對康先生不滿,自然不願引爲同列加入新潮,更没有替《新潮》寫過文章了。』(石源華《陳公博這個人》,上海人民出版社一九九七年版,三〇頁)

一九二〇年(中華民國九年庚申) 三十六歲

一月廿一日,《馬叙倫等啓事》發表,倡議組織北京大學教職員聯誼會,商定於當晚在第二院大禮堂集會討論。

《啓事》:『我們大家在一個學校裏作事,很應該有一個聯絡情誼的組織,依互助的精神,籌謀本校全體的發展,增益團體生活的趣味。我們曾把這個意思和許多同人談過,都認爲有組織一個北京大學教職員會的必要。現在定於本星期三(即二十一日)晚七時,在第二院(理科)大禮堂,開一教職員全體會,商量商量。請諸位先生預先把組織的大綱想一想,到了那時,務必到會,是我們很盼望的。』落款俞星樞、周象賢、林損、錢玄同、何炳松、孟壽椿、陶孟和、胡適、姚憾、沈兼士等五十五位公啓者,也即發起人。(《北京大學日刊》本日)

一月廿七日,《馬叙倫啓事》:『因家事于二十日南行,往返約兩星期,所有庶務委員會委員長事務已請朱繼庵先生(錫齡)暫爲代理。』

三月三日,與蔡元培、秦汾、朱希祖等十九人聯名爲本校教授兼數學門研究所教員龔文凱徵求賻贈：『請於本月二十日以前交由總務處會計課代收匯存，以作歸櫬恤孤之用。』（《北京大學日刊》一九二〇年三月四日）按，龔文凱二月十七日病故。

三月七日，受邀爲北京大學教職員會籌備選舉委員。

三月十四日，與杭州同鄉爲陳漢第慶生。

許寶蘅日記正月廿四（公曆三月十四日）：『十一時到陳仲恕寓作生日會，會者有十二人，皆杭人也：（中略）馬夷初叙倫，三十六，寓辟才三條，北大教授。杭人向無集合，此舉亦甚佳，每月一集，其月無生日者，則以前月、後月之複者推之，座位則序齒。三時散。』（《許寶蘅日記》，中華書局二〇一〇年版，第二册，七一四頁）

三月十八日，《庶務委員會報告書》發表於《北京大學日刊》。

三月廿一日，高票當選北京大學教職員會委員，總有效票二八一張，得票二一四張，列教員第四位。教員得票前三位：胡適二四八票，陶孟和二二六票，蔣夢麟二二四票。職員得票前三位：蔡元培二四六票，李大釗二四〇票，李辛白二三七票。

四月一日，出席評議會常會，提出評議會細則案，逐條修正後通過。

四月十二日，蔣夢麟致胡適信稱：『北大有兄及夷初在，我可放心。』

四月下旬，與李大釗、陳啓修諸人支持方豪、孟壽椿、康白情等同學組成赴日考察團，前往調查大學學制。

春，兼任醫專、高師教員。發起索薪運動。

五月二日，生日聚會於崇效寺。

許寶蘅日記三月十四日：『星期。十二時，到崇效寺爲馬夷初作生日，二時後散。』（《許寶蘅日記》第二册，七二三頁）

四月底，方豪、孟壽椿、黄日葵、康白情、徐彦之等赴日本考察，得到馬叙倫、李大釗等支援。

《北京大學日刊》五月十一日：『於前月底赴日，以一月爲期。』

方豪《回憶五四運動》：『自我出獄的當年五月間，在李大釗、馬叙倫諸人先後慫恿之下，由母校派我和其他四位同學去日本各大都市考察勞工運動情況，以資借鏡，爲期三個月。』（《金華文史資料》第二輯，一九八六年，七九頁）按，方豪係北大學生會評議部主席。據《日刊》報導，方豪一行六月十六日由日本返國。

六月廿四日，北京大學教職員會總務會議姓名録公布，法科教授姚憾爲總主席兼交際組主席，馬叙倫爲文書組主席，黄世暉、胡適、沈士遠分别任會計組、遊藝組、庶務組主席。

六月廿六日，與沈尹默、張孟劬、倫明等同人宴集於金魚胡同之海軍聯歡社。沈尹默出示生日述懷之作《西江月》四首。越日，馬和以十二首，嗣後倫明和作六首，張孟劬和作三首。四組詞合稱『金魚唱和詞』。

七月八日，在北大評議會上提出修正案，圖書館主任改爲教授，獲得通過。

八月，魯迅應聘爲北大兼職講師。

九月廿四日，作爲發起人，與李大釗、胡適、蔡元培、羅文幹等三十人列名《北京大學賑灾會啓事》。（《北京大學日刊》本日）

十月六日，《馬夷初啓事》發表於《北京大學日刊》，稱《莊子天下篇義證》存書已交校出版部。

十月十四日，《北京大學日刊》發表《蔡元培啓事》，公布新一届評議會選舉結果，十六人當選，其中馬得二十票，最高者陶履恭三十一票。（《蔡元培全集》第四卷，二〇二頁）馬并任組織委員會、預算委員會、聘任委員會委員，庶務委員會委員長，此時校内兼職最多。

十月十六日，出席北大評議員會議。

十一月廿三日，在上海，晚應北大旅滬同鄉會之邀，赴一品香西餐館歡送蔡元培、張申府、李閫初一行赴法，徐彦之赴英，同席汪精衛、吴稚暉、張繼、湯爾和、沈信卿、穆藕初、胡明復諸人，由陳獨秀主席并致歡送詞。（上海《民國日報》一九二〇年十一月二十四日）

十二月三日，致函教職員會總主席姚憾，以『精力俱疲，疑謗隨集，眷彼前途，事未易艾』爲由，聲明辭去本校出席北京小學以上學校教職員聯合會代表。

十二月五日，致函『本校同事諸公』，針對第三院發現的匿名傳單，逐節予以辯白，表示『立身素有本末，亦非該啓之所能損也』。

十二月八日，姚憾召集大會討論馬叙倫辭職問題，因到會人數不足流會，遂於十日發表公啓，希望全體同事『察照示覆本會議，如逾五日無所表示，作爲默許』。

十二月九日，評議會通告：『評議員馬叙倫君來函辭職，經本會議決，援照先例，去函挽留。』

十二月十一日，胡適致函姚憾吾，希望他勸馬叙倫不要辭職：『我想做事的人決難免疑謗，要免疑謗只有不做事。夷初先生是明白的人，豈不能見及此？若因一紙匿名傳單便辭職，則昔日之我與今日之夢麟先生收到的匿名傳單何止幾十？』哲學系同事梁漱溟表示：『馬夷初先生素爲同人所信託，此次辭職應請切實挽留，以維公益而重會務。』（《北京大學日刊》十二月廿四日）

十二月廿四日，《北京大學日刊》發表姚憾啓事，公開『迭囑挽留馬夷初先生函件』，包括馬聯緒、周作人、蔣夢麟、李煜瀛、顧孟餘、王星拱、陶孟和、黄節、李大釗、朱希祖、吴梅、劉毓盤、何炳松、劉三、吴梅等一百六十九人的聯名信。聯名信代表北大同人請姚憾『切實挽留，俾得繼續任職，以竟全功』。校評議會發表通告，不同意馬辭去評議員之職。依據多數會員來函表明的態度，姚憾以教職員會總務會議主席的身份正式要求馬『打消辭意，以副雅託』。

一九二一年（中華民國十年辛酉） 三十七歲

一月四日，午間約會。

許寶蘅日記庚申十一月廿六日（公曆一九二一年一月四日）：『九時到府，十二時赴馬夷初約，三時赴虞生約。』（《許寶蘅日記》第二册，七八八頁）

一月十四日，《讀書續記》卷第四發表於《北京大學日刊》。隨後一月卅一日，二月十四日、廿八日，三月十日、十一日，八月十日等續登。

一月廿三日，赴同鄉生日會。

許寶蘅日記庚申十二月十五日（公曆一九二一年一月二十三日）：『星期。十一時裴子先至，文藪、爽夫、伯絅、夷初、仲恕、仲莊、叔明、九如、雷川、王維季先後到，仲恕贈斗方四小幅，三時散。』（《許寶蘅日記》第二册，七九一頁）此前一條十四日：『寫扇十一張，備明日贈杭友生日會諸君。』

一月廿六日，在《北京大學日刊》發表啓事，稱『拙纂《莊子札記》下册刻自他處，收回二十餘册，仍交本校舊書處矣』。

二月一日，理科教授龔文凱『賻金清單』公布，内蔣夢麟、顧兆熊、馬叙倫等八十六人各捐票洋二圓，最多者邵振青（飄萍）捐現洋一百圓。

二月四日，《馬叙倫啓事》發表，繼辭去北京小學以上學校教職員聯合會總務幹事、主席之後，又聲明本月起再辭去本校出席該會代表一職，只負責『結束以前在該會經辦文牘會計兩項事務』。（《北京大學日刊》本日）

四月二十日（三月十三），患病。

五月八日，赴中央公園杭人生日會，許寶蘅贈以高麗箋封十札。

許寶蘅日記四月初一（公曆五月八日）：『星期。十二時，到中央公園，補行杭人生日會，上月因馬夷初病展期，贈夷初高麗箋封十札。』（《許寶蘅日記》第二册，八一二頁）

五月十二日，約新同事吴虞午飯。

吴虞日記五月十二日：『君毅來言，馬彝初約今日十二點早餐，予因同君毅往訪彝初。藏書雖多，除《説文》一部分外，有用之書不及馬幼漁也。』（中國革命博物館整理、榮孟源審校《吴虞日記》，四川人民出版社一九八四年版，上册，五九八頁）按，五月七日吴虞晋京應聘。

五月十三日，胡適與吴虞談話，點評馬與馬裕藻兩人。

吴虞日記五月十三日：『同（葉）石生訪胡適之，談極久。又謂幼漁、夷初皆肯看書，而口筆二者均不行。』（《吴虞日記》上册，五九九頁）

五月十四日，吴君毅差人持贈《費氏遺書》《秋水集》，付與收條。

吴虞日記五月十四日：『君毅令人與馬夷初送去《費氏遺書》一部、《秋水集》一册，有

收條。』（《吴虞日記》上册，五九九頁）

五月十九日，吴虞發信約請周六南園飯莊晚餐。

吴虞日記五月十九日：『發信請馬幼漁、馬夷初、蔣夢麟、胡適之、朱逖先、錢玄同、沈兼士、沈士遠、陳惺儂、王弘實星期六午後七鐘，在南園飯莊晚餐。』（《吴虞日記》上册，六〇一頁）

五月二十日，訪吴虞約周日聚會。

吴虞日記五月二十日：『馬夷初來請，星期日下午六點在中央公園長美軒。』（《吴虞日記》上册，六〇一頁）

五月廿一日，赴南園飯莊，吴虞兄弟做東。

吴虞日記五月廿一日：『六時雇車過賈家胡同南園。陳惺儂、馬幼漁、沈兼士先在，朱逖先、錢玄同、馬夷初、沈士遠、蔣夢麟、胡適之、王弘實均先後至。適之言作《費密學説》一篇三千餘字，將來當入《哲學史》。』（《吴虞日記》上册，六〇一至六〇二頁）

胡適日記五月二十一日：『晚至南園飯莊，赴吴君毅、吴又陵兄弟請，吃晚飯。』（中國社科院近代史所民國史研究室編《胡適的日記》，中華書局一九八五年版，上册，六二頁）

五月廿二日，設宴於中央公園長美軒。

吴虞日記五月二十二日：『午後六時，過中央公園長美軒，赴馬夷初之約。晤陳伯弢、馬叔平、馬幼漁、胡適之、譚仲奎、李翼廷、錢玄同、汪元放諸人。元放爲亞東圖書館主人，即印《水滸》《儒林外史》者也。席散後，同君毅玩月久之而歸。』（《吴虞日記》上册，六〇二頁）

五月廿九日，大總統命令：『署教育次長王章祜因病呈請辭職。王章祜准免署職。任命馬鄰翼署教育次長。教育總長范源廉未到任以前，署次長馬鄰翼著暫行代理部務。』（《浙江公報》民國十年六月一日，二頁）

六月一日，馬鄰翼就任教育次長，代理部務。（《署教育次長馬鄰翼就職暨代理部務日期通告》，《浙江公報》民國十年六月九日，二頁）

錢玄同日記六月一日：『十時訪士遠，打聽今天教職員到教育部去討債底消息。士遠没有回來，於是在季明處坐了將近兩個鐘頭。後來打電話問兼士，知道新任教育次長馬鄰翼今天雖然到任，但是同他説話，他總是一味圓滑敷衍，不得要領，最後答應本周金曜可以先發一些——并費用確實數目。代表認爲不滿意，非逼他負責清積欠不可。談判到下午一時尚無結果，代表今晚大概是不回家了。這種消息傳來，使我們不充代表底人聽了就够氣悶，够難受了，思想代表諸人向教育部談判三日，迄無一綫光明之望，其精神上、軀體上所感受的苦痛真不可能以言語形容了。』（《錢玄同日記》上册，三七五頁）

六月二日，教職員索薪代表繼續與馬鄰翼交涉。

錢玄同日記六月二日：『上午九時許，不庵來，同他到士遠家打聽昨晚情形，知道明日先發二十七萬，大約可以償還一個半月底欠薪。今天下午他們仍舊要開會，到教育部去和馬鄰翼交涉，不庵也去。』（《錢玄同日記》，三七六頁）

六月三日，與李大釗、沈士遠諸人會集教育部，再往總統府索薪，在新華門外遭軍警毒打，後由醫專學生和行人送入首善醫院。學生代表楊四穆前往慰問。

吴虞日記六月三日：『午後文光歸，言今日教育界往國務院請願，馬夷初、沈士遠被兵打傷甚重，已抬入首善醫院。學生派四穆任代表往慰問。聞教育部自次長起全體辭職，風潮擴大矣。』（《吴虞日記》上册，六〇四頁）

余紹宋《餘廬日記》民國十年六月三日：『今日教職員爲教育基金事入新華門請願，聞爲衛隊毆傷多人，馬夷初、王維白、毛子震輩皆在內，并聞受傷均甚重，此事又須使司法界爲難，而衛兵殊不宜出此。教職員、學生縱無理，而以兵器傷人，雖理直亦不取也。』（《余紹宋日記》第二册，二二七頁）按，馬叙倫受傷住院照片，馬運增、陳申等編著《中國攝影史》（中國攝影出版社一九八七年版，一三五頁）選作插圖。

許寶蘅日記四月廿七日（公曆六月三日）：『六時半入府，聞昨日有學生十八人到院求見總理，經秘書夏清貽延見於純一齋，至今日尚未散，内有女生七人。（中略）聞各校學生又至新華門請見，總理拒不見，遂擁至教育部。馬次長鄰翼方與教職各員坐談，見諸生至，次長方與演説，忽馬叙倫聲言：「何必在此空講，可捉馬次長到新華門見總理。」乃簇擁而出，至新華門，門者閉拒，乃由諸生鬨打，馬次長受傷，馬叙倫亦受傷，守衛軍見馬次長受傷，乃傳呼拿人，諸教職員、學生遂鬨散。又聞已拿到一人，又聞昨留踞純一齋之諸生已扶出。學校風紀至此，極敝矣！　真世道之憂也。』（《許寶蘅日記》第二册，八二二頁）

六月四日，同事吴虞入院看望。

吴虞日記六月四日：『十一時，雇車過宣武門外大街首善醫院，看沈士遠、馬寅（夷）初。晤沈兼士、錢玄同、王弘實。玄同言蔣夢麟、馬幼漁并未受傷也。』（《吴虞日記》上册，六〇五頁）

六月五日，『想移至法國醫院，警察不放他走』，胡適請客座教授杜威幫助，杜威答應『去辦』。

許寶蘅日記四月廿九日（公曆六月五日）：『二時到仲恕家，有九如、裴子及蔣□□在座，談馬夷初事。三時入府。』（《許寶蘅日記》第二册，八二二頁）

錢玄同日記六月五日：『今日底《京報》上有國務院底通電二件，完全是顛倒是非、混淆黑白之談。第一電説教員、學生打傷馬鄰翼并傷軍警，第二電説欠薪。（原文未完）』（《錢玄同日記》上册，三七六頁）

顧頡剛日記六月六號（五月初一，星期一）：『報載新華門軍警打傷教職員、學生等。認識人有守常、幼漁、士遠、彝初諸人。政府無賴至此！』（《顧頡剛日記》第一卷，一二九頁）

六月七日，繼續住院。遠在廣州的孫中山致電『北京國立八校辭職教員』，表示聲援：『在僞政府之下，决無教育發展希望，况復摧殘至此。歡迎全體來粤，共商進行。』（《孫中山全集》第五卷，中華書局一九八五年版，五四五頁）

錢玄同日記六月七日：『今天消息仍舊沉悶，報上説徐某怕學界中人混充公府人員混進新華門，於是稽查門禁甚嚴。如此張惶，真要叫人肚腹笑斷，我要評他一句道：「你也配！」』（《錢玄同日記》上册，三七七頁）按，徐某，指總統徐世昌。

六月十日，周作人就教職員索薪事件在《晨報》刊文表示聲援。

周作人《吶喊衍義》之七六《索薪》回憶：『本文中説：「凄風冷雨這一天，教員們因爲向政府去索欠薪，在新華門前爛泥裏被國軍打得頭破血流。」這是一個有名的事件，出在民國十年六月三日，地點是大總統府的中南海前門，只可惜那東西馬路上的鐵門現在没有了。代表受傷的有馬夷初和沈士遠，錢玄同曾到首善醫院去慰問，看見他們頭包白布躺在那裏，所以是的確的。别的人大概也有，但已記不清了。其未受傷的代表中只知道有一位黄君，喜説大話，同人們便稱他諢名爲「中交票」。其時大總統是徐世昌，他於次日下命令切責教員，説他們自己在新華門外是自己碰傷的。雖然後來到底在形式上由警察道歉了事，但那番説話是盡够可惡的了。我正在西山養病，寫了一篇小文題云「碰傷」，在六月十日的《晨報》上發表，説起來已經是三十年以前的事情了。』（周作人《關於魯迅》，新疆人民出版

社一九九七年版，二六七至二六八頁）

六月上旬，因行動失去自由，絶食抗議。

《餘廬日記》（丙集卷三）六月十二日：『六時歸，陳仲恕、邵伯絅來談，爲馬夷初絶食事，聞之淒然。據馬意，謂寧受司法上之制裁，不能受警察之虐待也。』（《余紹宋日記》第二册，二三七頁）

六月十四日，《晨報》發表《馬叙倫絶食訪問記》。同日，從首善醫院轉移至東交民巷法國醫院。

六月十六日，《馬叙倫啓事》見報。

啓事稱：『叙倫辦事無狀，深辜委託，以致同人共罹新華門之慘劫。叙倫被傷後，就療於首善醫院，反勞同人枉駕存視，實深慚感。兼承各界人士及戚友，或親臨慰問，或函電相詢，因受軍警非法監視，致多未能聆教，抱歉之至。兹於十四號移出首善醫院，傷病未愈，尚待療養。特先登報，敬申謝忱，諸祈亮鑒爲幸。』（《晨報》本日）按，《張繖卿王家駒共同啓事》《沈士遠啓事》同日見報。

六月中旬，鑒於徐世昌訴馬犯有『毁壞名譽罪』，北京地方檢察廳票傳馬。教職員方面向地方檢察廳控告國務總理靳雲鵬。

懾於社會輿論，本月中旬，北京政府撥發部分欠薪。隨後原教育總長范源濂出面斡旋，當局同意撥兩百萬證券作爲京師學款的準備金，以民國十三年、十四年度的鹽餘抵押。每月撥付八萬，計二十五個月。

七月下旬，王芝祥、汪大燮等到醫院慰問。地方檢察廳派員商談。出院。

八月二日，余紹宋來訪。

《餘廬日記》（丙集卷五）八月二日：『往拜馬夷初，未及晤。』（《余紹宋日記》第二册，二八二頁）

八月十六日，至中央公園長美軒與同事聚會。

吴虞日記八月十六日：『至長美軒，晤蔣夢麟、馬夷初、李守常、王弘實、李貽燕、譚仲夔，談久之。余索夷初《莊子義證》，夷初言明日寫一信來，以便持信往取，遂別。』（《吴虞日記》上册，六二七頁）

八月十七日，與譚熙鴻、蔣夢麟、李大釗、王兆榮、王家駒、黄人望、許璇等發起國立八校教職員太平洋問題研究會。

吴虞日記八月十七日：『譚熙鴻、馬叙倫、蔣夢麟、李大釗、王兆榮、王士傑、燕樹棠、李貽燕、俞同奎、王家駒、熊崇熙、鄧萃英、張歡卿、鄭錦、吴宗栻、黄人望、尹炎武、張鼎乾、徐瑾、武紹程、許繩祖、戴兆元、葛成勳、許璇、唐廷誥於本日發起國立八校教職員太平洋問題研究會，并定於十九號午後二時，在前京畿道美術學校開成立大會，凡八校同人，均請出

席。』(《吴虞日記》上册,六二七至六二八頁)

八月廿二日,赴北大第三院討論復課辦法。

吴虞日記八月二十二日:『八時赴北大第三院大禮堂,晤如皋汪鐵生(名寶珊)。頃之,馬夷初、譚仲逵、沈士遠、錢秣陵、黄人望、馬叔平均來,到者四十餘人。徐寶璜及某君提議上課,與夷初辯論。予意如有具體辦法,然後上課,則上課可爲辦法之一種;若無具體辦法,而僅以先上課爲辦法,則予决不敢贊同。延至十二時,尚無結果,予同士遠、兼士、叔平遂出院而歸。』(《吴虞日記》上册,六二九頁)

八月下旬,爲解决北京八校經費提出兩項意見,因與蔣夢麟、胡適相左,負氣出走上海。

九月初,請假回杭州。

《北京大學評議會十年度第一次會議記録》(一九二一年十一月九日):『九、陶孟和提議:蔣夢麟、馬夷初兩位教授請假,應照教授休息例辦理案。議决:詢明校長後再追認。』(《蔡元培全集》第十八卷,三六六頁)

九月廿六日,蔡元培來函。

蔡元培日記一九二一年九月二十六日:『致夷初函。』(《蔡元培全集》第十六卷,一五七頁)

九月下旬,就任浙江第一師範學校校長。事先夏敬觀通過諸宗元『勸駕』。

《我在六十歲以前》：『教育廳長夏敬觀先生，曉得我回杭州，就託我的朋友諸宗元先生再三再四地要求我去擔任，終究在有條件的底下接受了。』

十一月四日，許寶駒知會顧頡剛馬在杭州講課情形。

顧頡剛日記十一月四日（十月初六，星期四）：『昂若來，謂馬叙倫在杭痛駡胡先生以《水滸》《紅樓夢》教學生，又説他的《哲學史》誤處甚多，修改不了，但没有舉出理由來。馬之爲人，妄得可笑！』（《顧頡剛日記》第一卷，一七九頁）

十二月二十日，《申報》杭州快信：『一師校長馬叙倫代表赴京，參與實際教育調查社會議。昨函告到浙，該社於十六日開會，準十九至二十二日等日，各省代表與孟禄博士討論全國教育問題。』

十二月，中華教育改進社成立於北京，與陶行知任起草社章委員。

本年，杭州第一中學校長出缺，向省教育廳長夏敬觀推薦舊同事黄人望接任。

一九二二年（中華民國十一年壬戌）三十八歲

一月十五日，北京杭人生日會缺席。

許寶蘅日記辛酉十二月十八日（公曆一九二二年一月十五日）：『杭人生日會集於小齋，伯絅、雷川、叔明、斐子、仲恕、仲莊、維季、文藪先後到，爽夫飯後始至，馬夷初回杭長校，金九如喪偶移眷回杭，故會者僅十人。維季贈吉齋公書小字屏一條，甚精。議定明年仍繼續，但減少會資及取消贈品。夷初不能與會，以維季補之。爾和將自歐洲歸也。談至三時後散。』（《許寶蘅日記》第二册，八五八至八五九頁）

一月，赴京出席實業教育調查社會議，提出整頓教育意見大綱十一條。

四月十七日，蔡元培覆信，談教育經費與旅外遊學問題。

信曰：『夷初先生大鑒：奉惠書敬悉。所擬籌畫教育費計劃，本是徵求意見之初稿，現且將别定計劃，從歲出比例上著想，不復拘於賠款、關税二途。尊意以賠款還諸各省，理由甚足，弟甚願照尊意改定也。遊學事，昨湯爾公已來譚及。現一面囑文牘課備公牘致教育部及本省教育廳，而一面以弟私人名義，函告沈省長及夏廳長。今晨已發。于致沈函中，且請其特别發費，以壯行色，亦爾公所屬也。知貴體尚未痊癒，請加意珍攝。弟足疾可算痊癒，但尚須對付，承繫，謝謝。敬請道安不宣。弟元培敬啓。四月十七日。』（《蔡元培全集》第十一卷，八六頁）按，湯爾公，即湯爾和。沈省長及夏廳長，指沈金鑒、夏敬觀。

五月十一日，《申報》消息：『浙一師校長馬叙倫赴美考察，許壽裳接任。』

五月廿二日，浙江省議員陳惠民提出查辦教育廳長夏敬觀溺職案，牽涉馬叙倫、黄人望。（《浙議會與一中學生衝突》，《申報》五月廿五日）

五月廿三日，午後學生兩百餘人，齊集省議會，公舉代表施榮慶等八人，向陳惠民提起

嚴重質問。陳將原案撤回。（《浙議會與一中學生衝突》，《申報》五月廿五日）

五月下旬，因改組校評議會，一師發生風潮，爲此向教育廳提出辭職。

辭呈：『呈爲敬披下情，請准辭職事。叙倫比歲教授大學，上年秋間因患腦疾，圖静南旋，謬承鈞長以其久厠學校之中，習知教導之術，諄命備位省立第一師範學校校長，本校學生復舉代表，動以桑梓之誼，再三勸促，不獲固辭，濫忝今職。受事之始，自惟本校地處會垣，觀瞻所繫，宜有楷則，以立風聲。乃因循半歲，考績無徵，蓋擘畫雖多，而推行甚寡，或阻於經費之有限，或封於習尚之難除，慨初衷之未遂，已避位之久萌。加以邇來物議横生，以其來歸自北，謂將樹植北系；以其未用某人，謂乃排除某派。素無干進之懷，謂其覬覦何席；久有杜門之志，謂其營度何耑。密雲不雨，固知非朝夕之謀；空穴來風，惟有咎□修之缺。不亟引退，何以□疑？再者，聞本届省議會臨時會有議員將因鈞長用人不當，欲勞自簡，詳其標舉，首列叙倫。伏念叙倫束髮從師，當學校草創之時；廿年授讀，登四方都講之座。一藝未完，二毛頻見，每臨子弟，俯仰自慚。用時奮下帷之夙念，謀西邁之壯遊。行途將戒，屏擋未成。今竟以此仰累鈞長，尤爲悚惻，惟有敬披下情，至祈俯准辭職。不勝迫切待命之至。』（《浙江一師校長辭職問題》，載《申報》民國十一年五月二十六日國内要聞）按，報導在『謀西邁之壯遊』下括注：『按，馬君前充北大教授五年，具有留學考試章程全部免考之資格，呈由教育部准補浙省留美官費缺額。』

經學生大會『一致挽留』後回校視事。

五月廿三日《申報》消息：『昨晚（五月廿四）召集全體學生大會，議決一致挽留，并推舉代表鍾以智、徐仁、葉耀邦、薛乃實、黄慶祥、鄢光煜、潘詳、張翼等八人，赴省署、教廳呈請挽留。』其呈省長文云：『竊本校比年多故，求學不寧，自馬校長接任以來，群情悦服，成績昭然。學生等方期借重斗山，共圖改進，詎料流言妄作，復萌退志。消息傳來，驚惶失狀，受教無從，何以歸依？伏念流言之起，或爲主張之紛歧。要爲士風之壞，以至於斯，正賴馬校長宏揚德化，以立楷模，激勵薄俗而厚士風。本屆省議會臨時會議員有夏教育廳長任用校長不當之提案，此亦係報紙之傳聞，非大會之決議。且教育廳長委任校長，雖拘資格，尤重才學。馬校長在北京大學教授有年，學問淵源、經驗豐富，爲海内所共見共聞。上年秋間，夏教育廳長敦請屈長本校，正爲位賢任能之計，豈存絲毫私意於其間？邇乃有議員因對於教育廳長欲勞自簡，牽累馬校長。試思以大學教授之資格，尚不值一高等學校畢業生乎？學生等深信此爲少數人之主張，若明達如議員諸公者，不難打消因法而容才之議。是馬校長之辭，絶與議員對於夏教育廳長之提案無關，而影響學生之學業與士風，則甚巨也。用是全體學生一致決議，謹派代表徐仁、鄢光煜、葉耀邦、薛乃實、鍾以智、張翼、黄慶祥、潘詳等八人，恭詣行轅，面陳下情，仰乞飭廳准予挽留，以安衆心。迫切陳詞，佇候批示祗遵。』

五月廿七日，《申報》消息：『一師校長馬叙倫，經省長具公牘挽留後，今日已到校視事。』

五月廿九日，一中校長黄人望回校。

六月二日，浙江中等以上各校校長集中省教育會舉行緊急會議，體專校長王卓夫主持。首議法校風潮，公推馬叙倫、王卓夫代表謁見省長，從速持平辦理，早日上課。次議教育基金，推馬叙倫、黄人望妥訂分配辦法，交下次會議。三決定七月一日各校放暑假。四組織各法團協進會，推朱文淵、陳柏園、葉墨君、程震旦爲籌備幹事。（《申報》六月三日杭州快信）

六月三日，與王卓夫代表校長會議晉謁省長沈金鑒，請求解決法政學校風潮。沈表示『即日有正當辦法』，『惟撤换周校長問題，頗有難色』。（《申報》六月四日杭州快信）

六月四日，北京大學浙江同鄉會致函浙江各法團，對於一中與議會衝突案，提出三項條件：挽留一師、一中校長，懲辦代表議會誣告學生之沈鈞業等十四人，全浙教育經費獨立。（《申報》六月五日杭州快信）

六月十八日，《申報》杭州快信：『浙教育廳長夏敬觀決辭職，遺缺有以第一師校校長馬叙倫接替説。』

六月中旬，蔡元培等致電浙江省長公署，保舉馬爲教育廳長。浙江省長沈金鑒回電婉拒。

《申報》六月廿一日杭州快信：『北京蔡元培暨旅京同鄉電省署，保馬叙倫任教廳長。沈省長以浙人長浙教育，有違□章，電覆婉拒。并聞浙學界電京，公舉吴震春任教廳長，吴亦聲明回避本籍。』

六月廿二日，陳懷病故於北京。致送輓聯：『憑文章自足千秋，追懷治事分齋，氣誼平生有獨契；痛師門又弱一個，凄絶雛兒娩婦，倉黄客死劇堪哀。』（《陳教授哀輓録》，瑞安敬業石印局刊本）并致送輓幛。按，陳懷係陳介石侄子，北大史學教授。劉紹寬撰有《瑞安陳孟冲教授傳》。

六月廿三日，省教育廳長夏敬觀辭職，朱國楨代理。

浙江省長公署通告：『代理教育廳長朱國楨呈報於六月二十三日接印。』（《浙江公報》民國十一年七月九日，九頁）

《申報》六月廿三日消息：『浙教育廳長夏敬觀向部辭職，誓不回浙，遺缺昨由沈省長委薦任職朱國楨（號□□，湖北人，前清翰林，直隸候補道）代理，定二十三日上午十時接篆視事。（中略）浙學界擁戴馬叙倫任教育廳長，未達目的。本届省教育會更選會長，馬有當選希望。』

六月廿七日，大總統令：『任命馬叙倫爲浙江教育廳廳長，此令。』（《浙江公報》民國十一

年七月六日，一頁）

《我在六十歲以前》：『恰好那時一位教育次長全紹青，是北大同事李大釗先生的朋友，經大家把我提出來做繼任的資格，請李先生介紹一下，不想馬上就發表了。』

六月廿八日，蔡元培復函，希望馬犧牲出洋機會，爲浙江教育立一基礎。

原函：『前奉惠書，深以推薦教廳爲不當，其時布置未妥，不必多與公辯。現政府已發表，浙中教育界自然極歡迎。請公暫犧牲出洋之志願，爲吾浙教育立一基礎，不勝企禱。有數事奉託，別録奉覽，請酌行。』（《蔡元培全集》第十一卷，一三〇頁）

錢玄同日記六月廿八日：『大西來電話，謂聞夷初爲教廳長，擬爲小西入清華索寫快信，我并邀世寫快信去。晚十時頃爲此事訪世。』（《錢玄同日記》上册，四一九頁）

六月底，聲請回避本籍。

《申報》七月一日杭州快信：『浙江第一師校校長馬夷初，因北大函促回校，業已提出辭職，學生與教職員一再挽留，而馬氏去志甚堅。現學生部公舉一中校長黄人望代理，仍請馬氏物色繼任人物。聞馬氏提出蔣夢麟、經子淵二人。但蔣氏現漫遊歐美，尚無歸期。經氏曾有宣言，非到某時期決不回浙。而現在官廳方面，亦難通過。學生一部分對經復職亦表示反對。將來尚未知鹿死誰手。』又：『新簡浙教育廳長馬叙倫命令到浙，學界多數反對，馬亦願聲請回避本籍。前廳長夏敬觀昨旋浙，預備辦理交代。』

上半年，出差上海，順道拜訪張孟劬。張贈以敦煌出土《天請問經》一卷。卷後馬跋語九行：『此卷與《佛説如來相好經》爲一人所書，出自敦煌石室，日本人得之，以貽余友張君孟劬。往月余有事上海，因走孟劬談藝，孟劬謂「蓄此待君久矣」，即持以贈。尋此卷末署「辛未在伊州作客寫記」，蓋書者胡人。唐太宗貞觀四年以胡人來歸，置西伊州，六年去「西」字，天寶元年改爲伊吾郡，乾元元年復爲伊州。唐代紀年凡四值辛未：弟一高宗咸亨二年，弟二玄宗開元十九年，弟三德宗貞元七年，弟四宣宗大中五年。審書體于六朝人爲近，則尚是唐初書也。惜「馬」字上二字不明，依約是「祖遠」二字，當是書人本貫地名。昔在京師觀羅掞東所藏唐開成二年道士索洞玄寫《真一本際經》，歎爲得未曾有。此卷雖寥寥數十行，然具紀元、書人名氏并作書之地，則校索書又何如耶？十一年八月十三日，石屋書于嚼梅咀雪之龕。』相隔數年，又補一句：『「祖遠」乃「袓匠」二字，「袓」即「塑」字異書，向釋非是。廿六年，叙倫。』（《天請問經》，今藏國家圖書館，北京圖書館善本部編《敦煌劫餘録續編》著録，轉引自毛昭晰主編《浙藏敦煌文獻》，浙江教育出版社二〇〇〇年版，五頁）

七月三日，代理教育廳長朱國楨到省教育會講演，表示『本省廳長不必回避本籍』。（《申報》七月四日杭州快信）

同日，省教育會評議部致電國務院、教育部，反對馬叙倫長浙江教育廳，提出五條件，第四條有『人格』一語。浙江教育協進會代電則『不承認學界反對馬叙倫長教育之江電，

爲馬辯護甚力』。（《申報》七月六日杭州快信）

七月四日，致函浙江教育會周、李兩會長，嚴詞質問。

七月六日，浙江教育會復函，就『人格』問題有所辯解。

《申報》七月七日杭州快信：『省教育會因反對馬叙倫長教育，發出江電。經馬質問，今日上午開臨時評議會。當函覆馬氏，稱：「環章誦悉。敝會所發電文，既由評議部起草通過，其所謂不合上列條件云者，非必五種條件全數不合之意。某等識荆未久，聞見無多，先生人格如何，個人不敢有所判斷。」』

七月初，回復錢玄同。

錢玄同日記七月八日：『得夷初信，知小西事竟不成了。』（《錢玄同日記》上册，四一九頁）

七月七日，《衢報》本省要聞：『教廳長與師校長。旅京浙人蔡孑民、孫慕韓等爲馬叙倫升任教育廳長暨省立第一師範校長繼任問題，特公推蔣夢麟由京起程南下，俾與浙中當道暨（學）界接洽一切，日内即可到杭。（中略）省立一師校長缺，原擬一中校長黄人望暫行兼代，因一中學生未允，業由一師學生開會，擬請黄校長暫代至九月一日，嗣後擬請蔣夢麟□□該校校長云。』（王漢龍提供）

七月十日，《申報》杭州快信：『新任教育廳長馬叙倫，原定十日接篆，因代理廳長朱國楨趕辦移交不及，改期十一日上午正式視事。』

同日上午，許漢章、葉慎微、諸葛信、孟毅等十餘人，連袂晋謁沈金鑒，要求省長拒絶馬叙倫到任。沈表示：『馬係奉中央任命，非鄙人所能拒絶。諸君來意及馬之宗旨，鄙人俱已明瞭，當静籌良法對待，斷不任馬偏重北大派，而抑勒浙派。』（《馬叙倫長浙教之風波》，《申報》七月十一日）

七月十一日，上午十時接任浙江教育廳長，并發出通告，稱：『六月二十八日奉大總統令，「任命爲浙江教育廳廳長，此令」等因，本廳長遵即于七月十一日接印視事，除呈報外，特此布告。』（《申報》七月十二日杭州快信）

同日，謁見浙江督軍盧永祥、省長沈金鑒。

七月十二日，《申報》杭州快信：『省教育會及學界反對馬叙倫，現尚未息，某當道遣趙修禮向各方疏通，免再波折。』

七月中旬，請假赴滬，隔日返杭。（《申報》七月十八日杭州快信）

國聞通訊社消息：『新任浙江教育廳長馬叙倫，于前日早車到滬，聞係因本省教育廳事務有所困難，故對滬友有所商榷。現馬即于昨日返杭矣。』（《申報》七月二十日本埠新聞）

七月廿一日，大總統令：『任命湯爾和署教育次長，此令。』（《浙江公報》七月二十九日，一頁）

七月廿六日，出席浙江教育行政研究會，并致詞。（《申報》七月廿七日）

七月三十日，《申報》杭州快信：『教育廳長馬叙倫，有與江蘇教育廳長蔣維喬對調消息，惟恐未必成爲事實。』

七月，浙江教育廳訓令第三四號，令各縣據公立工業專校呈請，通令各縣考選官費生一名送校復試由，落款：教育廳廳長馬叙倫，中華民國十一年七月□日。（《浙江公報》七月三十一日，四頁）

八月十二日，《申報》消息：『代理省立一師校長黄人望，已將期滿。該校長職，馬教育廳長擬委女師校長葉謙接任。遞遺女師校長職，以嘉興第二女師校長方女士英接充。』

八月十五日，爲凌獨見《新著國語文學史》作序。該書次年初由商務印書館出版。序二略稱：『夫以草木之微，依情待實，況乎文學，述志爲本，言與志違，文豈足徵？凌君有鑒於此，抉擇古今文辭之具有特性且能與時代相輝映者，凡千數百首，紬繹而條陳之，爲國語文學史綱。書成屬序，喜其方頗精審，足爲文史之鑒也，爰濡筆弁其端。中華民國十一年八月十五日，馬叙倫。』按，凌獨見一九二七年六月任浙江省政府秘書處職員。

錢玄同日記一九二三年二月二十五日：『有浙江師範畢業生凌獨見者，編了一部《國語文學史》，蕪雜謬誤，觸目皆是，真是胡鬧，現在居然由商務出版了！足見商務方面没有識貨的人——這話錯了，他們本來只希望賺錢，哪有閒情別致去顧管内容的優劣呢！書首有前後兩個浙江教育廳長（夏敬觀、馬叙倫）的序，即此一端已足見其鄙陋可哂了。』（《錢玄同日記》中册，五一六頁）

八月，教育次長全紹青辭職，湯爾和接替。

九月二日，赴陸軍同袍社出席浙江水災籌振會。

九月八日，《申報》：『新任一師校長何炳松現已抵杭，寓西湖宋莊。該校學生擬即日開歡迎大會。』

房鑫亮《何炳松生平簡述》：「一九二二年八月，何炳松先生繼馬叙倫之後任浙江第一師範學校校長。起初頗躊躇，在京教育界人士推蔣夢麟爲代表，逐日至寓所催促上任，馬叙倫和一師學生也致電敦請，先生念及「受浙江恩實在不少，從中學起，經過高等學堂、美國留學，統是浙江父老的血汗培植我的」，決定將北京各校教務辭去，同意南下應聘。』（金華市政協文史資料委員會編《何炳松與故鄉》，二〇〇六年版，一五五至一五六頁）

九月十六日，教育廳科長戴霖奉派出席教育部學制會議。

錢玄同日記九月十七日：『四時頃戴逵蓀來，他現在在浙江教育廳中當科長，此次馬夷初派他來當教育部學制會議中的浙教廳代表，他説還有浙江教育會的代表是經子淵。』（《錢玄同日記》上册，四一九頁）

《申報》九月六日杭州快信：『教育部學制研討會，十五日在京開會。此間教育廳派戴霖，教育會派代表經亨頤，如期與會。』

九月十九日，國務院改組，原教育總長王寵惠代國務總理，湯爾和署教育總長。

九月廿五日，教育廳長職被免，改任教育次長。

大總統令：『任命馬叙倫爲教育次長。（中略）任命張宗祥爲浙江教育廳廳長。』大總統蓋印，國務總理王寵惠、教育總長湯爾和副署。（《政府公報》第二千三百五十九號，命令；又《浙江公報》同年十月三日）

十月五日，《申報》消息：『馬昨北上，浙教廳職務，以第一科長左□恒暫代，新任廳長張過寧轉車赴滬。』

十月七日，張宗祥接任浙江教育廳廳長。

浙江省長公署通告：『教育廳廳長馬叙倫呈報於十月七日卸任。』（《浙江公報》十一年十月十八日，七頁）

十月八日，拜訪許寶蘅。

許寶蘅日記壬戌八月十八日（十月八日）：『馬彝初叙倫來談。』（《許寶蘅日記》第三册，九〇五至九〇六頁）

十月十一日，大總統令：『劉崇傑、馬叙倫、吳兆麟等均給予二等大綬嘉禾章。』（《浙江公報》十一年十月十九日，二頁）

十月十三日，約沈士遠幫選家具。晚，請沈士遠、錢玄同、許寶駒吃素菜。

錢玄同日記十月十三日：『午後五時訪士遠，適馬夷初來電話，約他去辦家俱，我於是與耀辰、鳳舉談天。七時夷初來電話，邀我到開成去吃素菜，同座者爲士遠與許昂茹(若)，吃完他們去打球了，我就出城洗澡。』(《錢玄同日記》上册，四六三頁)

十月二十日(星期五)，馬幼漁、叔平、季明、隅卿四兄弟在東華飯店設宴爲馬接風。

錢玄同日記十月二十日：『晚餐馬氏兄弟四人(幼漁、叔平、季明、隅卿)請夷初在東華飯店吃飯，陪客是譚仲逵、李守常、邵裴子、錢玄同、沈氏三兄弟。席間談論，知此次風潮的去向於政局有關，什麼曹鋭、邊守靖、温其霖、楊度都是黑幕中人。學校處置此事，今將通告二紙粘在後面，以備查考。』(《錢玄同日記》上册，四六六頁)

十月廿四日，葉左文接任京師圖書館主任。(孫玉蓉《俞澤箴整理敦煌寫經日記輯録》，《文獻》季刊二〇〇九年第一期，二二頁)按，俞澤箴時任京師圖書館敦煌石室唐人寫經室負責人。

十一月十九日，以兼館長身份到京師圖書館出席茶話會并致辭。

俞澤箴日記民國十一年十一月十九日：『晴。午後，馬夷初館長來館，開一茶話會，宣布進行宗旨。』(孫玉蓉《俞澤箴整理敦煌寫經日記輯録》，《文獻》季刊二〇〇九年第一期，二二頁)

十一月廿九日，抗議當局迫害財政總長羅文幹，與湯爾和離開教育部，仍回北大教書。

十一月三十日，蔡元培覆上海美專劉海粟信，言：『有貴校學生李方函告馬夷初次長，以所受資助之親戚現已由滬還京，渠亦願改入京校，欲求尊處給以轉學證書，馬君屬弟轉商于先生，如蒙允准，幸甚。』(《蔡元培全集》第十一卷，一七八頁)

十二月六日，辭職獲准。同日改派全國財政討論委員會委員。

大總統令：『教育次長馬叙倫呈請辭職，准免本職。此令。派馬叙倫、田章燕、王杜、錢錫寶、唐瑞銅爲全國財政討論委員會委員。此令。』（《浙江公報》第三千八百十二號，民國十一年十二月十四日，命令，一頁）

十二月，與錢玄同談及葉水心《習學記言》光緒十一年黄體芳重刻本。

錢玄同日記十二月十四日：『在家中看《水心學案》中的《習學記言》，覺此書實可與王充《論衡》比肩，無怪宋平子之佩服也。此書以前無刻本，去年北大以二百六十元買到一部抄本，即《四庫》之底本。不庵曾抄録一部。近聞夷初言黄體芳曾刻此書。孫詒讓家中有抄本，甚精。黄刻本夷初有之，但極不易得。我打算將來借夷初的黄刻本校此抄本，可加標點符號，排印出書。永嘉學派爲儒學中一極有價值之學派，此書辨章前代學術，考訂古書真僞，均極有特見，洵宜表章之也。』（《錢玄同日記》，四八三頁）

本月，北京地檢廳宣告羅文幹一案證據不足，免予起訴。

本年，與羅案辯護律師劉崧生結交，開始同劉、余紹宋、湯爾和、鄭天錫、黄節、蔣夢麟、陳仲恕每月一會，輪流作東。

《北京大學研究所整理國學計劃》發表於《新教育》雜誌，題下括注：『本校研究所分爲國學、外國文學、社會科學、自然科學四門，此爲國學門之計劃書。』文章提出，欲整理吾國固有之學術，宜分兩步辦法：(一)整理學術。(二)整理學術之材料。按，蔡元培一九二一年十一月七日致沈兼士書，稱本校研究所歸併四門，請沈任國學門主任。

一九二三年(中華民國十二年癸亥)　三十九歲

一月四日，列名《陳孟冲先生追悼大會通告》，擇於本月七日第三院舉行。

一月中旬，國務會議通過教育總長彭允彝的提議，第三次逮捕無罪的羅文幹。蔡元培憤而辭職，馬與李大釗、蔣夢麟、顧孟餘、胡適諸人上書總統黎元洪。

本月，蔣夢麟代理北大校長。北大《國學季刊》創辦。

二月七日，錢恂生日請客，應邀出席。

錢玄同日記二月七日星期三：『日前大兄生日，馬、沈諸人送他一張東華飯店的酒券，他今日就請他們吃東華的西餐。共十一人：馬幼漁、馬叔平、沈士遠、沈尹默、沈兼士、馬夷初、單不庵、錢玄同、錢念劬、單受兹、錢稻孫。本有朱逖先，他到湖北去了，所以没有吃著。前六人是客，七、八兩人是陪客，九、十、十一是主人。』(《錢玄同日記》中册，五一一頁)

二月廿三日，逛琉璃廠，遇錢玄同等人。

錢玄同日記二月廿三日金曜日：『下午逛廠市。今天天氣很冷，且有風，故遊人較少。晤夷初、不庵、適之及屈伯剛。適之邀不庵和我到春華樓吃晚飯。』(《錢玄同日記》中册，五一

五頁）

二月廿四日，在琉璃廠又遇錢玄同。

錢玄同日記二月廿四日土曜日：『下午三時至廠市。因天冷，人很寥寥。我也覺得有些站不住，大略看了幾個書攤，没有買什麽書。晤夷初、叔平、季明、隅卿、伯剛。』（《錢玄同日記》中册，五一五頁）

三月二日，杭州大學董事會第二次開會，審議《杭州大學意旨書》《杭州大學章程》《籌辦杭州大學計畫書草案》等一組文件。

三月廿六日，《杭州大學章程》在《北京大學日刊》刊出。（待提交省議會議决）

同月，省長張載陽將杭州大學董事會新增董事名單（湯爾和、汪兆銘、馬叙倫、經亨頤、朱希祖、范壽康等）送交省議會審議，連同首批十人，董事總數達到廿二人。

四月十三日，國立八校教職員集合到教育部索薪。

錢玄同日記四月十三日（星期五）：『下午高師本有課，因八校教職員聯席會議議决今日下午教職員全體到教育部去索薪，高師臨時停課。』（《錢玄同日記》中册，五二七頁）

四月，省長張載陽將杭州大學董事會擬定的《杭州大學章程、學制及計劃書》《杭州大學第一期建設預算書》《杭州大學民國十二年度常年費預算書》等文件提交省議會，議决通過。

六月十九日，遇錢玄同。

錢玄同日記六月十九日（星期二）：『午後回家。訪士遠并晤夷初、不庵。與不庵、士遠同至德國飯店晚餐。』（《錢玄同日記》中册，五三九頁）

八月廿七日，設家宴招待來京出席職業學校展覽會開幕式的黄炎培。

黄炎培日記八月廿七日：『午餐于馬夷初家（西城機織衛三十一號）。』（中國社會科學院近代史研究所整理《黄炎培日記》第二卷，華文出版社二〇〇八年版，一七三頁）

九月廿二日，就浙江第一師範學潮事，與馬裕藻召集浙籍同人討論，致電浙江省長張載陽、教育廳長張宗祥、浙一師校長何炳松。浙一師因學生、工友二十四人中毒斃命而發生學潮。

錢玄同日記九月二十二日（星期六）：『九時至北大，爲浙江學潮事，幼漁、夷初諸人發起召集開會討論，今日發出三養電：一致張載陽，問其如何辦理；二致張冷僧，質其負浙人；三致何炳松，叫他滚蛋。』（《錢玄同日記》中册，五五二頁）

九月廿三日，訪晤馬裕藻，繼續商量浙江學潮應對事宜。

錢玄同日記九月二十三日（星期日）：『午後訪幼漁，見夷初亦在。有張冷僧致稻孫之信，中有語云：（中略）夜半草斥冷僧之信成。明晨當再修改之。』次日：『上午將信稿改正成功。午後二時訪幼漁，三時至北大訪不庵，均示以信稿。在北大油印信稿一百份。六時

訪士遠、尹默諸人。』（《錢玄同日記》中册，五五二頁）

九月廿五日，訪晤沈士遠，繼續商量浙江學潮應對事宜。

錢玄同日記九月廿五日（星期二）：『午後，夷初等在沈家商浙潮事，擬推裴子繼爲廳長，不允。七時回家，抄致冷僧書。』（《錢玄同日記》中册，五五二頁）

九月廿九日，北大同人聚會商討浙江學潮應對辦法。

錢玄同日記九月二十九日（星期六）：『午後二時，至北大開對付學潮會。今日加入孫伏園與許季黻，發出請章厥生代表見張載陽請撤何柏丞電。又致冷僧電，促其速撤柏丞。晚訪幼漁。』（《錢玄同日記》中册，五五三頁）

十月一日，再次約浙籍同人錢玄同、陳大齊等至馬裕藻家商討浙江學潮應對事宜。作長函一通駁斥張宗祥覆電。

錢玄同日記十月一日（星期一）：『午後二時至幼漁家，因夷初約我輩數人今日至幼漁家商浙學潮事也。結果擬推百年往長高中，百年未徑允。見有浙江高等同學數人致士遠及百年之信，全爲何柏臣洗刷，可笑之至。張冷僧有快郵代電覆我們養電，滿紙官話，可惡！夷初今日作一長函駁此快郵代電。』（《錢玄同日記》中册，五五四頁）按，百年，即陳大齊，海鹽人。

十月五日，浙籍同人在北大第一院商討浙江學潮應對事宜。

錢玄同日記十月五日（星期五）：『午後二時，又在第一院開會討論浙江學潮事，畢，偕不庵同出晚餐。』（《錢玄同日記》中册，五五四頁）

十一月，北京國立八校成立索薪團。

十二月十八日（十一月十日），邵裴子四十初度。先一日晚，贈以唐人寫本《佛説如來相好經》殘卷。

跋語稱：『前記「祖遠」二字少漫，馬叔平謂是「裎匠」，諦視詖然其言也。此卷曾舉視裴子尊兄。裴子精鑒賞，於六朝人書，尤能一覽别真僞善惡，亦許此爲法度近六朝，是初唐人書。明日裴子四十初度，余無以爲酬，即舉是貽之。十二年十二月十七日，夷初弟馬叙倫記于嚼梅咀雪之盦。』

邵裴子題識：『癸亥十一月十日晚，夷初携贈此册及魏三體石經。次日爲予初度，晨興燕坐，披閲寫記。弢闇書于樂閒居。』

卷末另有馬舊跋一則：『此與《天請問經》爲一人所書。《天請問經》在此紙後一卷，完好無闕，末有題記，説發願寫經造種種福利之意，後署「辛未弟六月一日祖遠馬報達在伊州作客寫記之耳」廿一字。余考唐太宗貞觀初始置伊州，而唐代紀年值辛未者凡四，第一爲高宗咸亨二年。此書體近六朝，决是初唐人書也。敦煌所出六朝唐人寫品，不署紀年、書人名氏者多，此獨具題記，記年月日、書人名氏本貫及作書之地，可不謂珍物耶？此經凡四紙相聯，兹因付裝，依舊解之，亦藉以見唐紙尺度，復留此餘幀，容余記剪，抑何多幸乃爾！願余子孫能永寶之。中華民國十一年八月三十一日，石屋書于嚼梅咀雪之盦。』（毛昭晰主編《浙藏敦煌文獻》，七〇頁）

十二月廿六日，代表北京大學評議會呈報教育部，自八月四日起校總務長蔣夢麟兼代校長之職。

呈文：『敬啓者。查本校蔡校長，因在本校任職五年以上，照例得給假休息或赴外國遊歷，業于本年七月起程赴歐。所有校長職務，蔡校長函致本會，委託蔣總務長夢麟代理。經本會于本年七月十六日會議議決，公推蔣總務長兼代校長，并每月支校長辦公費三百元。蔣總務長業於八月四日就兼代校長職。爲此合行具文呈報，請予備案。謹呈教育部。北京大學評議會書記馬叙倫，十二年十二月二十六日。』〔北京大學檔案（七）一——一六二〕

一九二四年（中華民國十三年甲子）四十歲

一月七日，《讀書續記》卷第五發表於《北京大學日刊》，至六月廿五日結束。

一月中旬，繼續當選本校教職員臨時代表團『臨時代表』。

一月二十日，《軍閥宰制底下的教育家的精神和工作》發表於《新民國雜誌》第一卷第三期，署名馬夷初。文章提出：『在軍閥宰制底下從事教育的教育家，尤其是軍閥巢窟裏從事教育的教育家，都奮起了盡力傾覆軍閥、根本剷除真正平民政治的障礙物的精神。他們的工作是什麽呢？教育自然就是他們的工作，但是我所希望的不是拿一本書册、一件儀器，挨過一小時的工作，是要將自己奮鬥的精神移殖到被教育的身上，而且用種種方法，鑄造成民衆革命的戰卒，聽到動員令，自能勇猛無前的去奪斫。這樣的工作有三五年，定有絶大的效能。只不過是我的理想，在革命史上找尋起來，不乏這種先例的。』作者認爲『中國最近的未來的時期裏，要離開政治問題純粹的講教育是不可能的，所以不如乾乾脆脆的來講革命教育』。

一月廿六日，致鄭孝觀、陸侃如短簡發表於《北京大學日刊》。

一月廿六日，出席北京遥祭列寧大會。

年初，國立北京醫學專門學校改爲北京醫科大學，舉薦首届畢業生洪式閭續任校長。前校長爲周松聲，山東人，湯爾和日本金澤醫專同學。（徐誦明口述、陳朱鶴紀録《洪式閭教授出任北京醫科大學校長前後的回憶》，《樂清文史資料》第四輯，一三頁）

一月，《六書之商榷》發表於《國文學會叢刊》第一卷第二期。

二月十三日，浙江省長張載陽之父以柏去世，享年七十一歲。

致送輓幛：『騎鯨西去。』落款：『愚侄馬叙倫拜挽。』（《張封翁以柏公榮哀録》，新昌張九如堂藏版）

三月廿六日，《馬夷初啓事》發表於《北京大學日刊》。

三月廿八日，顧頡剛應約代撰壽聯祝馬四十初度。

顧頡剛日記三月廿八日（二月廿四，星期五）：『悟悔囑撰馬彝初四十壽聯（馬陰三月十三日生），無法拒絶，因於今晨作之。聯曰：「花好月圓祝人壽，浴沂風雩憶相知。」似尚漂亮。悟悔，馬之學生也。』（《顧頡剛日記》第一卷，四七〇頁）

四月十三日，爲世界語專門學校維持問題，應約在中央公園聚會討論。

錢玄同日記四月十三日（星期日）：『爲世專事，他們學生昨來信，約今日上午至公園水榭開會。結果由夷初提議暫維持至暑假，以後恐不能維持。到者除學生外，有方老五、楊適夷、馬夷初、徐旭生、趙述庭、李石曾、錢玄同諸人。會事至十二時。與方五同至長美軒，六時許散。』（《錢玄同日記》中册，五八一頁）

四月十五日，許寶蘅題聯相贈。

同日，致香雪、朗山等十二人短簡發表於《北京大學日刊》。

四月十六日，四十初度，約友好餐叙。

許寶蘅日記甲子三月十三日：『馬夷初四十生日約飲，六時赴之。八時赴枕湖約。』（《許寶蘅日記》第三册，一〇〇四頁）

四月廿六日，許寶蘅致函。

許寶蘅日記甲子三月廿三日：『致馬夷初函，送所藏《説文》目録。』（《許寶蘅日記》第三册，一〇〇五頁）

四月，任國民黨北京執行部宣傳部長。

四月，夏曾佑逝世，輓以聯語：『先生是鄭漁仲一流，乃以貧而死乎；後世有揚子雲復生，必能讀其書矣。』（《輓聯愜當之難》，載《石屋餘瀋》七頁）

五月十七日、廿三日、卅一日，《馬夷初啓事》發表於《北京大學日刊》，稱『本日起謝絶作書』。

六月十七日，《丁竹筠先生傳》發表於《北京大學日刊》。（後收入《天馬山房文存·外篇》）

七月七日，作《老子覈詁序》。正文四卷，分上下册。

八月，在國立八校歡迎蘇聯駐華大使加拉罕的集會上，致長篇歡迎詞。

八月廿九日，請客。

余紹宋春暉堂日記民國十三年八月廿九日（舊七月二十九日）：『夜，馬夷初招飲，鄭苐庭招飲，均辭謝。痔疾新愈，不敢多飲食也。』（《余紹宋日記》第三册，七五四頁）

九月一日，余紹宋持贈山水畫。

春暉堂日記民國十三年九月一日：『九時訪馬夷初，謝其前日招飲未赴，贈以舊作山水立幀。』（《余紹宋日記》第四册，一頁）

九月十八日，黄炎培來訪。

黄炎培日記九月十八日：『訪張企文、孫伯恒、錢孟材、馬夷初。』（《黄炎培日記》第二卷，二一二頁）按，中華教育文化基金董事會成立會本日在外交部舉行，黄炎培赴京與會。

九月十九日，訪余紹宋，請余出任美術專門學校校長。

春暉堂日記九月十九日：『馬夷初來談，請余任美術學校校長。余辭以未詳該校前後肇事情形，恐難收拾。夷初則謂：「惟君不知，故欲借重，以爲解紛耳。」（中略）爲夷初作畫。』（《余紹宋日記》第四册，一二一頁）

九月二十日，《讀書續記》卷第六發表於《北京大學日刊》，至次年一月十六日結束。

九月，得讀楊樹達《古書疑義舉例續補》八則，復函引爲同調。

《積微居回憶録》引録馬回函，略稱：『私謂吾儕席古人餘業，用一二十年之勤，遍覈古書，不徒古人真面目無所闕蔽，抑且可以搜得修辭學上許多材料。惜同志不多得。』（二三頁）

十月三日，余紹宋作書請辭美專校長。

春暉堂日記十月三日：『作書辭美術學校教席，不願同流合污也。』（《余紹宋日記》第四册，二一〇頁）

十月，北京醫專學生陳萬里攝影《大風集》由樸社出版，卷首馬叙倫題字，俞平伯卷頭

語，錢稻孫、顧頡剛兩序。（葉圣陶、葉至善著《葉氏父子圖書廣告集》，上海三聯書店一九八八年版，七〇頁）

十月廿三日，余紹宋做東。

春暉堂日記十三年十月二十三日：『下午胡子賢來，始知馮玉祥班師回京，政局大變，亦不措意。鄭苐庭來。今中寓中請客，以爲諸客決不能來，不圖盡行光降，可謂光寵之至，亦可作紀念也。計蔣夢麟、湯爾和、劉崧生、馬夷初、劉仲瓚、陳仲瓚、羅鈞任及苐庭，凡八人。得聞時事甚多，然均不必記。』（《余紹宋日記》第四册，三二頁）按，此指馮玉祥班師回京，囚禁『賄選總統』曹錕，驅逐溥儀出宮事。

十一月初，攝政内閣組成，發表易培基任教育總長，馬叙倫任次長。

北大物理系教授李書華《七年北大》回憶：『（開始）推李石曾爲教育總長，託黄郛轉達。嗣因李石曾堅辭不就，黄膺白請石曾先生推薦人選，石曾先生想到顧孟餘，孟餘也不肯作，孟餘乃推薦易培基（寅村）。時易寅村方到北京，作中山先生代表，携汪精衛介紹信，來見北方教育界人士，因此顧孟餘想到易寅村。但易與北方教育界素無關係，所以蔣孟鄰提出贊成的交換條件，以馬夷初爲次長。此即當時易任教長，馬任次長之由來。』（李宗侗《故宫博物院回憶録》之三，《中國一周》七三七號，一九六四年版。轉引自陳平原、夏曉虹編《北大舊事》，三聯書店一九九八年版，一〇一頁）按，顧孟餘，北大俄文系教授、系主任，兼校教務長。蔣孟鄰，即蔣夢麟，北大總務長、代理校長。李宗侗，法文系教授。

十一月十四日，北大注册部布告：『馬叙倫先生所授哲學系二程哲學、王陽明哲學，自下星期起停講。』

十一月廿四日，段祺瑞任臨時執政。留任次長并代理部務。

《申報》十二月十七日教育消息：『馬叙倫代理教育部務後，曾下一手條，限令每日一時，部員必須簽到。該部部員因此頗爲憤恨。』

十一月廿六日，國立八校教職員代表聯席會議議決：『關於教育經費及教育上應辦事件，請主席（許繩祖君）與教育馬次長交涉，從速辦理。』（《京教育界近事》，《申報》十二月四日）

十二月二日，北京美術專門學校校長聘書送交余紹宋，馬電話催促次日到校就職。

春暉堂日記十二月二日：『夜教育部送北京美術專門學校聘書來。心庵來商明日到校接任事。夷初來電話，必欲余於明日到校。』（《余紹宋日記》第四册，五三頁）

十二月三日，請余紹宋下午前往美專就職。一批學生糾集校門口擋駕，阻止余紹宋到校視事。余被迫驅車離開，前往教育部告知馬。

春暉堂日記十二月三日：『早起，約公選、心庵同往美專幫同接收。湯叔穎來言，陳延齡已藏匿，往接收或有問題。馬夷初來，請于三時往校就職，允之。三時，同公選、心庵、平甫前往。至則校門口有學生十餘人呈交公函，請勿就職，謂係全體學生會議決，彼等爲代表云。余言余絶不願主斯校，實教育部再三敦聘，始勉允一試，今汝等既欲拒絶，我正可告辭。言畢即驅車返。此十餘人者，聞即去歲被斥之學生，品行絶壞者，其勢洶洶，一望知非安分學生。旋赴教育部晤馬夷初，告以情形，請其爲相當處置，必此風波平息，方能前往就職。回至公選處，書穎亦來，因知此十八人平日陳延齡各給津貼二十元三十元不等，蓋有意使彼搗亂，爲戀棧之計也。學界亦復如此腐敗，茫茫天壤真無立足處矣，可歎也！』（《余紹宋日記》第四册，五四至五五頁）

十二月四日，國立美專學生代表赴教育部，請部員錢稻孫『轉達馬次長，請即收回成命』，反對余紹宋接長，錢允爲傳達。（《申報》十二月十二日）

十二月七日，訪晤余紹宋不值。

春暉堂日記十二月七日：『湯文聰來，未晤，送來美校搗亂學生名單。馬夷初來，未見晤。』（《余紹宋日記》第四册，五七頁）

同日晚，鑒於教職員薪金積欠已達十二個月，國立八校教職員代表宴請國務員，繼續交涉，與交通總長葉恭綽、次長鄭洪年，財政總長李思浩、次長鍾世銘、張訓欽，執政府秘書長梁鴻志，及中小學教職員代表等出席。（《京八校繼續運動經費》，《申報》十二月十五日）

十二月九日，余紹宋回訪，商量美專如何整頓。蔣夢麟在座。

春暉堂日記十二月九日：『下午往訪夷初，蔣夢麟在焉。夷初亦知美術專門學校非根本改組不爲功，但仍望余往接任，如再有反抗，即下令解散。辦法未嘗不是，惟以余之本身論，則甚不犯著。蓋該校暴行，學生屢有毆辱學生、教職員事，若余輕去嘗試，必至被辱，外間不察，將謂余不容于學生，則平生聲望豈不掃地？且該校以余故而被解散，亦蒙惡名。雖此校非解散無從整頓，已成公論，然總不願由我發端。社會久無公評，尤不值得。余非畏葸之流，然必權衡輕重，以區區一專門學校，而爲此極大之犧牲，亦太憨矣。當時以此意告夷初、夢麟，亦以爲余不值得，勸勿往。夷初乃允再商辦法。』（《余紹宋日記》第四册，五八至五九頁）

十二月十一日，出席國務會議，代表教育部提議將東西陵附近之森林産業撥充教育基金，議決由内務、財政、教育、農商部四部會同專員前往查勘復報，再交國務會議討論。『又聞教馬提出，擬在崇關税收項下，增附加税一成，作爲擴充北京地方教育經費，結果決定，交由財政部核□。』（《申報》十二月十八日）

同日，余紹宋函辭美術學校校長。

春暉堂日記十二月十一日：『晏起，作書致馬夷初辭美術學校校長。其文曰：「本月二日奉大函承乏美術專門學校校長，復承執事枉過，殷勤敦勸，當於三日下午到校視事。甫至校門，突有學生十餘人攔阻進校，聲勢洶洶。紹宋睹此，知非禮法所能戒喻，隨即引還。明日報章遂有該校學生反對更換校長之廣告，又隨有歡迎紹宋到校之廣告，又隨有該校教職員維持現狀之廣告。校中情形棼亂如此，大部之命令謂何，非紹宋所能喻也。紹宋之來，以執事兩次敦勸之厚意，故自忘其愚，勉就斯職，又竊自揆平日所學所行，尚未有見輕於人之處，不圖是日該校門前十餘人之學生無禮如此。此不足以辱紹宋，適足以見校風之惡耳。此非小故也！學校之法不立，古之所謂移郊移遂者，不徒學藝云爾，所重德性然也。士有如此，不得謂士。故《禮》曰：『屏之遠方，終身不齒。』此非一校一人之事，所關極大，若紹宋之去就，爲事甚微，而校風至是，可爲痛心者矣。今該校前校長陳君既未晤面，無交代之可言，而校長棼亂情形，大部當由所聞。紹宋以光明磊落之身，不願與之争執，爲此謹陳大部，辭去美術專門學校校長之職，俾明素志，即乞察諒爲幸。」』（《余紹宋日記》第四册，六〇至六二頁）按，前校長陳君，指陳延齡。

十二月十四日，函覆余紹宋，勸勿辭職。

春暉堂日記十二月十四日：『有美術專門學校畢業生高希舜、王愓、張琳三人者來見，勸勿辭校長。婉謝之。此三人又代表京華美術學校，求余贊助。夷初來函勸勿辭。』（《余紹宋日記》第四册，六六頁）

十二月十六日，再次致書余紹宋，表示慰留。訪晤黄晦聞，遇余紹宋，勸其打消辭意，余未予接受。

春暉堂日記十二月十六日：『夷初仍來書慰留，其文云：「頃荷翰教，誦悉壹是。美術專門學校設立有年，學風墜靡，本部職責所繫，自當力予繩糾，自非明哲，曷以共策進行，曲加軌範？大札所云，此非一人一校之事，可爲痛心，誠有慨乎其言之。若夫辭職一節，適啓囂競之風。念蒙鼎諾於前，務望玉成於後。切冀勉抑謙光，共圖樂幸，幸甚幸甚。」傍晚訪晦聞，值夷初，復勸余再往就職，余力辭之。』（《余紹宋日記》第四册，六六頁）

十二月十九日，《申報》以『教、内兩部争管清室古物』爲題報導：『教育次長馬叙倫以歷代帝后名臣畫像存於紫光閣或庶務司「無人慎守，恐有失落」爲由提出閣議，要求將歷代帝后名臣畫像交由歷史博物館保管。』

十二月二十日，訪晤余紹宋，繼續敦促其接手美專。

春暉堂日記十二月二十日：『有向大藩者，法政大學畢業生，忽來謁，自陳願調停美專學生風潮，請余勿萌退志。聆其言詞，乃爲陳延齡説降者。余告以已辭，屬其不必多事。馬夷初來談，言陳延齡已漸次軟化，益知向生來之用意矣。』（《余紹宋日記》第四册，六八至六九頁）

十二月中旬，鑒於教育部部員薪水積欠達十五個月之久，屢次與財政部商撥無果，不得已向一家銀行借款，給部員發放部分欠薪。

《申報》十二月廿四日短簡：『教部次長馬叙倫，因該部人員要求于一星期内發給五成欠薪，現在將届滿，乃一面籌一萬元，發放欠薪一成，一面對索薪最力之人員，如王家駒、洪逵等派視學。聞該部人員，對於馬之此舉，均紛紛表示反對，特於十八日在該部大禮堂開全體大會，一致决定十九日繼續要求馬次長履行前約，否則罷工。』

《申報》十二月廿五日要聞《行將破産之北京教育》：『惟各部員以區區此數，實不足以應付，今日仍在部大客廳開索薪會，决定於一星期内須發一個月之五成，否則該部職員全體實行罷工。』

十二月廿一日，同鄉生日聚會。

許寶蘅日記甲子十一月廿五日（十二月廿一日）：『午刻杭州生日會諸友來，爲余與夷初作生日，并爲叔明將赴金華道尹任作餞，二時後散。』（《許寶蘅日記》第三册，一〇〇四頁）

十二月廿五日，宴請余紹宋。

春暉堂日記十二月二十五日：『夜，馬夷初招飲。』（《余紹宋日記》第四册，七四頁）

十二月卅一日，差人送美術學校新校印致余紹宋，余再作辭職書。

春暉堂日記十二月三十一日：『早起，教育部送新刊美術學校校印來，因原有校印教部本令其賫送來寓，不料爲少數學生所扣留，故將原印作廢，另刊新章。學生搗亂如此，真可歎也。因作書夷初再辭，其文曰：「前辭美術專門學校校長，辱荷來簡慰留，并承枉過致勸，深感盛誼，未即再辭。頃接大部秘書處來書，附訓令一紙，又新刊校印兩顆，始知原有校章竟被少數學生扣留，是紛亂情形較前益甚。在大部，委曲維持，可謂至矣，然此風安可長乎？紹宋自揣凡庸，睹此情形，益難勝任，謹將新印兩顆原封賫還，仍懇俯察愚忱，準予辭職，不勝大幸。」』（《余紹宋日記》第四册，七七至七八頁）

十二月卅一日，前往東車站迎候孫中山。

冬，北京師大附中學生會主席李健吾，因反對以次長代理教育部部務的馬叙倫，前往國務院請願，被關於國務院内兩日一夜。

李健吾《自傳》：『師大附中最後一年，同鄉推我做學生會主席。那時政治活動頻繁，記得爲了反對一個姓馬的教育部長，我和各大學的學生代表一道在國務院關了兩天一夜。』（原件藏中國社會科學院檔案局，《李健吾傳》作者韓石山先生提供抄件）按，李係一九二四年九月間當選，馬則十一月代理部務，次年夏李附中畢業考上清華，此條姑繫於此。

年底，内務部諮請教育部查辦李大釗，馬壓下來文，并囑李隱避。

《李叔同一言阻止毁寺》：『十三年，余長教部。内政部諮行教部，命捕李壽長，余知李壽長即李守常之音訛，即屬守常隱之。守常亦是時北平共産黨部領袖也。余時雖反對共産之暴動政策，然未嘗反對純正之社會主義。』（《石屋餘瀋》，一三四頁）

本年，就北京師範大學之聘，兼教國文研究科。幼子龍章生。

一九二五年（中華民國十四年乙丑）四十一歲

一月六日，姜渭賢廣託余紹宋致書求職。

春暉堂日記十四年一月六日：『姜渭賢來，爲作書致夷初求圖書館事。』（《余紹宋日記》第四册，八五頁）按，姜渭賢，名熾周，衢州人，曾參與民國《龍遊縣誌》編纂事。

一月七日，錢玄同對馬關於國語讀本的意見不以爲然。

錢玄同日記一月七日（星期三）：『與汪、黎同出吃飯，商修改《國音字典》事。陳告我謂夷初對於某書館所編國語讀本中有章太炎的《六書説》一篇，説講得不對，應删除。此可謂荒謬，民國時代尚有欽定學説耶？』（《錢玄同日記》中册，六一一頁）

一月七日，報載六日閣議，免去南京東南大學校長郭秉文之職，命胡敦復繼任。郭見報後即電教部『懇迅聘接替，以便交代』。東大及商大全體教職員、江蘇省大學校長等則紛紛致電責問北京政府，要求説明免職原因，挽留郭秉文。新校長胡敦復覆電表示不願接任。由此引起東大『易長風潮』。

教育部訓令第一號：『前派東南大學校長郭秉文應即解職，另候任用。現經改聘胡敦復爲國立東南大學校長，除函聘外，仰即遵照。此令。』

一月八日，就東南大學校長郭秉文免職事致電東南大學董事黄炎培。

黄炎培日記一月八日：『馬夷初來電，爲東大校長事，電覆之。』（《黄炎培日記》第二卷，二一二頁）

一月十日，宴請余紹宋。

春暉堂日記民國十四年一月十日：『夜，馬夷初招飲，歸已十一時矣。』（《余紹宋日記》第四册，八八頁）

一月十一日，東南大學校董會、上海商科大學委員會聯席會議假座申報館舉行。因教育部提議更易校長，會議『議決對於此次教育部違反校董會章程，任免校長，電執政府、教育部，嚴重抗議，否認亂命。一面由校董委員組織臨時委員會，協同兩校行政委員辦理校務』。（原載《申報》一九二五年一月十二日，轉引自穆家修、柳和城、穆偉傑編著《穆藕初年譜長編》，上海交通大學出版社二〇一五年版，六〇三頁）

一月十二日，東南大學校董會議討論校長變更事件。

黄炎培日記一月十二日：『四時，東大校董會，爲校長免職事。』（《黄炎培日記》第二卷，二二二頁）

一月十二日，臨時執政令：『教育部呈秘書袁家普、許寶駒另有任用，請免本職，應照准。一月十二日。』（《浙江公報》民國十四年一月二十五日，六頁）

一月十六日，訪晤余紹宋，長談。

春暉堂日記一月十六日：『湯叔穎來談，不甚滿於教部之處置美專，謂將辭職。下午晦聞來，夷初續至，凡談三小時。』（《余紹宋日記》第四册，九三頁）

一月十九日，臨時執政令：『教育部呈請任命黄人望爲秘書，應照准。一月十九日。』（《浙江公報》民國十四年一月三十日，三頁）

一月卅一日，鑒於美專風潮難以平息，勉强應命的余紹宋又一再懇辭，教育部下令解散美專。

余紹宋春暉堂日記民國十四年一月卅一日：『美術專門學校非解散無辦法，教部已實行，可謂明決。令文如下：（略）』（《余紹宋日記》第四册，一〇六頁）

一月，北京女師大學生向教育部請願，要求撤换校長楊蔭榆。馬多方調處，『亦無法弭平』反楊風潮。

二月一日，東南大學校董會、上海商科大學委員會爲更易校長問題再次舉行聯席會議，否認教育部命令，仍請郭秉文照舊供職，暫赴歐美考察，并致函馬表示難以承認。

《申報》一九二五年二月十一日報導：『（聯席會議議决）否認教育部違章命令，仍請郭秉文照舊任職。現時請郭赴外考察教育，校務由聯席會議合組臨時委員會，協助南京東大及上海商科兩校行政委員會維持。』（轉引自《穆藕初年譜長編》，六〇四頁）按，郭秉文二月廿三日赴歐美考察。

同日，東南大學校董會致教育部代理部長馬叙倫函云：『本月一日，本會與分設之上海商科大學委員會聯席會議，時由東南大學轉來大部訓令第一號内開「前派東南大學校長郭秉文應即解職，另候任用。現經改聘胡敦復爲國立東南大學校長，除函聘外，仰即遵照。此令」等因。查此事前於一月七日上海各報披露六日閣議消息，校中教職員、學生及畢業同學因郭校長辦學十年，辛苦經營，深著勞績，校務蒸蒸日上，前途正未可量也，以國家多故，影響所及，未能照所計劃進行，而公家積欠經費三十萬餘，學校萬分困難，教職員仰體時艱，并感于郭校長之維持苦心，本道義結合之精神，相與勉力維持，不致弦歌中輟，學生尤一致信仰，是郭校長勞苦功高，實不應無端更易。（中略）查去年六月二十五日經大部修正核准之《東南大學校董會簡章》第三條第三款，推選校長于教育當局，爲校董會之職權。今郭校長固無應行免職之理由，大部并未踐行部令核准章程之規定，遽予任免，夫豈所宜？本會因於一月十二日與分設之上海商科大學委員會聯席會議時議決，根據上例種種理由，對於此次東南大學校長免職絶對否認。』（《申報》一九二五年二月十一日，轉引自《穆藕初年譜長編》，六〇四頁）

二月七日，余紹宋獲悉美專學生宣言書，得知『搗亂』師生員工名單。

二月十一日，訪晤余紹宋。

春暉堂日記二月十一日（舊正月十九）：『馬夷初來談較久。』（《余紹宋日記》第四冊，一一四頁）

二月十二日，借鄭天錫（茀庭）家請客。

春暉堂日記二月十二日：『下午馬夷初又在苐庭家招飲。』（《余紹宋日記》第四册，一一四至一一五頁）

同日，錢玄同從單不庵處轉借馬藏黄體芳刻葉適《習學記言》以校對鈔本。

錢玄同日記二月十二日（星期四）：『向不庵借取他向夷初借來之黄刻《習學記言》，以校抄本，校了半卷，昏然熟睡矣。校之擬付北京印書局刻之也。』（《錢玄同日記》，六一八頁）

二月十四日，應邵元冲之約，赴擷英番菜館晚宴。

二月十四日（星期六）：『五時半至廊坊頭條胡同擷英番菜館，偕遠凡宴客，到者爲吴雷川、沈士遠、魏仲車、馬夷初、蔣夢麟、趙丹若、徐軾游、朱内光、趙述庭、潘企莘、陳君哲、吴鳴岐、鄧仲純諸君。八時後散，至青年會訪翰笙不遇。』（王仰清、許映湖標注《邵元冲日記》，上海人民出版社一九九〇年版，一一七頁）

二月十五日，訪晤邵元冲，談美專風潮及解散之理由，與東南大學之對策等。

邵元冲日記二月十五日（星期日）：『午前翰笙來談，又馬夷初來談美專風潮之原因及解散之理由，又東大之處置等。』（《邵元冲日記》，一一七頁）

二月十六日，臨時執政令：『教育部呈司長俞同奎懇請辭職，俞同奎准免本職。此令。任命戴夏署教育部司長。十四年二月十六日。』（《浙江公報》十四年二月二十五日，一頁）

二月十六日，穆藕初（湘玥）來電挽留江蘇省教育、實業兩廳長。電云：『段執政、教育部長、農商部長鈞鑒：蘇省教育、實業，年來已漸進行，蔣、張兩廳長治理有年，尚能盡職。值此地方喪亂之餘，正須培養發展。用人本中央特權，但急遽紛更，易啓疑慮。務懇俯順輿情，收回成命，地方幸甚。穆湘玥叩。』（《申報》一九二五年二月十七日，轉引自《穆藕初年譜長編》，六〇五頁）

二月，教育部編審處改組，聘楊樹達、葉左文等爲編審員。

三月一日，教育部訓令取消東南大學校董會。（《穆藕初年譜長編》，六〇七頁）

三月十二日，孫中山病逝北京鐵獅子胡同。到段祺瑞書房與同僚商議『飾終典禮』。參加孫中山遺體入殮儀式。

《對於校場口慘案再説幾句》（民國三十五年二月十八日）回憶：『孫中山先生的遺囑我雖没有簽上一個小名，而孫先生臨終我是在面前的。我不能忘記他。』（《民主》周刊第十九期，一九四六年二月廿三日）

三月十六日，警察總監朱深陪新任教育總長王九齡到部視事，要求馬向各校代表解釋（王出長教部），予以拒絶。隨後送交辭呈，當晚被免次長。

三月十七日，穆藕初分别致函馬、吴稚暉，爲東南大學易長事陳情。

致馬函未見。致吴函批評馬礙於情面，誤聽謡言，措施失當：『稚暉先生惠鑒：弟于離京時，由建三兄遞來大片，相見緣慳，深爲悵悵。兹有陳者，東大郭校長歷年辦事成績，及其向日言行，平心論之，不但無奮議，且可爲學界規範，因弟于郭君相知有素，而弟亦忝在東大校董之列也。教次礙於情面，誤聽謡言，不加考察，且又違背教部所頒之條例，措施不無過當。吾蘇學界一直袒郭，公道也，非阿私所好也。吾公碩德耆望，對於莘莘學子，提携不遺餘力，敢乞借重鼎言，向各方疏解，適可而止，此其時矣，則吾公造福于青年者，豈有涯哉？日内來京，再當走謁。臨穎無任盼禱。附奉蕭某親筆函件之印刷品，察閲後一笑置之可也。弟穆湘玥手啓。三月十七日。』（《民國日報》一九二五年四月二日，轉引自《穆藕初年譜長編》，六〇七至六〇八頁）

三月十八日，穆藕初爲東南大學易長事致函蔣夢麟、胡適，懇請兩人出面斡旋。函云：『東大易長事，黑幕重重，令人齒冷。學界尚如此，中國前途何堪設想？昨函馬次及稚暉先生，請其向各方疏解，就此罷手，免得再起糾紛。國中能有幾個好人，何必自相殘殺，同歸於盡耶？兄等片言九鼎，敢乞不吝齒芬，設法斡全，是爲至幸。附奉蕭某親筆函件之印刷品，閲後一笑置之可也。』（《胡適來往書信選》上册，轉引自《穆藕初年譜長編》，六〇八頁）

三月十九日，東南大學教授會致電執政府，退回教育部訓令。（《穆藕初年譜長編》，六〇七頁）

三月二十日，余紹宋來訪未遇。

春暉堂日記三月廿日（舊二月廿六日）：『入法政大學授課。課畢訪馬夷初未晤。』（《余

紹宋日記》第四册，一三八頁）

三月二十日，許廣平復魯迅函，談及馬辭職事：『孫中山一死，教育次長立刻下臺，《民國日報》立刻關門（或者以爲與中山之死無關），以後的把戲，恐怕正要五花八門，層出不窮呢。』（《兩地書》第一集，海嬰編《許廣平文集》，江蘇文藝出版社一九九八年版，第三卷，一七頁）按，此處所言《民國日報》，指該報三月曾報導：『段執政方面指（馬）叙倫縱容，因此下令將馬免職。』

三月廿三日，魯迅致許廣平函，也提到對馬辭職一節：『這回的教育次長的下臺，我以爲似乎是他自己的失策，否則，不至於此的。至於妨礙《民國日報》，乃是北京官場的老手段，實在可笑。停止一種報章，他們的天下便即太平麽？』（《兩地書》第一集，《許廣平文集》第三卷，二〇頁））

三月廿五日，臨時執政令：『教育總長王九齡呈秘書姜紹謨、黄人望、李光宇懇請辭職，應照准。此令。』（《浙江公報》民國十四年四月一日，一頁）

三月廿九日，吴稚暉覆穆藕初函，嚴辭駁斥，對留郭之舉表示反對。吴函指出：『東大校董會之本不合法，早有例證。國立大學，齊燮元、韓國鈞以一省長之資格，可下命令解散工科，乃職責所在之教育部，任免其所屬大學之校長，反生問題，真天外奇談。以少數把持之校董會，此少數者，自身負咎且遠過於所罷之人，尚有何面目及資格能過問管校之長官?』對其附示蕭錦鈍致胡剛復、柳翼謀之親筆函,則表示:『因蕭先生等之函件,本可用明片露布,供同志傳抄者。凡人所居,晦明不同,居暗室者,以此爲破壞之口供,向明之人,方以此爲改良之福音也。先生囑弟察閲後一笑置之,弟在半月前早在報上看見已如此炮制,且想實真銅板,遭人如此濫用,銅板亦必哭不得而笑。倘彼等手段高明,更能縱(從)執政府得馬叙倫提案之稿,用珂羅板印布,題曰「馬叙倫勾引段祺瑞破壞東南學府之口供」,當愈可以和開胃健脾之印件矣。』(《吴稚暉近著》,又《民國日報》一九二五年四月二日,轉引自《穆藕初年譜長編》,六〇八至六〇九頁)

當時就讀於東大歷史系的郭廷以晚年回憶:『根據後來所知,此次易長風波實在與國民黨有關。我在民國十三年秘密加入國民黨,我那時雖是黨員,在思想方面自覺比黨的主張還前進,但對黨的活動并不熱心。鬧學潮後,我發現黨員積極反郭,而我反而同情郭。郭先生可能認爲教育不要滲入政治,可能爲學校經費來源著想,拒絶了國民黨的要求,引起黨的不滿,再加上人事關係,有人從中撥弄,活動易長,引起風潮。秉志先生後來告訴我,楊杏佛在辛亥革命後到美國讀書,回來就在東大商科教書。(中略)楊覺得教書不能發展,就辭職到上海專門搞黨(國民黨)。當民國十三年底孫先生北上時,他與不滿郭校長的國民黨要員吴稚暉商議,乘直系垮臺,利用國民黨力量及其他關係脅迫教育部(按教長原爲王九齡,未到職,由馬叙倫代)撤郭校長職,改任與吴稚暉有關係的胡敦復爲校長。此時校内尚有柳詒徵、胡剛復等不滿郭校長，合作運用倒郭，纔有這場風潮。』（張朋園等整理《郭廷以口述自傳》，中國大百科全書出版社二〇〇九年版，一〇五至一〇六頁）

四月二日下午，東南大學校董緊急臨時會假座上海商科大學舉行，沈信卿主席，校長代表陳逸凡報告東南大學最近狀況。

議案：一、『因校長任免問題發生糾紛之處理方法』，一致推選張一麐繼任東南大學校長，即呈請教育部聘任。二、『提議仍請省長派員查帳』，議決『仍請省長派員查帳』。會後，東南大學校董會致函教育部云：『本會冬日開會，經出席校董詳加討論，僉以校長問題糾紛已久，亟宜從速解決。本會前經力主挽留郭校長，惟教育部對於郭校長如果另有任用，本會可另推選。當由主席按照校董會第三條第三款推選校長于教育當局之規定提出人選問題。當經一致推選張君一麐繼任東南大學校長，即呈請教育部聘任等情，一致議決，除另呈外，謹電請鑒核施行。』（《申報》一九二五年四月五日，轉引自《穆藕初年譜長編》，六〇九頁）

四月八日，訪余紹宋。

四月，四川校友鄢祥提致函蔣夢麟、顧孟餘、胡適、馬叙倫等八先生，相告畢業兩年來情形，并附『四川（北大）同學（五十二名）近狀一覽表』。

五月十三日，《〈老子覈詁〉出版預告》發表於《北京大學日刊》。此書『六月底準可出版』，預約七折優惠。表明此時已返北大任教授。

五月廿二日，《讀書續記》卷第七發表於《北京大學日刊》，至九月十七日結束。

六月六日，《馬叙倫啓事》發表於《北京大學日刊》，通知同學往取書、畫。

六月，參與組織五卅慘案後援會，發起『滬案失業同胞救濟會』。

七月十日，《馬夷初啓事》發表於《北京大學日刊》。通知屬書之件請取之外，告白稱『夷初暑假内無暇作書，請勿再有見屬』。

七月廿八日，臨時執政令：『章士釗調署教育總長，楊庶堪調署司法總長。此令。中華民國十四年七月二十八日。』（《浙江公報》民國十四年八月五日，一頁）

八月三日，《老子校詁》持贈余紹宋。

余紹宋日記八月三日（六月十四日）：『馬夷初來未晤，贈所撰《老子校詁》兩册，凡四卷。』（《余紹宋日記》第四册，二二五八至二二五九頁）

八月六日，余紹宋答訪未遇。

八月九日，余紹宋回覆明信片。

八月十一日，致函章士釗，辯論女師大風潮。

八月十二日，周作人在《京報副刊》發表評論，談馬任教次期間的功過：『我覺得馬叙倫君任教次時只做了一件可以稱許的事，便是撤换郭秉文，却有兩件錯事：解散美專與不撤换楊蔭榆女士。現在章士釗君不替他補救，不早日撤换楊女士與恢復美專，却更進一層，容許楊女士率領軍警凌逼學生，隨後加以解散，還引前例加以解嘲，這真是太荒唐了。』（黃開發編《知堂書信》，華夏出版社一九九四年五月版，七五至七六頁）

八月十七日，訪余紹宋。

余紹宋日記八月十七日（六月廿八日）：『馬夷初來，鄭苐庭來，同往何枚如家便飯。』（《余紹宋日記》標點本第二册，中華書局二〇一二年十月版，五一四頁）

九月五日，余紹宋請客未赴。

九月廿六日，《天馬山房叢書總目》發布於《北京大學日刊》。本學期講授老莊哲學、二程王陽明哲學。

十月十一日，余紹宋致馬明信片。

余紹宋十月十一日（八月二十四日）：『作書覆莫伯衡、陳哲侯，作片致邵伯絅、馬夷初。』（《余紹宋日記》第四册，三一四頁）

秋，陳萬里敦煌考察歸來，持贈敦煌出土《大般涅槃經》寫本。

引首題『唐人寫經殘卷／叙倫』，下鈐『馬叙倫印』白文篆書方印。卷末另紙跋：『十四年秋，陳生萬里自敦煌歸，以此貽。十五年二月記，杭縣馬叙倫。』下鈐『夷初』朱文篆書方印。此本現藏浙江博物館。（毛昭晰主編《浙藏敦煌文獻》，浙江教育出版社二〇〇〇年七月版，九頁）

十一月，林森、鄒魯、張繼、謝持結成『西山會議派』。由於不贊成暴動政策，馬加入『西山派』。

十二月上旬，《關税自主與關税會議》發表於《民生周刊》第二卷第二號。

十二月十五日，《馬叙倫啓事》兩則發表於《北京大學日刊》。

本年，撰《陳先生墓表》，結尾云：『先生學行詳於其孤所述《行狀》。叙倫從先生久，謹次其大者及諸孤之所不及知者，揭于先生神道之原，以示後世。』（原載《甌風雜誌》第五期，收入《天馬山房文存外篇》）按業師陳介石葬於瑞安仙岩山（今屬温州市甌海區）。

本年，列名陳敬第（叔通）領銜的《擬展拓西湖林社募金疏》，參預籌資擴建孤山林社（祭祀前杭州知府林啓）。周承菼、何熽時、邵章、陳漢第、湯爾和等六十人連署。

一九二六年（中華民國十五年丙寅）四十二歲

一月廿九日，臨時執政令：『特派馬叙倫督辦教育特税事宜。此令。中華民國十五年一月二十九日。』（《浙江公報》民國十五年二月八日，一至二頁）就職時表示：『本人過去曾同教育界同人努力過教育經費獨立運動，以政局不穩未能成功。』

一月卅一日，余紹宋來訪。

余紹宋日記一月三十一日（十二月十八日）：『下午訪馬夷初，談一時半歸。』（《余紹宋日

記》第四册，三九二頁）

年初，西山會議派在北京南花園成立市黨部，姜紹謨爲組織部長。

三月三日，余紹宋約請聚餐。

余紹宋日三月三日（正月十九日）：『夜約劉崧生、蔣夢麟、馬夷初、陳仲恕、梁秋水、林斐成、陳子皋、劉仲纘、鄭苐庭、陳吉甫在鄭宅便飲。』（《余紹宋日記》第四册，四一二頁）

三月四日，國務院改組。

臨時執政令：『國務總理許世英、司法總長馬君武、教育總長易培基等呈請辭職，均免本職。特任賈德耀爲國務總理，特任馬君武爲教育總長。』（《浙江公報》民國十五年三月十八日，一頁）

與雷殷、陶知行等二十二人致函胡適，勸其不就英國部分庚款諮詢委員會中方委員一職。

三月廿三日，將辭呈提交臨時執政，抗議其製造『三·一八慘案』。

辭呈略稱：『是日槍殺之衆，各校學生既居十九，其他亦屬一般市民。以外交問題請願之民衆學生，殺之而又坐以倡亂之罪，加以暴徒之名，是國家育才養士，而不欲其愛國也，則亦何用教育？　叙倫身任教授二十餘年，迄今猶復忝躋學校，中間一再從政，俱關教育，此次督辦特税，亦以事關教育，然後受令，今視各校學生，爲國家争外交，被殺而猶蒙惡名，竊謂教育可廢，特稅亦可不辦，用特懇予免去督辦教育特稅事宜之職。』（江長仁編《三一八慘案資料彙編》，北京出版社一九八五年版，五一一頁）

三月廿四日，《馬叙倫因慘案辭職書》刊登於《京報》。

三月廿七日，臨時執政令：『督辦教育特稅事宜馬叙倫呈請辭職。馬叙倫准免本職。此令。中華民國十五年三月二十七日。』（《浙江公報》民國十五年四月九日，一至二頁）

三月三十日，《馬叙倫因憤段慘殺學生辭職書》發表於《時報》。

三月，《清人所著説文之部書目初稿》發表於《圖書館學季刊》第一卷第一期。

三月，與陶行知等聯名發表《對於英國處置庚款辦法之宣言》。

三月底，在滬當選西山會議派中央監察委員。

西山會議派以『國民黨中央執行委員會』名義發布通告，擬定於三月二十九日召開第二次全國代表大會，發表七十名代表名單，其中三位新代表，即（安徽）以管鵬代陳獨秀，（廣東）以林雲陔代譚平山，（北京）以馬叙倫代李大釗。月底，會議如期在上海召開，産生第二届中央執行委員會、監察委員會，馬叙倫、陳去病等七人名列『監察委員』之中，民治主義同志會會員袁世斌、陳兆彬、姜紹謨成爲候補中央執委。

四月二十日，段祺瑞宣布卸任。

臨時執政令：『本執政兹已決定引退，自即日起著由國務院攝行臨時執政職權。此

令。』(《浙江公報》民國十五年五月三日,一頁)

五月一日,致函陳乃乾,商訊中國圖書會股款是否可以補繳。函云:『乃乾先生大鑒:頃在京中某報閲悉,公與董、羅諸君有中國圖書會之發起,惟招股限期十四年陰曆十月底止,今距限滿已將五月,惜倫閲報已遲,不審尚可補認否? 如可,請爲代認一股,當從招股日起補繳應繳之股款也。專此奉詢,即頌大安不一。弟叙倫手啓。十五年五月一號。尊字請示悉,屢揚大名□□。』

五月五日,在滬撰《中國文字之源流與研究方法之新傾向》。(發表於上海《學林》第六至八輯,收入《馬叙倫學術論文集》)

六月十四日,直魯聯軍張宗昌部開進北京。避居東交民巷法國醫院,其間作《西江月》四闋。

上半年,介紹親戚沈蘭賓與北大經濟學系教授白鵬飛結識,白、沈後來結爲伉儷。

七月六日,余紹宋、黄晦聞來法國醫院訪晤。余紹宋日記七月六日(五月廿七日):『同晦聞往法國醫院訪馬夷初。』(《余紹宋日記》第四册,五一八頁)

夏秋間,離京赴杭,策動浙江省長夏超反正。動員許寶駒、王昆侖脱離西山會議派。

八月,復函上海全浙公會,同意擔任名譽會董。

八月十四日，全浙公會全體董事會議。會長褚輔成主席，首先報告，稱已得蔡元培、馬叙倫等人復函及錢新之（同意），允任名譽會董之職。（上海《申報》一九二六年八月十五日，轉引自《褚輔成年譜長編》，四六六頁）

八月十四日，顧頡剛、陳乃乾來訪。

顧頡剛日記八月十四號（七月初七，星期六）：『到乃乾處，同到俞樓訪夷初先生。承邀到樓外樓吃飯。』（《顧頡剛日記》第一卷，七八〇頁）兩人十三日同車抵杭州，陳乃乾下榻清華旅館。

八月十八日，顧頡剛再次相訪未遇。

顧頡剛日記八月十八日（七月十一，星期三）：『與兼士先生回到平海路李家，又到俞樓看夷初先生，未遇。』（《顧頡剛日記》第一卷，七八一頁）

八月廿三日，參加上海職工生計研究會工人家庭調查特別委員會。

任建樹主編《現代上海大事記》一九二六年八月二十三日：『本市各團體爲確實瞭解工人之經濟地位，爲工業發展提供科學之根據，成立職工生計研究會，并擬組織若干特別委員會。現成立工人家庭調查特別委員會，由財政部駐滬貨物調查員盛灼三，暨南大學教務長馬叙倫、朱義農等三人組成。』（上海辭書出版社一九九六年版，二八七頁）按，此處以『暨南大學教務長』稱馬，未見其他記載，待考。

九月，代表浙江省長夏超赴廣州，與張静江接洽。

《説文解字研究法》小引略稱：『謹以餘閒，奮心尋檢，星紀一周，丹黄欲滿，移諸别録，彌尚須時。惟在前歲，就北京師範大學之聘，以許書教授國文研究科學者。爾時講學之暇，爲設問題，令其繹治。學者之中，既多俊彦，程材效智，卓有可稱。（中略）兹來廣州，白事政府，傳遽有暇，略附説明。行篋無書，徒恃追憶，證據既微，謬訛自衆。中華民國十五年九月，杭縣馬叙倫。』

十月七日，大總統令：『特任湯爾和署内務總長。』（《浙江公報》民國十五年十月十六日，一頁）接替張國淦。

十月十六日，夏超宣布就任國民革命軍第十八軍軍長兼浙江省民政長，『并電廣東國民政府』，稱已接受任命，擬組織政務委員會，設八廳，薦馬叙倫等十三人爲政務委員，又派吕公望、李書城赴漢口和國民革命軍聯絡。（《浙江通史》民國卷上册，第八章，三〇八頁）按，十三人包括蔡元培、邵元冲、許寶駒、王廷揚等。

十月十七日，余紹宋爲馬畫扇。

余紹宋日記十月十七日（九月十一日）：『畫扇兩葉，又爲夷初畫一葉，將交姜紹謨帶去。』（《余紹宋日記》第四册，五六〇頁）

十月廿三日，夏超兵敗遇害。

十月廿七日，孫傳芳部進入杭州，馬叙倫、許寶駒、黄人望等七名與夏案策劃有關者受通緝。（《浙省通緝馬叙倫等》，《世界日報》一九二六年十月廿九日第二版。轉引自《浙江通史》〔民國卷〕，上册，第八章，三〇七、三一〇頁；又附録《大事記》，三七一頁）輾轉到滬，要求廣東方面駐滬代表鈕永建援浙。

符璋日記民國十五年九月二十日（公曆十月廿六）：『晴。送馬耀夫禮。冷巢來。夜燕馬宅，聞電示捕拿許寶駒、馬叙倫等六人，又夏超賞格一萬元。』（《符璋日記》下册，一〇二五頁）

十二月二十日，《浙江公報》公布《浙江省政府組織大綱》九條，第一條規定浙江省政府由省務委員會、民政部和軍政部組成。

十二月廿五日，余紹宋日記透露馬叙倫曾過目李慈銘身後越縵堂藏書。

民國十五年十二月二十五日（十一月廿一日）：『在故宫遇王書衡，談及李越縵藏書事原委甚詳，余頗欲得之，聞索價僅八千金。往日馬夷初曾往看過，曾告余所藏書校注甚多，而尤以《後漢書》用功最深，丹黄所加，殆無隙處，未知其與《日記》所載盡同否。書衡謂，欲購其書，須與蔡孑民接洽，現其書尚爲越縵之侄號璧臣者保管云。』（《余紹宋日記》第四册，六一五至六一六頁）

一九二七年（中華民國十六年丁卯）四十三歲

一月七日，與蔡元培由寧波乘船赴象山，北大畢業生姜紹謨、勵德人隨行。

姜紹謨《隨侍校長蔡先生瑣記》：『晨，蔡先生由寧波搭船去象山，我和馬夷初先生、勵德人兄隨行。是日風雪交加，又逢逆風，船行甚慢，夜半三更，纔到象山，下榻城内勸學所。所長鄭廣兄亦是北大畢業同學。』（《傳記文學》第十二卷第一期）

一月八日，移往象山東溪（馬叙倫作『東鄉』）勵乃驥家暫住。

蔡元培日記一九二七年一月七日至十日：『行。』（《蔡元培全集》第十六卷，二八二頁）

到寧波鄞縣（今鄞州區），與蔡元培、褚輔成、魏炯等省政務委員開委員會第一次會議。當夜得知孫傳芳部尾隨而來，次日晨分頭撤離。

一月十三日，又遷往象山『黄公嶴史文若兄家』，『原想在此處乘民船先至臨海，轉赴温州，旋聞台州海面海盜甚多，出没無常而罷』。（姜紹謨《隨侍校長蔡先生瑣記》）有五律《避居史文若宅》紀事。紀之澤《從馬叙倫先生詩兩首談起》：『史文若係勵乃驥同學，後因風聲緊迫，勵乃驥與其妹夫紀經謨商量，計劃經石浦轉往福建。』（《新民晚報》一九九七年四月五日）

一月十七日，『從黄公嶴到鹽倉前，纔遇著從福建來浙裝載帶魚的小帆船三艘，我們便搭乘這三船去福建，船很小，五人分乘二船。蔡先生、馬先生乘一船，我和勵德人、王雪塘三人一船，另一船裝載行李。時東北季候風大作，一葉孤舟，飄泊海上，危險異常。（中略）幸舟行兩夜一天就到達林子超先生的故鄉瑄頭地方』。（姜紹謨《隨侍校長蔡先生瑣記》）其間作五律《赴石浦途中》，有句：『半日籃輿裏，碧山無數過。』

蔡元培日記一九二七年一月十七日：『夜上帆船。』（《蔡元培全集》第十六卷，二八二頁）

一月十八日，午前兩時開船，下午四時抵浙江省玉環縣（今玉環市）坎門鎮。

蔡元培日記一九二七年一月十八日：『午前二時，船行。午後四時，到坎門。』（《蔡元培全集》第十六卷，二八二頁）

一月十九日，午前五時船行。（《蔡元培全集》第十六卷，二八二頁）

一月二十日，午前十時，進福州港口，換小舟。十一時到瑄頭，寓碧雲亭旅館。（《蔡元培日記》一九二七年一月二十日，見《蔡元培全集》第十六卷，二八三頁）

一月廿一日，脱險抵福州。

蔡元培日記一九二七年一月二十一日：『九時半上小汽船。十一時開，三時南臺，寓法大旅館。』（《蔡元培全集》第十六卷，二八三頁）按，南臺島，位於福州城區對岸。

一月廿二日，與蔡元培往訪北伐軍東路總指揮何應欽。應邀遷住財政部福建全省禁烟支處。顧頡剛來訪。

蔡元培日記一九二七年一月二十二日：『蔡振東來，同往訪何敬之總指揮。邀往城

中，寓財政部福建全省禁烟支處。處長爲李懷霜君，舊《民鐸報》主筆也。』（《蔡元培全集》第十六卷，二八三頁）

顧頡剛日記一月廿二號（十二月十九日，星期六）：『早，晤悔來，同到東街訪蔡、馬二先生，談半小時。遇祝年，同商歡迎二先生事。』（《顧頡剛日記》聯經出版事業股份有限公司二〇〇七年版，第二卷，八頁）

一月廿三日，赴聚春園公宴。午後蔡元培應北伐軍東路政治部之請，前往演講。

蔡元培日記一月廿三日：『午，北大同學等招飲。午後，東路軍政治部招演講。晚，李懷霜君邀飲。』（《蔡元培全集》，第十六卷，二八三頁）

顧頡剛日記一月廿三號（星期日）：『到聚春園，公宴蔡、馬二先生，同席凡三十五人，説話人極多。予以孑民先生之命，報告厦大情況。午飯自十一時直至二時半。今午同席：蔡孑民、馬彝初、姜紹謨、勵德人、張紹琦、王星舟、袁冠新、王昆侖、李大超、汪滌陳、賴清元、賈祝年、王悟悔、黄俊昌、李希仁、周一志、范映霞、黄鐘、何朝宗、王漱芳、冷欣、宋思一、顧千里、金鐵嗚、李在冰、吴醒耶、高方、茗之、介泉、元胎、式湘、賓於、予。』（《顧頡剛日記》第二卷，九頁）

一月廿四日，顧頡剛自厦門大學來福州訪晤，邀請於周日（三十日）同往厦門，蔡元培告以待星期五決定。

蔡元培日記一月廿四日：『北大英文系學生閩清李辛嵐君來。頡剛來，約星期日同往厦大，於星期五決定。』(《蔡元培全集》，第十六卷，二八三頁)

一月廿五日，蔡元培到第四師演説。(《蔡元培全集》第十六卷，二八三頁)

一月廿七日，蔡元培到福建省黨部演講。

蔡元培日記一月廿七日：『午後二時，省黨部演講。』(《蔡元培全集》第十六卷，二八三頁)

一月廿八日，應福建省教育改造委員會之邀出席演講。偕蔡元培訪晤顧頡剛。

蔡元培日記一月二十八日：『午前七時，教育改造委員會。十一時，中小學教員聯合會、省議會。晚，北京師大畢業生招飲。』(《蔡元培全集》第十六卷，二八三頁)

顧頡剛日記一月廿八日(十二月廿五，星期五)：『獨進城，赴教育科改造教育委員會之招，蔡、馬二先生及予皆被邀演説，予説福建當多立通俗圖書館及講演所事。還旅館吃飯，知明日船即開(以陰曆年底故)，因至蔡先生處説明，并送船票。蔡、馬二先生來。』(《顧頡剛日記》第二卷，十頁)

一月廿九日，乘船離開福州。

蔡元培日記一月二十九日：『上船，午後二時行。』(《蔡元培全集》第十六卷，二八三頁)

顧頡剛日記一月廿九號(星期六)：『六時許，整理物件下船。到義和洋行碼頭，入小輪，九點許開，中途式湘、賓于下船。十一點上海康輪，一點許開。』(《顧頡剛日記》第二卷，十頁）按，賓于姓鄭，北大畢業生。

一月三十日，抵達厦門。林語堂來接。

蔡元培日記一月三十日：『午前九時，到厦門，寓鼓浪嶼厦門酒店。』（《蔡元培全集》第十六卷，二八三頁）

顧頡剛日記一月三十號（星期日）：『九點餘，船到埠，語堂先生來接，下小舟到厦門酒店，送蔡、馬二先生入寓，獨歸。』（《顧頡剛日記》第二卷，十一頁）

顧頡剛致胡適信：『孑民先生偕夷初先生從象山乘帆船到福州。那時我適在福州買書，便邀了他們同到厦門。他們因林校長離校，住在大學内恐受嫌疑，所以住在鼓浪嶼。』（《胡適來往書信選》上册，四二五頁）按，當時厦門大學發生學潮，校長林文慶赴新加坡向校主陳嘉庚告急。

一月三十一日，往厦門大學參觀國學研究院、生物學院，北大同學陪同，并設午宴于校長室。夜下榻生物學院。《宿厦門大學》詩有句曰：『擁衾窺鼠竊，側耳待雞鳴。』（《馬叙倫詩詞選》，四頁）

顧頡剛日記一月卅一日（星期一）：『到式湘、賓于處，同到國學院。到大門口迎接蔡、馬二先生，伴同參觀國學院及生物學院。在校長室公宴蔡、馬二先生，演説者有二先生及語堂先生、采真、式湘、元胎、苕之等。飯畢照相。與川島、介泉合宴蔡、馬二先生于南普陀。以無船，伴二先生游博學樓，送至生物學院睡眠。今晚同席：蔡先生、馬先生、賓于、式湘、德人、苕之、振玉（以上客），介泉、川島、予（以上主）。』（《顧頡剛日記》第二卷，十一頁）

蔡元培日記一月三十一日：『厦大。晚，顧、潘、黃招飲南普陀。』（《蔡元培全集》第十六卷，二八三頁）

蔡元培一九二七年二月一日致周養浩手札略稱：『十二點午餐，我與馬君及北大同學劉、葉、陳、容、陳均有演説，攝影。散後，到厦大之浙江同鄉會，又有演説。晚，顧、□（潘）、黃三君約飲南普陀佛寺，吃素餐。今日參觀集美學校。學生尚有一部分反對校長，我亦想爲他們調和，看情形如何耳。午間在集美吃飯。晚間，集美校長葉君又邀往其家中晚餐。』（《蔡元培全集》第十一卷，二九四頁）按，葉君，名淵，字采真，福建安溪人，北大畢業生，時任集美學校校長。

一月，撰《丙寅歲暮懷黃晦聞》七絶兩章、《丙寅歲暮懷邵裴子》七絶三章，其三曰：『炎天寄我一封書，相愛終慚我不如。欲使兒曹知古誼，錦囊吩咐好收儲。』夾注：『裴子以余頻年放棄纂述，奔走國事，致身危境困，深致規勸。』（《馬叙倫詩詞選》，四三至四四頁）

二月一日，與蔡元培乘船出發，顧頡剛來送行。到集美。

顧頡剛日記二月一日（十二月廿九，星期二）：『到蔡先生處，商就中山或燕京兩大學職務。送他們上船。』（《顧頡剛日記》第二卷，十一頁）

蔡元培日記二月一日：『集美。』二日：『午刻，廖宅。六時，林炯軒約便餐。』三日：『鼓浪嶼演講。午，莊澤宣、孫貴定約。晚，《民鐸報》李碩果君招飲。』（《蔡元培全集》第十六卷，二八四頁）

二月四日，往泉州遊覽、宣傳，逗留三天。

蔡元培日記二月四日：『泉州。』（《蔡元培全集》第十六卷，二八四頁）

二月七日，返回厦門。

蔡元培日記二月七日：『厦門。』九日：『厦門各團體演講。教育會。午前十一點，厦大教職員會。晚，劉交涉使。』十日：『晚，王世欽、鄭螽斯二君。七時半，青年會演講。』十一日：『午十二時，黄奕住。晚，黄振玉等。』十二日：『午十二點，苕之。午後三點，厦門北大同學會，在青年會。晚六時半，采真。』（《蔡元培全集》第十六卷，二八四頁）

二月十三日，與蔡元培往南普陀講演。

顧頡剛日記二月十三號（正月十二，星期日）：『到南普陀，聽蔡、馬二先生演講。聽畢，寺中邀吃飯。』（《顧頡剛日記》第二卷，十六頁）

蔡元培日記二月十三日：『上午，閩南佛學院歡迎。二點，孫貴定。六點，教育會。』（《蔡元培全集》第十六卷，二八四頁）

二月十四日，離開厦門往漳州遊覽、宣傳。晚，林語堂長兄設家宴招待。飯後揮毫作書。

蔡元培日記二月十四日：『六時半，上船。七時，船行。八時半到浮宫，换汽車。十時抵漳州，寓西園，遊公園。午後，遊雲洞岩、東新橋等。晚，林孟温、玉霖、和清招飲。』（《蔡元培全集》第十六卷，二八四頁）按，林孟温，名和安，林語堂長兄。玉霖，名和風，林語堂二兄。和清，林語堂三兄。時老大、老三均在家鄉行醫，老二係哥倫比亞大學碩士，歷任厦門大學、上海光華大學、聖約翰大學教授。

顧頡剛日記二月十四號（星期一）：『四點半即起，上大通船，正雨。七點開。九點許到浮宫，坐汽車到漳州，宿於公園西首之西園。到孟温先生家吃飯。飯畢，看蔡、馬二先生寫字。到此半年，今日在林家始吃得閩南整桌菜。』（《顧頡剛日記》第二卷，一六頁）

二月十五日，前往南靖縣教堂講演。

顧頡剛日記二月十五日（星期二）：『蔡、馬二先生往禮拜堂講演，予與振玉、元胎、孟温游東嶽廟及各古玩鋪，又至古香齋買書籍印色。』（《顧頡剛日記》第二卷，一六頁）

蔡元培日記二月十五日：『午前乘汽車直達南靖縣，游南山寺。午後二時，往禮拜寺講演。夜在寓清談。』（《蔡元培全集》第十六卷，二八四頁）

二月十六日，應漳州旅外學生會之約合影。下午乘船返回厦門。

蔡元培日記二月十六日：『午前十時，嘘風報社同人招攝影。十一時，到團部演説。

午後一時行，五時到厦門。晚，陳之夔君招飲。』（《蔡元培全集》第十六卷，二八四頁）

顧頡剛日記二月十六日（星期三）：『漳州旅外學生會招予及蔡、馬二先生往照相。與孑民先生談校事。飯後坐汽車到浮宮，在站讀報，知國學院業已停辦，惟留予及亮丞先生二人。上大通船，與蔡、馬二先生商院事。晚歸，仍冒雨。』（《顧頡剛日記》第二卷，一七頁）

二月十七日，出席厦大國學研究院停辦問題座談會。

顧頡剛日記二月十七日（星期四）：『到青年會晤蔡、馬二先生。開會商量研究院事，到者蔡、馬二先生及語堂先生，振玉、介泉、元胎、川島、莘田、玉霖等。晚歸。夷初先生勸予勿辭職，先向校長提出質問書，質問停辦國學院及辭退院中各教職員之理由，俟其答覆而後再辭職。會中全體無異議。於是予遂不提出辭職矣。』（《顧頡剛日記》第二卷，一七頁）

蔡元培日記二月十七日：『晚，王、林招飲，繆子才招飲，均在別有天。』（《蔡元培全集》第十六卷，二八五頁）按，繆子才，名篆，浙江諸暨人，厦門大學哲學系副教授。

二月十八日，晨乘船離開厦門，首途返浙。北伐軍攻占杭州後，與蔡元培經温州、寧波、紹興返杭。

顧頡剛日記二月十八日（正月十七，星期五）：『草與林校長書二千言，質問停辦國學院及辭退教員之故。蔡、馬二先生今晨乘坐集美漁船赴温州。』（《顧頡剛日記》第二卷，一七至一八頁）

蔡元培日記二月十八日：『晨八時，上集美第二，孝豐、達安送至船上，采真亦已到。』（《蔡元培全集》第十六卷，二八五頁）按，集美第二，漁船名，係集美學校所派。

二月十九日：『到新鎮，泊一夜。』蔡元培有詩紀行：『斷髮操舟古越民，浙東漁户尚精勤。更將閩士雄强氣，隨著巨濤送海門。』（《蔡元培全集》第十六卷，二八五頁）

二月二十日，舟抵温州，上岸拜會十七軍軍長曹萬順。

蔡元培日記二月二十日：『晨，啓碇。午，到温州。夜，上陸，晤曹軍長。宿甌江第一旅館。』（《蔡元培全集》第十六卷，二八五頁）

二月廿一日，下午離開温州。

蔡元培日記二月二十一日：『晨十時回船，午後三時行。』（《蔡元培全集》第十六卷，二八五頁）

二月廿二日，到象山鹽倉前下船，在上月借住的紀宅（勵乃驥妹丈之家）盤桓留竟日，夜十時回船。

蔡元培日記二月二十二日：『到鹽倉前，留紀宅一日，夜十時回船。』（《蔡元培全集》第十六卷，二八五頁）

二月廿三日，下午抵達寧波。

蔡元培日記二月二十三日：『午後三時，到寧波，宿青年會第五號。晚，到張君一之親戚處晚餐。』(《蔡元培全集》第十六卷,二八五頁)按,張係『集美第二』船長。

二月廿四日,午前九時半,出席討論會。午後出席寧波各界歡迎會。

蔡元培日記二月二十四日:『午前九時半,討論。午,陳、來二司令招飲。午後九,歡迎會。晚,青年會招餐。』(《蔡元培全集》第十六卷,二八五頁)按,陳、來二司令,指陳其蔚(熙甫)、來偉良(醉樵),浙江省防軍正、副總指揮。

二月廿五日,經上虞,晚抵紹興。

蔡元培日記二月二十五日:『晨九時上車,陳熙甫、來醉樵(省防軍司令)派副官一人、護兵十餘人護送。十一時,抵百官,晤谷伯暘。抵曹娥,由朱兆蘭君招待。晚六時,抵紹興,到縣黨部,總商會招宴。宿徐宅。』(《蔡元培全集》第十六卷,二八五頁)

二月廿六日,離開紹興,午後抵杭州,下榻青年會。浙江省政務委員會開會,白崇禧列席。

蔡元培日記二月二十六日:『晨到家。八時由紹行,午一時抵杭州,寓青年會三一一號。午後訪何敬之,未晤君白。列席政務委員會。晚,唐君招飲知味觀。』(《蔡元培全集》第十六卷,二八五頁)

三月一日,任浙江臨時政治會議委員。

三月四日,在杭州青年會,與蔡元培、邵元冲、陳其蔚等談論『浙省善後問題』。

邵元冲日記三月四日（星期五）：『（午後六時）蔡孑民、馬夷初約至青年會晚餐，兼與王達天（俊）、陳熙甫（其蔚）、鄭佐屏（炳垣）等談，對於浙省善後問題，均有所討論。』（《邵元冲日記》，三一〇頁）按，王達天，名俊，廣東澄邁人，時任浙東警備司令。

三月十二日，顧頡剛來函談厦門大學國學院去留問題。

顧頡剛日記三月十二號（二月初九，星期六）：『寫元胎、萬里、孟恕、丁山、孑民、夷初先生信。』（《顧頡剛日記》第二卷，二五頁）按，顧頡剛《質林文慶書》發表於上海《藝術界》周刊第八期。（《申報》四月五日廣告）

三月廿一日，晚間，與蔡元培、邵元冲等同至新新旅館訪張静江。

邵元冲日記三月二十一日（星期一）：『約孑民、夷初等同至新新旅館訪静江。静江謂介石對於與共産黨分離事已具决心，南京定後，即當來寧共商應付云云。』（《邵元冲日記》，三一二頁）

三月廿三日，午後離杭赴滬。

蔡元培日記三月二十三日：『是日午後離杭。張静江寓武定路鴻慶里八三八號。』（《蔡元培全集》第十六卷，二八六頁）

三月廿四日，隨張静江同車出發，次日抵達上海龍華。

邵元冲日記三月廿四日（星期四）：『午後五時頃，偕静江、孑民、夢麟、夷初等同車赴寧

（滬）。以交通初復，車行迂緩，翌晨九時許始抵龍華。下午即止前敵指揮部舊督辦公署，晤白健生、潘宜之、張伯璿（定璠）、黄膺白、王伯群等，旋稚暉、石曾亦同來晤，共商應付黨務事宜。稚暉以屢爲陳獨秀等所紿，亦忿然以爲非分裂不可。石曾意亦激昂。』（《邵元冲日記》，三一三頁）按，潘宜之，時任東路軍前敵總指揮部政治部主任。

蔡元培日記三月二十四日：『九時到滬。函告次立，屬杜、陳二美術家速來龍華總指揮部。訪潘宜之政治部主任。陳香孫、李石曾，霞飛路環龍路安利西飯店。邵元冲，薩鉢賽路。』（《蔡元培全集》第十六卷，二八六頁）

三月廿六日，蔣介石抵滬，住楓林橋鎮守使署。

蔡元培日記三月二十六日：『晚寓安利西旅館。』（《蔡元培全集》第十六卷，二八六頁）

三月廿七日，與蔡元培、邵元冲、吴稚暉、李石曾、蔣夢麟等均遷入楓林橋鎮守使署。

邵元冲日記三月二十七日（星期日）：『午前介石來，約同遷入楓林橋總部行營，遂與稚暉、石曾、孑民、夢麟、夷初等均行遷入，寓舊滬海道尹公署内。是日開會討論與共産黨分裂之辦法，稚暉主張由監察委員會提出彈劾共産黨員及跨党分子謀危本黨、動摇後方及賣國之行爲。（下略）』（《邵元冲日記》，三一四頁）

蔡元培日記三月二十七日：『午前遷蔣處。』（《蔡元培全集》第十六卷，二八六頁）

三月廿八日，國民黨留滬中央監察委員吴稚暉、張静江、李石曾、古應芬、蔡元培等晚上八時開預備會，蔡元培主席，馬叙倫記録。決議由吴稚暉擬具檢舉共産分子之草案，提交監察委員會全體會議公决。（上海《民國日報》一九二七年七月一日，轉引自《蔡元培年譜長編》第三卷二八頁）

邵元冲日記三月廿八日（星期一）：『今日又繼續討論。』（《邵元冲日記》，三一四頁）

四月二日，下午七時，國民黨中央監察委員會在上海舉行會議，吴稚暉、張静江、李石曾、古應芬、蔡元培、陳果夫、李宗仁、黄紹竑等出席，蔡元培主席，馬叙倫記録。吴稚暉提出『請辦覆黨賣國之共産派黨員案』，經討論，決議：『照原案諮送中央執行委員。』（上海《民國日報》一九二七年七月一日，轉引自《蔡元培年譜長編》第三卷，三〇頁）

四月五日，午後兩時，國民黨中央監察委員會在上海舉行第三號會議，吴稚暉、李石曾、古應芬、蔡元培、陳果夫、李宗仁、黄紹竑等出席，蔡元培主席，馬叙倫記録。先討論中央執行委員會要求將本會本月二日議決之案暫行保留一事，議決：『俟適當時再集會議，決定發送。』繼討論中央執行委員會請將武漢方面不合法之行動提出彈劾案，議決：『應列舉事實草就警告書，送各委員審定。』并推定陳果夫、黄紹竑起草警告書。（上海《民國日報》一九二七年七月三日，轉引自《蔡元培年譜》第三卷，三二頁）

四月六日，遷出外間。

邵元冲日記四月六日（星期三）：『以關於黨務事猶有所猶豫，故與孑民、湘芹、稚暉、石

曾、夢麟、夷初等共同遷出外間。午後訪澤如、蘅青等。』（《邵元冲日記》，三一六頁）

四月七日，約邵元冲共進晚餐。

邵元冲日記四月七日（星期四）：『介石赴寧。晚應夷初晚餐之招。雨岩自皖來。』（《邵元冲日記》，三一六頁）

四月八日，下午三時，國民黨中央監察委員會在上海舉行會議，鄧澤如、張靜江、吴稚暉、李石曾、古應芬、蔡元培、陳果夫、黄紹竑等出席，蔡元培主席，馬叙倫記録。上次會議委託陳果夫、黄紹竑起草之對武漢方面警告書，已擬就付討論。議決：『對於草内涉及個人問題，主張删除，并交秘書處整理文字送出。』（上海《民國日報》一九二七年七月三日，轉引自《蔡元培年譜》第三卷，三二頁）

馬叙倫回憶：『四月七日（或六日）下午，説開中央監察委員會了，也就在上面説的這間屋裏，我們進去看看，桌上有一張油印品，好象學校裏的講義。邵元冲拿來一看，便説：「這象是我寄給總司令的，上面還有我寫的話，已裁去了。」我們仍就退了出來，一忽兒，張先生叫人請我進去，説委員會秘書都不在這裏，請我「權充」一下，我當然只得擔任下來。這天，就决定了「清黨」，根據的是蔣介石提出的那張油印品，連同一張油印的名單。傍晚消息，恐怕要有事變，説是共産黨要占上海。到了晚八九點，又得消息，没有問題了，已由幫裏朋友出來維持了。我們不過聽聽，安慰安慰自己。』（《我在六十歲以前》，九六頁）按，當爲四月八日。

與會的八名監察委員蔡元培、張静江、吴稚暉、李石曾、李宗仁、古應芬、黄紹竑、陳果夫，已够全體監委的三分之二，公推蔡元培爲主席，決定諮請中央執行委員會『以非常緊急處置，姑將所開各人各地共産黨員首要危險分子，經黨部舉發者，就近知照公安局或軍警暫時分别看管監視』。

四月九日，國民黨中央監察委員會發出『護黨救國』通電。蔣介石指派白崇禧、鈕永建等組織上海臨時政治委員會，成立戒嚴司令部。

四月十日，顧頡剛再次來函。

顧頡剛日記四月十號（三月初九，星期日）：『寫父大人、魯弟、希白、志希、聖陶、緝熙、紹虞、介泉、夷初先生信。託夷庚帶滬代發。』（《顧頡剛日記》第二卷，三三五頁）

四月十二日，與蔡元培、邵元冲商談返浙接收政務事。

邵元冲日記四月十二日（星期二）：『午前訪夷初、子民等，商黨務及返浙接洽事。』（《邵元冲日記》，三一七頁）

馬叙倫回憶：『第二日，四老和我們都各自回家。第三日或第四日，張先生找我和蔣夢麟回杭州主持政治分會，加上一個陳其采，主持政務委員會。』（《我在六十歲以前》，九六頁）

四月十三日，政治會議浙江分會推定陳其采（靄士）、馬叙倫、蔣夢麟『主持政務』。當晚蔡元培離滬赴杭。

邵元冲日記四月十三日（星期三）：『午前訪蔣伯誠，并同晤孑民、夢麟等，決定明日赴杭，静江則定今日赴寧。本日政治會議浙江分會决定推藹士、夷初、夢麟主持政務，余及姜次烈等七人主持省黨部。』（《邵元冲日記》，三一七頁）按，姜次烈，即姜紹謨。

蔡元培日記四月十三日：『晚十時由上海行。』（《蔡元培全集》第十六卷，二八六頁）

四月十四日午間，省政務委員會代理主席褚輔成、省政務委員會委員沈鈞儒，被杭州公安局長章烈邀至東路北伐軍留守行營，扣押于營部樓上。辦公室遭嚴密搜查，密碼本亦被索去。當晚，馬叙倫與蔣伯誠、邵元冲、蔣夢麟一行返回杭州。

邵元冲日記四月十四日（星期四）：『午間偕伯誠、夢麟、夷初由南站啓行赴杭。八時後到杭州，寓總指揮部，即與羅鳴白、陳熙甫等開軍事會議。當晚用政治會議浙江分會名義，布告受派來浙辦理黨政。又，鳴白謂日前逮捕反動分子時，于宣中華箱中檢出宣氏致寧波之電稿及電文中稱褚慧僧已爲真正的左派云云，故已將褚輔成及沈衡山暫看守於行營，以防意外。』（《邵元冲日記》，三一七頁）按，羅鳴白，名爲雄，即東路總指揮部行營主任，東路北伐軍總指揮何應欽離杭轉赴宜興，由其留守。

沈鈞儒《樓居七日記》：『四月十四日，時近午，余正在閲一稿，慧僧匆匆走入，謂余云，公安局長現在吾室，傳羅主任語，邀吾等至其營部，須即去，已命茶房速開飯。余因隨慧僧往晤之，見尚有偕來者二人，一中山裝，一便衣。通姓名後，仍回余室，將本日應辦之稿及應交各課文件趕速辦畢。飯已開好，食完，即隨手披衣持帽偕慧僧行，未及處理他事。至二堂，見武裝警士正督飭夫役搬運前由警務處移交到會存儲之槍彈等件，與余等同乘車雜遝同出大門，旋抵留守營部。入樓下客廳，小息，羅主任出見，略云「外面空氣不好，有欲加二位以危害者，請在此小住數日，以便保護」等語。慧僧與余至此已全部了然，覺辯白均係多事，但唯唯謝之而已。七時臥具衣服取來，羅主任偕一副官導余等至樓上東偏二室，慧僧居其西，余居東室之後間，以前半間作餐所。副官處派來茶役一人，房外置守卒，每二小時更番持械監視。』（周天度編《沈鈞儒文集》，人民出版社一九九四年版，一九四至一九五頁）

馬回憶：『這時，杭州的軍事機關，也執行「清黨」命令了，共産黨自然逃避，褚輔成、沈鈞儒兩位不曉得爲什麽也被扣了。我們回到杭州，委員會已成星散的樣子，我們布置了一個新局面，過後便正式成立了浙江省政府，仍是張先生主席，我兼任民政廳長，周鳳岐軍事廳長，阮性存司法廳長，陳其采財政廳長，蔣夢麟教育廳長，程振鈞建設廳長，陳訓正、蔣尊簋、黄人望、馬寅初等都是委員，邵元冲委員兼秘書長。』（《我在六十歲以前》，九六至九七頁）按，此處陳訓正、蔣尊簋、黄人望、馬寅初數人，係改組後的省政府委員，馬記憶有誤。

蔡元培日記四月十四日：『晨九時到。』（《蔡元培全集》第十六卷，二八七頁）

四月十五日，沈鈞儒得悉部分函電受懷疑，與褚輔成聯名致函羅爲雄，詳加剖析。

沈鈞儒《樓居七日記》：『十五日午前，孚川入談，略知外間情形，并悉昨在余辦公室内檢查甚細。有函署江迴良者，報告上海軍事外交情形，幾乎每日有一函，頗遭注意。又于電局扣得分水來電，係致慧僧者，中有「事急請速設法」等語，亦認爲有重大意味。因即與慧僧同具名作函羅主任，詳加剖析。』（《沈鈞儒文集》）按，孚川，即王廷揚，金華人，時任省政務委員會委員。

四月十八日，沈鈞儒擬辭職電，送王廷揚、馬叙倫代發。沈鈞儒致函蔡元培，請其轉蔣介石、張静江，稱對於『慧生老友』（褚輔成）不應懷疑。（沈譜、沈人驊編著《沈鈞儒年譜》，群言出版社二〇一三年版，一〇〇頁）

潘念之《大革命時期浙江的反對國民黨右派鬥争》（一九六〇年二月）：『事變後，馬叙倫銜張人傑的命，到杭州接收省政府，主張把褚、沈二老立即槍决。這不僅因他們二人靠近共産黨，也由於他們在浙江的歷來政治活動中和馬叙倫等陰謀派不相協調的緣故。』（《浙江文史資料選輯》第十五輯，浙江人民出版社一九八〇年版，一五頁）

舊同僚莊崧甫致函蔡元培道：『馬叙倫爲研究系陰險官僚，賴某公之力加入吾黨，以叵測之手段握政務之大權，并欲掃除異己以爲快。……更可駭者，慧僧在司令部，馬叙倫到杭，即逼羅主任槍斃，幸羅君審慎，謂此事未可專斷。對魏君伯楨，則令公安局以「警告」二字恫嚇之。』（《求我山人雜著》，民國十八年鉛印本，卷一《函牘》）

四月十八日（三月十七日），就蔡元培在青年會演説，『對於出家僧衆有未能滿意之處』，弘一（李叔同）致函蔡元培、經亨頤、馬叙倫、朱少卿、鍾華（宣中華），以爲『整頓僧衆之事』，當設一委員會主持，并推薦太虚與弘傘法師參與。（秦啓明編注《弘一大師李叔同書信集》，陝西人民出版社一九九一年版，二七至二八頁）按馬《彭李出家因緣》回憶：『（四十年代）夏丏尊出示弘一法師與蔡孑民丈及余及朱少卿、宣中華書。……此書及余者，以余時亦備位浙江省政府也，然余時實未見此書，不知何故。』（《石屋餘瀋》，二三二頁）

四月二十日，浙江省政治分會、省政府委員名單發表。

邵元冲日記四月廿日（星期三）：『今日滬報載浙省政治分會及省政委員均已發表，政治委員爲張人傑、蔣中正、蔡元培、馬叙倫、何應欽、周鳳岐、莊崧甫、陳其采、蔣夢麟及余十人，省政委員爲馬叙倫兼民政，蔣中正、蔣伯誠兼軍事，陳其采兼財政，程振鈞兼建設，阮性存兼司法，周佩箴兼土地，朱家驊兼農工，蔣夢麟兼教育，周覺、陳希豪、陳屺懷、孫鶴皋及余共十七人。然以未接正式電文，尚未敢據實也。』（《邵元冲日記》，三一九至三二〇頁）

同日，羅爲雄通知褚輔成、沈鈞儒，明日轉往南京。

沈鈞儒《樓居七日記》：『夜十一時，羅主任來通知，蔣總司令有電令慧僧與余到南京，已備專車，以明晨八時行，囑預備衣服行李。』（《沈鈞儒文集》，一九六頁）

四月廿一日，暫兼省政務委員會主席。

國聞社上海二十一日電《馬叙倫暫兼浙省政務主席》：『浙政務委員主席馬叙倫暫兼，惟本省對馬感情欠洽，恐難久。』（《申報》四月二十三日）

同日，褚輔成、沈鈞儒轉往南京謁見蔣介石。

《申報》報導：『政委會代主席褚輔成、秘書長沈鈞儒，日前經公安局長章烈邀至總指揮部行營後，頃聞褚、沈兩君，昨（二十一日）已附車赴滬，轉往南京謁蔣，面陳一切。』（《申報》民國十六年四月二十五日）

四月廿三日，偕同蔣夢麟、邵元冲至靈隱小憩。

邵元冲日記四月廿三日（星期六）：『晨偕夢麟、夷初至靈隱小憩。又至木衲庵晤釋净慈，云係忠王李秀成義子，年已七十餘，其人似有神經病者，然述當時戰跡，猶爲娓娓。』（《邵元冲日記》，三二〇頁）

四月廿四日，與邵元冲、蔣夢麟走訪蔡元培、張静江。

邵元冲日記四月廿四日（星期日）：『午前偕夷初、夢麟遊龍井。午後至昂若安巢小憩，見有抄本《圖書集成》，其工力可爲驚人。四時頃聞静江、孑民業已同到杭，因即歸。先至孑民處一談，據謂前次發表之政治、政務委員皆確。又同至新新旅館静江處談經過情形，十二時後歸。』（《邵元冲日記》，三二〇頁）

四月廿五日，就任政治會議浙江分會委員。

邵元冲日記四月廿五日（星期一）：『四時至政治會議舉行分會成立、委員就職典禮，并推定余兼秘書長。』（《邵元冲日記》，三二一頁）

四月廿六日，『午前九時開政治會議至午後四時止，并決定於明日召集省政府委員會』。（《邵元冲日記》，三二一頁）

四月廿七日，浙江省政務委員會舉行就職典禮，并與周鳳岐（恭先）、蔣伯誠（志迪）三人受推爲常務委員。

邵元冲日記四月廿七日（星期三）：『午後開省政委員會成立會，各委員舉行就職典禮，并推余任秘書長，又推定周恭先、馬夷初、蔣伯誠任常務委員。晚省黨部茶會，約省政各委員，由余主席，静江、孑民等皆有講演，十二時頃散。』（《邵元冲日記》，三二一頁）

四月廿八日，出席政治會議浙江分會、省政務委員會會議。晚，邵元冲來訪。

邵元冲日記四月廿八日（星期四）：『午前政治分會開會，提出設置杭州市政廳事，公決推余任市長，電請中央加委。午後省政務委員會開會，審查各廳組織條例。晚假來音小築宴静江等，又訪夷初、伯誠等談。静江因接南京來電促行，定明日啓程。』（《邵元冲日記》，三二二頁）

四月廿九日，出席政治會議浙江分會、省務委員會會議。當晚張静江乘專車赴滬轉南京。

《申報》五月九日國内要聞《浙省務委員會第二次會議紀》：『臨時主席推定周鳳岐，開議各處廳組織條例、《電請福州政治分會、省政府譚代總指揮會剿平陽、福鼎一帶李生春部潰兵案》，此案由馬委員叙倫報告。（中略）議决：「電請福州政治分會、譚代總指揮趕速派隊會剿，以杜流竄。」并議本委員會每星期常會次數及時間，議决：「星期一、三、五上午開常會。」』

邵元冲日記四月廿九日（星期五）：『午前赴政治會議。三時至五時省政委員會開會，通過各項組織條例。五時應羅鳴白晚餐之約招。餐後至來音小築送静江至車站登車。』（《邵元冲日記》，三二一至三二二頁）

四月三十日，政治會議浙江分會會議由蔡元培主持。

邵元冲日記四月卅日（星期六）：『午前政治會議開會，蔡孑民主席，通過省政府秘書處及各廳組織條例。』（《邵元冲日記》三二二頁）

五月一日，約蔡元培、邵元冲、蔣夢麟、程振鈞（弢甫）、蔣伯誠、王式園（錕徙）等同游烟霞洞，并素餐。

邵元冲日記五月一日（星期日）：『午前夷初約余及孑民、夢麟、弢甫、伯誠、錕徙等同游烟霞洞并素餐。時雨後，群緑新沐，倩秀無倫，山徑猶潤，頗怯步履。』（《邵元冲日記》，三二二頁）

五月二日，浙江省務委員會第三次會議通過省政府各廳職員名單，其中民政廳秘書陳稚鶴、楊偉、蔣麟振，第一科科長楊偉（兼代），第二科科長王藩，第三科科長鄭天挺（未就職前由程鎮西代理），第四科科長由科員趙繩武代理。（《浙江省政府各廳職員發表》，《申報》五月五日）

五月四日，省務委員會會議，通過陳布雷爲省政府秘書長，邵元冲不再兼任。晚，應蔣伯誠、邵元冲之約，與蔡元培、潘宜之同往九芝小築用餐。

邵元冲日記五月四日（星期三）：『午前潘宜之自滬來，談彼處黨務，并謂浙中亦意徹底云云。少頃，伯誠亦來談，因同至政署開省務委員會，通過各廳處職員。又會議時通過陳布雷爲省政府秘書長事。晚與伯誠同約宜之、孑民、熙甫、夷初等晚餐。』（《邵元冲日記》，三二三頁）

蔡元培日記五月四日：『午後六時，九芝小築，姜次立、陳希豪。』（《蔡元培全集》第十六卷，二八七頁）

五月五日，下午出席省政府紀念孫總理就任非常大總統六周年典禮。散會後約蔣伯誠、邵元冲、潘宜之、陳熙甫共進晚餐。

邵元冲日記五月五日（星期四）：『二時頃在省政府舉行「五五節」紀念并講演。晚偕伯誠、宜之、熙甫應夷初晚餐之約。』（《邵元冲日記》，三二三頁）

五月六日，出席浙江省務委員會第五次會議，提議『全年各種紀念日應統一規定』『各官廳行文應統一程式』『德清縣長章松年免職，遺缺以唐乃康充任』，會議均有所討論，第三項通過委任。會議通過《浙江省務委員會會議規則》。（《申報》五月十二日）

五月七日，省民政廳牌示：『來裕興署理紹興縣長，黃國竟署理安吉縣長。』（《申報》五月八日）按，『來裕興』係『來裕恂』之誤。來裕恂，字麗生，浙江蕭山人，俞曲園弟子。據來裕恂之孫來新夏答記者問《人生也就如此》回憶：『北伐戰爭時，他受摯友馬叙倫推薦，任紹興知縣，以不滿官場陋習，僅在任六個月，即賠累三千餘元，無法支撑，挂冠而去。』（來新夏《不輟集》，商務印書館二〇一二年版，八三頁）

杭州寓所在花市路二號。

蔡元培日記五月七日：『馬夷初，温州會館後花市路二號。』（《蔡元培全集》第十六卷，二八七頁）

五月九日，浙江省政府各委員在前浙江省長公署舉行宣誓就職典禮，蔡元培主席。

蔡元培日記五月九日：『九時，紀念周。九時至十二時，運動場，國恥紀念。』（《蔡元培全集》第十六卷，二八七至二八八頁）

五月上旬，委任唐天森爲民政廳第一科科長。（《申報》五月十一日）

五月十一日，出席浙江省務委員會第七次會議，主席蔣伯誠。馬叙倫就財政委員會存記人員相關手續，任用縣長、警察、所長之資格審查等提議：前者適用省政府各廳存記手

續，後者遵照政治分會議决或照原定辦法。議决：照辦。（《申報》五月十六日）

五月十七日，出席杭州市長邵元冲就職典禮，并致辭希望改善杭州市政設施。

邵元冲日記五月十七日：『午後二時頃，在省署大禮堂舉行市長宣誓就職典禮，各界各團體到者約二百人，由蔡孑民授印，并與夷初等致辭。來賓中有王伯秋及朱鴻達等演説，余致答辭，并攝影。』（《邵元冲日記》，三二六頁）

《杭州市政廳長就職紀》：『浙分會主席蔡元培致詞，次邵元冲宣誓就職。蔡主席舉行授印禮。次省務委員馬叙倫致詞，略謂近代先進國無不注意市政，故其政治之設施、社會之發展、人民之程度如何，皆觀於市政而得。我國市政，在繁盛都會雖較注意，然不能與先進國比，若依近狀而論，則我國市政，尚在胚胎時期。廣州市政，雖較世界著名都市，尚不能及，但已可讚美，現在上海、南京市政廳相繼成立，杭州爲浙江省會，尤有先設立之必要，期以最短期間，得有成效云云。』（《申報》五月十九日）

同日，委陳哲署昌化縣長，楊偉署餘杭縣長，余化龍署臨安縣長，石國柱署於潛縣長。（《申報》五月十八日）

同日，符璋致函并寄贈《台州府志芻議》一册。

符璋日記民國十六年四月十七日（五月十七）：『晴。發浙江省政府民政廳長馬彝初函，另郵《志議》一册。』（《符璋日記》下册，一〇七三頁）

五月十八日，午後與蔡元培、邵元冲、蔣夢麟、程振鈞、許寶駒同車離杭，當晚八時抵滬，次日吊唁張静江之父。

邵元冲日記五月十八日（星期三）：『午後一時頃登車赴滬，備明日吊張定甫翁之喪。同車爲孑民、夢麟、夷初、弢甫、昂若等。八時後抵滬。晚餐後訪静江商黨務政務。』十九日（星期四）：『十一時至張宅吊喪。』廿日（星期五）：『晨乘八時頃特別快車赴杭，午後二時頃抵寓。』（《邵元冲日記》，三二七頁）

五月二十日，出席浙江省務委員會第十一次會議，與會委員還有蔣夢麟、陳其采、陳希豪、周鳳岐（葉焕華代）、蔣伯誠、程振鈞、阮性存、陳屺懷、黄人望。會議由常務委員蔣伯誠主持，討論議案十四件。隨後馬發言，報告新任秘書長陳布雷已到杭，提議敦促財政廳長陳其采及早就職。

《會議録·臨時報告》：『馬民政廳長報告：新任秘書長陳布雷已于昨日到杭，允就本會秘書長，應請從速就職。（議决）派樓金鑒秘書（長）代表本會前往，促請就職。』《臨時提議》：『馬民政廳長提議《省政府改組行將匝月，而財政廳迄未正式成立，應請陳廳長迅即就職案》。（議决）因陳廳長當席堅决不就，俟政治會議浙江分會張人傑主席回浙後，用省政府名義請張主席向陳廳長勸駕。』（《浙江省政府公報》第十五期，民國十六年五月廿七日，一二至一五頁）

五月中旬，民政廳科員向、黄、陳離任，委任王兆俊、徐寅、葉震補充。（《申報》五月廿一日）

五月廿一日，委盧鍾岳爲紹興縣警察局長。（《申報》五月廿二日）

五月廿三日，上午九時，秘書處新任秘書長陳布雷宣誓就職。（《申報》五月廿五日）下午出席浙江省卷烟公賣局籌備主任王錕徙就職儀式，恭讀總理遺囑，并代表省務委員會致辭，表示政府寓禁於徵，既可藉此節制資本家之操縱，又爲工人謀利益。（《申報》五月廿六日）

五月廿五日，受聘爲浙江大學研究院籌備委員。浙江政治分會通過設立浙江大學研究院的計劃及開辦費預算，并聘任蔡元培、張静江、李石曾、蔣夢麟、邵元冲、馬叙倫、胡適、陳世璋、邵裴子等九人爲籌備委員。（上海《民國日報》一九二七年六月一日，轉引自《蔡元培年譜》第三卷五〇頁）後議决停辦，改設第三中山大學。

同日，委任包耀圻爲分水縣警察所長，陳紹亮爲慶元縣警察所長，潘燮爲湯溪縣警察所長。（《申報》五月廿六日）

同日，顧頡剛自滬來杭，爲中山大學採購圖書而過訪。顧頡剛日記五月廿五號（四月廿五，星期三）：『一點半開車，七點到杭。下車，勵德人兄見迎，同到西湖飯店，住二層六十二號。到菩提寺路静江先生宅，晤孑師及石岑、静江、夷初、程振鈞諸先生，商中大委員事。』（《顧頡剛日記》第二卷，四九至五〇頁）按，當時中山大學一度採用委員制，委派顧頡剛赴杭接洽。稍後廢委員制，改行校長制。

五月廿六日，委任陳紹雄、楊載清、鄭樂欽等二十人爲外海水警分隊長。（《申報》五月廿七日）

五月廿七日，委樓紹達接任永康縣長。原縣長趙伯素調任省政府秘書處第三科科長。（《申報》五月廿八日）

五月廿八日，政治會議浙江分會委任戴應觀、邵裴子、勵德人爲分會秘書。馬叙倫委林佐海爲嵊縣警察所長，陳文斌爲臨安縣警察所長，楊中權爲武康莫干山分所長，阮松齡爲江山鳳峽分所長。（《申報》五月廿九日）按，此前馬致電邵裴子邀請。

同日，邀財政廳、總商會、米業公所代表于民政廳會商籌濟民食辦法，決定省内採辦，通飭軍警保護，并派員赴蘇皖分批購運，源源接濟。（《申報》五月三十日）

五月廿九日，顧頡剛來訪未遇。

顧頡剛日記五月廿九日（星期日）：『到夷初先生處，未見。到昂若處，并晤介石、川島、德人。』（《顧頡剛日記》第二卷，五一頁）顧頡剛次日離杭。

約五月，莊崧甫發表《致馬委員叙倫與全浙民衆書》，指摘他違反《政務委員會組織大綱》第二條，接著呈文國民政府，并發出《致蔣介石同志函》，一一羅列其『罪狀』：『該員馬叙倫自此次回杭後，不但崧甫等擯不與議，復假借臨時政治會議名義，在杭州各報大登通知，謂本會四月十一日以後所發命令一概無效。竟欲以彼個人之命令剥奪鈞座委任之委員資格，暨消滅依法組織之政務委員會。（中略）如擅移會場至司令部，迫繳案卷，致放縣長至二三十人，扣留公家及委員等郵電，無所不用其極。』（《求我山人雜著》卷一《函牘》）

六月一日，與張静江、蔡元培、周鳳岐、陳其采、阮性存、蔣伯誠、邵元冲、吴士鑒、許寶駒、王廷揚等聯名發表《夏公定侯追悼會啓事》，定於陽曆六月十八日杭州西湖忠烈祠舉行。（《申報》六月一日、《民國日報》六月七日）

六月三日，委任厲振宗、袁壽臧等爲蘭溪等縣警察所長。（《申報》六月四日）

六月四日，民政廳通令各縣警察所長，對於違警罰金，務須遵章辦理，否則定行撤究。（《申報》六月五日）

六月五日，邵元冲來訪。

邵元冲日記六月五日（星期日）：『又至夷初處一談。』（《邵元冲日記》，三三二頁）

六月七日，委任趙繩武兼代民政廳第四科科長，陳孟扶爲民政廳視察員。委任蔣麟振爲淳安縣長，王銓熹爲上虞縣長，馬成驥爲桐鄉縣長，余名銓爲蘭溪縣長。（《申報》六月八日）

六月八日，省政務委員會會議通過蔣夢麟提議之收回外人教育事業案。夜，晤蔣伯誠、邵元冲，談黨務、政治及杭州市政計劃。

邵元冲日記六月八日（星期三）：『九時後至省政府開省務委員會，通過夢麟提議之收回外人教育事業案。晚晤伯誠、夷初，談黨務及政治，又市政進行計劃，十一時後歸。』（《邵元冲日記》，三三二至三三三頁）

六月上旬，任命虞兆熊署理永嘉縣長，李開福署理縉雲縣長，英潤薰爲紹興縣警察局長。（《申報》六月十一日）

六月十一日，省政治分會會議。蔣介石到杭州，下榻法院路張静江寓邸。傍晚與蔣介石、蔡元培、張静江、邵元冲、蔣夢麟、蔣伯誠等至烟霞洞晚餐，對杭州公安局等問題有所商榷。

邵元冲日記六月十一日（星期六）：『晨至静江寓商政治、財政諸問題。十時頃至政治分會開會。十一時後接路局來電話，謂介石即將到杭，乃于十二時頃散會後同至車站相待。少頃車到站，晤介石、石曾，旋同至張静江寓少憩。傍晚與静江、孑民、介石、夢麟、夷初、伯誠等同至烟霞洞晚餐兼止宿，并對公安局等問題有所商榷，十一時後寢。』（《邵元冲日記》，三三三至三三四頁）李石曾等與蔣介石同行。

同日，就『漁區要地匪氛甚熾，請求派巡船駐紮』，以省政府令建字第二七六〇號令外海水警局局長來偉良，略稱：『查所稱各節洵屬鞏固海疆、保護漁汛切要之舉，且與漁民生計至關重要，應准飭派巡船就地駐紮，并隨時于附近海面加意巡緝，以遏盜源而衛漁民。

且查此時漁汛旺盛，沿海漁業集中，各處不無同此情形，并應分别派船酌量駐防，認真游弋，以期鎮懾而資保衛。除批示外，合亟令仰該局長即便遵照辦理，具報察核，毋稍違誤。』落款：浙江省務委員會常務委員馬叙倫、蔣伯誠、陳屺懷，建設廳廳長程振鈞。中華民國十六年六月十一日。（《浙江省政府公報》第四十三期，民國十六年七月一日，六至八頁）

同日，就温嶺縣鳳尾山公民丁廉泉等爲漁區要地匪氛甚熾請求派巡船駐紮來書，浙江省政府以批建字第六八三號批復：『書悉。所稱各節，係爲鞏固海疆、保護漁汛切要之舉，且與漁民生計至有關係，應准令飭外海水警局派船駐防，以資保衛可也。此批。』落款：浙江省務委員會常務委員馬叙倫、蔣伯誠、陳屺懷，建設廳廳長程振鈞。（《浙江省政府公報》第四十三期，一二至一三頁）

六月十三日，午前省政府省務委員會議。晚與蔣伯誠、邵元冲、王達天等商寧波黨政事務。

邵元冲日記六月十三日（星期一）：『十時頃，至省政府省務委員會議。傍晚偕王達天及夷初、伯誠等至樓外樓晚餐，兼商寧波黨務、政務，十一時頃歸。』（《邵元冲日記》，三三四頁）

六月十四日，第二十一次省務會議，議决設立省禁烟局。

六月十六日，赴省政府大禮堂出席總理蒙難紀念日活動。

六月十七日，出席省務委員會第二十三次常會，提議《浙江省最近政綱》，『關於農民』

項下，佃農田租應照原有征額減輕百分之二十五，議決自七月十五日起施行。（《申報》六月廿六日杭州快信）

同日，省政府秘書長陳布雷以舊病復作爲由，呈請辭職。（《申報》六月十八日杭州快信）

六月十八日，下午，前省長夏超追悼會在西湖忠烈祠舉行，代表省政府出席。政治分會會議決定籌備浙江大學研究院。

邵元冲日記六月十八日（星期六）：『午前開政治分會，又成立浙江大學研究院籌備會。午後赴夏定侯追悼會兼演講。』（《邵元冲日記》，三三六頁）

六月十九日，邵元冲來商談政務。

邵元冲日記六月十九日（星期日）：『晚訪夷初、劍侯，商黨政。十一時後歸。』（《邵元冲日記》，三三六頁）劍侯，指沈定一，省黨部改組委員會負責人。

六月二十日，主持省政府總理紀念周，并報告蕭山藕捐委員受賄問題。同日，省務委員會第二十四次會議舉行，側重討論各廳處經費預算。（《申報》六月廿一日）

六月廿一日，省政府秘書長陳布雷離任。

《申報》六月廿二日消息：『陳布雷因南京另有借重，提出辭職。聞陳氏于昨日赴寧，所（有闕文）職暫由秘書樓金鑒代理。』按，《陳布雷回憶録》（一九四〇）『民國十六年』條：『四月，以邵元冲君及張静江先生之意，被任爲浙省府秘書長，赴杭就事，寓貝莊。旋以常務委員馬彝初君專擅，不善其所爲，而南京友人均盼余往助宣傳事業，遂於五月下旬辭職赴京。』（張竟無編《陳布雷集》，東方出版社二〇一一年版，二四五頁）可見事隔多年，當事人記憶難免出入。

何思誠《上海〈時事新報〉從研究系落入國民黨手中的演變概要》：『其時陳（布雷）曾一度兼任浙省府秘書長，因與馬叙倫不洽而回滬。』（《文史資料選輯》第三十六輯，中國文史出版社一九九九年版，一五八頁）

同日，鑒於杭州錫箔店印發冥幣三種，其花紋式樣幾可亂真，以民政廳名義通令嚴禁。（《申報》六月廿二日）

六月廿二日，省務委員會會議通過一批人事任免。第二十五次省務會議議決：『定海縣縣長鄭凝免職，遺缺以馮中鋆署理。金華縣縣長蔡源辭職，遺缺以姚端署理。壽昌縣縣長王肇龍免職，遺缺以陳煥署理。任命王程之爲寧波市政府衛生局局長。任命林紹楷爲寧波市政府工務局局長。任命樊際昌爲寧波市政府秘書。任命周才芳爲寧波市政府秘書。任命蔣鼎文爲寧波市政府公安局長。任命楊貽誠暫署寧波市教育局局長。任命俞佐廷暫署寧波市財政局局長。』（《浙江省政府公報》第四十三期，委令，一一至一二頁）

同日，政治會議浙江分會，以蕭山繭捐委員孔繼榮，司事樓正祥、來賓華等營私舞弊，查證確鑿，決定提省看管，聽候處辦。（《申報》六月廿三日）

六月廿四日，在省務委員會第二十六次會議上提議各機關公文用紙應用國貨，議決通過。(《申報》六月廿九日)

鑒於百物昂貴，生活提高，提議調升縣政府行政經費，同時革除例外陋規。(《浙民政廳議增縣行政經費》，《申報》六月廿五日)

符璋日記民國十六年五月廿八日(六月廿七)：『馬叙倫議加縣長及掾職俸給、公費。』(《符璋日記》下册，一〇八一頁)

六月廿七日，主持省政府總理紀念周，并作政治報告：『一、日本召集東方會議，其實際在對華，國人須努力完成國民革命，一致對待。二、英法會議限制軍備，其事必無結果。三、蔣總司令限宥日(二十六日)攻克臨城，又在徐州與馮總司令會晤。四、本省各廳上周努力規劃建設改革事宜。』(《申報》六月廿八日)

同日，省務委員會第二十七次會議，蔣夢麟提議任命勵乃驥爲省立第四中學校長，議決通過。勵乃驥，字德人，象山人，北大工科畢業，政治會議浙江分會秘書。(《申報》七月二日)

六月廿九日，省務委員會第二十八次會議舉行。

六月，發布浙江省政府令民字第□(原刊空格)號，爲令發《浙江省暫行警察官吏給予恤金條例》由，致各縣縣長，杭州、寧波公安局局長，紹興、永嘉警察局局長，内河、外海水警局局長。落款：浙江省務委員會常務委員馬叙倫、蔣伯誠、陳屺懷，民政廳廳長馬叙倫。

（《浙江省政府公報》第四十三期，民國十六年七月一日，一頁）

六月，電邀洪式閭回國接辦杭州廣濟醫院。

《申報》六月二日杭州快信：『浙江政務委員會直轄廣濟醫院，改爲浙江省政府直轄廣濟醫院，所有該院院務委員會另行改組。』

徐成蔭《洪式閭院長與杭州熱帶病研究所》：『一九二七年，國民革命軍到達杭州。當時省政務委員會將英人梅藤更創辦的廣濟醫院收回自辦。省民政廳長馬叙倫即電邀在美國研究考察的洪式閭歸國，接任廣濟醫院院務委員會主任。洪氏進行了整頓改革，除醫療工作外，并請屠寳琦著手熱帶病研究。正當洪氏改革院務初見成效時，不料由於當時蔣介石政權投靠帝國主義，英政府認爲有機可乘，藉口醫院爲教會財産，要求發還。一九二八年，廣濟醫院發還英人。』（《樂清文史資料》第四輯，四二至四三頁）

洪式閭《自傳》：『一九二七年，革命軍入浙江，浙江省政務委員會成立，邀我來浙接辦英聖公會廣濟醫院，擔任廣濟醫院院務委員會主任。在職期間，對於廣濟醫院加以整頓，業務日見發達，初由省每月補助九千元，逐漸隨業務的發展減至爲二千五百元。并在此期間搜集前廣濟醫院院長梅藤更的侵害祖國主權和壓迫杭州人民的史實，隨時刊印。不料至一九二八年蔣介石在南京任總司令後，其影響及於廣濟醫院。初由總司令部教會醫院管理委員會宋美齡等的建議，醖釀交還東南各省已接收的各教會醫院，浙江人民對此非常憤恨，我亦屢向中央有關部門抗議，終以立場不同，廣濟醫院遂於是年六月底被迫結束，經由省民政廳長朱家驊交英聖公會。』（《樂清文史資料》第四輯，四頁）

六月，發布浙江省政府令民字第□（原刊空格）號，令廣濟醫院院務委員會會議，呈意見爲呈請核准解剖尸體由。全文：『呈悉。查解剖尸體，闡研病理，關係於醫學前途至鉅，該院如遇住院病人病故，調查實無家屬，得由該院報告地方法院，檢明確係病故者，准予尸體解剖，并應將法院檢明證書，連同病人籍貫、年齡，既往症、現在症診斷治療經過及解剖情形，隨時呈報備案，以昭慎重。此令。』（《浙江省政府公報》第四十三期，民國十六年七月一日，二頁）

七月初，在省務委員會第二十九次會議上提出考試任用規則案，議決通過。（《申報》七月八日）

七月三日，就縣政府屬員任用事項，通令各縣造册呈報，并加叙考語，以憑匯核。（《申報》七月四日）

七月四日，主持省政府總理紀念周，并作政治報告，分國際、國内、本省三塊。同日，許寶駒接替陳布雷，宣誓就任省政府秘書長。（《申報》七月五日）

下午赴省教育會，出席秋瑾女俠遇難二十周年紀念會，并演説。（《申報》七月六日）

同日，省務委員會第三十次會議，決定組織考試委員會。（《申報》七月八日）

七月六日，赴樓外樓午餐，同席爲中央教育行政委員會委員、浙江大學研究院籌備委員。餐後在遊船上舉行第三中山大學籌備委員會，就大學章程有所修正。晚間，與邵元冲做東，在省政府設宴招待中央教育行政委員會各委員。（《西子湖上之大學會議》，《申報》七月八日）

邵元冲日記七月六日（星期三）：『午前九時至十一時半開省務會議。午間與新自滬來之孑民、石曾、適之、湘帆、陳世障（璋）、韋慤等中央教育委員，又馬寅初、邵斐子、夷初、夢麟等在樓外樓同餐，餐後在舟中開第三中山大學籌備委員會會議，對於章程等有所討論。（中略）七時後，偕夷初作東，在省政府邀集午間列席之各教育委員晚餐，彼等明日將往游桐江，登覽嚴陵釣臺云。同時得介石來電，已免除章烈之杭州公安局長，改派杭毅接充。十時頃歸。』（《邵元冲日記》，三四一頁）按，《申報》上未提及程湘帆。

七月七日，主持省政府勞資糾紛協商會，約杭州市總工會、商民協會、臨時勞資仲裁委員會代表及綢業廠主、失業工人代表等會商，决定先由綢業自行召集會議提出處理辦法，再交省務會議確定。（《申報》七月十日）

邵元冲日記七月七日（星期四）：『午後至省黨部開會。五時頃在省政府偕夷初、弢甫召集綢業廠主、失業工人代表、商民協會勞資仲裁委員會代表等，討論各廠開工收容失業工人事，略有端倪。』（《邵元冲日記》，三四一頁）

七月八日，在省務委員會第三十二次會議上報告杭州絲織工人失業問題，會議決定午後兩時半省政府召集臨時特別會議討論。馬提出松陽、龍泉兩縣縣長人事變更案，議決通過。（《申報》七月十四日）

同日下午，就杭州絲織工人失業問題，擬具解决辦法七條，十一日先行開放，由市政府派員於十二日内調查各廠情形，二十日一律開工。（《申報》七月十一日）

七月十日，省財政委員會委員馬寅初、莊崧甫等宣誓就職，馬叙倫代表省政府出席并演説。（《申報》七月十三日）

七月十一日，主持省政府總理紀念周，并作政治報告，其中第四點談到：『中央已將國家與地方税劃分，本省財政委員會已成立，從此可就地方税通盤計劃建設事宜。』第五點通報第三中山大學章程已通過。（《浙省政府會議紀聞》，《申報》七月十二日）

七月十三日，省務委員會第三十四次會議，蔣伯誠主持，通過省政府各機關人員兼職辦法。（《申報》七月十九日）

七月十四日，省民政廳通令各縣縣長革除陋俗，包括七條：一、嚴禁纏足束胸。二、嚴禁溺女。三、嚴禁吸種及販運鴉片。四、禁止賭博及發售有獎彩票。五、嚴禁買賣人口。六、廢除各地墮民及類似墮民之制度。七、勸導婚喪慶吊務從節儉。（《申報》七月十五日）

七月十五日，代表省政府赴公衆運動場出席杭州市民慶祝北伐一周年大會，并發表演説。

七月十七日，省民政廳派許壽裳爲本廳視察。(《申報》七月十八日)

七月十八日，主持省政府總理紀念周，并作政治報告，第四點表示：『在慶祝北伐紀念中，發現反宣傳品多種，足見共産黨暗中活動甚烈，際此緊急時期，須以黨員之資格，偵刺舉發，不可雜以感情。』(《浙省政府總理紀念周紀》，《申報》七月二十日)

七月十九日，應鄭賓于之邀赴聚豐園晚宴。

顧頡剛日記七月十九日(六月廿一，星期二)：『到旗下聚豐園吃飯。今晚同席：彝初先生、介泉夫婦、賓于妻姨張女士、川島、勵德人、予(以上客)，賓于夫婦(主)。』(《顧頡剛日記》第二卷，六八頁)

七月二十日，民政廳令各縣調查民食産銷情况，分十四項填表報告。

七月廿二日，病假。

《申報》七月廿三日：『民政廳長馬叙倫政躬違和，清党委員沈定一因疾回籍。』

七月廿五日，主持總理紀念周。浙江省務委員會改組爲浙江省政府委員會，并宣誓就職。浙江政治分會秘書長蔣夢麟致辭，馬致答辭。下午省政府委員會舉行第一次會議，票選張静江爲省政府主席，馬提議省政府各廳公文一律送由主席核發，議决通過。

七月廿六日，與蔣夢麟旁聽孔繼榮案庭審。審判長王序賓。

七月廿七日，浙江省政府委員會第二次會議，公推馬叙倫、顏大組爲常務委員。馬在會上提出《浙江法制委員會組織大綱》共十五條，議決交司法廳審查。

七月三十日，政治分會增聘馬叙倫、龐元浩、魏頌唐、李伯勤爲浙江財政委員會委員。

七月，浙江省政府令秘字第八一二四號，爲規定各級黨部與民衆團體關係令飭遵照由，規定各級黨部及各級民衆團體之關係五條，落款：浙江省務委員會主席張人傑，常務委員馬叙倫、顏大組。中華民國十六年七月日。（《浙江省政府公報》第七十三期，民國十六年八月八日，七至八頁）

七月，浙江省政府令建字第四五〇四號，令龍游縣縣長，呈一件呈爲遵送造林計劃書由：『呈書均悉。審核所陳各節，尚屬扼要，仍仰按照所擬計劃次第實施，隨時具報，以憑考核。書存。此令。』落款：浙江省務委員會常務委員馬叙倫、蔣伯誠、陳屺懷，建設廳廳長程振鈞。（《浙江省政府公報》第七三期，民國十六年八月八日，一一頁）

七月，浙江省政府令教字第七五七一號，令縉雲縣縣長呈一件呈爲遵送十六年度歲出入預算書祈核示由：『呈件均悉。查縣教育行政機關已議決變更，所有該縣教育局經費，應即删列。又，該縣縣立通俗圖書館及講演所，應切實整頓及增設，乃該縣全縣社會教育經費僅列三百餘元，何能敷整頓及增設是項機關之用？應設法增加，以符最近政綱。又，該縣對於提高小學教員待遇并未計及。小學教員于寒暑假内應有修養機關，以資改進，并仰將删列之教育局經費内酌量改列預算爲要。應將原預算發還，仰即遵照辦理，再行呈核。此令。計發還預算一本（一份暫存）。浙江省政府委員會主席張人傑，常務委員馬叙倫、顔大組，教育廳廳長蔣夢麟。中華民國十六年七月日。』（《浙江省政府公報》第八〇期，民國十六年八月十五日，四至五頁）按，本月張静江回杭履職。

八月三日，《申報》報導：『民政廳第三科科長程鎮西出任安吉縣長，遺缺由秘書鄭天挺接充。委金九如爲秘書，第二科科員胡定署理昌化縣長。』

八月四日，易培基赴杭公幹。與張静江、許寶駒前往車站歡迎。

八月五日，以民政廳名義發布關於妾婢另行擇配的通令。令云：『馬民政廳長以妾婢同係父母撫育，或迫於家境困苦，或被人誘惑所賣，情殊可憫，通令各縣，一經查實，將該妾婢發交善堂，另行擇配。』（《申報》八月六日）

八月五日，在省政府委員會會議上提議撤换淳安縣長，議决通過。

《申報》八月七日：『省政府前接淳安縣長電告縣屬邊境開到黄衣軍隊等情，政府開臨時會會商，并召軍事廳葉參謀長查詢。該縣昨又來電聲稱係顔籃荃部經過。馬民政廳長以該縣長如此疏忽，當提交昨日省委會議通過，將該縣長撤换，遺缺以蔣宗敏接充。』

八月八日，主持省政府總理紀念周，并作政治報告。同日，在省政府委員會第五次會議上提議，省政府預算應從速製定。

八月上旬，浙江省政府令民字第七九六四號，令松陽縣縣長呈一件呈送各警員履歷祈察核由，附發委任狀一紙。同時令沈仁基、李振民爲令委松陽縣靖居、玉岩兩警察分所長由：『案照松陽縣靖居警察分所長李克章應即撤换，玉岩警察分所長潘壽年回避本籍，遺缺查有該員堪以委任，除令縣知照外，合將委任狀二紙隨文令發，仰即查收祗領，于文到十五日内馳往到差，仍將接事日期連同履歷報由縣警察所轉報備查。此令。計發委任狀二紙（附宣誓就職儀式令條二紙）。浙江省務委員會主席張人傑，常務委員馬叙倫、顔大組，民政廳廳長馬叙倫。中華民國十六年八月日。』（《浙江省政府公報》第七三期，民國十六年八月七日，九至一〇頁）

八月上旬，浙江省政府委員會第四次會議決定，設立省航政局、農務局，并任命沈仲毅、許璇爲局長。浙江省政府委員會主席張人傑，常務委員馬叙倫、顔大組爲兩人須發任命狀與就職宣誓儀式令條等。（《浙江省政府公報》第七四期，民國十六年八月九日，三頁）

八月上旬，浙江省政府令秘字第八七八三號，令所屬各機關爲令仰各機關人員減少應酬養成廉潔由，落款：浙江省政府主席張人傑，常務委員馬叙倫、顔大組。（《浙江省政府公報》第七九期，民國十六年八月十四日，六至七頁）

八月十日，浙江省政府令法字第八七一七號，令浙江高等法院，呈一件爲律師萬德懿等聲請登録由：『呈單均悉。律師萬德懿、酈懷興、鍾福球、邵本恒、許宜治、賀應乾、張國聲請登録，均應照准，登録費七十元照收。其登録號爲第三十六號、第三十七號、第三十八號、第三十九號、第四十號、第四十一號、第四十二號，并仰知照。此令。』落款：浙江省政府委員會主席張人傑，常務委員馬叙倫、顔大組，司法廳廳長阮性存。中華民國十六年八月十日。（《浙江省政府公報》第八〇期，民國十六年八月十五日，九至一〇頁）

八月十一日，新登縣長潘上榮因貪婪違法免職，遺缺委黃人望接充。（《申報》八月十二日）

同日，與張静江等宴請三十一軍軍長鄭紹虔、副軍長李明揚，邀范漢傑、羅爲雄作陪。（《申報》八月十三日）

八月十三日，次子馬克强與胡青假座頭髮巷觀成堂舉行婚禮，邵元冲證婚。

八月十四日，蔣介石下野，返回奉化。

八月十五日，省政府總理紀念周，臨時改由蔣夢麟主持。浙江省政府委員會第十次會議舉行，與張静江、李伯勤請假，會議由蔣伯誠主持。

《申報》八月十六日杭州快信：『馬委員叙倫昨因事赴滬，今日（十五日）省政府總理紀念周，由蔣夢麟主席。』

《浙江省政府委員會第十次會議録》：『秘書長（許寶駒）報告，馬委員叙倫、李委員伯勤因事請假。』（《浙江省政府公報》第八二期，民國十六年八月十七日，八頁）

八月六日（七月二日），應都小藩之約書扇面，並附函道謝：『日者承顧，失訝爲罪。惠藻扇頁敬領，感謝。委書扇頁繳奉，草草殊不足觀。即頌小藩先生方家暑綏，不一。弟馬叙倫啓上。七月二日。』

八月十七日，省政府委員會第十一次會議，民政廳秘書鄭天挺代表馬叙倫出席，秘書長許寶駒『因公赴滬』，由秘書樓金鑒列席。

同日，《申報》消息：『蔣介石下野後，浙江政務主席張静江、政務委員兼民政廳長馬叙倫同時引退。』

八月中旬，浙江省政府令法字第八六四四號，令各級法院（除高等法院及杭縣地方法院）爲每月經費應於各院司法收入應劃經費依限呈報後再行轉知財廳核發由，時限爲每月十五日前。落款：浙江省政府委員會主席張人傑，常務委員馬叙倫、顏大組，司法廳長阮性存。（《浙江省政府公報》第七十九期，民國十六年八月十四日，一一至一二頁）

八月中旬，浙江省政府令民字第八六一七號，令胡咏南，爲令委胡咏南爲安吉縣遞鋪警察分所長由。落款：浙江省務委員會主席張人傑，常務委員馬叙倫、顏大組，民政廳廳長馬叙倫，中華民國十六年八月日。（《浙江省政府公報》第八〇期，民國十六年八月十五日，三至四頁）

八月中旬，浙江省政府令法字第八九七一號，令平陽縣縣長呈一件爲呈請捐俸設預備法警八名由：『呈悉。額設司法警察，如果不敷支配，盡可調度行政警察，以資辦理。據呈，捐俸添設預備八名。該縣長及承審員雖若别具苦心，然不能盡人捐俸，即不能以爲常例。所請應無庸議。此令。浙江省政府委員會主席張人傑，常務委員馬叙倫、顔大組，司法廳廳長阮性存。』（《浙江省政府公報》第八二期，民國十六年八月十七日，一二頁）

八月，浙江省政府公函學字第十一號，爲函覆省黨部改組委員會聲明未設醫藥學院原因由，解釋省立醫藥專門學校藥學科未便改爲藥學院及該校停止招生之命令未便收回之理由。落款：浙江省政府委員會主席張人傑，常務委員馬叙倫、顔大組，國立第三中山大學校長蔣夢麟。（《浙江省政府公報》第七九期，民國十六年八月十四日，一七至二二頁）

八月中旬，與張静江、蔡元培、陳希豪四人聯名呈請辭職。二十日南京中央政治會議議决：浙江省政府委員陳希豪因病懇請辭職，應照准。浙江省政府委員兼民政廳廳長馬叙倫呈請辭去本兼各職，應照准。任命莊崧甫、陳其采、斯烈爲浙江省政府委員。浙江省政府委員顔大組，著無庸兼任浙江財政廳廳長。任命斯烈兼任浙江民政廳廳長，陳其采兼任浙江財政廳廳長。浙江省政府主席在張人傑未回任以前，由周鳳岐暫行代理。各案均交國民政府辦理。（《中央對浙局之决議》，《申報》八月廿二日）

八月廿四日，返杭趕辦交代，次日發給民政廳各職員本月二十四日俸薪。

八月廿七日，辭職後暫寓上海復新里。

蔡元培日記八月二十七日：『馬夷初，長浜淡水路口復新里六十一號。』（《蔡元培全集》

第十六卷，二九二頁）

同日，邵元冲通電辭職。

八月廿八日，黄維時、樓廷詔、周濂澤等致浙江省政府周恭先（鳳岐）并轉各委員諸公函，認爲『吾浙自清黨以還，政治腐敗不堪言狀，推其故，皆由馬叙倫營私舞弊，妨害黨治所致。現馬雖辭去委員職務，而逆跡昭彰，餘黨未靖，應徹底依法嚴辦，以維劫運而挽頽唐』。此函羅列馬十條罪狀。（《黄維時等揭破研究系危害党國之真相》，鉛印件，浙江省平陽縣檔案館藏，卷宗號舊八—一—五）

八月廿九日，顧頡剛來函。

顧頡剛日記八月廿九號（八月初三，星期一）：『到滄洲旅社，晤孟真。孟真處，童啓顔來談。在孟真處寫沈兼士、馬夷初、徐中舒、陳乃乾信。』（《顧頡剛日記》第二卷，八一頁）

八月廿九日，浙江省政府委員會第十六次會議舉行，出席委員蔣夢麟（劉大白代）、阮性存、馬寅初、程振鈞（何崇傑代）、陳屺懷、莊崧甫、周鳳岐、顔大組（程鵬代）、陳其采，主席周鳳岐。秘書樓金鑒報告，中央政治會議秘書處函告，張委員人傑辭職，經議决慰留。（《浙江省政府公報》第九十六期，民國十六年九月二日，一頁）

同日下午，浙江省政府委員會臨時會議舉行。主席提議：杭州市長邵元冲呈爲瀝陳辦理杭州市情形，已向國民政府懇請辭職，并請先派員接收，應否照准？議决：辭職一節應俟中央核示，市長職務准委蔣委員伯誠代理。莊委員崧甫提議：民政廳事務繁重，廳長尚未到任，應如何辦理？議決：斯廳長未到任以前，暫由陳委員屺懷代理。（《浙江省政府公報》第九六期，民國十六年九月二日，五至六頁）

八月，浙江省政府令民字第一〇三四二號，令武康縣縣長呈一件呈覆奉令再查牛前任經手修理署屋一案情形并送單據由，落款：浙江省政府委員會主席周鳳岐，常務委員陳屺懷、顔大組，民政廳廳長馬叙倫。（《浙江省政府公報》第九六期，民國十六年九月二日，九頁）

八月，浙江省政府令民字第一一二六二號，令内河水警局呈一件呈報分隊長佘文燾辭職，以鄧常薦續委充由，落款：浙江省政府委員會主席周鳳岐，常務委員陳屺懷、顔大組，民政廳廳長馬叙倫。（《浙江省政府公報》第九六期，民國十六年九月二日，九至一〇頁）

八月，浙江省政府令民字第一一二六三號，令永嘉縣縣長令永嘉縣，該縣人民金南現經勒令回籍，仰仍會警嚴密察看由，此案傳聞與馬舅老爺有染，經查并無其事。令文：『案據杭州市市長邵元冲呈稱，案查前奉密令，内開「訪聞有金南者，字盦南，青田人，自稱可以代人運動警佐，曾有前任武康縣警所長之崔海翹出資六百元，不日即可委任一較優之縣警所所長，係由市政廳談股長與馬廳長之舅老爺接洽云云。并聞金南現寓銀槍板巷十七號陳姓親戚家，有時或寓滄洲旅館九號房間，此係俱樂部性質。似此招摇撞騙，殊屬膽玩已極，合亟令仰該市長即便轉飭嚴密偵查，拘案律辦，具報無違，切切。此令」等因。遵經令飭市公安局局長遵令嚴密偵查，拘案訊辦去後，兹據覆稱「遵經飭隊將金南一名拘獲訊究，供稱與市政廳姓談股員不過初交，并無接洽與前武康警察所長崔海翹出資運動情事，且與馬廳長舅老爺并不認識等語，一再詰究，矢口不移。當經將金南一面暫行看管，一面復派葉督察員嚴密偵查去後，兹據覆稱，金南平日在外招摇，自所不免，至前武康縣警察所長崔海翹，遍查各旅館并無其人，是否出資運動，更無實據報告前來，職局查該金南代人運動縣警所長，雖查無實據，但既有在外招摇情事，究屬不合，應如何發落，抑或交保勒令回籍之處，理合將查訊情形連同原件備文呈覆，仰祈鑒核轉呈察核示遵」等情。據此，查此案前據訪聞，即經令飭該市長密查拘辦，具報在案。兹據前情，除指令交保，勒令回籍外，查該民金南現在寄籍該縣，合行令仰該縣長會同警察局長隨時嚴密察看，報候核辦。此令。浙江省政府委員會主席周鳳岐，常務委員陳屺懷、顔大組，民政廳廳長馬叙倫。中華民國十六年八月日。』（《浙江省政府公報》第九六期，民國十六年九月二日，一〇至一一頁）

九月二日，浙民清政運動大會籌備處向各縣黨部、縣政府發出快郵代電，決定于二日在杭舉行浙民清政運動籌備大會，公決肅清馬、蔣餘孽。一面呈請中央政府將上列各人明令通緝，并没收其貪污財産。電云：『惟查馬、蔣等在浙數月，爲時雖暫，其私人已滿布全浙，誠恐伏處各縣政治機關及民衆團體，不無有星火燎原之慮、貽禍地方之憂。應請貴縣黨部、政府嚴重徹查，本除惡務盡之意，一併剪除，分别報告來省，以憑徹究。』（原中國國民

黨平陽縣黨部改組委員會存檔，油印件，浙江省平陽縣檔案館藏，舊八—一—五）

《一個同志關於浙江的報告》稱：『浙江同志來，都説浙江政權爲馬叙倫把持，并説現在大小機關都是北大學生操縱。其實……外傳浙江行政機關爲北大學生把持，絶對不是，簡直爲民治主義同志會所把持。』（中央檔案館、浙江省檔案館合編《浙江革命歷史文件彙集（一九二六年、一九二七年）》，一九八三年印）

九月四日，『馬叙倫得（款）廿餘萬』的謡言傳到温州。

符璋日記民國十六年八月初九日（九月四日）：『陰。聞蔣中正得貲二千數萬，馬叙倫得廿餘萬。杭垣有驅逐「馬黨」宣言，周鳳岐軍隊多開往蘇松。』（《符璋日記》下册，一〇九四頁）

九月九日，在浙江省政府委員會第二十一次會議上，新任省政府委員兼民政廳長斯烈宣誓就職。

《浙江省政府委員會第二十一次會議録》：『斯委員烈宣誓就職。（甲）秘書長報告文件：（中略）（八）國民政府任命斯烈、陳其采、莊崧甫爲浙江省政府委員，又任命斯烈兼民政廳長，陳其采兼財政廳長。臨時報告：（九）秘書長報告國民政府秘書處函，奉中央政治會議議決，浙江省政府主席張人傑未回任前，由周鳳岐暫行代理。（十）秘書長報告國民政府秘書處函，奉國民政府令，陳希豪准免本職，馬叙倫准免本兼各職。』（《浙江省政府公報》

第一〇五期，民國十六年九月十四日，二至四頁）

九月九日，杭州清政運動大會發布『請看禍浙害民六畜』傳單，『六畜』指馬叙倫、蔣夢麟、邵元冲、沈定一、姜紹謨、沈爾喬六人。按，沈爾喬，蕭山人，省黨部秘書長。

符璋日記八月十七日（九月十二）：『晴。杭州清政運動會九號發貼「請看禍浙害民六畜」傳單，并「打倒馬叙倫、蔣夢麟、邵元冲、沈定一、姜紹謨、沈爾喬」等語。汪精衛由潯到寧，到滬，江蘇省黨部、市黨部電其下野以踐前言。』（《符璋日記》下册，一〇九五頁）

九月中旬，浙江省民政廳職員金九如、鄭天挺等七人請辭獲准。

《本省職員任免録》：『浙江省政府委員會第二十二次會議議決任免職員匯録：（中略）民政廳秘書金九如、陳稚鶴、鄭天挺，第一科科長唐天森，第二科科長王藩，第三科科長張應銘，第四科科長趙繩武，均經呈請辭職，應照准。』（《浙江省政府公報》第一〇五期，八至九頁）

鄭天挺日記一九三九年八月二十四日追記：『余於民國十一年自北京旋閩參加革命，時革命軍帥師入閩者爲許崇智、黄大偉。福建省長即今國府主席林公，教育廳長爲黄某，國民黨尚稱中華革命黨。余雖日與党中同志相處而未入黨。民國十六年任職浙江民政廳，廳長馬夷初師以政變去職，新長未任命，由余代，日周旋于黨政諸要人間，亦未入黨。十九年奉孟鄰師入教育部任秘書主任，亦未入黨。』（俞國林點校《鄭天挺西南聯大日記》，中華書

局二〇一八年版，一八一至一八二頁）

九月廿一日，民政廳長斯烈在省政府會議上提出，嵊縣縣長吴光辭職，業經馬前廳長任内照准，遺缺以徐震方署理。

《浙江省政府委員會第二十六次會議録》：『臨時提案：（中略）（二）斯民政廳長提出，嵊縣縣長吴光因病辭職，業經馬前廳長照准，遺缺以存記縣長徐震方署理。（中略）議決：通過。』（《浙江省政府公報》第一一四期，民國十六年九月二十四日，七頁）

十月五日，何應欽任浙江省政府委員會主席。

秋，盟兄湯爾和五十。賦《丁卯秋月奉懷爾兄北京兼壽其五十》七絶四章。

十一月，省政府秘書處第三科科員、地下黨員潘漠華被捕，在馬叙倫與許寶駒等營救之下出獄，隨即返回宣平鄉間。

馮雪峰《潘漠華小傳》：『在四月十二日蔣介石舉行反革命政變後曾被捕入獄，由他的老師馬叙倫和許寶駒營救出獄，即由黨派到他的故鄉宣平從事農民工作。』（《雪峰文集》，人民文學出版社一九八三年版，第二卷，七三六頁）此前一九二四至一九二七年間，潘在北京大學預科念書，學費除祖父、叔祖等資助外，也得到馬叙倫、許寶駒等接濟。

十二月一日，就廣濟醫院接收事件致蔣伯誠函，以爲主持民政廳任内收回廣濟醫院，此舉深得人心，『實爲倫在職數月差可告慰於吾浙民衆者』，希望其審察實情而力予維持，

『如政府以爲該院尚足存者』，補助金『不宜再有減削』。（《前省務委員馬叙倫致蔣委員伯誠書》，見《青白之廣濟》，十八至二十葉）

十二月廿六日，顧頡剛來函。

顧頡剛日記十二月廿六日（十二月初三，星期一）：『寫毛贊乾、騮先、芝生、紹虞、希白、精古齋、海珊仙館、碧澄、隅卿、彝初、君疇、信甫、沅君、崇年信。』（《顧頡剛日記》第二卷，一一五至一一六頁）

本年，與蔡元培聯名致函吴稚暉，爲前福州協和學校教員陳式湘介紹工作：『稚暉同志先生大鑒：别後惟政祺鼎隆，式如臆頌。兹敬懇者，友人陳式湘錫襄同志，原在福州協和學校充任教員，以反對帝國主義者之文化侵略，奮力革命，在閩省工作不遺餘力。頃願在前方政治部工作，特爲紹介，敬希畀以相當工作，必能勇猛奮發，效忠党國也。專此，敬請黨祺。弟蔡元培、馬叙倫。再，與陳同志一同晋謁者尚有宋同志炎，敬請畀以工作爲幸。元培再啓。』（原件藏臺北『中國國民黨黨史會』，吴稚暉檔案，〇七九一一。複製件藏中國社科院近代史檔案館）

本年，張静江鬻字啓事經馬潤色再行見報。

《張静江書》：『十六年，張静江忽起興賣字，即日登報，稿猶余所潤色也。數日間即來求者不少，静江在政府也。』（《石屋餘瀋》，一〇五頁）

是年，應邀在上海暨南大學講演《校讀古書之第一問題——中國文字之構造法》。

一九二八年（中華民國十七年戊辰）四十四歲

一月廿七日，賦《丁卯除夕作於上海》七絕四章。

二月，繼續逗留上海。

春暉堂日記戊辰正月廿九日（新曆二月廿日）：『夷初寓上海法界白萊尼蒙馬浪路新民邨十七號。』（《余紹宋日記》，北京圖書館出版社二〇〇三年版，第四册，二四三頁）

二月，應浙江省立圖書館之邀爲《浙江圖書館報》題籤，落款：十七年二月，馬叙倫題。（《浙江圖書館報》第一卷）

三月，發表爲國民政府參事，未就職。

約上半年，偕張度在杭創辦《三五日報》。

七月二十一日，爲洪式閭輯《青白之廣濟》題辭。

題辭曰：『浙江省政府直轄廣濟醫院，既奉令交還基督教會，其院務委員會諸君乃輯其一年之經過，欲以告國人，而屬余爲署其名。余不辭而題之曰「青白之廣濟」，所以表此院於此一年之中完全屬於吾黨青天白日旗幟之下，亦以表委員諸君與從事此院之諸君并能青白乃心，而有此一年之成績也。雖然，余有隱痛焉。廣濟醫院之歷史，吾人殆無不知其爲英人梅藤更藉帝國主義之餘烈，借基督教會之護符，而壓迫欺凌吾居杭之一部分民衆者。今其産業甚廣，皆榨吾同懷之膏髓而成，故廣濟收歸省有，民衆莫不額手稱快。乃梅藤更之徒百計以謀發還，往年乘吾浙之政變而通過於省政府委員會會議，既而省政府變議，計不得逞。進而謀得國民政府之令，而民衆反對之聲不絶於耳，復不得逞。於是一二基督教徒乃蒙宋美齡夫人之聽，假軍事委員會軍醫監理委員之機關，竊何香凝同志之名，言其於軍事絶無關係之廣濟醫院於國民政府，請復爲之令促。於是浙江省政府不得而終持，遂令發還。自此廣濟醫院雖未嘗不仍設於青天白日旗幟之下，顧其精神則帝國主義也。余以其歷史昭然如此，乃竟不得一申吾民之憤，然後知軍閥雖摧，而欲撲滅帝國主義，尚戛戛乎難哉！雖然，吾又有痛焉。今之發還廣濟醫院也，以醫院故也，以基督教會所立故也。其他財産，則非經過審查，不能發還，省政府固有議決案也。然發還協和講堂之事又有聞矣。若協和者，召吾杭四十歲以上稍知名者而詢之，孰不知其爲吾杭民衆所組織，與廣濟無涉？然且敢於續請發還，且有發還之聲浪，帝國主義之徒，其手腕固可驚哉。余以是愧余徒爲革命之一員耳。中華民國十七年七月二十一日，馬叙倫。』（《青白之廣濟》卷首）按，洪式閭卷首語落款日期爲十七年七月三十一日。

七月卅一日，余紹宋來訪，託代借圖書。

春暉堂日記戊辰六月十五日（公曆七月三十一日）：『訪馬夷初，渠亦願爲余紹介借書

事，談二小時許歸。』（《余紹宋日記》第四册，五八〇頁）

八月一日，設宴杏花村，招待余紹宋、蔣夢麟、姜紹謨等。

春暉堂日記戊辰六月十六日（公曆八月一號）：『馬夷初來，姜次烈來，邵夢同來。夷初約飲杏花村，席間夢麟、次烈俱言上江有不穩情形，聞之甚懊喪。飲畢復來寓，劇談至十二時散。』（《余紹宋日記》第四册，五八一頁）

八月九日，余紹宋來訪。

春暉堂日記戊辰六月二十四日（公曆八月九號）：『訪夷初談，夷初出其所藏杭人畫扇，殊鮮佳者，惟高氏數人所作不惡，因知世家到底不同。向圖書館借書，單不庵者已辭副館長而去，只得與一姓徐管書員接洽，徐告余號文蔚。』（《余紹宋日記》第四册，五八七頁）

八月十七日，訪晤余紹宋。

春暉堂日記戊辰七月三日（公曆八月十七日）：『馬夷初來談。』（《余紹宋日記》第四册，五九三頁）

八月廿三日，余紹宋來訪未值。

春暉堂日記戊辰七月九日（公曆八月二十三日）：『晨起訪夷初、勵深俱不值，在心庵處略談即歸。』（《余紹宋日記》第四册，五九七頁）

八月廿四日，回訪余紹宋。

春暉堂日記戊辰七月十日（公曆八月二十四日）：『馬彝初來，金九如來，徐心庵來。』（《余紹宋日記》第四册，五九八頁）

八月廿八日，訪晤余紹宋。

春暉堂日記戊辰七月十四日（公曆八月二十八日）：『夷初來，徐亨甫來。』（《余紹宋日記》第三册，七六九頁）

八月，《王陽明先生年譜校録》發表於《浙江圖書館報》第二卷。此文排在胡適《跋宋刻本白氏文集》之後，計廿六頁。本卷『捐贈本館書籍諸先生紀念録』專欄登記：『馬夷初先生叙倫（杭縣）捐：《天馬山房叢書》一部三册、《蘇俄之赤化運動》二部各一册。』

九月四日，余紹宋來訪又未值。

春暉堂日記七月廿一日（公曆九月四日）：『赴勵深處略談，又赴惠中旅館問所收信，訪夷初又不值。』（《余紹宋日記》第四册，六〇九頁）

九月九日，余紹宋爲徐鵬翼致書馬。

春暉堂日記戊辰七月廿六日（公曆九月九日）：『徐鵬翼世兄來，爲作書與馬夷初。』（《余紹宋日記》第四册，六一二頁）按，徐鵬翼，《余紹宋日記》標點本誤作『徐明翼』（第三册，七七一頁）。

九月十五日，介紹高其邁謁見余紹宋。

春暉堂日記戊辰八月六日（公曆九月十九日）：『夷初介高其邁來謁。』（《余紹宋日記》第四册，六二二頁）

九月廿九日，邂逅胡適。

胡適日記九月廿九日：『一家四人去游湖，計到了錢王祠、汪莊、西泠印社等處。在汪莊看惕予。在路上見著馬夷初。』（《胡適日記全編》第五卷，二七七一頁）

十月一日，訪晤余紹宋。

春暉堂日記戊辰八月十八日（公曆十月一日）：『勵深來略談即去，夷初來，李書農來，呂冕章來。』（《余紹宋日記》第四册，六二九頁）

十月四日，《醫專學生會對發還廣濟之宣言》發表於《浙江民報》。

十月十二日，余紹宋來訪未晤。

春暉堂日記戊辰八月二十九日（公曆十月十二日）：『訪熊十力。訪馬夷初不晤。』（《余紹宋日記》第四册，六三四頁）

十月十七日，余紹宋致馬明信片。

春暉堂日記戊辰九月五日（公曆十月十七日）：『與夷初、廑才片。』（《余紹宋日記》第四册，六四三頁）按，廑才姓孫，東皋雅集發起人。

十月十九日，訪晤余紹宋。

春暉堂日記九月七日（公曆十月十九日）：『馬夷初來。』（《余紹宋日記》第四册，六四四頁）

十月，被任爲教育部政務次長。部長蔣夢麟，常務次長爲原燕京大學副校長吳震春。

十月卅一日，前浙江財政廳廳長莫永貞逝世。

十一月二日，余紹宋來函。

春暉堂日記戊辰九月二十一日（公曆十一月二日）：『發湯定之、江翊雲、馬夷初、熊韻泉書。』（《余紹宋日記》第四册，六五四頁）

十一月十三日，余紹宋來片。

春暉堂日記戊辰十月初二日（公曆十一月十三日）：『作片與夷初、十力。贈十力《縣志》。』（《余紹宋日記》第四册，六六一頁）

十一月十五日，訪晤余紹宋。

春暉堂日記十月初四日（公曆十一月十五日）：『夷初來談。』（《余紹宋日記》第四册，六六一頁）

十一月十六日，余紹宋回訪未遇。

春暉堂日記戊辰十月初五日（公曆十一月十六日）：『訪夷初不遇。』（《余紹宋日記》第四册，六六三頁）

十一月廿七日，覆胡樸安函，同意擔任中國學會發起人。

復函云：『樸安先生大鑒：接展惠書，祗悉一是。先生儒林冠冕，夙所欽遲。近復倡議發起中國學會，以整理中國學術、發揚民族精神爲旨。承屬附名柬末，自當遵命，惟會名似宜再加斟酌，鄙意如「中國國學整理會」之類較爲明顯，未審尊意如何？專此奉覆，順頌大安。弟馬叙倫敬啓。十一月廿七日。』（梁穎整理《胡樸安友朋書札——中國學會創立始末》，載《歷史文獻》第二輯，上海圖書館歷史文獻研究所編，上海科學技術文獻出版社一九九九年版，一九一頁）

十一月，赴南京出任教育部次長。按，本月張静江重任浙江省主席。

十二月十四日，《馬叙倫談北大學潮》發表於《新晨報》。

冬，聘杭州熱帶病研究所主持人洪式閭兼任教育部編審處主任。

洪式閭《自傳》（一九五四年三月三十日）：『一九二八年冬，馬叙倫先生任教育部次長，聘我兼任編審處主任，并許不時來往寧杭間。我之擔任教科用書編審工作，是建立於封建師生關係之上的，終究不合於我的研究興趣，同時還存一點希望，就是希望教育部補助一些經費以發展研究所，當時僅批准每月補助三百元。』（《樂清文史資料》第四輯，五頁）

本年，『重定』《説文解字研究法》。

一九二九年（中華民國十八年己巳）**四十五歲**

一月一日，中國學會正式成立。胡樸安爲編撰部主任，陳乃乾爲會務部主任，姚石子爲講演部主任。應邀列名發起人（八十四名）。其後陸續加入會員共二百六十一人。（《中國學會會員録》，一九二九年五月十日。轉引自梁穎整理《胡樸安友朋書札——中國學會創立始末》後記，《歷史文獻》第二輯，一九八至一九九頁）

年初，教育部聘蔡元培、葉恭綽、馬叙倫、陳去病、金家鳳諸人爲保存用直唐塑委員會委員。

一月八日，教育部發表全國美術展覽會職員名單，名譽會長蔡元培，名譽副會長楊銓，會長蔣夢麟，副會長馬叙倫、吴震春，總幹事陳石珍。經費預算約一萬五千元。（《全國美術展覽會之組織》，《申報》一月十日）

一月九日，主持教育部部務會議，通過《全國美術展覽會組織大綱》十一條，第三條規定：『本會以教育部部長爲會長，教育部次長爲副會長，總理本會一切事務。』前《大學院美術展覽會組織大綱》同時廢止。（《民國日報》一月十一日）

一月十六日，中央黨部全國大學及專門學校党義教師檢定委員會舉行第五次常務會議，委託高等教育司司長黄建中代爲出席。（《民國日報》一月十八日）

一月二十日，《民國日報》消息：『蔣夢麟提出《大學委員會條例》修正案，當然委員包括教育部部長、次長，大學區制校長、副校長。』

一月廿二日，教育部公布《教育部編審處分組規程》《教育部審查教科圖書規程標準》。《編審處分組規程》第三條規定，本處每月開編審會議一次，由政務次長召集之。（《民國日報》一月廿四日、廿五日）表明編審處歸馬分管。

同日，劉紹寬來函。

厚莊日記民國十八年一月廿二日：『函致馬彝初叙倫、陳今素哲。』（《劉紹寬日記》第三册，九三八頁）

二月一日，余紹宋回信。

春暉堂日記戊辰十二月二十二日（公曆二月一日）：『覆馬夷初書，夷初介張姓者持舊畫來閲，殊不足觀。』（《余紹宋日記》第四册，七二六頁）

二月十一日，訪晤余紹宋。

春暉堂日記己巳初二日（公曆二月十一日）：『馬夷初來。』（《余紹宋日記》第六册，二頁）

二月十六日至十七日，教育部保存甪直唐塑委員會假座中央研究院駐滬辦事處開會兩次。

第一次全體會議，蔡元培、葉恭綽、張一麐、陳去病、黄涵之、馬叙倫、陳劍翛、金家鳳等出席。議決：預定經費三萬元，由教育部、江蘇省政府及向外募集各一萬元。上海會務推葉恭綽暫爲主持。定三月四日各委員偕同工程師、塑匠等親往甪直，視察并計劃保存辦法。

蔡元培日記一九二九年二月十六日：『午後三時，唐塑委員會在亞爾培路開會。』（《蔡元培全集》第十六卷，三〇〇頁）

二月十七日，教育部保存甪直唐塑委員會舉行常務委員會，到蔡元培、葉恭綽、陳去病、馬叙倫、陳劍翛、金家鳳，蔡元培主席。議決：款項存於上海銀行，并委託該行代辦會計業務。保存唐塑之設計工作，三月一日起，三個月内完成。

蔡元培日記一九二九年二月十七日：『午後三時，研究院甪直常會。』（《蔡元培全集》第十六卷，三〇〇頁）

二月廿一日，余紹宋來函。

春暉堂日記己巳正月十二日（公曆二月二十一日）：『作書與馬夷初。覆陳叔通。』（《余紹宋日記》第六册，九頁）

二月，葉恭綽起草甪直保聖寺古物館董事會規則、管理規則，均經蔡元培改訂。

三月一日，余紹宋繪畫賀馬母七十大壽。

春暉堂日記己巳正月二十日（公曆三月一日）：『作畫小立幅，爲夷初之母夫人七十壽，用乾隆舊箋，墨色甚好。（中略）姜次烈來，其同學數十人合送夷初母壽六尺大屏，求余作績，許之。』（《余紹宋日記》第六册，一三、一四頁）按，馬欲請馬一浮作壽序而未言諸口。《劉太夫人七十序》（一九三二年十一月五日）透露：『以是雖倫母之孝節，方往年七十時，意欲求得吾宗一浮先生一言爲倫母壽，而卒不敢出諸口。』（盧禮陽、李康化編注《劉景晨集》，上海社會科學院出版社二〇〇六年版，四六四頁）

三月三日，下午保存角直唐塑委員會舉行常委會議。

蔡元培日記一九二九年三月三日：『午後三時，角直常會。晚，葉玉甫約。』（《蔡元培全集》第十六卷，三〇〇頁）

三月四日，偕蔡元培、葉恭綽、陳去病、金家鳳及吴稚暉、褚民誼并雕刻家建築家一行十餘人，考察江蘇吴縣角直，商討唐塑整修辦法，以爲非於雨季前趕緊完工不可，囑范文照、趙深兩工程師從速設計，以便早日興工。仍乘原汽輪回崑山。

蔡元培日記一九二九年三月四日：『午前八時五十分，往崑山，往角直。七時二十分，由昆回，九時到滬。』（《蔡元培全集》第十六卷，三〇〇頁）

三月七日，余紹宋來函。

春暉堂日記己巳正月二十六日（公曆三月七日）：『與小秋及夷初信。』（《余紹宋日記》第六册，一七頁）

三月十二日，余紹宋作書壽馬母。

春暉堂日記己巳二月初二日（公曆三月十二日）：『爲鄭遺孫作山水立幀，又爲王鯤徙作一幀，書天保詩壽馬母。』（《余紹宋日記》第六册，二一頁）

三月十八日，余紹宋復函。

春暉堂日記己巳二月初八日（公曆三月十八日）：『覆馬夷初、陳哲侯書。』（《余紹宋日記》第六册，二五頁）

四月二日，訪晤余紹宋。

春暉堂日記己巳二月二十三日（公曆四月二日）：『馬夷初來談。』（《余紹宋日記》第六册，三三頁）

四月三日，蔡元培復函許壽裳，談及李石曾有意出席波士頓國際生物學會議，表示：『似可由本院正式函告教育部，會派李煜瀛、汪敬熙爲代表，出席該會，至教育部能否對於李先生助以旅費，請先生或杏佛先生向夢麟或夷初面商一次，并示及爲幸』。（《蔡元培全集》第十二卷，十七頁）

四月六日，爲母七十做壽。

春暉堂日記己巳二月二十七日（公曆四月六日）：『夷初爲其母夫人稱觴，特往一賀。下午來約飲，辭之，一座皆生人，殊乏意趣。』（《余紹宋日記》第六册，三五頁）

四月九日，全國大學及專門學校党義教師檢定委員會在中央訓練部舉行審查會，仍委託黄建中代表出席。會議審查確認第二批合格教師陳劭南等二十八名。（《民國日報》四月十二日）

四月十日，在上海全國美術展覽會上致開幕辭，略稱：『前大學院發起這個美術展覽會，要引誘宣導以世界性的美術，一方面來恢復振興中國的美術，一方面翼助促成中國的新教育。現在教育部繼承大學院的工作，更將美術展覽會冠以「全國」字樣，雖似反加限制，縮小範圍，其實却爲恐怕發生誤會，以爲僅是教育部一種普通的會，并且確定範圍，便於工作。經過這次經驗以後，便希望辦一個世界美術展覽會。』代理總幹事孟壽椿報告籌備經過。來賓致辭之後，馬答謝。楊銓、張群、褚民誼、葉恭綽等上千人出席。（《民國日報》四月十一日）

四月十二日，訪晤余紹宋。

春暉堂日記己巳三月初三日（公曆四月十二日）：『馬夷初來。』（《余紹宋日記》第六册，四〇頁）

四月廿四日，教育部職員集會，歡送常務次長吴震春北上就任燕京大學校長。行政院准吴請假三個月。（《民國日報》四月廿五日、廿八日。趙紫宸《當代教育家吴雷川先生》，上海《逸經》第十六期，民國廿五年十月廿日）

四月廿七日，教育部舉行第八次編審會議，審定新時代教科書四種。洪式閭報告，以後關於黨義教科圖書，編審處初審後，擬送中央訓練部復審，再由本處核辦。（《民國日報》四月三十日）

四月，兼任北平圖書館館長。請葉左文赴平任編纂部主任，兼代處理日常館務。

五月二十日，訪晤余紹宋。

春暉堂日記己巳四月十二日（公曆五月二十日）：『馬夷初來久談。』（《余紹宋日記》第六册，六六頁）

五月廿二日，余紹宋爲馬畫扇。

春暉堂日記己巳四月十四日（公曆五月二十二日）：『爲夷初畫松扇，爲高野侯書畫扇。』（《余紹宋日記》標點本第三册，八一七頁）

五月廿八日，余紹宋復函。

春暉堂日記己巳四月廿日（公曆五月二十八日）：『寫信覆丁在君、馬夷初。答訪葉左文，傾談正洽，而鄰巷火起，匆匆告辭。當在左文處火起時，有謂近日杭垣有火警，皆因開通萬松嶺築汽車道，遂有傷龍脉所致。此堪輿家之言，自不足信。惟左文謂當開山時彼曾往觀，石質極好，赤者如火如瑪瑙，白者如羊脂玉，其中玲瓏剔透，可以行人，而石形尤爲詭異奇變，不可方物。人間假山絶無其精巧，而出於天然，更可寶貴。曾告夷初，求其向當局設法，使公路略改原綫，留此江山瑰麗之觀，夷初不謂然，遂全被毁，惜哉！』（《余紹宋日記》第六册，七一至七二頁）

六月八日，曲阜山東省第二師範學校排演話劇《子見南子》。隨後孔氏六十户族人孔傳育等控告山東省第二師範學校校長宋還吾侮辱宗祖孔子，呈請查辦。

六月十日，訪晤余紹宋不值，夜間余紹宋回訪。

春暉堂日記己巳五月初四日（公曆六月十日）：『夜訪夷初，以其晝間來訪不值也。』（《余紹宋日記》第六册，八二頁）

六月十六日，介紹陳萬里至余紹宋處拍攝莊子像，擬用於《莊子義證》卷首。

春暉堂日記五月初十（公曆六月十六日）：『馬夷初介陳萬里來攝馬遠繪莊子像，將以冠其所作《莊子義證》之首。』（《余紹宋日記》第六册，八六頁）

六月廿五日，訪晤余紹宋。

春暉堂日記己巳五月十九日（公曆六月二十五日）：『夷初來。』（《余紹宋日記》第六册，九四頁）

六月廿六日，教育部令山東教育廳第八五五號訓令，要求省教育廳對孔氏控告案『查明核辦』。教育部并派參事朱葆勤會同省教育廳調查具覆。

七月十九日，走訪余紹宋未值。次日，余紹宋轉贈扇子。

春暉堂日記己巳六月十四日（公曆七月二十日）：『以小蕃所畫扇贈夷初，夷初昨來未及見也。』（《余紹宋日記》第六册，一二三頁）

七月，教育部參事朱葆勤與山東教育廳督學張郁光赴曲阜調查，之後報告教育部，駁斥原告方説：一、原告説二師發布侮辱孔子標語及口號，但二師除『打破民可使由之，不可使知之的愚民政策』之標語，該校學生確曾寫貼外，其他標語均查無實據。二、《子見南子》戲劇，二師確曾表演，查該劇本非自撰，原載於《奔流》月刊，而『扮演孔子脚色，衣冠端正，確非丑末』，『又查學生演劇之時，該校校長宋還吾正因公在省』。三、（略）教育部收到呈文，令山東教育廳第九五二號訓令表示，二師『無侮辱孔子情事，自應免予置議，惟該校校長以後須對學生嚴加訓誥，并對孔子極端尊崇，以符政府紀念及尊崇孔子本旨』。

教育廳廳長何思源《回憶魯迅》（一九八〇年八月二十六日）：『那時南京教部有不少人是五四時期北大的人，他們看不慣封建勢力的倡狂進攻，但又不敢違反蔣的尊孔政策，就採取了「大事小辦」的方針（大概是政務次長馬叙倫的主意），派一名參事會同山東教育廳調查具覆，最後以「尚無侮辱孔子情事，自應免予置議」而結案。但他們爲了給「孔家店」及其後臺留點面子，却又在訓令中留下這樣一條尾巴。』（魯迅博物館魯迅研究室編《魯迅誕辰百年紀念集》，湖南人民出版社一九八一年版，二八四頁）

八月一日，上海中國公學校長胡適致函蔣夢麟、馬叙倫，委派副校長楊亮功帶呈表册，盼望教育部及早調查，給予立案。（《胡適書信集》上册，四八五頁）

八月六日（七月初二），應都小藩之約書扇面，并附函道謝：『日者承顧，失迓爲罪。惠藻扇頁敬領，感謝。委書扇頁繳奉，草草殊不足觀。即頌小藩先生方家暑綏，不一。弟馬叙倫啓上。七月二日。』

八月十七日，教育部保存甪直唐塑委員會在中央研究院駐滬辦事處舉行常委會，蔡元培、葉恭綽、馬叙倫、金家鳳、陳萬里等出席，議决：

（一）關於建築，房屋式樣依古物院設計，材料全用鋼骨水泥，已由范文照建築師繪就詳圖，精密估計，交姚新記（中山陵建造者）營造，估價一萬零八百一十兩，限一百八十天完工，合同已簽訂。

（二）關於遺塑修理，請江小鶼雕塑家擔任。其尚存之小堵一方，雲山背景，備極精美，爲防免建築時損壞起見，擬先行卸下，將來與佛像配置中間，約共需費三千元。

（三）關於經費，除教育部之萬元外，收有江蘇省政府補助三千元，葉恭綽募到數千元，不敷尚巨，仍請江蘇省政府補助。

（四）狄楚青捐印之《保存甪直唐塑一覽》已出版，印刷甚精，將用爲募捐之助。（上海《民國日報》一九二九年八月二十日，轉引自《蔡元培年譜長編》第三卷，三六三頁）

八月十九日，訪晤余紹宋。是月四日至八日余紹宋有滬瀆之遊，九日返杭。

春暉堂日記七月十五日（公曆八月十九日）：『夷初來談。』（《余紹宋日記》第六册，一四二頁）

八月二十日，余紹宋回訪，并再次爲馬畫扇。

春暉堂日記己巳七月十六日（公曆八月二十日）：『訪夷初。爲夷初寫扇竹。』（《余紹宋日

記》第六册，一四二頁）

八月廿九日，教育部聘蔡元培、袁同禮爲國立北平圖書館正副館長。馬叙倫不再兼任館長。（《第一次中國教育年鑒》戊編）國立北平圖書館改由教育部與中華教育文化基金董事會合辦，設委員會主持館務，委員爲馬叙倫、傅斯年、陳垣、劉半農、任鴻隽、孫洪芬、周詒春及正副館長。按，其《組織條例》第五條規定，正副館長人選，係由該委員會推薦，經基金董事會同意，然後由教育部聘任。

九月一日下午，就北大復校運動等情形，在教育部接受日日社記者採訪。

次日，《申報》以『馬叙倫談北大復校運動』爲題予以披露：『北平各校復「大」運動，極爲社會所注意。日日社記者特于昨日下午三時至教育部請見蔣部長，適蔣氏因公赴杭，即見馬次長，對此問題詳爲詢明，因其爲教部處理此事之理由，而爲以前各報所未記載者，爰特將談話披露如次：（記者問）此次北平各校復大運動，外間對教部不甚瞭解，究竟教部所持以處理此事由及經過，可得聞否？（馬氏答）外間誤會多因不明北平各校實在情形，而爲報紙上所發表之片面記録所眩惑，固無足怪。查自北京（平）大學區取消後，教部暫認定北平學校應加整飭，整飭標準，即根據其成績内容而定。如北京大學原爲國内著名大學之一，備有文、理、法三院，與新頒《大學條例》相符，應使之獨立，自無問題。至於第一師範學院，即前師範大學，自來辦理成績與北京大學相伯仲，亦備有文、理、教育三部，教部根據三全代表大會决議公布之《教育實施方案》第五項，師範教育『於可能範圍内使其獨立設置』之意旨，擬定計劃，將師範教育獨立設置，故將第一師範學院使之獨立，并改文、理、教三科爲三個學院，稱爲大學，以爲全國師範教育之最高學校，且與《大學條例》相符，并無外間所傳不合法之處。至該校改「大」，仍以師範名之者，一則係以三全大會之决議，一則係取舊有之名，與北大學院仍用北京大學同。現各校欲援引師範改「大」之例子，亦請改爲大學，是不明教部對師範所以改「大」之情形也。各校請求改「大」，教部以其與《大學條例》不符，礙難允許。至要求獨立，只須至相當時期，由教部考察斟酌，當可辦到。查《大學條例》，獨立學院與大學同，不過内容所包含不同而已。（問）各校要求增加經費一層，可否辦到？（答）教部職責即望教育辦得有進步，必須充足經費，此自然之理。增加經費一層，俟各校預算報來，經部審核，即可呈請轉交財政委員會定奪。至財委會能否通過，須視國家財力如何。現在可暫就北平大學每月餘款，酌量分配增加，教部自當盡力設法。（問）湖北學潮，教部擬如何辦理？（答）教部僅一面令教職員先行回校開學上課，一面將調查報告轉呈核辦。談至四時餘，始興辭而出。』

九月四日，北平八校學生代表到教育部請願，蔣夢麟派黄建中代表接見。記者詳詢代表請願情形，除有一次爲馬次長接見，一次爲黄司長接見，其餘均爲蔣部長親自接見。

（《民國日報》九月六日）

九月十一日，乘車外出，在教育部門口爲北平八校代表所堵截，即在車上發表談話，大意謂：『昨日行政會議議決案已於昨晚書面答覆，今日答覆仍與議決案一樣，無接見之必要。增加經費爲教部與各校一致之希望，教部於可能範圍内，自當盡力設法，但此事須與各校當局商量辦理，今日教部不能作數目上之應允。』（《平八校代表又包圍教部》，《民國日報》九月十三日）

九月十七日，應邀赴杭講演『西湖博覽會與科學教育』。

九月三十日，余紹宋來函託向江南圖書館借書。

春暉堂日記己巳八月二十八日（九月三十日）：『發致夷初書，請其代借南京圖書館藏書。』（《余紹宋日記》第六册，一六六六至一六六七頁）

十月三日，訪晤余紹宋，余紹宋答訪。

春暉堂日記九月朔（十月三日）：『馬夷初來。（中略）夜答訪夷初，談一小時歸。』（《余紹宋日記》第六册，一六九九頁）

十月七日，姜紹謨赴南京就任教育部參事，臨行向余紹宋辭行，余紹宋叮囑兩事。

春暉堂日記九月初五日（十月七日）：『下午姜次烈來，因其將往南京任教部參事，因談及教科書中等以上者不宜專用白話，不宜以顧某邪説列入。又論及廢舊曆事不宜過於激切，此事所關不小，當别爲專論言之。』（《余紹宋日記》第六册，一七一一頁）按，所謂顧某，疑指顧頡剛。

十月十八日，代余紹宋向南京江南圖書館借書四種。

春暉堂日記己巳九月十六日（十月十八日）：『江南第一圖書館所藏丁氏八千卷樓書，藝術類中書畫之籍爲余所未見者尚廿餘種，前託馬夷初代借，今日居然寄到四種，一爲《熙朝書家姓纂》，一爲《明畫姓氏韻編》，一爲《武林書畫小傳》，一爲《珊瑚綱畫品》。發奮展讀，一一爲作解題，至夜分始畢。』（《余紹宋日記》第六册，一七八頁）

十月十九日，余紹宋寄書四部與馬，歸還南京江南圖書館。

春暉堂日記九月十七日（十月十九日）：『作書與馬夷初，寄還所借書，又與次烈書。』

十月廿一日，余紹宋來訪。

春暉堂日記九月十九日（十月廿一號）：『訪馬夷初。』（《余紹宋日記》第六册，一八〇頁）（《余紹宋日記》第六册，一七九頁）

十月，陳大齊（百年）代理北大校長，託馬邀馬一浮到北大執教，馬一浮回函婉辭。

十月廿五日，馬一浮覆馬叙倫書：『久謝人徒，遂成疏逖。邇者陳君百年以講學見招，亦既電辭，未蒙省察，乃勞手書申譬，殊愧無以堪任。夫學有諸己，豈不欲轉喻諸人？然義在應機，亦非一概。故道逢尹喜，始出五千；退老西河，乃傳六藝。感然後應，信然後從，是知教化所由興，不必盡在明堂辟雍也。今儒術方見絀于時，玄言亦非世所亟，乃欲與之揚鄒魯之風，析夷夏之致。偭規改錯，則教不由誠；稱性而談，則聞者恐臥。以是猶疑，未敢遽應，雖荷敦勉之切，慮難仰稱所期。與其不能解蔽于一時，吾寧俟懸解於千載耳。希爲善謝陳君，别求睿哲，無以師儒責之固陋，不宣。己巳九月廿三日。』（吴光主編《馬一浮全集》第二册上，四〇三頁）按，次年六月十八日（一九三〇年八月十二日），馬一浮覆陳大齊函，表示研究院導師名義不願接受。（《馬一浮全集》第二册，四六〇頁）庚午十一月九日（一九三〇年十二月十八日），馬一浮回復陳大齊，退回聘書，并轉薦熊十力。（《馬一浮全集》第二册，四六一頁）

十一月十日，穆藕初太太金夫人五十壽慶。壽以聯語：『十月爲陽，慶逢五秩；百年偕老，願進重觥。』落款：馬叙倫拜祝。（《穆藕初年譜長編》下卷，七九四頁）

十一月，教育部政務次長職被免，由常任次長劉大白接替。按，蔣夢麟任杭州第三中山大學校長時，劉爲秘書長。

任内請友人諸宗元任部簡任秘書。『夷初知道他擅長詞章，并不諳熟公文程式，因此但凡公文都親自動筆，只以詩文題序等相託。馬夷初離職，劉大白接任，諸氏只得辭職而歸。』

年内返杭州，以長生路十八號爲通訊處。參與余紹宋、孫智敏發起的東皋雅集，談藝論文，切磋書畫。該集每月一兩會，多聚於城東皋園，直至日寇侵華纔停止活動。

十二月十七日，託高魚占與余紹宋合作《溪樓延月圖》。

春暉堂日記十二月十七號（十一月十七日）：『夷初屬余與魚占作《溪樓延月圖》，魚占畫左幅送來，余因補右幅遠山漁舟，亦尚清秀。』（《余紹宋日記》第六册，二三八至二三九頁）

本年，北平北海圖書館刊行李慈銘《後漢書札記》《三國志札記》，王重民校訂。馬題籤《三國志札記》一卷，蔡元培題籤《後漢書札記》七卷、《三國志札記》一卷。（王重民跋於十八年七月二十二日）

一九三〇年（中華民國十九年庚午）四十六歲

一月十日，與東皋雅集同人紀念蘇軾誕辰。

春暉堂日記民國十九年一月十日（十二月十一日）：『夷初來談。』（《余紹宋日記》第六册，二五〇頁）

二月一日，訪晤余紹宋。

春暉堂日記二月一日（正月初三）：『高欣木、袁潛修、馬夷初、王鯤徙陸續來談，鐵齋來。』（《余紹宋日記》第六册，二六二頁）

二月二日，《準園壽蘇記》發表於《東南日報》金石書畫副刊。

二月三日，余紹宋回訪未值。

春暉堂日記二月三日（正月初五）：『答訪余鼎三、項蘭生、袁潛修、程仰坡、馬夷初，俱不值。』（《余紹宋日記》第六册，二六二頁）

二月十九日，訪晤余紹宋。余紹宋爲馬作畫，并回訪。

春暉堂日記二月十九日（正月二十一日）：『又爲夷初繪松竹兩幅。吴劍華來，夷初來，阮性山來，袁巽初來。校《書畫書録解題·論述類》畢，答訪夷初。』（《余紹宋日記》第六册，二七七頁）

二月廿五日，訪晤余紹宋。

春暉堂日記二月廿五日（正月二十七日）：『夷初來，翰屏來，筠彦來。』（《余紹宋日記》第六册，二七六頁）

二月廿八日，爲余紹宋代向南京圖書館借方輔《隸八分辨》。

春暉堂日記二月二十八日（二月初一日）：『讀方輔《隸八分辨》，其書甚精而傳者極鮮。此本乃丁氏八千卷樓故物，現藏南京圖書館，夷初特爲我借到者也。』（《余紹宋日記》第六册，二七七頁）

三月一日，余紹宋來訪不值。

春暉堂日記三月一日（庚午二月初二日）：『訪夷初不遇。訪礪深。』（《余紹宋日記》第三册，八七一頁）

三月二日，東皋社友雅集。

春暉堂日記三月二日（二月初三日）：『崔煦東來。今日傳爲文昌誕日，魚占昆仲因約赴獅子峰遊覽，宴於其别館，到者三十餘人，東皋社友咸集焉。夷初、心庵、孚川先期約同往，九時許齊集寒齋，乘輿行，十時抵上天竺，山頗峻，歷一小時許始達，宴畢復雜談至三時一刻始歸。』（《余紹宋日記》第六册，二七九至二八〇頁）

三月三日，宴請陳叔通，約余紹宋作陪。

春暉堂日記三月三日（二月初四日）：『夜夷初招飲，陪陳叔通。』（《余紹宋日記》，八七一頁）

三月十日，訪晤余紹宋。余紹宋應邀爲其繪《嚼梅咀雪庵圖》。

春暉堂日記三月十日（二月十一日）：『高魚占、俞彦文、馬夷初陸續來談。爲夷初繪《嚼梅咀雪庵圖》。』（《余紹宋日記》第六册，二八六頁）

三月十八日，兩訪余紹宋。

春暉堂日記三月十八號（二月十九日）：『夷初兩次來談，項蘭孫、鄭遺孫來談。』（《余紹宋日記》第六册，二九一頁）

三月廿二日，余紹宋寫竹爲馬母鄒太夫人祝壽。

春暉堂日記三月廿二日（二月十三日）：『寫竹五張，其一爲夷初母鄒太夫人壽，其一爲

殷公武母壽。』(《余紹宋日記》第六册,二九二頁)

三月廿六日,爲母親做壽,余紹宋、高魚占、高欣木等來。

春暉堂日記三月二十六日(二月廿七日):『魚占、欣木昆季先後來談。同欣木赴夷初處祝其母壽。(中略)薄暮魚占、欣木復來,約同赴夷初家宴飲,飲稍逾量。』(《余紹宋日記》第六册,二九五頁)

三月,北大集會悼念教授單不庵。

五月十四日,余紹宋來訪未遇。

春暉堂日記五月十四日(四月十六日):『訪夷初、星一俱不值。』(《余紹宋日記》第六册,三二八頁)

五月十五日,回訪余紹宋未值。

春暉堂日記五月十五日(四月十七日):『夷初、星一來不值。』(《余紹宋日記》第六册,三二八頁)

五月十七日,訪晤余紹宋。

春暉堂日記五月十七日(四月十九日):『夷初來談。』(《余紹宋日記》第六册,三二九頁)

六月十日,黄晦聞與余紹宋書,談蔡元培曾託馬約其到北大任教事。

春暉堂日記六月十日(五月十四日):『晦聞來書,言北大當局曾託夷初告蔡元培約余

任教課事。夷初屢相見，絶未提及此事，亦可異也。作書覆之。』（《余紹宋日記》第六册，三四八頁）

六月十一日，訪晤余紹宋。

春暉堂日記六月十一日（五月望）：『夷初來。巽初來。厚齋來，留夜飲。』（《余紹宋日記》第六册，三四八頁）

六月十八日，余紹宋爲馬畫扇。

春暉堂日記六月十八日（五月二十二日）：『爲夷初、冷舟畫扇。竹』（《余紹宋日記》第六册，三五三頁）

六月，吴縣唐塑修整竣工。書蔡元培撰《甪直保聖寺古物館記》，落款：中華民國十九年六月，蔡元培撰，馬叙倫書。碑左下角注『古吴黄慰萱刻』，立於甪直保聖寺古物館内。

八月一日，訪晤余紹宋。

春暉堂日記十九年八月一日（庚午閏六月初七日）：『馬夷初來。』（《余紹宋日記》第六册，三七一頁）

八月九日，虎跑泉水一車送與余紹宋。

春暉堂日記十九年八月九日（閏六月十五日）：『晴。飲水既罄，天無沛然之望，湖水又不堪飲，因聞馬夷初向用虎跑泉，爲省政府所供給，特爲書求之，遂得一車十二石。犒銀一元，車夫、挑夫俱歡欣而去，勢利之徒之不可忽如此。』（《余紹宋日記》第六册，三七八至三七九頁）按，時浙江省政府主席爲魯滌平。

八月十七日，余紹宋爲馬改畫。

春暉堂日記八月十七日（星期，廿三日）：『爲馬夷初改畫，初學畫而筆致不惡，到底能書人易學也。』（《余紹宋日記》第六册，三八四頁）

八月廿五日，余紹宋來函。

春暉堂日記八月二十五日（七月二日）：『近日尚未敢出門，有瑣事欲與裴子、夷初、德華、欣木、俶仁接洽者，一一作書言之。』（《余紹宋日記》第六册，三八九頁）

九月一日，余紹宋爲馬之姑母作畫，賀其八十大壽。

春暉堂日記九月一日（七月九日）：『爲夷初之姑母寫八十壽畫，起畫稿三紙，便覺疲困。』（《余紹宋日記》第六册，三九五頁）

九月八日，訪晤余紹宋。

春暉堂日記九月八日（七月十六日）：『下午馬夷初來談。』（《余紹宋日記》第六册，四〇二頁）

九月十三日，致函余紹宋。

春暉堂日記九月十三日（七月二十一日）：『作書與博生，甫發而夷初、裴子書至，謂博生

事已成，因更補書告之。』（《余紹宋日記》第三册，九〇〇頁）

十月二日，余紹宋來訪，坐談半時許。

春暉堂日記十月二日（八月十一日）：『出門謝步，凡訪夷初、蘭生、醉石、綏之、仰坡、小蕃、曙岑、裴子、遺孫、輔之、巽初十一家，僅晤夷、蘭、蕃、輔四人，各坐談半時許，醉病，餘俱外出。巽初旋來。』（《余紹宋日記》第六册，四二三至四二四頁）

十月三日，《莊子義證》持贈余紹宋。

春暉堂日記十月三日（八月十二日）：『夷初贈其所著《莊子義證》。』（《余紹宋日記》第六册，四二五頁）

十月三日，函覆吴士鑒，并回贈《莊子義證》一部。

十月七日，接吴士鑒信札，即覆。（浙江圖書館編《浙江圖書館館藏名人手札選》，浙江人民出版社二〇〇〇年版，一五四頁）

十月十四日，余紹宋發請柬。

春暉堂日記十月十四日（八月二十三日）：『發酒約，請邈達、星一、志葦、鬱堂、孚川、遜初、魚占、欣木、夷初、渭泉明晚來飲。』（《余紹宋日記》第六册，四三六頁）

十月十五日，辭余紹宋之約。

春暉堂日記十月十五日（八月二十四日）：『飲畢返寓，知夷初、巽初、蘭生不能來，補約

綏之、延華，五時許客陸續至，十一時始散盡。』（《余紹宋日記》第六册，四三七頁）

十月十九日，博生聘書轉交余紹宋。

春暉堂日記十月十九日（星期，八月二十八日）：『夷初來，帶來博生聘書。』（《余紹宋日記》第六册，四四二頁）按，博生，疑姓陳。

十月廿一日，第二次送虎跑泉水與余紹宋。

春暉堂日記十月二十一日（八月三十日）：『馬夷初送虎跑泉十石。』（《余紹宋日記》第六册，四四五頁）

十月廿三日，余紹宋贈《竹》一幅。

春暉堂日記十月二十三日（九月二日）：『寫竹兩幅如定課，以一幅贈夷初。』（《余紹宋日記》第六册，四四七頁）

十月，與蔡元培、馬衡、沈士遠、邵裴子、胡適聯名致函浙江教育廳，要求妥善保存蕭山單不庵遺留藏書。

錢玄同日記十月二十一日（星期二）：『晚訪叔平，他是十九日到的。談次，知不庵遺書現已由叔平、士遠、夷初、裴子、子民、適之諸人函請浙江教育廳保護，以單氏爲本鄉現代學者，其遺書多手批校本，于學術文化頗有關，不可任其散失，應有公家保存云云。此可略慰者。』（《錢玄同日記》，七六七頁）按，此前六月十日，蔡元培致函浙江省立圖書館館長楊以明：

『聞單不庵遺書，貴館允給代價一千五百元，單夫人希望加至二千以外，特爲轉達。』（《蔡元培全集》第十二卷，三四八頁）

十一月十日，余紹宋、博生來訪未值。

春暉堂日記十一月十日（九月二十日）：『爲夷初寫松。與博生訪夷初不遇。』（《余紹宋日記》第六册，四六四至四六五頁）

十一月十三日，余紹宋爲馬作山水小中堂。

春暉堂日記十一月十三日（九月二十三日）：『爲夷初寫山水小中堂。題云：「章法不宜求奇，此語深可味，所謂平淡始見天真也。」』（《余紹宋日記》第六册，四六六頁）

十一月十五日，夜訪余紹宋。

春暉堂日記十一月十五日（九月二十五日）：『夜夷初來談。』（《余紹宋日記》第六册，四六八頁）

十一月十六日，余紹宋再次爲馬改畫。

春暉堂日記十一月十六號（星期，九月廿六日）：『爲礪深、夷初改畫各一幅。』（《余紹宋日記》第六册，四六八頁）

十一月十八日，余紹宋又一次爲馬畫扇。

春暉堂日記十一月十八號（九月二十八日）：『爲夷初畫扇。』（《余紹宋日記》第六册，四六九

頁）

約十一月，藏書两万餘册轉讓北平輔仁大學。

夏承燾日記一九三〇年十二月一日：『接趙叔雍信，告予《白石詞》板本尚有武唐俞氏刻《白石詞鈔》、螺川陳元龍少章編《白石詞選》一卷二種。俞刻馬氏天馬山房舊藏，今歸北京輔仁大學。四川官書局本《白石詞》及同治十年廣州鎔經鑄史齋《白石道人四種》，同爲馬藏，今歸輔仁大學。陳《選》爲紫芝鈔本《宋元名家詞集》之一，經汲古校過者，凡卅八頁，藏北平北海圖書館。并囑予鈔江賓谷論詞詩及鄭大鶴姜詞校語。』

夏承燾十二月十三日：『晴冷。十時訪潭秋，留午飯，談馬夷初，聞藏《白石集》五種。』

倫明《辛亥以來藏書紀事詩》談及馬賣書輔仁事：『數年前，君以所藏全歸輔仁大學，凡兩萬餘册，近代人詞集多至數百册。君不善詞，而好收詞集，數年前譚篆青家設選會，多資之。』（《倫明全集》第一册，一三三頁）

十二月一日，余紹宋又爲馬改畫。

春暉堂日記十二月一號（十月十二日）：『又爲夷初改畫。』（《余紹宋日記》第三册，九一九至九二〇頁）

十二月九日，蔡元培致馬叙倫、沈士遠、胡適、馬衡函，稱據浙江教育廳長陳布雷復函，單不庵遺書五十三箱已由省立圖書館點收。

蔡元培函：『夷初、士遠、適之、叔平先生大鑒：頃接浙江教育廳長陳布雷來函，略謂「前承函囑保存單不庵遺書。查是項書籍，共五十三箱，于本年五月間存入省立圖書館，并附書目一本。經點收保管，由該館長繕就收據，交原代理人潘尊行君收執，相應函覆」等語。特此轉達，即希察照。專頌時祉。蔡元培敬啓。十二月九日。』（《蔡元培全集》第十二卷，二五七頁）按，《浙江圖書館志》第八編《人物傳略》『單丕』條稱，單丕遺有藏書八千餘册，一九三一年由浙江省立圖書館購藏。

十二月，移居。余紹宋作畫致賀。

春暉堂日記民國十九年十二月廿六日（十一月初七日）：『畫喬柯竹石一幅，頗自愜意，即送與夷初，賀其移居。』（《余紹宋日記》第六册，五二二三頁）

十二月卅一日，余紹宋來訪。

春暉堂日記民國十九年十二月三十一日（十一月十二日）：『下午訪夷初，談一時許。』（《余紹宋日記》第六册，五三三二頁）

本年，作五律兩章《寄湯爾和遼寧》，内有句云：『念予如骨肉，喜子亦平安。地氣分南北，交情洽肺肝。』（《馬叙倫詩詞選》，八頁）按，湯爾和時任東北邊防軍司令長官公署參議。

本年，前同事姜丹書作《丹楓紅葉圖卷》爲定情紀念。應邀爲之題詩：『自圖韻事抵催妝，赤石丹青本擅場。從此藝林添故事，小紅一例屬姜郎。』（姜丹書著《丹楓紅葉樓詩詞集》，浙江文藝出版社二〇〇七年版，卷二，五五頁）按，此絶《馬叙倫詩詞選》未收。

本年，脱離國民黨。

《國民的責任應該説話》：『我未到「弱冠之年」已有中國式的社會主義思想，過了二十，便加入同盟會周邊的南社，也曾做過國民黨北京特别黨部（當爲北京執行部）的宣傳部長，也曾踏過血跡而嘗過小小流血的味道，也曾在國民黨黨治下努力過政治工作。雖然從十九年起不讓我再占國民黨黨籍了，但我不曾再加入任何黨籍。』（《民主》周刊第八期，一九四五年十二月一日）按，『不讓我再占黨籍』，當指被黨部除名，并非主動退黨。背景如何，此文隱約其辭，《我在六十歲以前》亦避而不談。然而馬不再是國民黨黨員，在其政治、學術生涯中無疑是個轉捩，標誌著他與國民黨主流派的決裂，真正具備『一錘定音』的意味。

一九三一年（中華民國二十年辛未）四十七歲

一月二日，宴請余紹宋。

春暉堂日記民國二十年一月二日（十一月十四日）：『夜夷初招飲。』（《余紹宋日記》第六册，五三六頁）

一月廿一日，陪日本客人游龍井。

春暉堂日記一月二十一日（十二月初三日）：『未明又起送爽弟登程，復入寢補睡兩小時，稍減疲困。馬夷初招往龍井陪日人遊山，遂不能鼓興，作書辭之。』（《余紹宋日記》第六册，五五一頁）按，日人疑爲正木直彦、渡邊晨畝兩人。正木爲東京美術學校校長，渡邊爲畫家，『此次蓋來徵元明清名畫展覽會出品』。（《余紹宋日記》標點本第三册，九三五頁）

一月廿二日，應約赴新新旅館招待日本客人。

春暉堂日記一月二十二日（十二月初四日）：『魚占、欣木、繹求來約同赴新新旅館招待日賓。由余與張暄初、袁巽初、王薌泉、高欣木、武劼齋六人作主人，來賓除日賓外，請米内山領事、堤幫辦、陳屺懷、馬夷初、高魚占、高繹求、余雪揚夫婦并汪亞塵爲陪客。薌泉出文徵明六君子圖，八大山人兩鳥，藍田叔仿張僧繇，王右丞雙幅，王九龍、惲南田山水六幅，又盛茂燁山水長卷。高氏昆仲出王元章、沈石田兩梅花卷，陳白陽梅花竹石，周服卿白梅，王翀八仙，曾波臣送梅圖，李上達山水五幅。武劼齋出錢玉魚花卉軸、邊壽民蘆雁册，均精審之品。并余所出四種一併展覽，諸日人均極讚歎。一時始入席，三時宴畢，復雜談片刻始別去，歸已四時半矣。』（《余紹宋日記》第六册，五三二頁）按，余紹宋所出四種，即昨日日記所提及之『擬帶王紱、謝時臣、張弘、黃道周四件，投日人之所好也』。

一月三十一日，即將北上執教，與余紹宋話別。

春暉堂日記一月卅一日（十二月十三日）：『中午馬夷初招飲，食素菜，蓋留別也，因約東

臯社人明午即在其家爲之祖餞，三時半歸寓。』（《余紹宋日記》第六册，五六四頁）

二月一日，東臯社友在馬家雅集。赴余紹宋處道別。

春暉堂日記二月一日（十二月十四日）：『以《北山小集》還葉左文，託夷初帶去。中午在夷初家雅集，三時始歸。』（《余紹宋日記》第六册，五六五頁）

二月二日，余紹宋來送別。

春暉堂日記二月二日（十二月望）：『與夷初話別，因其昨來辭行，明日又不願送車，故一往耳。』（《余紹宋日記》第六册，五六七頁）

二月三日，啓程赴北平任教。

二月初，北大哲學系各班代表『通告』，敦請『馬叙倫先生來校授課』。回校講『宋明理學』。

二月八日，應約赴黄仲良宴，與朱希祖、馬裕藻、董作賓、李濟、劉半農、傅斯年、馮友蘭、顧頡剛、盧木齋諸人同席。

顧頡剛日記二月八號（十二月廿一，星期日）：『赴仲良宴。今午同席：朱逷先、馬幼漁、叔平、魏建功、胡文玉、馬彝初、傅孟真、馮芝生、常維鈞、盧木齋、商錫永、田培林、董彦堂、李濟之、劉半農、沈兼士等共約五十人，黄仲良（主）。』（《顧頡剛日記》聯經出版事業股份有限公司二〇〇七年版，第二卷，四九二至四九三頁）

二月十二日，湯爾和設家宴，與胡適、黄節、劉崧生、陳任中等同席。

胡適日記二月十二日：『在湯爾和家吃飯，見著劉崧生、黄晦聞、馬夷初、陳仲騫諸人。』（《胡適日記全編》第六卷，五七頁）

三月三十日，馬叙倫啓事發表於《北京大學日刊》，答覆著述未刻已刻目録，共十九種，不外乎文字學、哲學和讀史札記三類，包括公開出版的《説文解字研究法》《讀兩漢書記》《莊子義證》等六種，自費刊行的《修辭九論》《天馬山房文存》等數種，其餘爲散篇論著及未刊稿。

四月十日，返杭期間訪晤余紹宋。

春暉堂日記四月十日（二月二十三日）：『夷初來談。』（《余紹宋日記》標點本第三册，九四八頁）

四月廿五日，向余紹宋辭行。

春暉堂日記四月二十五日（三月初八日）：『馬夷初來辭行。』（《余紹宋日記》第六册，六一四頁）

五月十二日，馬叙倫啓事發表於《北京大學日刊》。

五月，五律《四十六歲初度》書贈常州王春渠，感歎：『百年還未半，門齒却將殘。薄産愁租重，多男授職難。』（次年手跡收入《當代名人書林》。）

六月初，講演稿《大學》（署名『馬叙倫先生講演/焦步青筆記』）發表於《北大學生周刊》第一卷第十期，談論關於《大學》的版本與意義兩方面的問題。按，是時任《北大學生周刊》顧問。

七月六日，余紹宋來函。

春暉堂日記七月六日（五月二十一日）：『與陳仲恕、邵伯絅、馬夷初書。』（《余紹宋日記》第六册，六五二頁）

八月廿六日，暑假回杭，訪晤余紹宋。余紹宋畫扇相贈，并託馬帶一扇轉交黄晦聞。下榻葛蔭山莊。

春暉堂日記八月廿六日（七月十三日）：『馬夷初自北平來談，爲畫竹扇貽之。又爲晦聞書畫扇，託其帶去。所畫作雨景，題云：「昔人謂學米要從空處、淡處著力，方能蒼厚，此語最微，願與晦聞參之。」』（《余紹宋日記》第六册，六八五頁）

八月廿八日，余紹宋回訪。葉浩吾來訪。

春暉堂日記八月廿八日（七月望）：『晨赴葛蔭山莊答訪夷初，遇葉浩吾，談一時許歸。湖荷今年極盛，已漸殘矣。』（《余紹宋日記》第六册，六八六頁）

八月三十日，東皋社友雅集于葛蔭山莊。

春暉堂日記八月卅日（星期，七月十七日）：『約礪深同赴東皋社集，以夷初寓葛蔭山莊，

因移樽就之，下午三時始歸。』（《余紹宋日記》第六册，六八八頁）

九月六日，元押贈與余紹宋。

春暉堂日記九月六日（星期，七月廿四日）：『馬夷初贈元押甚好，惜非姓氏，不能用也。』（《余紹宋日記》第六册，六九四頁）

九月十五日，余紹宋作覆。

春暉堂日記九月十五日（八月初四日）：『又覆馬夷初、黄晦聞信。』（《余紹宋日記》第六册，七〇四頁）

九月十八日，瀋陽『九一八』事變發生，從此舊體詩漸漸多寫。

十月二十五日，余紹宋回信，感謝馬贈畫。

春暉堂日記十月廿五日（九月十五日）：『作書覆馬夷初、瞿兑之、湯定之，俱謝贈畫。』（《余紹宋日記》第六册，七一五頁）

十月廿八日，致余紹宋母親的壽禮，余紹宋推辭未收。

春暉堂日記十月廿八日（九月十八日）：『厚齋、夷初、斐子、孔修諸人饋綢緞、壽幛、絲繡各物，悉辭之。』（《余紹宋日記》第六册，七一八頁）

十二月一日，余紹宋作覆。

春暉堂日記十二月一日（十月廿二日）：『作書覆郭芸夫、袁守和、瞿兑之、馬夷初、朱心

佩、林宰平、劉亨齋、湯定之、施芍孫。』（《余紹宋日記》標點本第三册，九八〇頁）

十二月十三日，覆五子馬龍翔長信，略稱：『汝年已二十，於世界大勢亦略有知，於國家近狀亦復能了，請願示威之舉，泄一時之憤慨，表方寸之悃誠，余誠亦不汝止，余以爲此類之舉，可一二見而不必有普遍之象。汝然余言，則後此當持正義以導同學，弗以懼違衆議而自縮也。（中略）近年科學救國之論，誠箴時之至策、青年之福饗，汝儕不可忽也。政府過去之無成績、社會現在之不進步，其因雖衆，而無真實完美之人才，足以抗大責，當大任，要爲一重因也。』進而表示：『余年將五十，又爲生事所累，不能復乘長風，赴萬里，求邃密吾學，是以拳拳於汝儕。以余拳拳於汝儕之意，誠欲及於汝儕之曹偶，故觀於今日青年之舉動，有不能已於言矣。』（十二月十七日以『論請願書』爲題刊於《北京大學三十三周年紀念特刊》四五至四八頁，承王世儒先生提供影本）

一九三二年（中華民國廿一年壬申）　四十八歲

一月，被聘爲『國難會議』會員。

三月，章太炎爲抗日事宜赴平活動，前往訪晤，并設宴接風。

周作人日記民國二十一年三月七日：『晚，夷初招飲，辭未去，因知係宴太炎先生，此外有黄侃，未曾會面，今亦不欲見之也。』（周作人《章太炎的北遊》，轉引自陳平原、杜玲玲編《追憶

章太炎》，中國廣播電視出版社一九九七年版，三五七頁）

四月，洛陽『國難會議』議決救灾、綏靖、禦外三方針。章太炎、黃炎培拒絕與會。

五月，《文心雕龍黄注補正》發表於《文學月報》三卷一期。

六月一日，余紹宋回復。

春暉堂日記民國二十一年六月一日（四月二十七日）：『覆胡嘯雲、馬夷初書。』（《余紹宋日記》第七册，六一頁）

七月二日，應歐美同學會之約赴宴。

顧頡剛日記七月二號（星期六）：『四時，開歡迎蔡孑民先生會，照相。到歐美同學會赴宴。因蔡先生先赴張學良之宴，九時半始來，故席散已十一時矣。今晚同席：蔡孑民、任叔永、陳通伯、金叔初、周詒春（以上客）、王烈、王承傳、王訪漁、李四光、李方桂、李宗侗、李濟、李麟玉、何基鴻、汪敬熙、沈尹默、沈兼士、秉志、周炳琳、胡先驌、徐炳昶、徐中舒、徐鴻翼、唐鉞、孫洪芬、袁復禮、袁同禮、翁文灝、梅貽琦、馬衡、馬叙倫、馬裕藻、陳垣、張頤、張準、黃文弼、陶孟和、馮友蘭、傅斯年、裘善元、楊亮功、樊際昌、劉樹杞、劉復、蔡樂生、黎錦熙、錢玄同、盧于道、謝壽康、羅常培、嚴濟慈、予（以上主）。』（《顧頡剛日記》第二卷，六五七頁）

錢玄同日記七月二日：『晚，△人賞蔡先生吃飯于歐美同學會，熱極，洋房中菜真熱得吃不下去。』（《錢玄同日記》中册，八六八頁）

八月，撰《杭州西溪厲樊榭先生祠堂記》。按，此《記》由余紹宋書丹，馬一浮篆額。

春暉堂日記十月七日（九月初八日）：『徐曙丞來求書《重修西溪交蘆庵碑記》，文爲馬夷初作，尚未見。』（《余紹宋日記》第七册，一九九頁）十月八日（重陽）：『夜書《重修西溪厲樊榭先生祠堂記》，昨謂《交蘆庵記》者非也。仲夷適來，觀余走筆，文凡六百餘字，不一時寫完。文爲夷初作，篆額則馬一浮也。』（第七册，二〇一頁）

九月四日，余紹宋作覆。

春暉堂日記九月四日（八月初四日）：『作書覆馬夷初、黄石麟、詹蜚甫。（中略）又馬夷初子來，亦未遇也。』（《余紹宋日記》第七册，一五〇頁）

九月十七日，余紹宋作覆。

春暉堂日記九月十七日（八月十七日）：『作書覆夷初辨文體，又與博生書。』（《余紹宋日記》第七册，一六四頁）

同日，楊度病故。輓以聯語：『功罪且無論，自有文章驚海内；霸王成往跡，我傾河海哭先生。』（《石屋餘瀋》，七頁）按，夏衍《續楊度同志二三事》點評：『在當時，應該説是很難得的。一九四七年在香港，宋雲彬同志和我談起這副對聯，問我楊哲子晚年是不是加入過共産黨，談話時潘漢年也在座，我們就作了肯定的回答。』（夏衍《天南海北談》，花城出版社一九九二年版，八一頁）

十月一日，清華大學文學院院長馮友蘭、國文系主任朱自清來訪，言選修課無人報名。

朱自清日記十月一日（星期六）：『早與芝生至馬夷初處告以功課無人選習，談及《莊子義證》，竟忘却已在商務印行。』（朱喬森編《朱自清全集》，江蘇教育出版社一九九八年版，第九卷，一八三頁）

十一月五日，爲永嘉同門劉景晨母陳太夫人撰書《劉太夫人七十序》，略稱：『景晨雖以公過嘗繫獄以憂其親，然于曹錕賄選總統之際，所謂國會議員者，其中不乏謦然自處之士或文譽滿士林者，以倫所知，得區區五千圓之賄而樂受其汙者多矣，景晨獨皭然不滓，失厚禄顯職而不悔，景晨故非裕於財者也，而乃若此，其不負於親，即其所以補前日之過。而倫且以知太夫人于景晨繫獄之日，復喪其仲、季二子，遭人生之大戚，豈無動於中？而顧順受無怨，及景晨出獄，猶以爲儌天之幸，蓋有所恃也。太夫人之所教景晨者，雖不如范滂、歐陽修之母顯然在簡册，顧亦何以異！其德足自壽于千歲，期頤何足算哉！』（《劉景晨集》，四六五頁）

十二月三日，余紹宋又爲馬畫扇。

春暉堂日記十二月三日（十一月六日）：『爲馬夷初畫扇，枯木竹石，頗得意。』（《余紹宋日記》第七册，二六五頁）

十二月六日，余紹宋回復。

春暉堂日記十二月六日（十一月九日）：『作書覆林宰平、熊十力、胡梅庵、馬夷初。』（《余紹宋日記》第七册，二六八頁）按，余紹宋覆馬信多通，惜日記往往漏記接信事。

十二月廿一日，余紹宋來函。

春暉堂日記十二月二十一日（十一月廿四日）：『致馬夷初、魏渭泉書。』（《余紹宋日記》第七册，二八二頁）

本年，書《周鳳山先生墓誌銘》（黄侃撰）。

是年，次子馬克强獲布魯塞爾大學經濟學碩士學位歸國，任實業部商業司專員。五子馬龍翔考入天津北洋工學院。

一九三三年（中華民國廿二年癸酉）　四十九歲

一月十二日，余紹宋撰《凖園壽蘇第二圖記》。

春暉堂日記民國二十二年一月十二日（十二月十七日）：『高魚占復屬爲《凖園壽蘇第二圖記》，因濡筆爲之，文曰：「東臯雅集同人每歲十二月十九日，必集會爲坡公壽，集必于高氏之凖園，已有年矣。距今三年前，園主人存道先生曾屬鄭君遺孫爲圖，馬君夷初記之。（下略）」』（《余紹宋日記》標點本第四册，一〇六九頁）《第二圖》係余紹宋手筆。

三月，熱河省會承德淪陷後，將老母、家小送回杭州，仍在北大執教，每周兩門課五小時。

四月四日，撰《石鼓文疏記引辭》（次年七月寫定，發表於《北平圖書館館刊》第七卷第六期）。

四月十一日，撰《石鼓文爲秦文公時物考》（發表於《北平圖書館館刊》第七卷第二期）。

四月二十二日，與周作人等到宣外下斜街浙寺公祭李大釗。

錢玄同日記四月二十二日（星期六）：『下午二時至妙光閣吊李守常。他明日安葬西山之萬安公墓，今日設奠也。』（《錢玄同日記》，九二三頁）

四月二十八日，覆朱鐸民（鏡宙）信，談及借書與敬鄉樓主人黃群校刊一事。

信曰：『鐸民先生大鑒：別久思深，忽奉朵雲，頓慰朝飢，承賜大著，循誦極佩。令先世蕩南先生《李詩辨疑》，弟所有本亦係其嗣守行所刊，誠多錯誤，黃旭初刊《敬鄉樓叢書》，即藉以勘校也，惟此書弟頃亦已售去矣。專此奉覆，并鳴謝悃。即頌大安。弟馬叙倫頓首。廿二年四月廿八日。』（温州博物館藏，見盧禮陽輯《黃群集》，上海社會科學院出版社二〇〇七年版，一九三頁）

五月五日，余紹宋作覆。

春暉堂日記五月五日（四月十一日）：『作書覆馬夷初、馬叔平。』（《余紹宋日記》標點本第四册，一〇九二頁）

七月十三日，余紹宋覆信。

春暉堂日記七月十三日（閏五月廿一日）：『作書覆熊渭漁、汪愼生、江翊雲、胡子賢、邵伯絅、馬夷初。』（《余紹宋日記》標點本第四册，一一〇七頁）

本年，『老莊哲學』只有五名同學選修，或在沙灘紅樓上課，或在寓所客廳講解，往往參用佛理闡述老莊要義。五名同學包括羅竹風（《辭海》一九八九年版主編）、陳嘉坤（河南籍，後因學潮去德國專攻黑格爾）。

羅竹風晚年回憶：『還有一位中國同學。此外，一位是加拿大人，不是美國人；還有一位日本人，漢語水準只能聽講。』（羅竹風一九九四年十二月廿一日于上海華東醫院覆盧禮陽信）

本年，自費印行《天馬山房叢著》。開始署『石翁』。

一九三四年（中華民國廿三年甲戌）五十歲

一月三十日，撰《跋〈石鼓文研究〉》。（《東方雜誌》第三十四卷十八、十九期合刊，一九三七年）按，《石鼓文研究》係郭沫若著。

三月，《令矢彝》發表於《國學季刊》第四卷第一期。

四月三日，出席葉瀚（浩吾）逝世周年紀念會并致辭。

錢玄同日記四月三日（星期二）：『今日上午十時赴葉浩吾追悼會（北大二院禮堂），到約三十人。行禮畢，首由蔣致辭，次幼漁、夷初、玄同三人演説，終由清伊致辭答謝，畢十一時許，回府。』（《錢玄同日記》，一〇〇一頁）按葉浩吾上年四月三日逝世，享年七十。

四月十八日，余紹宋寫梅壽馬五十。

春暉堂日記民國二十三年四月十八日（三月五日）：『寫梅三幅，一贈静希，一爲馬夷初壽，一爲王鯤徙妻湘蘅。』（《余紹宋日記》第七册，七二〇頁）

四月二十二日，蔡元培得知馬五子『將在首都世界飯店』爲父做壽，特地題聯相賀：『白眉最良，談經解惑；丹桂齊馥，介壽承歡。』並委託章味三代書。（《蔡元培全集》第十六卷，三三二頁）

五月十六日，馬裕藻發起爲馬五十祝壽。

錢玄同日記五月十六日（星期三）：『晚，十個人（玄同，三馬二、四、九，陳舊，徐僧，徐耀辰，沈三，周，劉半）宴馬石屋于東興樓，據説是祝他五十壽辰也。我被馬二及周二所勸，只好加入，其實何必也！十一人竟用了五十五元之多，因其魚翅一樣二十元也，是馬院長的提調，大有「朱門酒肉臭，路有凍死骨」之風，噫！』（《錢玄同日記》，一〇一一頁）按，馬二即馬裕藻（幼漁），北大文學院院長。馬四，指馬叔平。馬九，指馬隅卿。沈三，即沈兼士。周，即周作人。劉半，即劉半農。

劉半農日記民國二十三年五月十六日：『晚至東興樓，與玄同等老友十人爲馬夷初祝五十初度，席由幼漁提調，用廣東魚翅，只此一味，便費二十金，然實未佳處。玄同嘗言廣東人不知味，以銅味爲味，信哉！ 不料余等今日亦作冤桶也。』（《劉半農日記》，見劉小蕙《父親劉半農》，上海人民出版社二〇〇〇年版，附録六，二七〇至二七一頁）

五月二十日，余紹宋覆書。

春暉堂日記五月廿日（四月初八日）：『作書覆馬夷初等凡七通。』（《余紹宋日記》第七册，七五〇頁）

六月，《石鼓文釋文序》發表於《圖書館學季刊》第八卷第二期。

九月，《説文古籀三補序》發表於《圖書館學季刊》第八卷第三期。

十月七日，余紹宋重遊故都，逗留期間幾度相聚。

春暉堂日記十月七日（八月廿九日）：『七年離故都，今日重來，恍如夢幻，豈勝人民城郭之感，作詩紀之。』（《余紹宋日記》標點本第四册，一二〇一頁）

十月八日，黄晦聞宴請余紹宋于新豐樓，應邀作陪。

春暉堂日記十月八日（九月朔）：『晦聞約飲新豐樓，得與夷初、仲恕諸君相見。飲後到晦聞家暢談，至夜十一時始歸寓。』（《余紹宋日記》第八册，一一八頁）按，余紹宋下榻王立生寓所北院道康齋。

十月十二日，偕陳仲恕、邵伯絅招待余紹宋。

春暉堂日記十月十二日（九月初五日）：『中午應仲恕、伯絅、夷初之招宴，始識張朗僧。

飲畢，在仲恕畫案上寫竹贈之，伯絅爲填詞。又爲叔通之女又宜畫墨梅立幀。』（《余紹宋日記》第八册，一二二頁）

十月十五日，余紹宋來訪不值。

春暉堂日記十月十五日（九月初八日）：『（前略）三時半散。訪馬夷初不值。』（《余紹宋日記》第八册，一二五頁）

十月廿四日，設家宴請余紹宋，約黄晦聞作陪。午後陪余紹宋訪陳仲恕。

春暉堂日記十月二十四日（九月十七日）：『十一時半赴夷初家，夷初治家饌相款，晦聞來陪。飯後同夷初訪仲恕，其齋中有紅葉一盆甚美，興發遂爲寫照贈之，四時半始返寓。』（《余紹宋日記》第八册，一四四頁）按，是月卅一日余紹宋離平南歸。

十一月九日，老友許璇以腦溢血病故于北平大學農學院，享年五十九歲。輓以聯語：『通經致用，自儒志一脉相承，誰令竟闕其長，樹人以老，狼藉講疏，詎意忽趨天上召；志大才疏，負横塘廿年期許，自知終無所試，玩世不恭，陸沉人海，偏教連哭故人喪。』（《中華農學會報》第一三八期『許叔璣先生紀念刊』，民國廿四年七月五日，一六七頁）按，此聯收入《石屋餘瀋》，下聯添注：『王夢白先叔璣卒。』

十二月，跋《録唐人詩詞册》。

本年，瑞安孫仲闓去世，致送輓聯，内有『家庭即學府』之語。（孫孟晋《瑞安孫氏玉海樓出

品答問》，見《温州歷史文獻集刊》第三輯，南京大學出版社二〇一三年版，二七三頁）

一九三五年（中華民國廿四年乙亥） 五十一歲

一月廿四日，老友黄節辭世，享年六十二歲。

一月廿六日，前往黄晦聞家弔喪，輓以聯語。

輓聯曰：『殘年但願常相見，舊雨從今不更來。』跋云：『余與晦聞道兄交逾三十年，行藏略異，襟抱實同，然兄狷潔之美，余所不如。兄擅爲詩，足媲后山，余向不嫻聲偶，亦所愧也。先後相聚逾二十年，見必譚藝，兼勵志節，道誼之交，無逾于兄。兄與余皆嘗聞政，而均未展所懷。前歲兄偶謂余：「君才自宜再出。」余笑應曰：「道大莫容。」兄亦笑曰：「自不如閉户著書也。」然比年孰觀憂患，其孤憤之情，見於遺集壬申癸酉諸詩，而相對每言，不如早死，今乃驗矣。自兄始病及殤，纔逾一月。其病三日始瘳，謂余曰：「若病起當勤相見。」不意遂成隔世。我懷如何，愴難爲辭，乃假宋人語，寫以哭輓之。兄在天之靈，必有以鑒之也。廿有四年一月廿有六日，晦聞道兄皋復之辰，學弟馬叙倫率子孫同拜輓。』（李韶清《順德黄晦聞先生年譜》，見《蒹葭樓自定詩稿原本》，廣東人民出版社一九九八年版，附録，三三八至三三九頁）

錢玄同日記一月二十六日（星期六）：『午後二時至黄晦聞家弔喪，今日接三也。于彼處晤鄭介石、卓君庸、董魯安、周啓明、馬幼漁、叔平、陳仲恕、馬夷初諸人。五時頃送庫，予亦送之。』（《錢玄同日記》，一〇六七頁）

一月，《南武講學録》（第一期）發表於《甌風雜誌》第十三期。

二月十九日，列名《黄晦聞先生追悼會啓事》。汪兆銘領銜，蔡元培、葉楚傖、丁文江、蔣夢麟、鄭天錫、羅文幹、葉恭綽、陳垣、鄧家彦、羅家倫、馬叙倫、馬衡、黄賓虹、柳亞子、余紹宋、梅貽琦等三十二人連署。（《申報》即日）

三月十日，赴觀音院出席黄晦聞追悼會。

朱自清日記三月十日（星期日）：『上午參加黄晦聞的追悼會。羅彤雲與劉蓀的輓聯頗感人。馬叙倫的悼詞一開始是兩句深摯感人的名詩，詩曰：「殘年惟願長相見，舊雨如今不更來。」許多輓聯均可列爲詩中佳品，唯夏敬觀用了晚唐詩句。』（《朱自清全集》第九卷，三四六頁）

錢玄同日記三月十日（星期日）：『今日黄晦聞追悼會，北大開，在觀音院。他家開吊亦在觀音院，我未往，怕遠也。』（《錢玄同日記》，一〇八三頁）

三月十二日，余紹宋來函，知會黄晦聞身後諸事。

春暉堂日記三月十二日（二月初八日）：『李韶清來久談，因晦聞山地已定，圖書館亦允爲收存書籍，其他各事亦俱有辦法，特作書與仲恕、夷初諸君言之。』（《余紹宋日記》標點本第

四册，一二四四頁）

三月二十五日，應黄晦聞太太之囑，余紹宋致函馬，轉達黄晦聞營葬費事。

春暉堂日記三月廿五日（二月廿一日）：『李韶清來談，爲晦公葬費事，晦公夫人屬函達仲恕、夷初、平甫，許之。』（《余紹宋日記》第八册，一三三六頁）

《一月廿四日黄晦聞之亡正一年矣歌以當哭》其六注：『晦聞遺囑余與陳仲恕丈及王立生、梁平甫、胡子賢諸公，處理其身後各事。未數月，其妾與其子大辰不睦，邀余等爲之析産，晦聞遺物變鬻殆盡。』（《馬叙倫詩詞選》，五五頁）其中遺硯廿六方託馬代覓受主。

四月中旬，有南京之行。十八日赴中央大學訪國文系教授林損、吴梅，當晚起身返北平。

瞿安日記一九三五年三月十七日酉（四月）十九：『早三課畢，晤公鐸，知馬彝初叙倫昨見訪，余適往金大，未得見，昨夜已北行矣。』（王衛民編校《吴梅全集》，河北教育出版社二〇〇二年七月版，『日記卷』下，五五二頁）

四月，《奠陳介石師文》發表於《甌風雜誌》第十五、十六期合刊。

本月，應約爲余紹宋主編《東南日報》特種副刊『金石書畫』旬刊題刊頭，落款『乙亥春日，石翁』，鈐一章『馬』。四月五日、十五日，第二十、第二十一期一版採用。

五月，寓所在雙輦胡同。

六月，撰《故北京大學教授瑞安許叔璣先生之碑》（手稿存國家圖書館）。

上半年，爲瑞安陳太師母林氏百齡晋一而精拓曲阜元人刻石『慶壽』爲賀，并繫之以辭：『石出聖地，刻於元代。持以壽母，千秋萬載。』（《甌風雜誌》第十九、二十期合刊）

七月七日，陳介石母林氏壽辰。先期林森、蔣介石、黄紹竑贈以匾額，蔡元培、汪精衛、孫科、戴季陶、于右任、居正等各贈賀聯。『而陳氏高足馬叙倫、湯爾和等各饋厚儀。第三特區行政專員許蟠雲氏亦爲其門下士也，是日專輪來瑞，偕陳縣長前往賀壽云。』（未署名《百歲人瑞》，載《瑞安新聞》第十五期，中華民國廿四年八月十二日）

八月七日，中央大學史學系教授朱希祖自南京來訪。

朱希祖日記八月七日：『至雙輋胡同訪馬夷初，談半小時。』（《朱希祖日記》中册，五三〇頁）

八月十四日，宴請朱希祖父子。

朱希祖日記八月十四日：『六時至雙輋胡同十二號赴馬夷初宴，八時至前毛家灣五號赴蔣夢麟宴，皆與大兒同往。』（《朱希祖日記》中册，五三二頁）按，朱希祖長子名伯商。

八月廿七日，看望朱希祖。

朱希祖日記八月二十七日：『午後整理書籍。馬夷初來。』（《朱希祖日記》中册，五三八頁）

八月廿八日，羅常培（莘田）宴請朱希祖，應約作陪。

錢玄同日記八月二十八日（星期三）：『午，羅莘田賞飯于東興樓，請逖先也。同座者爲逖先、立庵、兼士、季茀、夷初、幼漁、叔平、黄仲良、陸穎民。同時羅雨亭賞飯於大美，只好不去了。』（《錢玄同日記》，一一一九頁）

朱希祖日記八月二十八日：『十二時至東興樓赴羅常培宴，同席有馬幼漁、馬叔平、馬夷初、錢玄同、許季紱、沈兼士、黄仲良等。』（《朱希祖日記》中册，五三九頁）

八月二十日，《鄭夫人七十壽辭》發表於《甌風雜誌》第十九、二十期合刊。

九月，與蔣夢麟、胡適、丁文江、任鴻雋、李四光等一百多人致函蔡元培，表達集資營建住宅以壽其七十的心願。

十一月六日，就受贈《説文諧聲譜》一書復函葉揆初道謝。

原函：『揆初先生表兄尊鑒：傔從莅平，值倫病痔，未獲往候，及能强步，知台旆已南，徒增悵惘而已。近審南中師友，陟峻探幽，吾兄亦無役不與，藉徵康固，并慰遠懷。昨日郵遞，得承惠賜《説文諧聲譜》，既窺張氏著作之全，復佩吾兄闡揚之雅。倫治許氏學，久以不得張氏原著爲憾，今承此書，歡喜無量，草草布謝不一。即頌大安。表弟馬叙倫頓首，廿四年十一月六日。』（原載葉景葵自編《尺素選存》，上海圖書館藏。參見柳和城編著《葉景葵年譜長編》，上海交通大學出版社二〇一七年版，下卷，八一一頁）

十二月九日，『一二·九』運動爆發，北平學生遊行。

十二月十一日，錢玄同來北大會晤。

錢玄同日記十二月十一日（星期三）：『至北大看看，晤夷初、啓明、立庵，知有罷課之模樣。午回家。』（《錢玄同日記》，一一六二頁）

十二月中旬，行政院長蔣介石令教育部召集大中學校校長、師生代表到南京會商。

十二月二十日，出席北大教授俱樂部聚餐會，并發言，胡適不以爲然。

胡適日記十二月二十日：『六點半赴北大教授俱樂部第一次聚餐，飯後有長時間的討論，馬叙倫發言最多，多没有意思，也全没有煽動力量。此人破壞了教育界多少年，尚不知愧悔，妄想打劫，可憐！』（曹伯言整理《胡適日記全編》第六册，安徽教育出版社二〇〇一年版，五四八頁）

十二月下旬，北大教授俱樂部再次聚會，正式討論入京代表的人選。與法學院長周炳琳發生衝突。

馬叙倫回憶：『過了幾日，又是照樣聚餐，再討論抗日問題，依然周先生主席。我和張忠紱先生開了辯論，插入一位樊際昌（北大教授兼總務長），酒氣熏人，發了許多帶「醉態」的言論，然而也不過爲政府派「張目」。最後主席拿出一張字條，寫著對日外交的五項主張，都是報紙上見過了許多「人云亦云」的一套，總之近乎不外「避實就虚」。周先生還宣布：「政府有命令叫各大學校長、教授、學生各推代表入京陳述對日問題意見，蔣校長校事甚忙，不得分身，已請胡適之先生代表入京，我們教授也可以請胡先生做代表，把這些條件帶了去。」我聞言馬上答覆：「我們大學教授的身份，對於國事的主張，不能『拾人牙慧』，這些條件，説的人也多了，何必我們大學教授再來重説一遍？況且胡先生既做了校長代表，校長是政府任命的，我們教授如果認爲該派代表，也得另舉，决不可以叫胡先生兼代。」這樣，又和樊先生争一陣子嘴，我就跟著説：「要這麽辦，我就退出吧。」尚先生還起來説話，我就退出了，後來怎樣，也没聽得再説。』（《我在六十歲以前》，一〇四至一〇五頁）按，尚先生，指尚仲衣，北大教授。

本年，『以壁藏之誼』撰書《象山紀子庚先生墓誌銘》，約兩千言。蔡元培題『紀子庚先生之墓』。

一九三六年（中華民國廿五年丙子） 五十二歲

一月廿七日，在北平文化界救國會成立大會上代表主席團報告，討論通過會章、第一次宣言，認爲『中國的危機顯然已到最後關頭』。宣言由張申府、許德珩、曾昭掄、黄松齡等一百四十九人連署發表，贊許學生的行動：『爲愛國心所驅使，爲民衆争生存，願意犧牲他們的光陰，願意以赤血洗白刃而爲民衆的先驅，爲救國的鬥士。』當選救國會主席。

一月廿八日，在北平『一·二八』抗戰四周年紀念會上致詞，表示『誓與同學們共赴國難』。

一月三十日，任華北民衆救國聯合會主席。

二月，華北民衆救國聯合會召集擴大籌備會。

孟春，應約爲永嘉楓林追遠樓題詞『根本所在』，落款：『寄贈楓林徐氏追遠之樓，馬叙倫，民國二十五年孟春月穀旦。』

五月，出席北大五四運動十七周年紀念會。

《曾昭掄傳》記叙：『一九三六年五月北大學聯成立北大女同學會和舉行五四運動十七周年紀念會，曾昭掄和馬叙倫、許德珩等到會祝賀，發表振奮人心的講演。』（戴美政著《曾昭掄》，群言出版社二〇一三年版，三一〇頁）

六月十四日，章太炎病故蘇州。

致湯國黎唁電：『章太炎太太鑒：驚悉太炎先生遽歸道山，無任悼惜，謹此唁慰。馬叙倫。』（蘇州章氏國學講習會編印《制言半月刊》第二十期，民國二十五年七月一日，第四頁）

上半年，因病請假半年，却被同意『請假一年』，忿然辭聘。

七月中旬，暑期回杭，途經南京，到千家駒處商談抗日救亡事宜。

七月十七日，余紹宋來訪，未值。

春暉堂日記民國二十五年七月十七日（五月廿九日）：『聞夷初回杭，特往一訪，不值。』

（《余紹宋日記》第五册，一三六八頁）

七月十八日，回訪余紹宋。

春暉堂日記七月十八日（六月朔）：『馬夷初自北平來。』（《余紹宋日記》第五册，一三六八頁）

七月三十日，余紹宋又爲馬畫扇。

春暉堂日記七月三十日（六月十三日）：『爲馬夷初、吴敬生各書畫扇一葉，畫皆墨竹。』（《余紹宋日記》第五册，一三七一頁）

十月二日，訪晤余紹宋。

春暉堂日記十月二日（八月十七日）：『客來甚多，不能盡記，其坐談較久者爲延華、旭初、潤民、夷初、果行、仲夷、芷香、天放、醉石、巽初諸公。自下午至夜十二時皆對客，惟晚餐應袁海峙、陳初日之招宴。』（《余紹宋日記》第五册，一三八八頁）

十月七日，訪晤余紹宋。

春暉堂日記十月七日（八月廿二日）：『孫俶仁、高魚占、阮性山、袁潛修、韓登安、馬夷初、毛醉峰先後來談。』（《余紹宋日記》第五册，一三八八至一三八九頁）

十月廿二日，訪晤平津衛戍司令、冀察政務委員會委員長兼河北省政府主席宋哲元。

顧頡剛日記一九三六年（提要）：『十月廿二日，邀宋哲元到燕大説明時局，遇馬叙倫。』十月廿二號（星期四）：『到鐵獅子胡同訪宋明軒，并會晤劉定五、馬彝初，六時許歸。』

（《顧頡剛日記》第三卷，四二六頁、五四六頁）

十月，以遊覽爲名飛抵成都，策動四川省主席劉湘，答應爲其物色智囊。

十一月，應邀在軍官學校成都分校演講。月内返平，因病住院。接母病重電報，趕返杭州。

十二月，西安事變發生，再度入川活動，將郭春濤推薦給劉湘做顧問（川康綏靖公署秘書長）。蔣介石獲釋後馬離蜀回杭。

其間遊覽武侯祠。十年之後回憶：『當廿五年冬天，我游成都的時候，逛昭烈祠、武侯祠，曾有詩一首，是：「使君當日是英雄，却避曹瞞入漢中。三顧縱爲天下計，夔門終古鎖西風。」像我的下意識中，已預測了將來抗戰政府會進了川出不得川的。』（《在内戰中還都》，《民主》周刊第三十期，一九四六年五月十一日）

一九三七年（中華民國廿六年丁丑）五十三歲

一月二十日，老母辭世，享年七十八，後葬於錢塘江西岸。

一月廿九日，余紹宋來弔唁。

春暉堂日記民國二十六年一月廿九日（十二月十七日）：『弔夷初之太夫人。』（《余紹宋日記》第五册，一四〇五頁）

上半年，以校董身份將母喪賻儀六百元捐助杭州宗文中學堂，設立『馬母學額』。

五月五日，余紹宋來訪未值。次日回訪。

春暉堂日記五月五日（三月廿五日）：『中午往王薌泉家陪點主者飲，歸途訪馬夷初不值。』（《余紹宋日記》第五册，一四二五頁）五月六日（三月廿六日）：『馬夷初來。』（第五册，一四二六頁）

五月十六日，書法展在民衆教育館舉行。

春暉堂日記五月十六日（四月初七日）：『今日在東皋社集後曾赴民衆教育館看夷初之書法展覽會，觀者寥寥，售出之件不過三數，夷初且自行在場招待，殊失身份。余生平最不喜開所謂個人展覽，以其失品格也，昔曾有文專論之，故凡此種會皆不往觀，今日特以夷初故一破例耳。』（《余紹宋日記》第五册，一四二八頁）

夏，門人永嘉王人驥（超凡）卸衢縣縣長職，調長武義，前來進謁。勖以『爲地方官之責任，在實地予民衆以利益』。（《戒王超凡》，見《石屋餘瀋》，九一頁）按，王人驥之子王思本先生稱其父并未到任。

八月五日，避居上海。

八月六日，六子龍瑞來滬探視，因作《八月五日自杭州來上海翌日瑞兒來視云即將赴河北山西爲後方救護》七絶兩章。（《馬叙倫詩詞選》，七五頁）

十一月，上海淪陷。

十二月，杭州失陷，馬留杭箱篋被趁亂打開。

十二月廿八日，夜夢見亡友黄晦聞。（《馬叙倫詩詞選》，八二頁）

年内，暨南大學校長、舊北大同事何炳松函請教育部撥款，補助困守淪陷區的馬叙倫、沈尹默諸學人。

一九三八年（中華民國廿七年戊寅）　五十四歲

一月三十日，作《廿六年除夕》七絶六首，其六注：『八月來上海後，續成《説文解字六書疏證》五卷。』（《馬叙倫詩詞選》，八五頁）

春，杭州之江大學遷上海英租界復課。下半年應邀擔任之江文理學院課程，與林漢達、曹未風、夏承燾、任銘善共事。

八月廿六日，劉季平病故。『其卒前數日，猶省之病次。』

八月廿七日，子馬克强會晤鄭天挺。

鄭天挺日記一九三八年八月二十七日（舊曆閏七月初三日，在海防）：『晤馬克强，夷初先生哲嗣，現任職華僑銀行。下午訪馬克强，不值。晚在叙雅園便飯，馬克强來。』（《鄭天挺西南聯大日記》，八七頁）

九月，改名『翰薌』。注《説文》。

夏承燾日記九月九日：『晚雨。早往之江指導選課。晤馬夷初，近改名翰薌，鬚髮斑白矣，殊和易，不似林公鐸之傲兀。』

九月十日，夏承燾、劉節來訪。

夏承燾日記九月十日：『晴。午赴劉子植招宴，内子以頭疼不往，子植夫婦招待甚殷。見廣倉學窘所印《藝術叢編》及羅叔言印《殷虚文字前後編》。午後同訪馬夷初於薩坡賽路，方注《説文》，見其手稿十數册於案頭。』

十月，白鵬飛任廣西大學校長。白鵬飛後曾『招使西移』，馬自審『殘疾餘生，不任舟車』，未應聘赴桂林。

十一月一日，與夏承燾相晤。

夏承燾日記十一月一日：『晴。德安失守後，日圖南昌甚急，昨炸三百彈，死三百人。晤馬夷初，賞予避地瞿溪詞，謂于心叔處見之。』

十一月四日，鄭天挺來訪不值。

鄭天挺日記一九三八年十一月四日（舊曆九月十三日，在上海）：『上午至中國旅行社定船，余决九日乘德生輪赴海防。下午謁馬夷初師，不值。』（《鄭天挺西南聯大日記》，一〇四頁）

十一月六日，回訪鄭天挺，并贈以手書詩作數章。

鄭天挺日記十一月六日（九月十五日）：『九時馬夷初來談，并贈以手書近作，用乾隆高麗紙，筆墨極精，詩亦言中有物。録其二：「朱碧紛紛不解愁，斜陽怊悵向巴州。江水不曾移故道，潯陽以下更無舟。」「燕南越北不堪行，到處笳聲與哭聲。今日正軍淝水上，晋朝社稷謝家兵。」』（《鄭天挺西南聯大日記》上册，一〇四至一〇五頁）按，此兩章《馬叙倫詩詞選》失收。

十一月廿三日，夏承燾以《太炎自定年譜》見示。

夏承燾日記十一月廿三日：『晴。乙太炎自定年譜，示馬夷初。謂太炎第一次往日本，實黄仲弢、陳介石諸先生勸其暫避，而譜中不載。又幼患羊癇瘋。』

十二月三日，爲開化朱兆豐保送縣參議員事致函浙江省政府委員兼民政廳廳長阮毅成。

函云：『毅成世尊兄先生賜鑒：前承覆教，深荷不遺衰朽，感何可言！兹惟榮問休暢爲慰。友人開化朱君兆豐，向任警職，所至廉謹。去歲入最高法院爲書記官，以中樞西移遺歸。其人訥而勤，鄉望極孚，刻聞縣中推爲參議員，業由縣府保送，實副其選。吾兄總持選務，用貢所知，倘令在位，必有俾於明治也。朱君於衢屬風情皆所深悉，仍懇隨時延使，以用其材。耑此布泐，即頌大安不一。世小弟馬叙倫手啓。廿七年十二月三日。』（《匡時百年遺墨專場》，二〇一四年夏拍賣圖録，一五頁）

十二月，之江文理學院院長明思德與夏承燾、任銘善等商談下學期課程，以國文系學生僅十餘名爲由不再續聘馬叙倫。夏、任諫之不果。

夏承燾日記十二月三十日：『晴冷。晚，明思德邀譚教務長及心叔與予談下期課程。國文系學生僅十餘人，三四年級更少，學校當局但工爲妊女之計數，馬夷初翁亦不能續聘，予與心叔諫之不回。近日學生皆爲糊口來學，但合時趨，無真爲學術者。』

約本年，與無錫潘杏媞結合。

一九三九年（中華民國廿八年己卯） 五十五歲

一月十五日，向夏承燾索閲近著。

夏承燾日記一月十五日：『晴。休日。午後馬夷初來，索問近著，出《白石旁譜辨》二種示之，談半小時去。』

三月，夏承燾向任銘善借閲馬著《讀書續記》。

夏承燾日記三月十日：『雨。心叔處借來馬夷初《讀書續記》一册，閲一日完之。大半小學，間亦記異書瑣聞。』

四月，《説文解字六書疏證摘記》發表於《説文月刊》。

七月十六日，夏承燾來訪未值。

夏承燾日記七月十六日：『陰。九時過雍如談燕京事。紹虞君甚望予明年能北行，雍如謂可應之。十時與雍如過薩坡賽路訪馬夷初，已離滬他往矣。』

七月二十二日，致函中央研究院院長蔡元培、中央研究院總幹事兼管理中英庚款董事會董事長朱家驊求助，言僞華北教育部總長湯爾和屢次派員『請我去做北大校長』而不應，『陳哀左右，以裁死生』。

蔡元培日記一九三九年七月二十八日：『得馬夷初二十二日函（兼致騮先），言近患末疾，然猶欲完成《莊子義證》《老子義證校詁》及就《説文解字》中闡發語原（除《説文解字六書疏證》已成書而未印外）等書。以國府對於孟森、錢玄同等身後褒揚，冀免爲餓夫之續云云。姓名借用鄒華孫，寓上海亞爾培坊二十八號。』（《蔡元培全集》第十七卷，三三六頁）

八月二日，蔡元培回復。

蔡元培日記八月二日：『致夷初函。』（《蔡元培全集》第十七卷，三三七頁）此前一日：『姜次烈來，告將赴上海。』（同前）

八月中旬，姜紹謨（次烈）致蔡元培函，爲業師求助。蔡元培爲此致函重慶朱家驊。

蔡元培日記八月二十二日：『得姜次烈函，言夷初近况甚窘，仍屬函託騮先，希望得到科學工作者協助金。』（《蔡元培全集》第十七卷，三四六頁）

八月二十四日：『致騮先函（寄重慶本院轉），爲夷初事，附有夷初函抄本。』（《蔡元培

全集》第十七卷，三四六頁）

九月初，夏承燾託任銘善與武如谷訪查馬行蹤。

夏承燾日記九月二日：『接雁晴雲南澄江快函，附來吴康招、馬夷初函，囑予轉投，問予有意南行否。夷初久不見面，不知其何往矣。託心叔、如谷代訪。』

秋，國民政府軍委會前參議姜紹謨至滬從事地下工作，借住馬家以爲掩護。

九月，重慶管理中英庚款董事會討論通過，以協助科學工作最高待遇，按月致送馬兩百元。

蔡元培日記九月十八日：『九一八紀念日。得騮先十三日復函，言對於夷初，擬由庚款會以協助科學工作最高待遇，按月致送二百元，已函滬徵求意見云云。』（《蔡元培全集》第十七卷，三五四頁）

九月二十八日：『得叔永函，報告本院基金管理委員會開會，除本院有竺、周、任、王四人外，又有教育部代表章益、主計部代表傅焕光，共六人，以我名義提出四案，均通過。』（《蔡元培全集》第十七卷，三五七至三五八頁）

十月四日，蔡元培函覆朱家驊。

蔡元培日記十月四日：『得叔永函，報告中基會增發補助費情形，及物理儀器製造廠籌款情形。致騮先函，謝允助夷初及詢能否補助香港新文字學會。』（《蔡元培全集》第十七

卷，三五九頁）

十月十九日，爲六子馬龍瑞職業安排致函阮毅成。

函云：『毅成世兄先生惠鑒：久疏音候，時切馳思。敬想興居，伏願安善。弟蟄處海隅，依然故我，病魔相困，起舞無從，徒有書空叱咤而已。今有懇者，小兒龍瑞畢業國立上海醫學院，現在紅十字會醫院服務，頃奉中央徵發至内地工作，須先至昆明，再俟分發。小兒前年于滬戰初起即自願從紅十字會救護出發，歷經寧、漢至贛工作近年，此時奉命服務，誼無可辭。惟小兒志習外科，尤願專精骨科，刻有私家獎金派赴美國肄習骨科，擬令小兒補額，維成行尚在明歲，而一經遄入内地，儻或派赴西北，即難遵時成行。況一經奉命工作，亦難中途離職。目下内地醫務以環境關係，正見人浮於事之象，往而糜時間，□□□，於國於身，兩無裨益。弟用爲籌思，擬令暫緩赴滇。竊惟吾浙刻亦屬於内地，而上年陳君萬里來此徵求醫務人才，想見需要之意，用敢冒昧奉求，可否由尊處派一工作，俾得暫時效勞。度於功令無違，而小兒初志亦可得達。使其出國求進，更得多成，歸而服務，維瘁無辭。想世兄或能扶翼之也。專此布衷，不一。順頌大安。至祈垂察，并俟還音。世小弟馬叙倫手上。廿八年十月十九日。覆示請寄上海法租界海格路三六三號上海醫學院金炳浦先生轉交小兒龍瑞收交爲荷。』

十一月三日，《説文解字六書疏證》手稿副本首尾兩册，參展上海『語文展覽會』。

(《昨日正式開幕之語文展覽會》，《申報》十一月四日)

十二月廿二日，校長李培恩與夏承燾商談之江國文系下期功課，夏承燾勸李續聘馬。

夏承燾日記十二月廿二日：『晴。午後李培恩邀談之江國文系下期功課，予勸其仍聘馬夷初。培恩欲與約翰、滬江、東吳共辦國文系。予謂可以辭章、義理、考據及新文學分功程能。』

十二月下旬，夏承燾閱《修辭九論》，曾與張孟劬交流，張以爲『近日太炎外，惟夷初能張浙學』。

夏承燾日記十二月廿九日：『晴。夜閱天馬山房叢著《修辭九論》，引《詞源》説寄閑改『瑣窗明』一條，心竊有疑，翻書考之，夜又失眠。』

十二月卅一日：『晴，休日。夕閱夷初《修辭九論》竟。孟劬先生甚佩夷初之《莊子義證》，謂古義以立根，旁及葉典，爲向、郭以來所未有。近日太炎外，惟夷初能張浙學云云。此君二十九歲即長髯偉然，今近五十，又修潔如少年矣。』

十二月，作《柬陳公博》七律三章，其三曰：『一椎博浪駭秦皇，三户居然殪虎狼。莫道書生無大業，早將奇勳創司常。龍象已嗟回短命，藺廉能使趙延亡。汪倫本是多情侶，出處還相細細商。』(《馬叙倫詩詞選》，九六頁)按，本月汪精衛與日方簽訂《日支新關係調整綱要》。

年内開始接重慶管理中英庚款董事會撥給的生活費，每月兩百元，直到一九四一年十二月太平洋戰事發生，爲期兩年。

一九四〇年（中華民國廿九年庚辰）五十六歲

一月六日，不擬回之江執教。

夏承燾日記一九四〇年一月六日：『晴暖。午後心叔來，謂馬夷初不欲返之江。共閱乾隆寫本《白石集》。』

一月二十日，致函夏承燾，託任銘善轉交，約次日午宴。同席另有江、朱二君。

夏承燾日記一月廿日：『午後密雪。晚心叔來，携馬夷初先生函，約明日午宴。心叔定明日搭船返如皋，如雪大不開船，約明早同吊鐵師。談至五時辭去。』

一月廿一日：『午後雪止。十二時往拉都路應馬夷初先生招宴，心叔、張世禄皆未到，同席僅江、朱二君。予談宋元人陽上作去及白石旁譜。夷初謂：「姜譜一字一工尺，或僅寫一主音，其花腔可由歌者自填。」此説亦可深思。夷初舉焦里堂解《詞源》寄閑詞，予據《高麗史·樂志》及玉田詞辨其不合。夷初方寫《説文》著作，謂王静安、羅雪堂於文字之學皆不深，時有大罅隙，如静安釋「史」，不知「史」字本「書」字、「寫」字之本字，手持筆也。前人治小學，以《説文》一書爲對象，今當以中國文字爲物件云云。又談孟劬先生，至二時半辭出。』

二月七日，撰《廿八年除夕》五律四章，其四首句：『人向書中老，貧從不屈來。』（《馬敘倫詩詞選》，一九頁）

三月，汪僞政權建立，陳公博任僞立法院院長。賦《垂老》七絶三章，題注『爲汪精衛作』。

春，作七絶《春日偶憩兆豐公園》。

六月一日，就業師陳介石及其太夫人之墓被盜事，致函浙江省政府委員兼民政廳長阮毅成，請求設法緝凶，以儆效尤。

函云：『毅成先生世尊兄大鑒：不奉箋教，又復經時，伏想履候勝常，無任企頌。今有懇者，吾浙比年盜墓之風極爲横熾，止以常法，罰輕不足蔽辜，而宵人遂無所畏耳。戚友之家遭其禍者所聞已非一二，乃今得敝師陳介石先生之世兄來書（原書附覽），告以介師及其太夫人之墓竟亦被盜，弟辱在門下，聞之酸楚。介師清末長吾浙諮議局，與尊先公同事有年，用敢奉乞吾兄鼎助，設法緝凶到案，嚴儆以止盜風，亦安閭閻之要事也。公私并感，惟俟覆命，不一。即頌大安。世小弟馬叙倫頓首。廿九年六月一日。』附言：『賜覆請寄霞飛路霞飛坊八八號陳孚尹先生收轉爲荷。』按，尊先公，指阮毅成之父阮性存，字荀伯，餘姚人，清末供職於浙江諮議局籌辦處，一九二七年任省政府委員兼司法廳廳長。

八月十九日，書《賀新涼・五十自壽》，由之江學生潘希珍轉交夏承燾。

夏承燾日記八月十九日：『晴熱。希真送來馬夷初寫《賀新涼・五十自壽》一首，愛其「不學磻溪垂釣者，只釣旗常鐘鼓」二語。』按，《五十自壽》一闋《馬叙倫詩詞選》失收。

竺可楨日記一九四〇年八月廿二日（星期四）：『陸大教官史久光來，知其爲杭州求是書院學生。（中略）當時求是提倡道德，而養正提倡幹練，湯爾和、馬夷初爲養正高材生。』（《竺可楨日記》，人民出版社一九八四年版，第一册，四四八至四四九頁）

八月廿六日，前北大教授林損（攻瀆）病故。不久代林弟子姜紹謨轉致奠金百元交林損表弟陳乎尹。作《挽林攻瀆》七絶二首，其一感歎：『可憐一世文章伯，中酒傷貧入九泉。』

許壽裳日記一九四〇年八月廿八（星三）：『得瑛兒十三日航信，附鈔夷初撰《宋先生别傳》。』（北岡正子、陳漱渝等編《許壽裳日記》，（中國臺灣）臺灣大學出版中心二〇一〇年版，四二頁）

九月十四日，往私立合衆圖書館看書。

顧廷龍日記：『陳叔通介紹馬叙倫來，閲《説文翼》。』（轉引自沈津編著《顧廷龍年譜》，上海古籍出版社二〇〇四年版，一三九頁）

十一月九日，湯爾和病故于北平。

《湯爾和晚節不終》：『爾和有治事才，見事敏捷，然不能無蔽。余嘗謂爾和一目能察輿薪，一目不見泰山，友人邵裴子然之。余與爾和同學，又有金蘭之盟，晚歲竟異趣，以不能匡救爲憾。』（《石屋餘瀋》，一三至一四頁）

十二月，致函任銘善，詢問夏承燾住址，預備走訪。夏承燾作復。

夏承燾日記十二月廿四日：『雨。早六時餘赴校，天尚未大明。近厭爲舊詩，頗喜創變新體。上午往校圖書館閱朱自清所爲《新文學大系·詩選》序，又復廢然。發馬夷初函，謝其月前惠書所爲詞。昨見其致心叔書，詢予地址，謂欲來過，作此答其盛忱，并問其舊藏武唐俞氏《白石詞鈔》何時何人刻。』

十二月，撰《讀金器刻詞》自序。《讀金器刻詞》發表於上海《學林》第二輯（開明書店版）。

冬，作詩《雷川世姻丈七十》賀吴震春，結尾稱：『吾生鮮傾折，於丈願爲臣。吾貧不具禮，寫實壽貞瑁。』夾注：『丈之從父雲屏先生與先祖父爲異姓昆弟。』（收入《馬叙倫詩詞選》，題作『壽吴雷川丈七十』，詩句更動四處）

本年，幼女龍珮生。

一九四一年（中華民國三十年辛巳）五十七歲

一月，《中國文字之原流與研究方法之新傾向》發表於《學林》第六輯，開明書店出版。

二月十八日，囑子馬龍章往合衆圖書館向總幹事顧廷龍借書。

顧廷龍日記二月十八日：『馬叙倫介紹其子龍章來借書，清晨過早未見。』（轉引自沈津編著《顧廷龍年譜》，一六五頁）

五月廿日，復函葉揆初：『教并書承，餘容更改。即頌揆初先生表兄時勝。叙倫頓首，三十年五月廿日。葉先生煩收。』（原載葉景葵自編《尺素選存》，參見《葉景葵年譜長編》下卷，一〇三九頁）

六月十一日，致函葉揆初，託向高欣木借閱龔孝拱稿。

原函云：『揆初先生表兄大鑒：弟已考定西林殘稿，實係《理董》正編，而非前編。刻亟欲得龔孝拱稿一核，跋文即可脱稿。未審已爲商假於欣木否？專此，布頌大安。叙倫頓首。三十年六月十一日。』（原載葉景葵自編《尺素選存》，上海圖書館藏，柳和城先生提供抄件）

六月，致書夏承燾，託關照徐姓新生。

夏承燾日記八月十三日：『早赴校招生閲卷，暮方歸。得馬夷初信，託一新生。』八月二十一日：『晴雨無定。有風。發馬夷初覆，言徐生事。頃驗馬書，乃六月間發，稽閣兩月矣。』

七月九日，葉景葵以《説文理董》由馬從徐森玉借得殘鈔本粗校一過，有可補正，因囑顧廷龍重校。（顧廷龍日記七月九日，轉引自《顧廷龍年譜》，一九二頁）

七月十八日，顧廷龍『校《説文理董》，補寫一頁，正馬叙倫校誤兩則』。（顧廷龍日記稿，轉引自《顧廷龍年譜》，一九三頁）

七月，《説命》發表於《學林》第九輯。

秋，閱報得悉老友劉崧生、羅文幹辭世。

十一月，余紹宋母八十大壽，先期以手書相賀。

十一月三十日，葉景葵交代顧廷龍取回馬所借圖書。

顧廷龍日記十一月三十日：『葉景葵招談，囑與王文進一核書賬，并向馬叙倫索書。』（轉引自《顧廷龍年譜》，二二〇頁）

十二月四日，葉景葵託顧廷龍向馬取回《説文理董》等兩種。次日顧廷龍來訪，訂期年内歸還。

顧廷龍日記十二月四日：『葉景葵來，託向馬叙倫取回借去書兩種，一《説文理董》（吴穎芳）、一《説文理董》（龔橙，高野侯物），往訪未值。』十二月五日：『訪馬叙倫，其所借書尚須留用，約陰曆年内歸還。并允書目告借，以爲憑證，再託陳叔通轉下。歸館，適陳叔通來，即以此告之。』（《顧廷龍年譜》，二二一頁）

本年，結識東吴大學教員雷潔瓊。

是年，《讀金器刻詞》續載於《學林》第三、四輯。

一九四二年（中華民國卅一年壬午）五十八歲

二月五日（臘月二十），吴穎芳《説文理董》稿本歸還合衆圖書館。

顧廷龍日記二月五日：『馬叙倫還吴西林《説文理董》。』（《顧廷龍年譜》，二三一頁）按，吴著《説文理董》共十五卷，闕前六卷，江陰藝風堂鈔本，存三册，胡樸安、馬叙倫、葉景葵先後作跋。

葉揆初跋（一九四二年九月廿四日）：『購得此書時，請馬夷初先生審定，謂是正編，非前編。又假得鄭西諦先生所收舊鈔本，第七、第八、第十一、第十二四篇，經夷初詳細校正，因目力不繼，由顧起潛君續校，并補寫缺篆缺葉，夷初作跋於後。當再請專家復審之。聞徐行可藏有原稿，未知係完帙否。』（柳和城編《葉景葵文集》，上海科學技術文獻出版社二〇一六年版，中册，七九三頁）

四月廿二日，湯國梨（影觀）在夏承燾陪同下來訪，持贈《章氏叢書三編》。

夏承燾日記四月廿二日：『晴。十時答詣影觀夫人，送《午社詞》《半櫻詞續》等書，見其新作《鵲踏枝》《桂枝香》詞。談太炎與中山參商事，謂太炎一生宗旨在救國，平時與人談政多於學，故其自爲年譜，不詳述學問。（中略）十一時半，同過拉都路訪馬夷初，夷初述太炎軟禁北京絶食事甚詳。影觀述黄某無行極可訝：嘗竊太炎《春秋傳説》講於中山大學。嘗受黨部賄逼太炎。與黄紹蘭締婚時改名李敏之。其于同門，帷薄之談，尤多隱慝，皆聞所未聞也。一時辭出，影觀囑爲其詞稿序。』按，黄某，指黄侃。

次年五月廿六日：『雨。接太炎夫人三月廿八上海拉都路四四四弄三十一號信，（中略）謂去春在上海同訪馬夷初，出别於巷口樹下也。』

四月廿四日，劉項宣、夏承燾來訪。與老同事劉項宣闊别三十年。

夏承燾日記四月廿四日：『晴暖。劉贊文翁來，留午飯，談孫仲容先生辨温州學務處事甚詳。又談宋平子先生見張曜，談陳介石先生好負氣。二時同訪馬夷初。夷初與劉翁共事廣東方言學堂，三十年不見矣。謂倫哲如明今亦七十餘，工爲詞，尤長目録學。』

四月二十九日，回訪夏承燾未值。

夏承燾日記四月廿九日：『晴。是日日本天長節，跑馬廳見日軍甚多。馬夷初來，不遇。』

五月，讀何天行《王静安十五年祭文》。

六月五日，託人到合衆圖書館寄存自著叢書。

顧廷龍日記六月五日：『馬叙倫派人來接洽寄存《天馬山房集》。即至來薰閣，屬其代售。則書可存來薰閣。』（《顧廷龍年譜》，二五〇頁）

九月十六日，夏承燾回里期間向籀園圖書館借閲馬著《讀書記》三册。

夏承燾日記九月十六日：『午後冷生來，同過籀園，借馬夷初《讀書記》三册歸。』九月十七日：『閱夷初《讀書記》，愛「近人自我擴大」一語。』

九月十九日，顧廷龍閲《説文理董》，發覺『馬叙倫有一跋』，『擬撰一跋表彰之』。（顧廷龍日記，轉引自《顧廷龍年譜》，二六一頁）

九月，江蘇如皋雙甸擬辦一所大學，意欲聘請馬叙倫、周予同、任銘善執教。

夏承燾日記十月八日：『晴。得心叔九月十五雙甸書，謂入秋以來，未遑寧處，而仍注《禮》研《説文》不倦。雙甸北鄉欲辦一大學，招心叔、馬夷初、周予同往。心叔欲暫就約翰大學聘。』

夏承燾日記十月十六日：『得心叔九月廿七雙甸書，告决辭約翰大學之聘，但雙甸環境亦甚惡，兼拒新四軍所辦大學之聘，亦大危險，嘗作書勸馬夷初勿冒昧北行應聘。』

十月二十日，顧廷龍送書兩册來。

顧廷龍日記十月二十日：『檢《急就章》兩本，送馬叙倫，蓋托葉景葵借閲者。』（《顧廷龍年譜》，二六五頁）

十月廿三日，致函顧廷龍。

顧廷龍日記十月廿三日：『馬叙倫書來，詢《急就章》多一百廿八字本來歷。』

十月廿四日，顧廷龍回復，并借以王國維《急就篇校記》。

顧廷龍日記十月廿四日：『致馬叙倫札，送王國維《急就篇校記》去。』（《顧廷龍年譜》，二六六頁）

十月，李叔同（弘一法師）圓寂。後撰文《何緣之慳》以誌紀念。

秋，作《訪丏尊兄歸後貽此調之》：『垂頭喪氣踞胡床，空指銀瓶没酒嘗。臣朔亦曾思辟穀，只愁無處得仙方。』（《馬叙倫詩詞選》，一〇二頁）

十二月廿六日，至合衆圖書館還書。

十二月，和章錫琛詩，賀夏丏尊結婚四十周年。

本年，《六書疏證摘記》收入《説文月刊》二卷合訂本。撰《殷虚書契前編所見許氏説文解字所無之字》，稿本藏國家圖書館。

本年，賦詩賀廣德錢士青七秩大壽。

一九四三年（中華民國卅二年癸未） 五十九歲

繼續隱居上海，『日日躬親滌掃，嘗平生未有之苦，亦得許多樂趣，以能體味人生，知處世接物之道』。

一月廿一日，夏丏尊夫婦結婚四十周年紀念，章錫琛賦七律四章誌賀。王伯祥、顧均正、葉聖陶、賀昌群、朱自清、朱光潛、盧前諸人紛紛步和，馬亦有和詩。小序稱：『丏尊和焉，因屬余賡，余拙于韻語而不能辭也。』九月一日發表於《萬象》第三年第三期，編者題爲『馬夷初先生和作』。

樓適夷《懷念夏丏尊先生》（一九八一年一月十五日）：『在深居簡出的匿處生活中，他的家是我極少數去處之一，我們的相處更加緊密了。我不知道他什麽時候開始皈依了佛教。馬叙倫先生的筆記《石屋餘瀋》有一項記載：「訪夏丏尊。（下略）」夏先生時常談到他的朋友弘一法師，對他屏絶繁華，捨身出家的精神，表示衷心的欽敬。我到夏先生家有時遇見馬先生，涸轍之鮒，相濡以沫，在鬼魅横行、長夜漫漫的那個時候，和這些前輩促膝交談，常得到很大的安慰和教益。』（《話雨録》，三聯書店一九八四年版，一四五頁）按，『訪夏丏尊』即《余之信仰》一則。

四月十八日，與開明書店夏丏尊、章錫琛、王伯祥等商談《説文解字六書疏證》出版事。

巽齋日記第三卷民國三十二年三月十四日丙午（星期，公曆四月十八日）：『丏尊遣人來招，因與雪村同往，晤坐客馬夷初叙倫。其人久知而未之見，身材不長而品貌甚高，格極清。與談所著《説文六書疏證》出版事，略有眉目。小飲，進面。傍晚守憲至，夷初去，余亦歸，到家復飲。』（《王伯祥日記》第十八册，國家圖書館出版社二〇一一年版，四六五至四六六頁）

春，經任銘善介紹，收任表弟沈幼徵爲徒。

沈幼徵《回憶馬叙倫先生》：『一九四三年春天，我有幸拜識了馬叙倫先生。當時，我在上海治病，極爲苦悶無聊，就寫信告訴在龍泉浙大分校任教的任銘善先生。任先生很快來信，介紹我到馬叙倫先生那裏學習文字學。我通過友人輾轉找到馬先生家裏，先生看了介紹信，慷慨地接受了我這個學生。另有徐淳穆兄，早些時已經每星期兩次，從馬先生聽講，於是我們就組成了一個「二人班」。』（《杭州文史資料》第二十三輯，杭州市政協文史委一九九九年版，一二〇頁）

五月上旬，致函顧廷龍借書。

顧廷龍日記五月七日：『得馬叙倫借書信。』五月八日：『覆馬叙倫信。』（《顧廷龍年譜》，二九一頁）

五月十三日，還書合衆圖書館。

顧廷龍日記五月十三日：『馬叙倫來還書，爲書扇一頁。』（《顧廷龍年譜》，三〇四頁）

上半年，爲沈幼徵寫介紹信致丁福保。

沈幼徵《回憶馬叙倫先生》：『聽了幾周課以後，我感到先生講課所涉及的內容極爲廣泛，按照先生的指導去自學，需要很多資料，而我手頭只有一部段玉裁的《説文解字注》，於是，請教先生買哪幾部參考書比較恰當。先生指著身旁凳子上説，應當買一部《説文解字詁林》。我告訴他坊間買不到這部書，先生説：「丁仲祜先生那裏還留有幾部，我給你寫封介紹信，一定可以買到。」立即提筆寫了一封介紹信交給我。可是這部書價格較高，我當時没有工作，治病及生活費用都是我哥給我錢，我又怎能再向他要這筆錢呢？書没有買，這封介紹信我却作爲珍貴的情意，一直保存到解放以後。在馬先生那裏大約只學習了三四個月，我接到家信，母親患上重病，不得不告辭先生，離開上海。』（杭州市政協文史資料委員會編《杭州文史資料》第二十三輯，一二二頁）

十二月二日，夏承燾致宓逸群函，附信致馬求書絶句。

夏承燾日記十二月二日：『發逸群書，寄詩，附一箋求馬夷初寫絶句詩。』

一九四四年（中華民國卅三年甲申）**六十歲**

一月十日，夏承燾惦念馬。

夏承燾日記一月十日：『晴。閲報，滬上日軍十日内捕教育界文化人三百餘人，甚念馬夷初、周予同、鄭西諦諸人。』

一月廿五日（正月初一），兼任僞上海市長的陳公博冒雨過訪，馬告以民間疾苦，勸其『及早回頭』。

四月八日，任銘善向夏承燾轉示馬函，内稱『兩年來躬親滌掃』，又言已盡讀夏詞。

夏承燾日記四月八日：『雨。心叔示馬夷初上海來書，謂兩年來日日躬親滌掃，嘗平生未有之苦，亦得許多樂趣，以能體味人生，知處世接物之道。時有小病，立定宗旨，不傳染他人者不醫治，任其自然而盡。云已盡讀予詞，殆宓逸群持示也。』按，此前任銘善赴龍泉浙大分校任教，友人朱鏡清于姚主教路設家宴餞行，與任、宓、朱應邀作陪，暢談世界形勢與中國前途。

四月廿一日，夏承燾來函。

夏承燾日記四月廿一日：『晴。見日暈。早寫舊作五古二章，附心叔函寄馬夷初翁，有一首涉及夷初也。』

春，姑母之孫唐萊安、慶安兄弟以二萬元求畫師吴待秋寫《石屋圖》，壽馬『六十初度』。

春，沈幼徵從任銘善信中得悉馬處境，託兄長送去紙幣一萬元。

沈幼徵《回憶馬叙倫先生》：『一九四四年春天，任銘善先生給我來信説，馬先生在上海受到汪僞漢奸政府的威脅，將對其興起「清流之禍」。先生的生活也越加清苦，不得不親自劈柴、糴米。任先生是聽自上海間道去龍泉的朋友説的，由於交通阻隔，不能給馬先生什麽幫助，要我就近設法幫助馬先生。我即寫信請我哥哥以我的名義酌量送點錢去。我哥哥親自送去當時通用的汪僞政府紙幣一萬元，大約只能買一石米，這對先生來説，是杯水車薪，并不能有什麽幫助。可是，先生却堅持不收。經我哥哥反復陳述，説這是做學生的微不足道的心意，并説：「先生如執意不收，我也難以回復舍弟了。」先生這纔勉强收下，并叮囑以後切不可如此。隔了不久，先生又給我寫信，説自己没有什麽困難，千萬不要再這樣做。還附寄手書横披一幅，寫的自己作的四首七律。』(《杭州文史資料》第二十三輯，一二一至一二三頁)

五月廿三日，程硯秋應約爲馬作書。

程硯秋日記五月二十三日：『回叔通先生信，馬夷初所要之字寫好，待寄。』(程永江整理《程硯秋日記》，時代文藝出版社二〇一〇年版)按，續查程硯鍬日記，直至年底。未見付郵政陳叔通或馬的記載。

六月七日，往合衆圖書館查看莊兆麒《春庭説録》稿。

顧廷龍日記六月七日：『莊兆麒《説録》稿，并無可珍重之處，不過求官敲門磚耳，索價六萬，亦離奇矣。馬叙倫來閲此書，亦不感興趣。』(《顧廷龍年譜》，三二八頁)

下半年，收謝孝萍、徐淳穆爲門生，每周指導兩個下午。

夏承燾日記十二月十八日(雁蕩)：『賁、鏗自大荆歸，携來心叔十一月六日三元書，謂得予南陽書，喜慰欲涕。謝孝萍在滬，從馬夷初問學，頗以侯生許之也。龍泉學生有書請心叔返浙。』

本年，邊成《君子館論書絶句一百二十首》出版，馬頗爲欣賞。

鍾水浩《記杭州籍書法家邊成》：『一九四四年，他編著的《君子館論書絶句一百二十首》木刻本問世。該書由鮑鼎作序，系統地闡述了自商至隋書法的起源與發展，及對諸家流派的評述。名士馬叙倫讀後極爲讚賞，曾多次與他互相切磋。』（《杭州文史資料》第十八輯，三五至三六頁）

一九四五年（中華民國卅四年乙酉）六十一歲

一月十四日，寄夏承燾組詩七章，託宓逸群轉交。夏相隔四個多月方纔收到。夏承燾日記五月廿八日：『得宓逸群上海快函，附來馬夷初翁寄詩一紙，謂其《説文》稿未成，新詩甚多。夷初翁寄予《雁蕩詩》七首，録二首如下：「就湯就桀事俄空，盤盂書存秦火中。勞問馬卿卿正病，不關消渴苦頭風。」「名山自合留詞客，圍繞才疏從子行。驚得樵人相動問，爲何無復鷓鴣聲。」前首以予前寄書有「獨恨盤盂書，無從問馬卿」句，後首聞予離雁蕩也。』

二月十九日（正月初七），張孟劬辭世，年七十二。作《張孟劬輓歌》五首，其三注稱『孟劬爲我删定《天馬山房文稿》。』

三月，與錢家治、周承菼到陳漢第（仲恕）處，賀其七十二歲生日。

四月，前北大國文系主任馬裕藻（幼漁）病故。作《輓馬幼漁》七絶三章，其三有句

曰：『交友難逢直道行，卅年把臂盡平生。』（《馬叙倫詩詞選》，一三二頁）

六月九日，夏承燾轉馬組詩致樂清黄式蘇（仲荃）。

夏承燾日記六月九日：『陰。發黄仲荃先生函，寫去夷初翁來詩，由希霸轉。』

六月，金屋書店發布新書預告，馬叙倫著《中國文字學史》在内。

金屋書店新書預告（六種），前三種依次爲馬叙倫《中國文字學史》、周予同《中國文學史》、劉麟生《中國政體史》，後三種爲陳伯吹、陳情溥、陳汝惠作品。（《圖書季刊》新第六卷第一期合刊，一一三葉）按，此書未見如期問世。

上半年，陳叔通七十大壽，選編《百梅書屋詩存》，請馬題籤、點評。

評語：『嘗聞詩訣曰縐、瘦、透，師丈於此可謂操券探囊矣。且諸作率有關於政治，足爲史氏之取裁。其述事寫景，皆本諸性情，而假辭藻爲冠裳，使誦之者自然興起，不厭回環。』（《百梅書屋詩存》，中華書局一九八六年版，卷首九頁）

七月，應宓逸群之託爲夏承燾《月輪樓詞鈔》作跋，有言：『敬其人穆然如佛門尊宿，目所及、耳所住、心所向，無非詞者，是化於詞者也。』認爲：『其言有物，則上揖靈均，下攀柴桑草堂。』（吴無聞編《夏承燾教授紀念集》，中國文聯出版公司一九八八年版，一〇頁）

八月十一日（七月初四），作七絶《八月十日夜聞日本允降》七首。

八、九月間，約傅雷見面，隨後委託傅雷，通過蘇商時代書報社姜椿芳的牽綫，向梅益瞭解解放區第一手情況。

姜椿芳《解放戰争時期的幾項統戰工作》:『日本投降後,息影上海多年的老學者馬叙倫找傅雷談話。據傅雷告訴我,他應約去看望馬叙倫,馬家人少,他親自出來開門。他們從研究學術問題,談到時局問題,對國民黨的行徑頗爲憤慨,對解放區共産黨的艱苦奮鬥,十分稱讚,他很想找點關係,瞭解一下中共對今後局勢的態度和打算。傅雷説,他可找左派人士探問一下。傅雷找我談了和馬叙倫談話的情況,我説:「我的朋友梅益剛從解放區來,我可問問他,是否能和馬叙倫談談。」傅雷以前通過我的關係,曾把他的一位想到解放區看看的朋友、照相印刷專家楊某介紹給我,通過梅益的關係到解放區去參觀過,他是知道梅益其人的。於是傅雷安排梅益和馬叙倫在他家二樓的書室裏見面。梅益向他們二人談了解放區的情況,以及中共對時局的態度和今後建國的意見,他們談得很暢快。我没有參加談話,只做了引綫人。』(上海市委統戰部統戰工作史料徵集組編《統戰工作史料選輯》第四輯,上海人民出版社一九八五年版,二一四至二一五頁)

九月八日,《周報》創刊,主編唐弢、柯靈,發行人劉哲民。

九月十日,受聘爲教育部京滬區教育復員輔導委員會委員。教育部京滬特派員蔣復璁(慰堂)兼主任委員。委員另有張鳳舉、許炳堃、劉英工、徐森玉、葉風虎等。

九月上旬,前往巴黎新村傅雷寓所,與報人徐鑄成見面,瞭解大後方情況。

徐鑄成《交代我和李平心的關係》（一九六九年一月廿二日）回憶：『四五年九月我回到上海，籌備復刊上海《大公報》。有一天，柯靈説：「上海文化界的一些朋友想瞭解後方的情況，想請你吃便飯。」我同意了。第二天，柯靈同我到了傅雷家，遇著傅雷、馬叙倫、夏丏尊、鄭振鐸、周煦良、李平心、徐中舒等人，其中除李外，都是初次見面。我談了後方情況及國民黨在湘桂戰事中潰敗的情況，并談到《大公報》復刊的打算，請他們幫忙。不久，《大公報》復刊後，我就請馬、鄭、傅及李平心等爲《大公報》寫「星期論文」。』（徐時霖編《徐鑄成自述：運動檔案彙編》，三聯書店二〇一二年版，一九七頁）

九月十一日，出席教育部京滬區教育復員輔導委員會會議。

鄭振鐸日記九月十一日：『九時至鳳舉處，開教育復員輔導委員會，到慰堂、森玉、夷初、潛夫等，至一時許始散。在鳳舉處午餐。』（《鄭振鐸全集》第十七卷，花山文藝出版社一九九八年版，三六六頁）

九月十五日，《懲奸》發表於《周報》第二期。自此成爲主要撰搞人，累計發表三十多篇文章。

九月，與施復亮、曹聚仁等浙一師校友相聚于開明書店。

曹聚仁《馬『天下』》回憶：『勝利以後第二個月，我們的同學，在開明書店有小集會，馬叙倫先生做主席，他指定我和施存統各講一段話。馬氏先後兩次做我們那師範的校長，恰巧不曾做我那一段時期的校長，所以交誼不深。馬氏後來做了浙江教育廳長、北京大學教授，在人民政府，仍任教育部副部長。馬氏可說是恂恂長者，他也那麽積極反對蔣氏，成爲民主人士，正如柳亞子之成爲民主人士，天下事可知矣！』（曹聚仁著、曹雷編《天一閣人物譚》，上海人民出版社二〇〇〇年版，二五九頁）按，此處『副部長』的『副』字係作者誤筆。

十月六日，撰《思想解放》，提出：『解放思想實爲解放一切之基礎。』文章説：『思想本極度自由者，今乃曰「思想解放」，對桎梏而言者也，必已經桎梏而後乃言解放。（中略）民衆思想一經桎梏，其知識即不健全，以不能接受多方面之道理。其最大之患爲理路不清，亦即認識不清，如個人與國家常不能别。社會之組織不健全，則政府有不忠實之行爲，則瞠目坐視而莫之如何。治本之道，自惟教育，而莫要于解放思想。桎梏思想之教育，是謂奴化教育。』（《民主》周刊創刊號，十月十三日，參見民進中央宣傳部編《馬叙倫政論文選》，文史資料出版社一九八五年版，一至四頁）

十月十日，國共簽訂『雙十協定』。

十月十三日，《民主》創刊號問世。馬叙倫、周建人、許廣平、董秋斯、羅稷南爲編委，主編鄭振鐸，發行人王豐年（利華保險公司總經理）。逢周六出版，編委會兩周一次例會。

重九之前，李拔可應邀作《爲馬夷初題寒檠侍織圖》。（《碩果亭詩續》，上海商務印書館版，卷三，六至七葉）

十月十八日，夏承燾復函。

夏承燾日記十月十八日：『作箋與馬夷初翁，附去拜李五峰墓詞一首，答其春間寄詩。』

十月二十日，列名《我們對於處置敵日在華商人的意見》發表於《新文化》半月刊創刊號。連署共三十九人，包括李玄伯、周建人、鄭振鐸、柯靈、姜椿芳。

十月廿七日，《肅清貪冒是實現民主政治的前奏》發表於《民主》周刊第三期卷首。文章同時提醒：『我們不要只注意到官吏的貪冒呀！官吏不是社會的中心。官吏的貪冒，往往也是由社會造成的。』

十月卅一日，撰《讀了國民大會代表聯誼會宣言以後》，指出：『若説代表的人選，當然不能「欽定」，也不能「私派」，自然會「水到渠成」，由全國民衆用正當的方式選出，不容有不尊崇法度之舉動。在高呼實現民主聲浪裏頭，凡是違背真正民主方式所產生之機構和其代表，絶非我們所能承認！』（《周報》第九期，十一月三日）

秋，如皋沈幼徵來訪。

沈幼徵《回憶馬叙倫先生》：『一九四五年秋，抗戰勝利了，我又來到上海，想找點工作。一到上海，就讀到進步刊物《民主》上刊載的馬先生呼籲和平民主的文章。我去拜望先生，這時先生雖已很忙，還是抽空問我（蘇北）家鄉的情況。我家處於淪陷區的邊緣，曾有機會讀到毛主席的《新民主主義論》和《論聯合政府》。我還説，人們都稱讚解放區没有貪污腐化，紀律嚴明，很講民主。先生聽了感歎地説：「我很想看看這兩篇文章，却還没有找到。」接著，又嚴肅的問我：「你既知道解放區好，爲什麽不去那裏工作，却到上海來找事做呢？」』（《杭州文史資料》第二十三輯，一二三頁）

十一月十日，《和平需要武力做保障嗎？》發表，批評美國總統杜魯門的外交政策。（《民主》周刊第五期卷首）

秋冬間，經謝仁冰介紹，與王紹鏊認識。

十一月廿二日，列名文化界要求即日廢止新聞檢查制度的宣言發表。（《大公報》即日）

十二月一日，《國民的責任應該説話》發表於《民主》周刊第八期，文章提出：『不妨把他們雙方的主義和政綱政策拿來叫全體民衆總表决。（中略）因爲國家不是你們私有的，你們都説的爲的是我們老百姓，你們應該聽我們來選擇和决定你們的主義和政策對於我們合式或不合式。你們應該聽從我們來命令你們誰來替我們辦理這些事。』

十二月六日，撰《久違了》，感歎：『獨有「共匪」二字，在十五年前的報紙上時常可以見到，不想近十年來，這個名詞漸漸地没人提起，我們以爲這個名詞，已經死去，永遠不會被人再見了，可是本月四《日報》上載著本市某團體給政府請申撻伐共産黨的電文上，居然又見這個名詞，我們「於是乎」要向他説句「久違了」。』（《周報》第十四期，十二月八日）

同日，撰《再説些老百姓的話》，就政治協商會議提出四條要求：『會議第一件，必須辦到，開會第一日宣告任何地方的内戰立即停止。第二件，國民黨向會議宣告撤銷黨治，所有在政治方面黨的工作立刻停止。第三件，八年前選出的國大代表，時效早過，情勢不同，宣告撤銷，以後必須用普選的方法自由選舉。第四件，軍隊國有，限於一個月内將降軍繳械完畢，即將最大部分移充國防。』（《民主》周刊第九期，十二月八日）

十二月十一日，撰《怎樣結束昆明慘案》，提出四項要求：『（一）除陳奇達、劉友治自有應得之罪外，對雲南省各當局應嚴重的課其責任，至少先行撤職，軍隊調防。（二）宣布民衆應享受法律保障的一切自由，嚴禁官吏陽奉陰違。（三）除正規軍外不得有類似軍隊或秘密組織之特工。（四）由國民黨向全國宣布撤銷黨治，實行民主，除政府機構暫不變更外，所有黨在政治上之各種權力即行停止使用。召集政治協商會議，組織進行民主政體之臨時機構，交卸其責任。』（《周報》第十五期，十二月十五日）

十二月十六日，民主建國會成立于四川重慶。

十二月十七日，當選中華全國文藝界協會上海分會監事。

十二月十八日，撰《走上民主的路吧》《一個重要的建議》。（《民主》周刊第十一期，十二月廿二日）

十二月廿二日，《高等教育如何改進》發表於《周報》第十六期。

十二月廿四日，撰《政治協商會議的暗礁》。（《周報》第十七期，十二月廿九日）

十二月廿六日，撰《寫在政治協商會議以前》，表示：『從三十五年起，我們要本著我們的覺悟，絶對不可相信任何騙術。我們要拿定主意，自己實現我們的一切人權。我們要開放眼光，選擇合於我們生活的政治。我們要團結力量對付再來的騙子。（中略）現在四萬萬多的我們，都由心照不宣的形成一整個意識，就是我們要實現真正的民主政體，我們要立刻取銷一黨專政。這樣一個前提，是政治協商會議劈手第一件須辦的事。』（《民主》周刊第十二期新年特大號，十二月廿九日）

十二月廿七日，上海士紳孫儆、季龍圖、孫保玥、蔡禹門、解樹强、朱紹文、馮少山、謝冰、任傳薪、王紹鏊、楊鍔聲、姚文達、曹鴻翥、陳明如、金徵彝、羅沉、周啓文、邱傑、金孟、劉峰、王筠、陳巳生聯名發表《我們對於時局的主張與要求》，認爲：『我們認定誰發動内戰誰就是人民的公敵。我們希望賢明的當局把目光放遠一些，假如迅速實行民主，就無從發生内戰，目前存在人民間的主要問題，都可以用和平的方法來解決，而絶對不是經過内戰的屠殺，便能解決了事。』爲此提出三點意見：『一、要求友邦從速撤退中國駐軍，并停止一切足以助長中國内亂的行動。二、立即停止内戰，各方軍隊歸還原防。一切争議，應舉行全國性的政治協商會議解決，并組織調查團赴争戰地點查明真相。三、用普選方法重行選舉國民大會代表，制定憲法，組織民主統一的政府，以定國是。』（《新華日報》『友聲』專欄轉載）

王紹鏊《我一生中的政治活動》追憶：『有一次我將寫好了的一篇主張先民主而後統一，反對先統一而後民主的意見書，讓一些知名之士簽名的時候，馬叙倫也有一篇《上蔣介石書》，提出五個綱領，第一條就提出「要統一軍政」，却好與我的意見相左。故朋友將馬的意見書交來時我不簽名，而我的意見書傳到馬氏處，他也没有簽名。但馬氏見簽名裏有我的舊友謝仁冰，就去問謝意見書是誰人手筆，謝告知是我的手筆，馬氏就請謝介紹我見面。見面後稍有争辯，但最後馬氏就把他上書的原意撤銷。』按，王此處所言的意見書，顯然就是上引以孫儆領銜的這份《主張與要求》。參與連署的馮少山、謝冰（仁冰）、王紹鏊、曹鴻翥、陳巳生後均爲民進早期會員。

十二月廿九日，領銜發表《給美國人民的公開信》，希望美國人民以高尚的同情和援助，制止中國内戰，實現民主政治，克服目前難關。

信中説：『我們希望你們給我們以偉大的援助，我們希望你們推動你們的政府通過外交的方式協助中國政府的改造，徹底實現杜魯門總統的希望——擴大中國政府的基礎，使其包容其他政治黨派在内，在民主的原則下達到全國的和平與團結。倘使内戰得以避免，倘使全國的統一得以在民主的原則下實踐，中國的當前的課題唯有建設——尤其是經濟建設，那時她所需要于工業先進國家的資本、生産品和技術者，是巨大無比的，而美國將是最主要的供應者，雖不説是唯一的。這是我們對於你們的需要，而你們，也是需要一個在安定和平從事建設中的四萬萬五千萬人口的民族作爲美國生產品的可靠的顧客的。在這樣互相有利的最實際的基礎上所結成的中美友誼，是最密切、最鞏固、最持久的。』落款：馬叙倫、馮少山、王紹鏊、鄭振鐸、張鳳舉、范蘇若、徐相任、曹鴻翥、林漢達、嚴景耀、宓逸群、張紀元、周建人、周煦良、傅雷、唐弢、柯靈、段力佩、徐徹、賈沛安、羅稷南、柳枝、文超、謝仁冰、於一之、葉以群、于伶、吴天、鄭效洵、蔣天佐、許廣平、柏李、張可、白蝕、柳無垢、董秋斯、洪僭訓、方曉白、金瑞苓、王德楚、王之東、姜椿芳、謝開夏、徐伯昕、平心、吴景崧、王德鵬、于友、婁立齋、芷痕、鄭森禹、顧均正、黎澍、朱明、石嘯冲、梁純夫、陸詒、王章麟、徐調孚、朱維基，共六十一人。(《民主》周刊第十二期新年特大號)其中隨即參與民進的不下二十位。

十二月三十日下午，出席中國民主促進會第一次會員會議，做關於發起組織的原因和經過的報告。與會廿六人決議：在理事會産生前，會務由馬負責。

會議在中國科學社總辦事處會心樓(今上海黄浦區明復圖書館，位於陝西南路二三五號)舉行。馬首先報告發起本會的原因和經過，隨後强調兩點：民主促進會『純粹是一個民間的團體』，『民主促進會既以促進爲目的，而不是政治組織，所以并非永久性，一等憲政實施，真正的民主政治建立成功，民主促進會即行解散』。會議通過的第一項决議就是『本次集會爲本會的成立大會』。

王紹鏊《我一生中的政治活動》：『（經謝仁冰介紹與馬叙倫認識之後）約定先邀請雙方的朋友在廣和居開一座談會。馬氏方面出席的有傅雷、鄭振鐸、唐弢等，我這方面有林漢達、謝仁冰、張紀元等人。時值馬歇爾要來中國，大家主張擴大座談會，多約朋友來參加。首次會議是在青年會召開，陳巳生、許廣平、周建人、曹鴻翥、梅達君、趙樸初、馮少山等均到會。第二次會議時到會的朋友更多，當時就有人提議組織比較永久性的團體，於是定期在亞爾培路中國科學社討論組織問題。經過討論研究通過了簡章及宣言，宣言内容以我的意見書爲主，删去文尾，加上了幾句口號，作爲中國民主促進會的宣言。』

首次會員集會上討論通過的《中國民主促進會簡章》，確定『本會以發揚民主精神、推進中國民主政治之實踐爲宗旨』（第二條），對馬叙倫看重的兩點也有充分體現：『凡各界無党無派人士贊同本會宗旨』，辦理入會手續後『得爲本會會員』（第三條），『本會至國民代表最高權力機構成立後，由大會决議宣告結束』（第十條）。這兩條内容鄭振鐸、傅雷相當贊同，鄭振鐸稱之爲『我們的守則』。民進《簡章》第七條提出：『全體大會每三個月開會一次。（中略）遇必要時得由會員四分之一以上之提議或理事三人以上之提議召集之。』

十二月，法國羅曼·羅蘭著、傅雷譯《約翰·克利斯朵夫》第一册由上海駱駝書店出版，書名係馬題籤。共四册，次年二月出齊。

年底，上海九十餘所大中學校發起組織的學生助學聯合會成立，主席陳震中，聘請馬

叙倫、沙千里爲顧問。(《現代上海大事記》,九二四頁)

冬,中共地下黨員葛志成代表上海市小學教師聯合進修會邀馬任進修會顧問。

下半年,任銘善、沈幼徵來訪。

沈幼徵《回憶馬叙倫先生》:『不久,任銘善先生因事來滬,我又陪同他去看馬先生。馬先生十分高興,約定時間叫我們去吃便飯。那一天,還邀集了幾位和我年齡相仿的學生,陪任先生暢飲。飯後,馬先生取出手抄的毛主席詞《沁園春·雪》讓大家看。馬先生沉默了一會兒,心情沉重地對任先生説:「心叔,不管國民黨政府表面文章做得多麽好看,實際上蔣介石已下定決心打内戰,看來是難以制止的。」接著提高聲音説:「數風流人物,還看今朝。我們只有寄希望於那一邊了。」』(《杭州文史資料》第二十三輯,一二三至一二四頁)

一九四六年(中華民國卅五年丙戌) 六十二歲

一月一日,《實現民主是每一個國民的責任》發表於《文匯報》元旦增刊。

同日,撰《敬爲國民黨員進幾句話》(發表何處未詳,收入《馬叙倫言論集》,山東新華書店一九四六年版)。

一月二日,民進第二次會員會議舉行,討論通過《本會對於時局的宣言》,正式選舉第一届理事會。三十三人出席,比上一次增多七人,包括鄭振鐸、傅雷、曹鴻翥、張鳳舉和許廣平等。

《對於時局的宣言》針對目前『國家的時局』和『未來中國的命運』，闡述九點意見：『謹防戰争的遺燼死灰復燃』；人民已經認識了自己的需要』；自由自主的人民，纔能創造自由自主的國家』；任何國家請勿助長中國内戰』；非先實行民主，決無從實現統一』；内戰的因素須用和平方法來消滅』；言論、出版、集會、結社自由，是實行民主的起碼條件』；國家興亡，匹夫有責』；集中力量，争取民主。』《宣言》第五點表明馬心悦誠服地接受了王紹鏊的主張：『在同一目標下，仿佛有兩種對立的意見。某些人把這問題的重心放在統一方面，另一部分人把重心放在民主方面。前者主張，必須先統一，然後實施民主；後者主張非先實行民主，則無從實現統一。其實我國的老百姓，并没有不統一的徵象，只要中國能實現民主，則政治與軍事自然也就統一了。現階段的中國，民主實在是統一的基礎，同時又是統一的内容、統一的目的。我們必須從民主的實踐中，獲得統一的理論依據。（中略）真正的統一是全國民心一致嚮往的結果，決非勉强可求。過去的不統一，正是不民主的結果。』《宣言》指出：『世界上最有力、最鞏固的政治，一定建築在真正民意之上，一定以人民的利害爲利害，人民的視聽爲視聽，人民的要求爲要求。（中略）暫時停戰等等的協議，都是治標，只有把政治放在真正的堅固的民主磐石上，纔是唯一安全永逸的計劃。』

民進產生第一屆理事會，理事馬叙倫、嚴景耀、陳巳生、林漢達、鄭振鐸、王紹鏊、周建人、曹惠群、曹鴻翥、馮少山、柯靈等十一人，候補理事傅雷、張鳳舉、許廣平等三人。

據與會的柯靈回憶，理事原定三人，討論時，理事名額經少數出席者提議，逐步升級，增至五人、七人、九人、十一人，仍有餘波未盡之勢，傅雷力阻不能再擴大，并疏通同人不投他的票。傅雷雖被選爲候補理事，從此不再出席民進會議。（柯靈《〈周報〉滄桑録》，《新文學史料》一九八六年第一期，一五五頁）

一月四日，在民進第一届理事會第一次會議上當選爲常務理事。具體選舉結果：常務理事馬叙倫、陳巳生、王紹鏊，起草委員周建人，財務委員嚴景耀，出版委員徐伯昕，秘書宓逸群，事務張紀元。

一月五日，應邀出席文匯報社假座新都飯店舉行的星期談座第一期『勝利後中國的瞻顧』，并致辭：『自從勝利之後，我們幾個朋友不期而然的常常凑在一起，閒談中不免涉及當前的政治問題，想找一個國家民族的出路，不過這只是書生本色而已，談過就算，而且我又一向反對組織，而且懷疑我還能作什麽行動。但是一天又一天的，空氣愈來愈沉悶，心靈的壓力愈來愈重，單是空談仍不能有補於實際，於是剛在前幾天我們談起了組織一個「中國民主促進會」，以促進民主政治爲目標。這團體一等籌備就緒，就要公開。不過開始時，力量太單薄，不敢期望有什麽貢獻，更不能和内地的團體相提并論，只想略爲盡一點力罷了。』

一月十日，中國政治協商會議在渝開幕。

一月十一日，與王紹鏊等四十二人致書美國特使馬歇爾，主張在中國建立一個真正代表全民的民主的政府。

一月十二日，民主促進會《對於時局的宣言》發表於《周報》第十九期，民進從此登上中國政壇。以馬的話界定，政見發表之日纔完成『籌備』工作，宣告團體誕生。

一月十二日，在《民主》周刊第十四期發表《寫在政治協商會議開幕以前》《統一和一統》。前文提出：『我們必須把政治協商會議的地位變客人做主人，把他的性質也變做最高治權行使機構。（中略）但是國民黨高唱「還政於民」，而實際在留難著，説是只能還政于國民大會，不能還政於各黨各派的黨派會議，或其聯合政府。他堅持著這樣態度，分明藉此作梗，因爲原來的國民大會，斷斷不能爲我們所承認，那麼就此僵掉。所以要打開局面，只有把政治協商會議的地位和性質變更一下，纔可以解決國是問題。』另外提議：『爲了使政治協商會議增加力量而且更加民主化，我們以爲政治協商會議應當自動提議增加各黨各派外的社會賢達——就是無黨無派的老百姓的代表名額，至少要倍於各黨各派的代表的總數。這些代表的資格，積極的方面，必須社會知名而對於民主有貢獻的；消極的方面，而非現任政府直接間接的公務人員。』

一月十三日，主持玉佛寺公祭于再大會，并宣讀祭文。與會人士起草致重慶政協會議電文，提出十四點建議。

國民黨中宣部關於宋慶齡等在滬主持于再追悼會并電政協會提出成立民主聯合政府十四項主張函（渝三五密字第八七五號，中華民國卅五年一月廿四日）：『據報，上海于再追悼會，由孫宋慶齡、柳亞子、馬叙倫、沙千里、鄭振鐸等主持，并電政協會，主張成立民主聯合政府等語。查鄭現任貴部上海特派員辦事處秘書。此致教育部。部長吴國楨。』下文稱：『上海于再追悼會，由孫宋慶齡、柳亞子、馬叙倫、沙千里、鄭振鐸、許廣平、金仲華七人主持，柳亞子代表主祭團讀祭文，并繼續演説。馬叙倫、林漢達、南京臨大代表均相繼演説，當場起草致政協會電文：（一）成立民主聯合政府。（二）改善職工教員待遇。（三）實現主席發表之演説。（四）取消高壓政策。（五）取消禁止遊行集會命令。（六）釋放政治犯。（七）釋放南京及各地被捕學生。（八）嚴懲漢奸。（九）鼓勵人民檢舉漢奸。（十）嚴辦貪官污吏。（十一）嚴辦昆明學潮兇手。（十二）提高婦女地位。（十三）救濟失學青年。（十四）解除思想統制等。新新公司同人瀛月樓、韓武成也出席演講，檢舉李澤情形甚詳。繼由各業工人及罷工工人代表致簡辭。末由作爲家屬代表的于再之妹致答辭。警察總部巡查所當場勸告無效，乃沿途加以保護，遊行行列於四時一刻解散，未發生任何事故。』中國第二歷史檔案館編《中華民國史檔案資料彙編》，第三編『政治』三，江蘇古籍出版社一九九九年版，第五至六頁）

一月十三日，撰短評《馬歇爾被竊》，就馬歇爾衣服失竊于重慶盟國特使公館一事指出：『從政治上説，可以説是歷史的污點，也可以説現政府政治失了威信的結果。』最後感歎：『手裏拿著一個泥團，還當作夜明珠，抵死不放，非冥頑不靈而何？』稍後與另一篇短評《團拜和朝賀》，均署名倫，發表於《民主》周刊第十五期（一月十五日版）。《團拜和朝賀》稱，本月一日的重慶政府新年團拜，只可名副其實地稱爲『新朝儀』。

一月十五日，撰《寫在政治協商會議開幕之初》，提出：『憲政的實施，就可現在開始，只要在政治協商會議裏尋覓方法。（中略）我們必須在這次政治協商會議裏争取得真正的民主，因爲失了這個機會，就可能流血，而在這樣的環境裏，損失太大了。』（《馬叙倫政論文選》，四四頁）

一月十五日，撰《政治協商會議的大礁是什麽？》，指出，會議各黨（派）鬥争的性質是民主陣綫和反民主陣綫的鬥争。（《周報》第二十期，一月十九日）

一月十八日，應方岩（介堪）之約爲方節（介庵）藏唐人寫經殘帖題跋：『方君介堪出示令弟介庵所藏唐人寫經殘帖三種，實出吾鄉先生魏稼孫太世丈，復爲陳伏廬丈所得，今歸介庵，淵源有自，末世得考矣。寫經咸出院手，實當時流俗之書，顧爲今世善書者所不能及，此爲得法與否耳。觀此三種，古法已漸湮微，特翻折回鋒，尚顯然可徵。三種皆出開、天以後，而後者實勝。三十五年一月十八日，叙倫。』下鈐兩章。（《唐賢寫經遺墨》，三八頁）

一月廿一日（除夕），撰五律兩章書贈千家駒，其二曰：『豈有刑天志，能無百姓情。獨夫猶肆虐，舉國欲同盟。血浪將漂櫓，哀聲更勝兵。吾儕須努力，前路日光明。』（《馬叙倫詩詞選》，一〇八頁）按，此兩章後曾書贈翦伯贊，上款：『卅五年除日作，奉伯贊先生教。』（《翦伯贊全集》第七卷，河北教育出版社二〇〇八年版，三七六至三七七頁）

一月廿三夜，撰《因于再先生的追悼會而回憶》，認爲：『我從參加過上面所説的歷次群衆運動，我深深地明白了有意義的，特别是革命意義的群衆運動，終究是成功的。他的成功，由於幾個人都是主動者，由於堅決，由於無畏。我又明白了時代的潮流，只有順受，不可逆拒的，你自己在被推動著，却想掙扎出來是絶對不可能的。』（《周報》第二十一、二十二期合刊，一月廿六日）

一月廿三日，撰《關於國民大會最後的饒舌》，指出：『民主陣綫爲的是争取民主——也是爲全國群衆争取自由權利，决非出發於情感作用，而是以主持正義爲出發點的。調和感情不過爲達目的的手段裏的一種，而不即是目的，所以决不因爲怕惹起這九百幾十位代表的反感而犧牲民主的争取。政府黨把他們九百幾十位代表看得很重，把四萬萬五千萬的群衆看得輕，這種態度還要得嗎？』文章最後説，國民大會問題現已交小組會議商討，『我們必須策勉鼓勵政治協商會議有堅定的信念，作不撓的支持，不負全國群衆的企望，尤其應該不負昆明因民主運動而死難的師生和被難的群衆』。（《民主》周刊第十六期）

一月廿四日，私立合衆圖書館董事陳陶遺、葉景葵、張元濟、李拔可、陳叔通爲申請立案呈上海市教育局文，内稱太平洋戰事爆發，『賴有清高績學若秉志、章鴻釗、馬叙倫、鄭振鐸、陳聘丞、徐調孚、王庸、錢鍾書等數十人以及社會潛修之士同情匡助，現在積存藏書約十四萬册，正事陸續整理，準備供衆閲覽』。（王世偉整理《上海市私立合衆圖書館發展史料二則》，上海圖書館歷史文獻研究所編《歷史文獻》第三輯，上海科學技術文獻出版社二〇〇〇年版，一八至二〇頁）

一月廿六日，《中國民主促進會給政治協商會議建議書》領銜發表於《民主》周刊第十六期，十一位理事連署。

二月一日，上海大中學校學生代表在膠州路民衆實驗學校舉行聲援南京臨時大學被捕同學大會。應邀出席并發表演講，支持學生正義行動。

二月三日，代表理事會向民進第三次會員會議報告工作。

二月四日，撰《新春試筆》，包括『怎樣的纔算民意』與『如今笑話多』兩題。前者進忠言：『我們希望老闆能識貨，趕緊把真正的應時物品收買進去，陳列得嶄新，自然主顧找上門來，你聽聽他們品評，纔是真正的民意。如果一輩子挂羊頭賣狗肉，這些罵山門的，不是你的招待員，而是你的催命鬼。』後者針對上海市教育貸金委員會的啓事鬧笑話指出：『現在政府機關對於這一類的事真有點左右爲難，如雜誌出版，要先核准登記，但是現在多數雜誌呈報登記，永不核准，也永不批駁，這是顯然的例子。那末這次學聯會呈報主管機關的，社會局既不核准，又不批駁，也是如此。』（《周報》第廿三期，二月九日）

二月初，樂清仇岳希致函夏承燾，囑託引見馬叙倫。夏承燾應邀出具介紹信。夏承燾日記二月七日：『晴風。得岳希書，囑介見馬夷初先生。』二月八日：『晴冷。發岳希書。』

二月八日，撰《寫在政治協商會議閉幕以後》：『希望國民黨懸崖勒馬，把這次在政治協商會議裏宣布的和會議議決的不要拖延，不要折扣，爽快地實現。』（《民主》周刊第十七期，二月九日）按，政治協商會議本月一日閉幕，通過政府改組、國民大會、施政綱領（和平建國）、軍事問題、憲法草案等五項決議案。

二月十日，撰《爲黄任之先生的來》。文章説：『黄任之先生是我三十年來的朋友。（中略）目前我們不約而同的都走向民主運動的路，也可以明白中國的前途需要的是什麽了。（中略）國家不真正民主，政治没辦法，教育也没辦法，乃至一切都没辦法，這是從國内國外的趨勢和需要都看得很明白的。黄先生這次（從重慶）回到他的故鄉，當然帶著很濃厚的民主空氣來，使我們都吸著了。像我這樣地老而將朽的，還想在新鮮空氣裏享受一番生平未享過的福，我想青年們自然不甘把未來的大好年華被這樣地混過去，像人家那樣享的民主福被這樣地犧牲了。』（《民主》周刊第十八期，二月十六日）

二月十一日，主持民進茶話會，醖釀建立自由保障會上海分會，并致電慰問重慶較場口慘案中受傷的郭沫若、李公樸諸人。

黄炎培日記二月十一日（星期一）：『夜，民主促進會假中國科學社舉行，馬夷初主席。』（中國社會科學院近代史研究所整理《黄炎培日記》第九卷，華文出版社二〇〇八年版，一二六頁）

葉聖陶日記二月十一日：『星期一。七時半，至中國科學社，赴民主促進會之茶會。八時後開會，到者五十人左右。是會中人多不相識，以馬夷初先生爲領導。今夕之會，意在招待自渝到滬之人，并聯合上海民主運動之團體，成一總組織。黄任老適在滬，到會談協商會議經過甚詳。胡子嬰女士繼之。末後發電慰問重慶昨日受傷之人，全體簽名。至十時半始散。於會中晤振鐸、喬峰二位，皆握手歡然。』（《滬上三年》，四〇頁）

二月十二日，針對陪都較場口事件作《重慶有我們的中央政府嗎？》，結尾表示：『我們愛護蔣主席，我們願意蔣主席在中華民國歷史上做個完全無缺的偉大人物，我們不願蔣主席給後人讀歷史的説長於武功而絀於政事，我們不願蔣主席只貪圖國民黨黨員的擁護而放却了全國民衆的愛戴，我們不願在蔣主席的領導底下好像没有中央政府，叫國際懷疑著中華民國是不是個國家。』（《民主》周刊第十八期，二月十六日）

二月十三日下午，出席蔣介石慰勞上海父老茶會，準備十條意見而得不到發言機會。（馬叙倫《蔣先生要聽這樣的話》，《民主》周刊第三十五期）

二月十五日，會同黄炎培、胡厥文、鄭振鐸等六十人致電慰問李公樸、郭沫若等較場口事件受傷人士。

二月十八日，撰《對於較場口慘案再説幾句》，指出三點：第一，三民主義的民權主義，無疑地就指民主。現在民衆的要求民主，不過實現三民主義的民權主義。第二，民主的實現，是三民主義的勝利。政治協商會議的成功，決不是整個國民黨的失敗，不過是國民黨裏官僚的失敗，這是絶對要分别清楚的。第三，國民黨如果離開三民主義而變成官僚主義，或口叫三民主義而實際是官僚主義，那就失了立場。自己失了立場，就會做被革命的物件。（《民主》周刊第十九期，二月廿三日）

二月二十日，撰《從民變説到保甲制度和民主》，指出：『想來想去，只有一點，是政府——國民黨專政的政府必須辦保甲的理由，就是可以把持選舉。只要區長、鄉長、保長是黨員，就可以一道命令貫徹到每一個户長，再幫助以威福，那有不選舉「吾黨」的？』（《周報》第廿六期，三月二日）

二月廿七日，撰《説説因東北問題而起的學生運動》，提出：『我們要曉得三强爲什麽竟敢私自處分我們的國家。我敢説，因爲他們心目中并無中華民國，他們心目中只有無民衆的國民政府，所以纔敢這樣地做。我們應該自己先問問自己是不是有被他們蔑視的因素。我們國家叫做中華民國，而實際上是不民主的國家，怎能不被人家蔑視？所以我們如果要發揮我們民衆的力量，必須先解決了我們自身民主不民主的問題，如果我們真正做到民主國家，較東北問題更大的問題，也迎刃而解。』最後『希望青年們還得冷静些，不要拿石頭自己壓住了脚，叫政府增加應付困難。同時希望政府必須把東北問題原原本本、明白真實地宣示我們』。（《民主》周刊第二十期，三月二日）

二月廿八日，任上海民主運動團體聯合籌備會籌備委員、召集人。

民進聯絡上海二十多家人民團體集會商議，决定成立上海民主運動團體籌備會，推沙千里、梅達君、徐伯昕、沈志遠、陳震中、胡子嬰、盛康年、方祖蔭、葛志成、羅叔章、馬叙倫等十三人爲籌備委員（其中梅、徐、方、葛、陳五人是地下黨員），馬爲召集人。

三月一日，撰《蔣主席慰勞父老茶會補記》，表示：『我雖不能學王通上太平十二策，却寫了十個希望的綱要，塞於袋子裏備用，結果這一張稿紙還是和袋子結了難捨難分的緣分，然而雖處囊中，倒也無怨。』（《周報》第廿七、廿八期合刊，三月十六日）

陳益群《柯靈回憶民進成立初期的活動》：『那次會見後，馬老馬上發表文章批判蔣介石。有一次夏衍見到我，對我説：「像馬老這樣的表現是不容易的，我們要尊重他。」這話可能是轉達黨内的意見。』（民進中央會史工作委員會《民進口述會史資料選輯》第一輯，開明出版社二〇一六年版，二〇頁）按，當時夏衍在上海參與文化戰綫的統戰工作。

三月四日，撰《上海市參議會必須改組》，鑒於上海市參議會『似乎不是民意機構，而是政府的周邊』，提出：『只要真正人民自己組織起來，選出幾個真正爲我們所認識而能擔負起這種責任，來代表我們去幹，鍥而不捨，期以三年五載，必然可有眉目。』文章提到：

『我曾經得到錢市長的信，叫我開具履歷，呈候中央圈定，我是不願做欽點的參議會參議員，所以託故辭了，也不曾把履歷開去。』(《周報》第廿七、廿八期合刊)按，錢市長，即錢大鈞。

三月五日，上海民主運動團體聯合籌備會在紅棉酒家首次集會，通過簡章草案。紅棉酒家係籌備委員盛康年之父盛丕華經營。

三月六日，著《寫在國民黨二中全會的期内》，指出國民黨『已達到徹底腐敗的程度』，『國民黨如果有改造的决心，我要供獻十二條意見』：(一)須重新取得立場；(二)須打破黨的自私觀念；(三)黨須先民主化；(四)須與官僚絶緣；(五)須先統一内部；(六)須嚴格整頓黨風；(七)須重立信用以取民心；(八)須從政治上争取民衆；(九)須著意到直接生産的民衆；(十)黨員須充分瞭解主義；(十一)須打破保守性，鼓勵前進；(十二)須勉勵政治道德，勿再仇視異黨。(《民主》周刊廿一、廿二期合刊，三月十六日)按，國民黨六届二中全會三月一日至十七日在重慶舉行。

三月七日，撰《東北問題要從内政上解決》。(《世界知識》第十三卷第六期，收入《馬叙倫言論集》)

三月九日，對上海臨時大學學生聯合會演説《東北問題之我見》。

三月初，九三學社社員笪移今從重慶回到上海，持許德珩的介紹信登門拜訪，『希望他參加九三學社。馬叙老看過信後，一見如故，相互交談了重慶、上海政治、經濟、文化界的情況，以及對今後形勢的展望，彼此交心，確是志同道合』。從此笪移今經常出入馬寓，并且加入民進，成爲跨黨派成員。（笪移今《九三學社解放前在上海的鬥争》，《統戰工作史料選輯》第四輯，六九頁）

三月十五日，黄炎培來訪。

黄炎培日記三月十五日（星期五）：『下午訪盛丕華、王恪成、任小山、馬夷初。』（《黄炎培日記》第九卷，一三二頁）

三月十七日，民進第四次會員會議决議，發起和參加上海市人民團體聯合會。

三月十七日，撰《當前一個嚴重問題》。（《民主》周刊第廿三期，三月廿三日）

三月十七日，撰《國民黨二中全會閉幕後》，認爲國民黨全會對政治協商會議决議案并無修改的權力，文章感歎道：『風雨如晦，雞鳴不已，現在是被雞唱出了曙光，怎樣不叫人們對這個曙光發生欣慰，和希望他不要被陰霾來籠罩了。（中略）我們太寶貴了政治協商會議的成果，因爲他是三十五年來所流的政治血造成的，這樣的成果，如果在這樣的國民黨代表大會裏被破壞了，會得再來流不曉得多少的政治血。』（《周報》第二十九期，三月廿三日）

三月十八日，撰《爲『三一八』寫》，指出：『現在大家對於掌握政權的國民黨的行動，認爲是逆水行舟，對於國民黨政府的設施，認爲是開倒車。（中略）我們應該從這次「三一八」起，認清了國家和民族的前途，大家努力完成「三一八」的使命，方纔使他們的犧牲爲有意義。』（《馬叙倫政論文選》，九五頁）

三月十八日，缺席開明書店特約編審宴會。

葉聖陶日記三月十八日（星期一）：『午刻於士敭家宴特約編審委員。近議定邀店外七人爲特約編審委員，計馬夷初、吕潤之、仲華、何柏丞、振鐸、夏衍、叔湘。除叔湘在成都外，六人皆在上海，今日宴之。夷初未到，柏丞少坐即去。席間未談編審事，僅資聯誼也。』（《滬上三年》，五五至五六頁）

三月廿二日，民進理事會會議增選林漢達、許廣平爲常務理事。

三月廿四日，撰《我們不是争取民主的口號》，鑒於政協閉幕已五十五日，四項諾言與五大决議案落實的現狀，表示：『我們應該曉得争取民主的口號已成過去，我們應該把握著「稍縱即逝」的時機，發動全國的民衆，用行動來擁護他，使他盡速地實現，不能一來五十五日地老等「一俟完成規定手續以後，即當分别照案實行」。』（《民主》周刊第廿四期，三月三十日）

三月廿六日，撰《戴笠將軍的遭難》，文章説：『「上年日寇投降以後，有一個朋友從浙東來，他説：「雨農（戴將軍的號）託我問問你的安好。」我説：「不敢當，我和雨農不相識呀！」他説：「是你學生呀。」（下略）他説：「你在杭州的時候教過他。」我忽然覺悟到莫非戴將軍是浙江第一師範學校的學生，我就問他，他説雨農是一中的學生，我纔明白了。』因此當戴笠『遭難』的消息傳來，作者站在教育者的立場不免感慨：『天生戴將軍這樣的人才，只是自己誤用了，他的誤用自己，又不能不責備有造就人才、使用人才的權力的蔣主席，不免糟蹋了戴將軍這樣的人才。』結尾强調：『我們正不可以自己菲薄。』（《周報》第三十期，三月三十日）

三月廿七日至廿八日，撰《希望政協不要再讓步了》。（《周報》第卅一期，四月六日）

三月廿八日，撰《反對不合民主的上海市參議會》。（《民主》周刊第廿五期，四月六日）

四月五日，撰《對於敬師運動的感想》。（《時代學生》第一卷第十二期，收入《馬叙倫言論集》）

四月六日，假座中國科學社舉辦茶會，籌備一份綜合雜誌。

葉聖陶日記四月六日（星期六）：『仍與彬然偕出，至中國科學社赴茶會。是會係馬夷初諸人所邀集，云將辦一綜合雜誌，於「五四」出版，擬定名爲「星火」，尚未確定。』（《滬上三年》，六一頁）按，稍後正式定名『昌言』。

四月八日，應邀出席上元公司聚餐會。

黄炎培日記四月八日：『夜，魏伯楨、盛丕華招餐紅棉酒家隔壁上元公司，同席馬夷初、林漢達、洪彬史、盛康年（丕華子）等。』（《黄炎培日記》第九卷，一四一頁）

四月九日，撰《應該由人民來打開這個混亂的局面》，認爲『假使内戰再由政府發動，失敗必歸於政府』。文章指出，共産黨在解放區的『政治表見有了成績』，根據在於『最近一年來，（我）接觸了十幾位朋友，或是專程到解放區去實際考察的，或者本是解放區的老百姓。（中略）他們説給我聽的，無論在蘇北、浙東、華北，他們總是有獎無貶』。所談解放區情形與黄炎培《延安五日記》『没有兩樣』。（《民主》周刊第廿六期，四月十三日）

四月十一日，南通流亡學生向上海各界報告三月十八日『南通慘案』經過，應邀出席并致辭。稍後民進以組織名義就『南通慘案』發表宣言。

四月十一日，缺席上海第四區電力工會成立大會。

四月十二日，與林漢達、羅淑章等應邀出席上海美商電話局産業工會成立典禮。市黨部代表王先青致詞，稱：『國民黨也願意把肩仔卸下來，但是交給哪一個？交給民主同盟？他們有什麽人擔當得起？他們只是些馬路政客！交給共産黨？他們就來講階級鬥争，害了國家。』又説：『民主是不是真理還要研究呢！』

自述：『在本月十日有上海美商電話局産業工會籌備會兩位朋友送來公函，邀我在十二日午後二時到浦東同鄉會參加他們工會的成立典禮，意思是要我去説幾句話。我因爲在幾個同樣的地方説過話，就不容推辭了。到了十二日午後二時十五分，又有他們會裏兩位朋友放了汽車來迎我。』（《國民黨反民主的證實》，《民主》周刊第廿七期）

四月十二日，民進理事會會議推選馬叙倫、林漢達、梅達君爲出席上海民主運動團體聯合會代表。

四月十三日，撰《國民黨反民主的證實》，批駁王先青的言論。（《民主》周刊第廿七期，四月二十日）

四月十四日，中國（國民黨）民主促進會成立于廣州。

四月十五日，撰《中國人真没出息？》，表示：『我們歡迎馬歇爾特使回任，但是我們希望他帶著兩種必需的藥品，如：（一）鎮静劑，把醉心武力、主張以軍事解决政治的人們神經鎮静一下，方得實現徹底的停止内戰。（二）解毒劑，把被法西斯毒素侵入的人們血液肅清一下，方得實現真正的民主政治。』（《周報》第卅三期，四月二十日）

四月廿四日，撰《敬盡最後的忠告於國民黨》，文章最後説：『我深深盼望國民黨把東北問題用政治方式來解决，而政治必須趕速且毫不遲疑而無條件的走上民主的正路，纔可以保全中華民國，纔可以保全國民黨。這是我最後的忠告，「知我罪我」，在所不計。』（《民主》周刊第二十八期，四月廿七日）

四月廿五日，向夏丏尊遺體告别，痛哭失聲。

葉聖陶日記四月廿五日（星期四）：『晨與墨携三午至殯儀館。今日店中停業一天，特志哀悼。同人陸續到齊，既而吊者漸至，皆簽名於簿。馬夷初先生痛哭失聲，使人感涕。日人内山完造沉默致敬，亦可感動。』（《滬上三年》，六八頁）按，夏丏尊，開明書店編輯所長，四月廿三日病故，享年六十歲。

四月三十日，出席玉佛寺王若飛、葉挺諸烈士追悼會，并演説，力言争取民主、鞏固團結之要。

葉聖陶日記四月三十日（星期二）：『早晨接彬然至檳榔路玉佛寺，參加王若飛、秦邦憲、葉挺、鄧發、黄齊生諸先生之追悼會。九時開會，黄任老、左舜生、陶行知、馬夷初、章乃器諸人演説，皆力言争取民主、鞏固團結之要。而今日報載，重慶各方協議未獲結果，殊令人憤慨。』（《滬上三年》，六九至七〇頁）

四月下旬，《從人心説到教育》發表於《聯合晚報》，聲援『小教聯』。

五月一日，列名《張故上將自忠殉國六周年公祭大會公啓》。（《申報》本日、五月十五日、十六日廣告）

五月三日，撰《敬師運動和尊師運動》。（《文匯報》五月五日星期評論）

五月四日，《昌言》創刊。執筆發刊辭，指明當前内憂外患嚴重，國民處於相對無言或『發憤狂叫』之境地，更應該提倡直言不諱、昌言無忌。社評兩篇，均出自主編之手，一篇爲《還都以後》，另一篇爲《人民的血汗》，後者揭露南京國民大會會場耗資七億元之巨，觸目驚心。

創刊號發表沈志遠《戰後世界新民主體制之瞻望》、文孚《國内政治的三大問題》、胡繩《中國需要怎樣的憲法》、曹梁厦《注意國家的一個重要資源》等時政評論，鄭振鐸《作俑篇》等學術文章，唐弢、風子諸人詩文多篇。

五月四日，在《民主》周報第廿九期發表兩篇文章。《歇手吧！想想可憐的人民》指出：『半年多來，雖則不能説升平立見，至少現在的糾紛没有了。但是偏有二中全會和參政會的兩出「活報」，好像是替國民黨争回不少權利，而實際是轉害了國民黨。因爲愈加使民衆認識了國民黨不要真民主，而發生離心力的作用。』《四賢哀詞》悼念王若飛、秦博古、葉挺、鄧發。

五月四日，《民主是不是真理？》發表於《周報》第三十五期。

五月五日，國民政府還都南京。當選上海人民團體聯合會理事。包括上海文化、婦女、教師、醫藥、銀錢、學生各界，紡織業、機械業、水電業、百貨業、酒菜業等工會在内的五十二個團體，歡聚南京路勸工銀行大樓，隆重舉行成立大會。大會由民進代表馬叙倫主持，梅達君代表籌備委員會報告籌備經過。隨即討論通過《聯合會章程》和《成立宣言》，選舉産生二十九名理事，其中馬叙倫、王紹鏊、林漢達、陳巳生、梅達君、徐伯昕、許廣平、周建人等十人是民進成員，占了三分之一。代表其他界别當選理事的有沙千里、沈志遠、盛康年、湯桂芬、甘田、彭文應、羅叔章、胡子嬰諸人。

五月六日，《怎樣消弭學潮》發表於《教師生活》月刊第四期。

五月六日，撰《在内戰中還都》，感歎：『可憐的人民抗戰不曾死在敵人的槍炮底下，如今却死在内戰的槍炮底下。』并就蔣介石五日出席首都各界慶祝還都大會對全國同胞的『訓詞』發表感言：『我們正在負起實現民主的責任來，只請主席不要再來攔阻我們吧。灌米湯、受教訓，究竟是我們不需要的。』（《民主》周刊第三十期，五月十一日）

五月八日，針對警管區制，撰《這是什麽算盤？》，認爲：『戳穿西洋景來説，這個制度哪裏是爲了「俾宵小無從匿跡」，實在是用法西斯手段來鉗制民主運動分子。』（《文匯報》五月十日專論）

同日，與黄炎培、陸定一等於來喜飯店設宴，歡迎美國華僑領袖司徒美堂，約梁漱溟、章伯鈞、郭沫若等作陪。（龔繼民、方仁念《郭沫若年譜》，天津人民出版社一九八三年版，中册，六五五頁）

五月十一日，鑒於上海市警察局長宣鐵吾在市府新聞處召集的新聞界見面會上爲警管區制辯護，撰《竟要幹下去》：『國民黨如果决意倒行逆施，在其他民主分子們正盼望著你們惡貫滿盈，自召滅亡，我還是再進一句忠告，不要把墳墓掘得太深了。』（《文匯報》五月十二日專論）

五月十二日，在上海人民團體聯合會第一次理事會上當選常務理事。聯合會辦公處設於江海關。常務理事還有沙千里、胡厥文、林漢達、許廣平等八人。會議確定當前中心工作爲反對『警員警管區制』，認爲這種制度非根本反對不可，决議先印發《告市民書》，讓各家各户洞悉警管區制有百弊而無一利，是剥奪居民人身自由的法西斯行徑。

五月十三日，撰《内戰還不停止嗎？》。（《周報》第三十七期，五月十八日）

五月十五日，應黄炎培之約商談時局。

黄炎培日記五月十五日（星期三）：『假南海公園招馬叙倫、林漢達、章乃器、沙千里、許廣平、王却塵等商談時局。』（《黄炎培日記》第九卷，一五四頁）

五月十六日，張自忠將軍殉國六周年紀念日，前往山東同鄉會出席公祭儀式，并致詞：『應積極在封建餘孽之中求人民解放，在資本主義之下求民主自由。』

五月十八日，《關於警員警管區制》《中國歷史上之民主痕跡和民主思想》分别發表於《民主》第三十一期、《理論與現實》第三卷第一期。

五月十九日，在國泰殯儀館羊棗追悼會上，質問：『這些年摧毁了多少人才？』按羊棗，即楊潮，湖北沔陽人，國際問題評論家，一九四五年七月被當局逮捕，次年病重，從監獄移入醫院，數日後逝世，年僅四十六歲。

五月廿一日晨，《老百姓在那裏》脱稿，結尾認爲：『輿論終究有力量的。本市的某報，長久没有快言快語，他在本月二十日報上發表一篇《我們反對武力解决》，又和我們唱和起來。他也和我們一樣代老百姓説出心事，他又要「不脛而走」，走進成千成萬的人心

裏。看著罷，老百姓在那裏。』（《周報》第三十八期，五月廿五日）

五月廿二日，撰《所望于新市長的》。（《民主》第三十二期，五月廿五日）按，五月十四日上海市長錢大鈞辭職，行政院命吴國楨接替，吴二十日到任。

五月廿三日，撰《由人民來解决『内戰』》，指出：『誰是喜歡打仗的，誰就是希特勒。』進而大聲疾呼：『我們的國家危險到這個樣子，我們的生命財産，都要在「内戰」裏犧牲完了，我們應該做救火的，不要做看火的了。』（《文匯報》五月二十四日專論）

五月廿三日，上海人民團體聯合會發表《反對警管區制宣言》。

五月廿五日，赴南海花園飯店主持茶話會，與黄炎培、閻寶航等討論東北問題。

黄炎培日記五月廿五日（星期六）：『下午三時，南海花園茶話會，馬夷初主席，討論東北問題，在座鄭振鐸、孫曉村、嚴景耀。』（《黄炎培日記》第九卷，一五七頁）

五月廿六日，民進與人民團體聯合會聯合招待重慶來滬的民主人士，决定舉行上海人民反内戰大會，并推舉馬叙倫等九人負責籌備。

五月廿七日，撰《要面臨自侮的結果了》。（《周報》第三十九期，六月一日）

五月廿八日，作爲懸獎徵文評判員，應美亞綢廠二十五周年之招宴。

葉聖陶日記五月廿八日（星期二）：『六時至新都餐廳，應美亞綢廠之招宴。美亞今年二十五周年，懸獎徵文，請評判員十餘人，我店伯、予、虞及余皆在内，此外有馬夷初、胡樸安、嚴獨鶴等人。徵文大略一翻，實際已由紅蕉、孫君立、徐蓮僧閲定。宴飲甚遲，至九時後始散。各人得贈品袍料一件、被面一幅，真可謂無功受禄。』（《滬上三年》，八〇頁）

五月廿九日，約胡厥文、陶行知、沙千里、林漢達、陳巳生、嚴景耀、羅叔章、徐伯昕來晚飯。（《馬叙倫備忘録》，轉引自民進中央會史工作委員會編《中國民主促進會簡史》，開明出版社一九九五年版，四二頁）

五月卅一日，上海人民反内戰運動大會籌備會決定，先致書各政黨及馬歇爾，呼籲和平，必要時當推代表赴京請願。

六月一日，《昌言》第二期出版。社評三篇《威信都要顧？》《一切不顧》《只顧主權》，均主編執筆。針對東北接收問題指出：『主權從民主聯軍（東北民主聯軍就是共産黨抗日軍和東北抗日軍聯合的軍隊）手裏去接收，我總覺得有些「名不正則言不順」。』隨後引述合衆社華盛頓電——美國一名衆議員建議中國東北『暫時由聯合國託管，直至和平與秩序恢復時爲止』——用一句話予以辛辣的嘲諷：『東北主權呀，你真是個世界絶色的美人，大家都愛上了你！』馬還發表《周末幾個社會主義者的反戰論》（五月廿六日撰）一文，同前不久爲《理論與現實》復刊號撰寫的《歷史上之民主痕跡和民主思想》出於相近的考慮，借古喻今，傳達民衆反内戰、争民主的正義要求。

本期有宦鄉的《一月時事述評》，配合風雲變幻的政局，適時宣傳共産黨的觀點。文藝作品有李健吾《喜劇的大無畏精神》、喬峰（周建人）《無根萍》和郭源新（鄭振鐸）《變》等。散文《無根萍》似乎是談植物知識，中間却回憶大革命時代上海武裝工人在閘北的戰鬥場面，以及在『一·二八』淞滬抗戰期間，閘北一名青年遭日寇殺害的慘景，文章最終歸結到民衆争取民主、制止内戰的强烈呼聲，同樣突出了《昌言》的主題。

《昌言》月刊僅辦兩期，被迫停刊，因爲立案材料送交社會局，相隔多日，局方纔以私人名義致函『資方某君』（疑爲發行人曹惠群，大同大學教員），退還申請文件。後以『未經登記』爲由被查禁。

同日，《答問時事》發表於《民主》周刊第三十三期。

六月二日，赴玉佛寺，主持夏丏尊追悼會。

葉聖陶日記六月二日（星期日）：『上午九時至玉佛寺。飯後，與會者陸續至，皆簽名於簿，至二時四十分，得三百餘人，於是開會。馬夷初先生爲主席，先爲説詞。繼之全體致敬，三鞠躬。次守憲報告翁之生平，於是姜丹書、許廣平、雁冰、大愿和尚、徐蔚南及余相繼致悼詞。』（《滬上三年》，八二頁）

六月初，在中共南京局上海工作委員會會議上，書記華崗向周恩來建議，由上海市民選派代表團赴京呼籲和平、反對内戰請願，得到周恩來同意。（劉曉《關於1946年6月23日上海人民和平請願運動的一些回顧》，抽印本）

六月四日，撰《警員警管區制到底是什麼一回事？》，鑒於警員警管區制本月一日已在上海市常熟區實行，而當局却聲稱這是民國廿五年行政院通過的，爲此要求在報紙上公布，以便研究是否違背《訓政時期約法》。（《民主》周刊第三十四期，六月八日）

六月五日，撰《時事索隱》，主張：『我們必須站在中國的立場，尋出我們自力更生的一條路。這種環境的打開，我們不必寄託希望於國共兩黨，自然更不能向國外去覓路頭。好在大家已經有了覺悟和認識，只有由我們民衆自己的力量來解决，走上政治民主、經濟民主的路，問題就簡單了。』（《民主》周刊第三十四期）

同日，《瓷器的由來》發表於《科學畫報》（中國科學社主編）第十二卷第七期。

六月六日，領銜上書蔣介石、馬歇爾及各黨派，呼籲停止内戰，以救危亡。《民主》周刊第三十五期發表時題爲『馬叙倫等一六四人上書蔣主席馬歇爾及各黨派』（目録作『上海各界呼籲和平』），會銜人唐弢、陶行知、王紹鏊、吴耀宗、包達三、許廣平、周建人、閔剛侯、閻寶航、馮少山、馬寅初、董時進、傅雷、胡風、章乃器、笪移今、鄭振鐸、周予同、郭紹虞、蔡尚思等。按，統計名單實爲一百六十八人。

《上蔣主席書》指出：『抗戰已終，一切皆屬内政問題，自宜偃息干戈，相從俎豆。』《致馬歇爾特使》稱：『我們虔誠地祈求先生作更大的有效的努力，來制止這目前正在繼續與擴大的内戰，則先生的令名定將與世界及中國的歷史永垂不朽。』《致民主同盟及社會賢達》，上款在表方（張瀾）、衡山（沈鈞儒）、任之（黄炎培）等八位民盟領袖之外，還有社會賢達七人，爲沫若（郭沫若）、從恩（邵從恩）、柳忱（莫德惠）、新之（錢永銘）、孟真（傅斯年）、雲五（王雲五）、政之（胡霖）等。《上蔣主席書》稱：『附奉台覽，仍祈迅合各方，進商和平。』《致青年党》格式同前。《致中國共産黨》則請（周）恩來、（董）必武、（陸）定一、（鄧）穎超諸先生『據情轉達貴党毛主席潤之先生』。（《民主》周刊第三十五期，六月十五日）

據列名呼籲書的笪移今透露，各界人士『公推馬叙倫執筆』。（笪移今《九三學社解放前在上海的鬥争》，《統戰工作史料選輯》第四輯，七〇頁）

同日，《中國文字的構造略説》發表於《茶話》創刊號。

六月八日，《一個回憶和感想》發表於《周報》第四十期，從清末兼任浙江諮議局書記的經歷見聞談起，嚴正指出：『假使還認爲國家是我們的國家，我們除了争取民主，還有那一路可走？可是争取民主，不但是國民黨以外的個個人不能避却的責任，就是國民黨裏面的人，如果明瞭大勢，信仰孫先生遺教而不甘唯唯諾諾以修其身的人們，也應該争取他們黨内民主，他們的党和個人纔都有生路。』六月四日附記交代：『本文本是杭州《浙江日報》約寫的，可是《浙江日報》完全變質了，這文便無法和世人見面了。』

六月十日，反内戰運動大會籌備會在紅棉酒家碰頭，商討推派代表事宜。

馬叙倫備忘録（六月十日）：『在紅棉酒家推選赴京代表，俞寰澄、胡厥文、張絅伯、閻寶

航、雷潔瓊及我當選。』(《中國民主促進會簡史》,四二頁)

六月十一日,中共代表團復函表示堅決支持停戰,力争和平民主。(《周恩來書信選集》,三〇四至三〇五頁)

六月十三日,出席《改造日報》座談會并發言。

葉聖陶日記六月十三日(星期四):『孔另境來邀,至其服務之改造日報社參加座談會。《改造日報》者,第三方面軍接收日本報館而創辦,係日文報紙,專供日本人閲讀,其意將再教育日本人。到會者有馬夷初、郭沫若、田漢、馮乃超、雁冰、望道、翦伯贊,外則報社中人。論題爲日本民主前途、日本民主文藝前途等項。諸人皆有發言,不外報紙雜誌常見之論調,皆不滿麥克亞瑟管制日本之措施。八時始散。』(《滬上三年》,八五至八六頁)

六月十四日,接中共代表團(周恩來、董必武、陸定一、鄧穎超六月十一日)覆信。

六月十四日,民進理事會決定提議上海人民反内戰大會,主張推派代表進京,代表人選應以滬上工商界士紳爲主,爲停止内戰做最後的努力,并決定捐助赴京代表費用四十萬元。(《中國民主促進會簡史》,四一頁)

馬叙倫備忘録(六月十四日):『在紅棉酒家與張絅伯、盛丕華談入京事,俞寰澄不就代表,絅伯亦有可疑。余爲絅伯析其疑,丕華是之。』(《中國民主促進會簡史》,四二頁)

六月十五日,《蔣先生要聽這樣的話》發表,提出五項意見:第一項,希望蔣先生不要只做國民黨的總裁，來做中華民國全國民衆的領導者；第二項，請蔣先生把個個國民都當做你自己人，要信任民衆，不要當盜賊似的防備他們；第三項，依據輿論，排除實現民主的一切障礙，實現『還政於民』的諾言；第四項，不要忘記了是全國國民的領袖，而不僅是國民黨或一黨裏一部分人的領袖，應該尊重全國國民的意思；第五項，只有在政治上想解決的辦法，根據政協決議的和平建國方案，使政治早日走上軌道。（《民主》周刊第三十五期）

六月十五日，在《周報》第四十一期『十五天後能和平嗎』（筆談專輯）發表談話，指出：『這次停戰十五日，絶不是因爲人民的呼籲，也不是因爲美國調人的斡旋，恐怕還有内在的因素。』他表示：『對於這種無意義的殘酷行爲，都反對的，我們必須要撲滅戰争，我們要無期限的停戰。』

六月十六日，上海人民團體聯合會舉行理事會議，經過協商，正式推定赴京請願代表九名與學生代表兩名。

雷潔瓊《血濺金陵憶當年——一九四六年『下關事件』親歷記》（一九八二年）：『六月中旬的一天，我們在上海八仙橋一家飯店吃飯并開會，共到十餘人。除胡厥文外，參加代表團的人員都到了。馬老（叙倫）在會上宣布：上海人民團體聯合會各團體經過協商，推舉馬叙倫、胡厥文、蕢延芳、包達三、張絅伯、盛丕華、閻寶航、吴耀宗、雷潔瓊九人爲和平請願代表，另由上海學生和平促進會選出兩位學生代表陳立復、陳震中（陳巳生之子），共十一人，組成上海人民團體代表團（又稱和平請願團）去南京請願。馬叙倫被推爲代表團團長。羅叔章、胡子嬰爲代表團秘書。羅作爲先遣人員已在南京籌備。大家還一致推舉吳耀宗寫英文備忘録，以便面交馬歇爾。』（民進中央宣傳部編《雷潔瓊文集》，開明出版社一九九四年版，上册，三九八頁）

蕢延芳係浙江興業銀行董事、四明醫院董事長，盛丕華係上元企業公司董事、開美科藥廠董事長，雷潔瓊係東吴大學教授、民進候補理事，包達三係雷石化學公司董事長、信儀地産公司總經理，張絅伯係中興實業公司董事、民建成員，閻寶航（字玉衡）係大明公司總經理、民建監事、東北政治建設協會上海分會負責人，吳耀宗係中華基督教全國青年會總幹事兼出版部主任，胡厥文係民建常務理事、遷川工廠聯合會主席。馬與盛、蕢、包、張五人年逾花甲，雷潔瓊最年輕，四十二歲，其餘三位也已年過半百。九人中除閻寶航是中共地下黨員之外，其他均係民主人士。上海學生代表陳震中（聖約翰大學學生、上海學生團體聯合會主席）、陳立復（東吴大學學生、校學生會主席），兩人均是地下黨員。

馬叙倫備忘録（六月十七日）：『赴蕢延芳家晚飯。聯合會聯絡組假余寓商事。』（《中國民主促進會簡史》，四二頁）按，下文十九日、二十日『又集余家辦事』。

六月十九日，《文匯報》以『馬叙倫等駁斥當局查封《民主》等刊物』爲題刊發本報訊：『報載本市《文萃》《周報》《民主》《昌言》《人民世紀》等刊物，被當局目爲「不合出版法」

且「觸犯刑法」，將予查封。此事使文化界極爲震動。各該刊物負責人馬叙倫、鄭振鐸、唐弢等曾爲此集會討論，事後發表談話稱：「政府當局早經宣布言論出版自由，諸言言猶在耳，或不至真有此類事件發生。果有此事，亦未免不智太甚。因現行出版法本不合目前之民主原則，早應修正或廢止。至於觸犯「刑法」，未知是否指批評政治而言。實質上，此不能以觸犯刑法論，倘確有刑法問題存在，應依法辦理，不應非法查封。吾人必堅决依法反對任何非法之舉。』

同日，應董必武之邀，商討停戰事宜。

《現代上海大事記》一九四六年六月十八日：『董必武偕同新華日報社南京分社社長范長江乘夜車由南京赴滬，二十一日返南京。董必武在滬期間曾會見馬叙倫、郭沫若、林漢達等，商議以各種鬥争方式，制止内戰。』

六月中旬，周恩來、華岡同馬叙倫商談入京請願準備工作。

劉曉回憶：『爲了組織好上海人民團體請願團赴南京請願，華岡還和馬叙倫商談，并推動他和上層人士去商談。許滌新同志對盛丕華、張絅伯等人也進行了工作。上海工作委員會還通過上海工商界雙周聚餐會的組織形式（這雙周聚餐會以前就有周公館方面的同志參加）。這一聚餐會是在趙主教路（今五原路）包達三家中舉行，周公館方面出席參加的有董必武、李維漢、華岡、許滌新等。董老較多較集中的和大家講了關於反内戰、争取

和平的問題。』（劉曉《關於 1946 年 6 月 23 日上海人民和平請願運動的一些回顧》，抽印本）

六月二十日，撰《反蘇與反美》。（《民主》第三十六期，六月廿二日）

同日，會同郭沫若、馬寅初、茅盾、陶行知、翦伯贊、鄭振鐸、胡繩、葉聖陶、杜國庠等二十四人，發起成立中國學術工作者協會上海分會。

六月廿一日，赴紅棉酒家商量赴京行程。出席上海人民團體聯合會與民主促進會理事會。

馬叙倫嚼梅咀雪之庵日記一九四六年六月二十一日：『晴。晨六時起，赴紅棉，爲赴京事，蕢延芳、胡厥文、吴耀宗、包達三、盛丕華、張絅伯、雷潔瓊皆至，閻玉衡未到。決于二十三日晨起程。赴團聯及促進會理事會。』

六月廿二日，《主權分割了》發表於《周報》第四十二期。

六月廿二日，陶行知、馮賓符等來送行。蕢延芳因受一家黄色工會『攻擊』，意欲延期，馬力言不可。

嚼梅咀雪之庵日記六月二十二日：『晨六時起，料理赴京各事。連日各處送來團體及各人託帶致蔣介石、馬歇爾書數十件，檢其具名者將及萬人也。今日客多。陶行知來。蕢延芳、盛丕華來，謂今日勞工協會對延芳致攻擊，蓋延芳在滬地位頗高，畏之故毁之，希其因此自退。延芳偕丕華來，思更期，余力言不可，延芳乃慷慨願以身殉。馮賓符來。宓逸群來。唐厦安來。客退閲報，已十二時餘矣。』

六月廿二日，蔣介石宣布將東北休戰令延期八天，至六月三十日正午十二點爲止。

六月廿三日，率上海人民團體代表團赴京請願。上海十萬市民舉行反内戰大會，歡送代表團。會後市民示威遊行。當晚，請願代表在下關被特務、打手圍毆，馬、閻寶航、雷潔瓊、陳震中，在場記者高集、浦熙修，接站人員葉篤義等，共十二人受傷。住進中央醫院太平路分院。當夜，中共代表周恩來、民盟負責人、郭沫若等趕往慰問。

黄炎培日記六月廿三日：『晚六時頃，上海五十三團體代表馬叙倫、蕢延芳、閻寶航、盛丕華、包達三、張絅伯、雷潔瓊（女）、吴耀宗，學生代表陳震中、陳立復，秘書胡子嬰（女）到下關，意在向中央、中共及馬歇爾特使表示公意，呼籲和平。抵車站，突爲自稱蘇北難民之暴徒數百人包圍，不許出站，始而詰責，繼而辱駡，置蕢、盛、包、張、吴、陳（立復）、胡於别室，而圍住其餘諸人，相持至深夜，在場監視之憲警散去，遂肆行攢毆。馬、閻、雷、陳（震中）、《大公報》記者高集、《新民報》記者浦熙修及民盟派往照料之職員葉篤義皆傷。我等頻頻得到報告「到了」「代表被圍了」，又訛傳「代表出來了」，既而又報「被圍仍未出」。我乃偕漱溟於夜一時半頃訪馮焕章於其家（上海路一三二號），由馮電話告警備司令張鎮。未幾復稱暴徒已驅散，各代表已進城，問所洽之旅館，則無有。回家少息，而葉君被舁歸，知諸人受傷皆頗重。』（《黄炎培日記》第九卷，一六九頁）

馬叙倫《南京七日記》記叙事發當日巧護證書的細節：『（上海各團體蓋章之證書）藏于余之皮篋中，當閻玉衡與所謂難民相持，彼輩即以「僞代表」相譏嘲，玉衡力白不僞，有書可證，有人即來向余索此證書。余知若落彼輩手中，即爲劫去，或裂壞之，詭言不在余身邊，然當余被毆時，不能護持矣。及余爲士兵護入辦公室中，詢余失物否，余謂一手杖已被兇手劫去打人，尚有一皮包失去，望爲尋來，旋果得之，以還余。蓋開始打後，余坐椅被舉以爲擊具，包即墜地，彼輩不之覺也，故得倖存。』（《周報》第四十四期，七月七日）

夏承燾日記六月廿四日：『閱報，國共停戰延展期至本月底，滬代表馬夷初等赴京請願，至京車站被毆，傳共軍欲攻大同。』

范樸齋日記六月二十六日：『報載馬叙倫、閻寶航以代表滬人士入京，被政府支使暴徒毆擊。馬已六十餘，閻亦六十老翁，其行志可敬佩，比之吾鄉愿，真有賢不肖之分矣。歸家悶悶，覺人心若是，蔣尚有挾持，宜乎可以孤行己意，悍然不顧，恐尚不烏致治平也？』（《范樸齋日記》，重慶出版社二〇一三年版，第二册，五五三至五五四頁）

六月廿四日，二時許，醫院安排馬和閻寶航入三等病房，閻寶航的床鋪臨時添加。約三時，中共代表周恩來、董必武、鄧穎超、李維漢、滕代遠，民盟代表張申府、羅隆基一行，趕到醫院慰問。周恩來同每位代表握手：『你們的血是不會白流的！』他停留在馬的身旁，仔細瞭解傷情。馬斷斷續續地答道：『没有什麽，爲了和平，這也是預料中的。中國的希望，只能寄託在你們身上！共産黨的槍一支也不可少，子彈一粒也不能少。』當聽説上海人民代表還未曾吃晚飯，鄧穎超立即派車回梅園辦事處取來牛奶、餅乾。在周恩來的争取下，陳震中、雷潔瓊、葉篤義也住進三等病房。

賦詩《下關遇暴後翌日作》：『十載無端異見聞，扶頭病榻思紛紛。眼前山色無窮好，高處憎他一抹雲。』（其一）『後湖光景總愁予，心事無從付鯉魚。爲買蓮房剖子細，恐防蓮子化蛟珠。』（其二）（《馬叙倫詩詞選》，一〇六頁）

六月廿四日晚，黄炎培、章伯鈞、羅隆基、郭沫若等設宴歡迎蕢延芳、盛丕華一行，表示慰問。

黄炎培日記六月廿四日（星期一）：『天平明，急至中央醫院太平路分院，則見馬夷初、閻寶航、雷潔瓊及陳震中皆受傷卧院。訪院長姚克光，電話囑夷初之子龍瑞來照料，并知震中乃老友巳生之子。醫生言，傷勢尚不至成大問題。至興華旅館訪張絅伯、吴耀宗、包達三、盛丕華、胡子嬰、學生代表陳立復諸人，商進行順序。浦熙修、高集兩記者受傷後，已各回其家。午後四時，第三方面就參政會茶會，邀政府代表，到者張厲生、邵力子，仍由莫德惠主席。由我介紹蕢延芳、盛丕華、張絅伯、包達三略歷，各自説明來意，及馬、閻、雷等被毆經過，申明不擬向法院起訴，但希望政府懲辦暴徒。此意一提出，政府代表驚異之下皆表感動。夜，就秦淮酒樓請延芳、丕華諸人會餐，略表慰問之意，暢叙爲歡。』（《黄炎培日

記》第九卷，一六九頁）

六月廿四日，周恩來在南京梅園新村召見《聯合晚報》發行人王紀華（中共地下黨員），關照他：『你要是跟馬叙倫、盛丕華他們同班火車來，一定也要挨打，也一定成爲我們昨夜在中央醫院的慰問對象了！』

許德珩回憶：『回到重慶未久，南京就發生了馬叙倫先生等十人被毆打的「下關慘案」。他們是作爲上海群衆代表，爲反對内戰、反對美國干涉中國内政，六月二十三日赴南京請願，當晚抵南京時，遭到國民黨特務的凶毆。九三學社爲此立即舉行會議，對時局及馬叙倫等被毆打均有聲明，發表在《新華日報》等報紙上，并請在上海的九三學社理事笪移今同志代表我，向受傷的馬叙倫、閻寶航、雷潔瓊等諸位表示慰問。』（《許德珩回憶録》，二二二頁）

六月廿五日，轉入中央醫院總院。《文匯報》刊出代表團上海北站留影，題『爲呼籲和平而流血的人民代表』。

嚼梅咀雪之庵日記六月二十五日：『今日民主同盟、青年党及政協社會賢達代表等招待政府代表，因邀余等往與報告下關事狀。余等被傷者皆不往，由蕢延芳、包達三、盛丕華、張絅伯、吴耀宗應其招。昨日此間報紙載下關事者皆不詳，且以余等爲僞代表。此在昨晨已有新聞記者語余，謂各報得上海代表來訊後，即得中宣部命令，不得登載代表來京消息，又得黨部令，將下關事必須諉之蘇北難民。蓋南京一切皆被統制，務在塞民耳目也，亦可知政府懼余等之來矣。懼故恨，恨故怒，怒故有下關之舉，欲阻余等使之返滬，志不得逞，則欲以毆擊相恐，不知其亦無效也。延芳等欲自證身分，乃携上海各團體蓋章之證書俱往。（中略）延芳等至會，出此遍示座中人，皆無語。延芳等報告暴行後，申明吾輩受上海各團體人民之委託來請停戰，速現和平，雖受此委屈，不願因此增加糾紛，以重政府困難，故欲放棄訴訟權利。但吾輩非有所懼，且有證明暴行出於何方所指使，故願此後不復再見此類舉動。邵力子則謂此爲政府中數人所爲耳。是晚中共宴請代表，蕢延芳因事不赴，余及諸傷者亦未往，盛丕華、包達三、吴耀宗、張絅伯赴之。（中略）今日客來者皆不悉記，日來憶力愈差，客多經人通名姓，不持刺，故旋即忘之矣。貽花及果與食物者亦不悉記，第皆極可感，知人心固未嘗死，非嚴刑峻法可畢制也。然院中有警備司令部派兵駐守，名爲保護，實則監視來往者也。又有特務二人亦常駐焉。院中醫師多龍瑞同志，故相待甚好，看護亦周到，護士長顧小姐尤殷勤。顧爲王昆侖戚。今日昆侖與于振瀛亦來慰視。』

黄炎培日記六月廿五日：『再視醫院諸人，則已遷入黄浦路勵志社隔壁中央醫院，傷勢漸愈。雷潔瓊之夫嚴景耀來，絅伯、丕華等齊來，商進行方法。暴徒發動之消息愈傳愈緊，我以電話分告各有關係方面，請消弭大禍，恐暴徒一到中共代表住所，必將打出人命來，果爾，則大局壞了。』（《黄炎培日記》第九卷，一六九至一七〇頁）

同日，毛澤東、朱德致電慰問：『南京周恩來同志轉上海人民團體請願代表馬叙倫、蕢延芳、包達三、盛丕華、吴耀宗、張絅伯、閻寶航、雷潔瓊、陳震中、陳立復諸先生公鑒：先生等代表上海人民奔走和平，竟遭法西斯暴徒包圍毆打，可見好戰分子不惜自絶于人民。中共一貫堅持和平方針，誓與全國人民一致爲阻止内戰、争取和平而奮鬥。謹電慰問，并希珍攝。』

六月廿六日，邵力子、江庸、鄧穎超來醫院慰問。代表團未受傷的團員由蕢延芳率領走訪各方面人士。上午拜訪馮玉祥、李濟深、邵力子，三人在處理事件善後諸方面出力頗多，代表團向他們道謝。下午會晤國民政府文官長吴鼎昌，要求安排與蔣介石見面。馬歇爾通過羅隆基電話轉達約見時間。

嚼梅咀雪之庵日記六月二十六日：『晴，午後雨，旋霽。晨四時即覺。頭部被毆起塊四處，兩日來漸消，腹部時或作痛，亦不大苦。昨日左肋下首覺痛，以愛克司光檢視，謂無傷痕。惟精神仍頽然不勝，首尚如有所覆，後腦亦痛。鄧穎超、邵力子、江翊雲來。翊雲昔在北平，嘗至伏廬雅集，自其南行，操律師業于上海，十餘年不見矣，今日由力子偕來。今日有公務員、學生等來，皆素不識者也。有一學生自下關來視，余已臨睡矣。今日蕢延芳等訪吴達詮，又訪馮焕章、李任潮。二十三日夜間事急時，焕章、任潮皆數電軍警當局營救，警備司令張某之至院，亦焕章囑也。午後延芳等於大陸飯店招待中外記者，此事余初不知，知之當相阻也，蓋外籍記者盡知余等在滬出發之狀，下關情形，尤爲彼所目睹，若南京諸報，幾無一而非與黨有關者，僅《大剛報》稍中性，然其董事長爲陳立夫，總編輯即立夫所派也，招待之何爲？得馬歇爾由羅努生轉語，約余等明日午後二時相見。』

六月廿七日，前往馬歇爾特使官邸請願。馬歇爾稱：『我對國共雙方都不大感興趣，最使我感興趣的是中國人民。我很想聽到第三方面的意見。』一位代表就此指出：『您在實現和平任務中有一張王牌，這張王牌就是全中國人民都要求和平，反對内戰。』張絅伯還表態，希望他與中國老百姓站在同一立場，力促中國國内和平實現，『老百姓終究有力量的』。吴耀宗用英語發言，希望美國不因對蘇聯關係而犧牲中國。會談原定一小時，後因涉及問題衆多，延長半個多小時。馬歇爾一再關照談話内容不得向外界泄露。六時半稍過，馬叙倫致告别詞，全體代表和秘書十二人離開特使官邸。

嚼梅咀雪之庵日記六月二十七日：『晴。連日服藥而睡，只前四時得安眠，以後便惺忪矣，故日間仍苦倦，不能高聲作語，多語即苦後腦痛。蕢延芳得吴達詮書，謂蔣定二十八日午後四時三十分接見代表，惟只擬見一人，約於明日四時前至興業銀行相會，同往蔣官邸，當相（機）决定。』

黄炎培日記六月廿七日：『午後至中央醫院視受傷諸人。至參政會託雷儆寰爲諸代表購回滬飛機票。』（《黄炎培日記》第九卷，一七〇頁）按，雷儆寰，名震，參政會秘書長。

六月廿七日，九三學社致電慰問。

電文如下：『夷初、寶航、潔瓊、漢達、高集、熙修、徐斌諸先生：此次諸先生爲呼籲和平或採訪新聞，竟遭凶毆，實堪憤慨，尚望加意調養，早復健康，繼續爲和平民主運動努力奮鬥，本社同人誓作後盾。特電奉慰，諸希鑒察。九三學社叩。』（原載重慶《新華日報》六月廿八日，轉引自《許德珩回憶録》，二二三頁）按，漢達，指林漢達，并未赴南京請願。

六月廿八日，留院休息，胡厥文代表民主建國會來醫院慰問。下午四點，代表團成員蕢延芳謁見蔣介石。蕢延芳陳述工業危機、農村破産、餓殍遍地、人民厭戰等情況，提出上海各團體争取和平的迫切願望：『再打内戰，國家前途不堪設想。』蔣稱：『放心，和平很有希望的。就是他（指共産黨）打過來，我也不打過去。』蕢與蔣交談四十分鐘。代表團其他成員均赴梅園新村十七號拜會中共代表團。周恩來會見時表示：中共一向主張和平，不願打仗。倘若政治民主有保障，軍事問題可以讓步。宋美齡約見雷潔瓊。

嚼梅咀雪之庵日記六月二十八日：『午後胡厥文來。即於四時共至興業銀行會吴達詮，聲明由代表團共推蕢延芳爲代表，與蔣晤談。與達詮談及下關事，渠認爲極愚蠢之行動。即此亦可證如下關一類之事，政府中人亦公認爲蔣部所爲矣。余等歸醫院後，即由任馬歇爾翻譯之某君來覓雷潔瓊，謂蔣夫人請往晤談，時潔瓊適不在病房，蔣夫人之秘書張靄真者亦來相覓。及潔瓊歸，商所以言者，余等謂不妨盡所當言。潔瓊于五時許往晤，旋歸。蕢老謁蔣後，謂以民間情形爲工業危機、農村破產、饑餓滿地、人民厭戰等懇切爲蔣言之。蔣於請其停戰，面現微赭，似有怒意，謂「我不要打，共產黨要打」。蕢老答謂人民深惡戰爭，不要再見打仗。最後請蔣予以答覆。蔣謂：「和平很有希望的，就是他打過來，我也不打過去。」余等雖不信有此大度，然知三十日停戰再度期滿後，亦不至即復明白繼續戰事。』

黄炎培日記六月廿八日：『胡厥文自滬來，偕來中央醫院，代表民主建國會向諸代表慰問，厥文暫住淮海路三益里二號吴競清家。』（《黄炎培日記》第九卷，一七〇頁）

同日，應《聯合晚報》記者之邀，題辭留念：『我們雖則被毆受傷，但是我們對於和平的努力始終不敢少懈。我希望上海以及全國的人民必須仍向這個方向共同努力，把國家於危險中救出。馬叙倫。三五．六．二八。』閻寶航、雷潔瓊、陳震中、葉篤義、浦熙修、高集等六人也應約題辭。（《七個榮譽的受傷者表達了他們的意見》剪報影本，見《民進口述會史資料選輯》第一輯，卷首）

浦熙修自傳：『這次挨打，提高了我的政治認識，我認識了共產黨不能放下武器的道理，我認識了武裝革命的意義，我也更加仇恨國民黨反動當局。』

上海同濟大學教授會主任、光華大學兼職教授郭紹虞表示：『尤其使我不能容忍的，就是馬寅（夷）初、雷潔瓊被特務打傷的事實。事實對我的教訓太大了，也就使我大膽起來。』從此無畏地投身于民主反蔣的鬥争行列。

六月廿九日，下午，在蔣介石作出『不打内戰』的口頭承諾後，上海人民代表團飛離南京。離京之前發表談話。

嚼梅咀雪之庵日記六月二十九日：『晨五時覺，連日三時後即不復得好睡。今日準備返滬。莫柳忱來。中共代表周恩來夫婦、董必武、李維漢等皆來送行。』

黄炎培日記六月廿九日：『至中央醫院，爲上海諸代表送行，全體代表十六人午後飛機回滬。』（《黄炎培日記》第九卷，一七一頁）

《新華日報》南京三十日專電：『馬叙倫等離京時談話，一致殷切希望和平。』（《新華日報》七月一日）

七月一日，嚴景耀、徐伯昕代表民進，勇龍桂代表民建，笪移今代表九三，及代表團團員親屬等至龍華機場迎接。

七月一日，中共代表團周恩來、董必武、滕代遠、鄧穎超、李維漢等致函上海人民代表馬叙倫、張絅伯、吴耀宗、盛丕華、雷潔瓊、蕢延芳、包達三、閻寶航，表示中共爲争取停戰已作極大之讓步，雖未獲得協定，仍當繼續爲和平而奮鬥，『請將此意轉達上海各界團體人士』。（《周恩來書信選集》，三一四頁）

七月一日，《民主》第三十七期出版專刊，發表《悲憤的抗議》（鄭振鐸）、《抗議暴徒毆打我們的代表》(周建人)、《抗議南京暴行》(羅稷南)、《爲下關遭難代表向美國人進言》(許廣平)等一組文章。

七月一日,晋冀魯豫邊區政府主席楊秀峰撰《遥慰馬夷初先生》,交新華社播發。

七月五日,張絅伯《和平請願團的使命與經過》一文發表於《文匯報》,文末簡介八位代表的略歷,關於團長馬叙倫寫道:『杭州人,六十二歲。《民主》及《周報》,每期有他的文章,文名滿天下,凡讀過他的文章,無一不欽佩的。』

七月六日,《南京七日記》《親記南京下關事件》分别發表於《周報》第四十四期、《民主》第三十八期。《周報》同期刊出雷潔瓊《下關被毆》、陳震中《揩乾血痕,繼續努力》、陳立復《在南京的最後三天》及馬寅初《勉人民代表》等。

七月十日,撰《記『六·二三』下關事件後的餘感》,表示:『我在半年多來,對國民黨和國民黨的政府,的確下了許多批評,也貢獻了許多藥石,對政治的批評,是國民神聖的義務。』進而指出:『違背了人民心理,一味想拿打仗來解决不是打仗可以解决的問題,這是自殺的法子。』(《周報》第四十五期,七月十三日)

七月十一日,撰《玩手段和誠意》,認爲:『懸崖勒馬的辦法,是誠意的走上和的一路。(中略)玩手段和誠意,是現在政府當局任意選擇的兩條路子。』(《民主》第三十九期,七月十三日)

七月十一日，上海人民團體聯合會電賀司徒雷登使華。

七月十三日，與雷潔瓊、閻寶航聯名發表公開信，將上海市民捐集的『和平獻金』一千零四萬七千九百八十元移助上海人民團體聯合會，『用諸社會事業，以廣仁風』。（《文匯報》）

七月十六日下午，在民盟政協代表招待上海文化界的會議上指出：『李公樸不應國葬，因爲烈士反對這個不民主的國家；亦不應同盟葬，因爲烈士不僅僅是屬於同盟的；而應人民葬，因爲烈士是爲人民而死。』得到郭沫若、田漢的贊同。提議當即在會上通過。大家紛紛發言，認爲唯有加緊反戰力量的團結，纔能挽救目前危局。談到民盟的作風，馬堅定地表態『我們人民團體也願做民盟的尾巴』，願意參加李公樸治喪委員會。

七月十六日，撰《從李聞案談到政治暗殺》，鮮明地點出：『凡是拿得出道理，可以攤到場面上來講的，決不需要暗殺。暗殺就是表現他的理屈。』文章還說：『凡是革命的發生，都是用死來威脅人們的反應。』預言：『到了這個反應廣泛了，就是自己的死刑由自己宣告了。』最後嚴厲警告死硬派：『是的，我的歷史上一部分正和李、聞兩先生相同，我自然預備著接受一顆子彈。但是我也預備送還他一顆原子炸彈。』（《周報》第四十八期，八月三日）

七月十九日，與郭沫若、陶行知、沈鈞儒、王紹鏊、鄭振鐸等聯名發起《致美國人民書》簽名運動，呼籲美國人民制止美國政府幫助國民黨發動内戰。

七月廿一日，《努力達到他的志願》發表於《群衆》第十一卷第十二期。按，『他』指李公樸。

七月廿三日，與陶行知、郭沫若、茅盾、田漢、鄭振鐸等三十餘人致電哥倫比亞大學歷史學院，要求派遣代表調查李公樸、聞一多遇刺事件。

七月廿五日，陶行知病故。

七月廿六日，出席陶行知公祭儀式。與黄炎培、郭沫若、許廣平、任宗德爲陪祭，沈鈞儒主祭。

七月卅日，撰《和平很有希望的》，指出：『我們占全國人口百分之九十以上老百姓，自己還不肯放棄主人翁的資格，而且他們在「夏都」避暑的，滿不覺得我們是在火熱裏面「度日如年」，我們要他們停戰，是解除我們自己的苦痛。我們自然依舊主張第一無條件全面停戰，使我們先解除了大炮炸彈的威脅。』（《民主》第四十二期，八月三日）

約七月間，沈幼徵自杭州來訪。

沈幼徵《回憶馬叙倫先生》：『及至下關事件發生，報載馬先生負了傷，我們在杭州的人都十分爲先生擔心。不久，我利用假期到上海，專程去拜望他。在我想象中，先生一定很委頓了。不料，先生聽説我去了，就從樓上健步走下來，精神很好，没有等我問候他，他却先問杭州朋友們的情況。我一一回答後，纔問起下關事件的經過和先生近來的健康情況。先生説：「没有什麽，只是有時還覺得頭暈，也不厲害。至於下關事件麽，報紙上不都登了嗎？我們剛到下關，特務就擁上來，一個特務拿汽水瓶冲著我頭部猛敲，我當即失去知覺。」』（《杭州文史資料》第二一三輯，一二四頁）

夏，記者黄裳游杭州，于樓外樓見到馬題詩，留下和作。

黄裳《杭州雜記》（一九八一年一月二十二日）：『回想第一次遊杭州，是在一九四六年的夏天。（中略）還在樓外樓吃了一頓飯。那可不像今天的氣派，只不過是一座破破爛爛的酒樓。樓上壁間挂著馬叙倫先生的一張詩幅，字寫得非常好，懸想大約是在這裏吃酒吃得半酣後下筆的。讀了馬夷老的詩，竟也引起了詩興，凑了下面的七言八句：「湖山夢想十年間，此日來游一解顔。樹影浸疏離亂後，溪山無恙水猶潺。能無風雨高樓感，願得清時鼓樂還。薄醉倚欄一張望，借他尊酒慰時艱。」』（《過去的足跡》，人民文學出版社一九八四年版，一九一頁）

八月一日，《人民自己來解决》《民主自在中國生長》分别發表於上海《文匯報》與重慶《中國學術》創刊號。

八月三日，《周報》第四十八期出版，上海市警察局派警車到五洲書報社强行予以没收。

八月十日，《人民自己來解放吧》發表於《民主》第四十三期。文章指出：『我們站在老百姓的立場來説，誰握有政權，而卻不顧國家人民的利益，爲了自己的利益，而和外國合作，把利益送給外國的，這是千古萬代没有疑義的都給他一個奸字稱呼。』再次呼籲：『我們在一個國民黨專政的政府底下，得不到民權，是孫先生的羞耻。我們的自由，被剥奪到這個田地，我們還不起來爲争取自由而奮鬥，我們對不起孫先生，也對不起自己。』

八月十二日，撰《〈周報〉被勒停刊了》，回顧《周報》創辦之初爲督促政府兑現『開放言論，國化軍隊，實行民主，改善生活』的誓言而連續推出文章，當局『口惠而實不至』，結合西安、昆明、重慶等地民間報紙不斷被勒令停刊的嚴峻事實，指出『禁風』東漸的同時政府採用『個别擊破的新戰術』。即使當局變换花樣，作者仍然充滿自信：『勝利以後，《周報》做了警世的「木鐸」，每周一出版就被買了個精光，這證明「人心所向」。我們可以告訴我們四萬萬多的同伴，政府是决定不要民主了。』（《民主》第四十四期，八月十七日）

同日，撰《讀了美國特使和大使的聲明》。（《民主》第四十四期）

八月十六日，與郭沫若、朱紹文、吴晗等代表上海各人民團體致函巴黎和會，報告中國局勢嚴重影響遠東和平，希望同盟國合作在亞洲推廣民主。

八月二十日，撰《拿國家來賭氣》。（《民主》第四十五期，八月廿四日）

八月廿四日，《讀蔣主席『八·一三』告全國同胞文》《勝利一年了》《〈周報〉！總會有再會的日子》均發表於《周報》休刊號（第四十九期、第五十期合刊）。馬叙倫、柳亞子、郭沫若、茅盾、葉聖陶等十五人發表《我們控訴》的短文。

八月廿六日，『下關毆打案』審結。

八月廿八日，撰《美國定要拿中國做它的附庸國》。（《文萃》第四十六期，九月五日）

八月卅一日，前往紅棉酒家出席招待會，爲候船赴美的馮玉祥送行。招待會由葉聖陶主持。

同日，《逆耳之言》發表於《民主》第四十六期。

八月，《馬叙倫言論集》由山東新華書店出版，收入《走上民主的路吧》《政治協商會的大礁是什麽》《關於國民大會最後的饒舌》《新春試筆》《寫在政治協商會議閉幕以後》《怎樣結束昆明慘案》《重慶有我們的中央政府嗎》《對於較場口慘案再説幾句》《説説因東北問題而起的學生運動》《東北問題要從内政上解決》《寫在國民黨二中全會的期内》《國民黨二中全會閉幕後》《當前一個嚴重問題》《我們不是争取民主的口號》《希望政協不要再讓步了》《應該由人民來打開這個混亂的局面》《敬盡最後的忠告於國民黨》《從民變説到保甲制度和民主》《這是什麽算盤》《上海市參議會必須改組》《蔣主席慰勞父老茶會補記》《爲黄任之先生的來》《戴笠將軍的遭難》《對於敬師運動的感想》等廿四篇，另有卷頭語。

九月一日，撰《『民主』是封禁不了的》，嚴正宣告：『在「多行不義必自斃」的鐵則底下，我們自然只要等著，看他的崩潰來臨。在自由不是恩賜，而是争取的鐵則底下，我們也不能等著看他的崩潰來臨。《民主》可以被勒停刊，其他一切主張民主的刊物，可以被個別擊破的戰術，一個個勒令停刊，但是我們的口、我們的手，除非叫我們上斷頭臺，進集中營，是封不了也拉不住的，我們還得要説，要寫。』（《民主》周刊第四十七期，九月七日）

九月三日，撰《非正式的五人小組會議》。（《民主》第四十七期，九月七日）

九月五日，《中國願意做美國的附庸？》發表於《文萃》第四十六期。

九月六日，《寫在〈文匯報〉復刊周年》發表於《文匯報》一版。

九月十二日，《再談談『明是非，張正氣』》發表於《文萃》第四十七期。

九月十四日，《中國糟到這種地步誰的責任？》發表於《民主》第四十八期。

九月廿一日，《時局中資産階級的責任》發表於《民主》第四十九期。

同日，教育部發布關於密切注意民盟在滬策動學潮訓令，令上海市教育局局長李熙謀：『民盟組織之上海學生團體聯合會，現由馬叙倫指使，企圖在九月初各學校開學時，煽動減費運動之學潮，藉口各學校學費過高、入學困難爲理由。（下略）』（《中華民國史檔案資料彙編》，第三編『政治』三，第二十六頁）

九月廿四日，撰《拖塌了國家，騙慣了人民》，指出國民黨違背政協决議，却『還要共産黨開送國民大會代表名單』，『騙得魚兒上鈎』，『就是可以向人民作一個交代，表示了我是容納異黨的』，『這樣一舉兩得，一面騙共産黨，一面騙人民』。文章大聲疾呼：『我們應該大家努力來從獨裁者手裏拖塌了的國家，把他救起來。』（《民主》第五十期，九月廿八日）

九月廿八日，《我們也舉行美軍退出中國周》發表於《民主》周刊第五十期。

九月廿九日，撰《讀美國人費正清論中國時局》，表示：『我們雖不能同意他中國現在不能實現政治民主的意見，但是我們贊成他對他本國的一種忠實態度。』（《民主》周刊第五十一、五十二期合刊，十月十日）

十月四日，與王紹鏊代表民進出席民盟在天蟾舞臺舉行的追悼李、聞烈士大會。

十月六日，民主促進會與上海人團聯、民主建國會、人民救國會等三十個社會團體，聯合在静安寺公祭李、聞兩烈士。中共代表周恩來等出席。

十月十日，沈鈞儒、梁漱溟、趙超構、茅盾、章乃器、洪深、郭沫若、周予同、張君勱、葉聖陶、馬叙倫、徐鑄成、柳亞子、巴金等三十九人的宣言《我們要求政府切實保障言論自由》，發表於《民主》第五十一、五十二期合刊，再一次强烈抗議當局查抄進步刊物，『要求政府切實實施其保證言論自由的諾言，要求全體人民一致起來争取人民所應有的自由權利』。

十月十日，《美軍必須退出中國》《今年的雙十節有什麽意義》分别發表於《民主》第五十一、五十二期合刊，《文萃》第二年第一期特大號。

十月十日，赴金城大樓出席開明書店二十周年慶祝儀式，并演説。

葉聖陶日記十月十日（星期四）：『十時後，同人全體及其家屬，又有店之好友如馬夷初、雁冰、仲華、子愷諸人，會集于金城大樓之餐廳，舉行紀念儀式。洗、村、夷初、覺農、雁冰諸人相繼演説，皆就開明之作風爲言，頗不同於尋常頌禱。余代表同人致辭，以「有所愛，有所惡，有所爲，有所不爲」四語交勉。十一時半攝影，十二時聚餐，凡十餘桌，飲甚歡。飯後復共坐爲餘興，或唱或説，或爲戲法。』（《滬上三年》，一二二頁）

十月十日，應邀爲余之介、吴錦璋新婚題辭：『静女其姝，君子偕老；關睢之始，是頌是禱。』跋語：『之介、錦璋兩先生締婚姻之約，屬詞于余。余觀陳鶴琴先生所書「婚道之始，終無改言」，爰以十六字答之。三十五年雙十節。叙倫。』

十月十一日，國軍占領張家口。下午，蔣介石命令如期召集『國民大會』。

十月十四日，在《雙十文告的評注和後語》裏指出，這是『八月十四日文告以後，又來宣告一次和平的死刑』。（《民主》周刊第五十三、五十四期合刊，十月卅一日）

十月十四日，上海市警察局下令查禁《民主》等雜誌。

十月十九日，出席魯迅逝世十周年紀念大會。與沈鈞儒、黄炎培、郭沫若、馬寅初、羅隆基、許廣平等赴周公館出席晚宴。周恩來表示中共代表團將撤回延安。（《申報》十月二十日，轉引自《郭沫若年譜》中册，六七八頁）

十月卅一日，當局又出通告禁止報販出售《民主》，還派員到《民主》周刊總經售處搶合刊）。

十月卅一日，《『民主』還是封禁不了的》發表於《民主》周刊休刊號（第五十三、五十四期合刊）。

十月廿六日，出席文教界座談會，質問政府『美軍還留在中國是何道理』。

去雜誌七百多册。

十月卅一日，郭沫若、于立群夫婦爲茅盾、孔德沚夫婦赴蘇聯設宴餞行，與張君勱、田漢、史良、潘梓年等應邀作陪。

十一月三日，出席民建招待晚宴，聽取黃炎培報告南京交涉經過。

黃炎培日記十一月三日：『夜，民建招餐，到者馬夷初、王恪成、包達三、俞寰丞、盛丕華，章乃器及其夫人楊美真、施復亮、章元善、楊衛玉、范堯峰、兒必信，聽我報告南京工作經過。』（《黃炎培日記》第九卷，二一三頁）

十一月七日，《時局測隱并告第三方面政協代表》發表於《文萃》第二年第五期。

十一月七日，前往蘇聯領事館祝賀十月革命廿九周年。

十一月九日，當選中國國際人權保障會理事。主席劉王立明。

十一月十五日，拜訪黃炎培，瞭解南京四日接洽經過。

黃炎培日記十一月十五日：『車七時半抵上海。午後三時，社同人聽余報告在京四天經過。夜，馬夷初、盛丕華、王恪成、章乃器、胡厥文等來，聽余報告。』（《黃炎培日記》第九卷，

二一八頁）

十一月十八日，撰《替民主社會黨可惜》，指出：『這一年來，表面是國共鬥争，實際是民主和反民主的鬥争。』（《文萃》第八期，十一月廿八日）按，民主社會黨、青年党十一月十五日宣布參加『國民大會』。

十一月廿一日，黄炎培書贈《兵餘湖遊》組詩。

黄炎培日記十一月廿一日：『分贈《兵餘湖遊》十三絶于俞子夷、孟憲承、陸微照、沈肅文、（中略十人）郭沫若、秦伯未、張伯初、周孝懷、俞寰丞、谷春帆、秦翰才、白蕉、馬夷初、張冰、葉聖陶、傅彬然。』（《黄炎培日記》第九卷，一三〇頁）按，《兵餘湖遊》絶句十三章十一月十九日脱稿于南京。

十一月三十日，出席陶行知靈柩遷移南京的公祭儀式。王紹鏊主祭。

十一月，于再紀念委員會編輯《一二·一民主運動紀念集》由上海鎮華出版社出版，收入馬叙倫《悼昆明民主運動死難烈士》一文與《輓歌》一首。（姜德明《餘時書話》，四川文藝出版社一九九六年版，二六三頁）

十一月，《中美商約的反響一斑》發表於香港《民潮》第三期。

約十一月，撰夏丏尊先生墓誌銘：『烏乎！此夏丏尊先生之墓。厥友馬叙倫爲之銘，詞曰：曹娥江側，産是祥麟。岳嶽其德，熏然慈仁。望之無畏，就而自親。思通百氏，焕若泉新。文心有獲，豈惟去陳？志屏紳冕，教瘁其身。教惟以愛，衆歸如春。侵我疆理，實彼狂鄰。縶我貞士，操勵松筠。幽厄既脱，困于樂貧。疾嬰肺核，遂萎斯人。友徒跳告，相視泣淪。遺言火體，兹藏其燼。刊此堅石，與世無泯。時惟中華民國三十五年□月。』（浙江省上虞縣政協文史工作委員會編《上虞文史資料》紀念夏丏尊專輯，一九八六年鉛印本，卷首）

葉聖陶日記民國三十七年四月廿六日（星期一）：『上午書丏翁之墓記，將刻石立墓上，在馬夷初先生所爲銘文之背面。是記係余所作，二百餘言，僅記生卒葬時，及直屬親屬而已。』（《滬上三年》，二七七頁）按，葉聖陶《墓記》稱『其生平行誼見於馬夷初先生所爲銘詞』，提到『先生殁後二十日火化，是年十一月葬骨灰於兹丘，越一年有六月，立表志爲墳』，落款『吴縣葉紹鈞撰并書』。（《上虞文史資料》紀念夏丏尊專輯，卷首）故將馬撰銘時間姑繫于十一月。

十二月五日，《『法統』的鬼祟》發表於《文萃》第二年第九期。

十二月六日，《送茅盾先生游蘇》發表於《華商報》『熱風』副刊。

十二月七日，近作七律《爝火偏争日月明》手跡發表於《文匯報》。隨後李平心、王孫哀、松身諸人和作紛紛見報。

十二月十二日，《蔣主席在『國大』演説》發表於《文萃》第二年第十期。

同日，參加《文匯報》第五期星期談座，指出所謂（憲法）修正案的用意是『維持一黨中的獨裁專政』。

同日，撰《且看再一度的政治攻勢》。（《文匯報》十二月十四日）

十二月十三日，易同歐關於滬民盟積極發展學運情報：『上海十二月四日訊：（中略）（四）林隱中學由陳□（按，原書如此，當爲『選』）善與馬叙倫等主持，并由馬叙倫負責訓練。「小先生」又名「兒童隊」，偵查監視國民黨分子，并負責傳送情報等使命。』（《中華民國史檔案資料彙編》第三編『政治』三，第二十九頁）

十二月十七日，史良設晚宴爲沈鈞儒七十三歲生日祝壽，應邀出席。同席尚有柳亞子夫婦、郭沫若夫婦、許廣平、華崗、潘梓年等人。

十二月十七日，新華日報社社長潘梓年來函，邀馬爲《新華日報》九周年撰文或題詞。函云：『叙倫先生：明年一月十一日爲《新華日報》九周年，届時擬出增刊，藉資紀念，敬懇賜撰宏文或惠予題詞，以光篇幅。賜件請於本月二十五日前擲交本市溪口路（即朱葆三路）二十五號二樓十一室敝報辦事處，毋任榮幸！專此，敬頌大安。潘梓年。卅五年十二月十七日。』

十二月廿日，與沙千里、許廣平請范樸齋共進午餐。

范樸齋日記十二月二十日：『爲表老草一講演詞，備明日各民主團體茶會歡迎時演説之用也。午，沙千里、馬叙倫、許廣平諸人請飯。』（《范樸齋日記》第二册，六九一頁）

十二月廿一日，各民主團體茶會，歡迎本月十八日抵滬的民主同盟主席張瀾一行。

葉聖陶日記十二月廿一日（星期六）：『午刻至卡德路廣和居，應馬夷初、沙千里、胡厥文、陳漢生、許廣平之招宴。此會之主旨在歡迎民盟主席張表方，及最近到滬之鮮特生、范樸齋、周鯨文數人。凡三席。席間羅怒生報告南京近聞，謂國大行將閉幕，此後一兩月間，國共或可恢復商談。章伯鈞亦方從南京來，報告軍界確息，國民黨方面最近在蘇北損失七旅，就整局看，軍事上有種種困難。三時半散。』（《滬上三年》，一四九頁）

十二月廿一日，拜訪張瀾。兩人均以爲，美國總統杜魯門聲明是舊調重彈，并無新意。（《新華日報》一九四六年十二月二十二日，轉引自謝增壽《張瀾年譜新編》，群言出版社二〇一一年版，三二六頁）

十二月廿二日，主持十一團體茶話會，歡迎民主同盟主席張瀾一行。

楊義旗《張瀾主席在上海》：『大會執行主席之一馬叙倫致詞説：「我們上海民主團體爲什麽要這樣熱烈歡迎中國民主同盟主席張表方先生和鮮特生老先生等幾位民盟領袖呢？因爲人民大衆希望實現真正的和平與民主，把這希望寄託在民主的領袖身上。其次，現在全國人民清楚地認識到，民盟的政治主張始終如一，而且今後更將站在爲民主鬥争的前綫。今天，歡迎者源源而來，求和平民主的人民，急於張先生來領導我們！」』（《民主報》一九四六年十二月二十八日，轉引自謝增壽《張瀾年譜新編》，三二六至三二七頁）

范樸齋日記十二月二十二日：『午後滬上各民主團體十一單位在青年會茶會，歡迎表老及予等，到四百餘人，馬叙倫主席。表老講演後，予被邀演説，頗博掌聲。』（《范樸齋日記》第二册，六九一頁）

十二月廿二日，《論第三方面和民主陣綫》發表於《群衆》第十三卷第十期，鮮明地提出目前『在民主和反民主的鬥争裏只許有民主陣綫，而不許有什麼新第三方面的』，迫切希望『第三方面』這個名詞不再成爲『民主鬥争的障礙』。

十二月廿四日，撰《再論第三方面與民主陣綫并質民主同盟》。（《文匯報》十二月廿八、廿九日二版）

同日，范樸齋來訪。

范樸齋日記十二月二十四日：『早訪馬叙倫，談半小時。繼訪幼椿，談一小時。』（《范樸齋日記》第二册，六九二頁）按，幼椿，即李璜，青年黨黨魁。

十二月廿六日晚，接受《聯合晚報》採訪。

十二月卅一日，《聯合晚報》以『二馬對談』爲題對二十六日訪談予以詳細報導。馬叙倫指出：『做壞事者爲自己做够了反宣傳，使老百姓明白他是怎麼樣的面目，正促使了老百姓的覺悟。』他重申：『今天已不是國共問題，而是民主與反民主問題。』爲此希望作爲民主陣綫中堅的民盟，『糾正過去處在調人地位的姿態，發揮爲民主而戰的真精神，不斷壯大起來』，『以後的中國，要麼是現政府統治的繼續，要麼是代表人民的力量上來，此外不會有另一個的』。（《馬寅初全集》，浙江人民出版社一九九九年版，第十二卷，五一五至五二七頁）

同日，民進、民建、中國國際人權保障會等十一團體聲明反對『一黨憲法』，主張選舉真正的國民代表，製定真正民主的憲法。

本年，劉三夫人陸靈素將劉三詩作一百十三首輯爲《黄葉樓遺稿》，油印行世，卷首收入馬叙倫撰《劉三先生傳》。

一九四七年（中華民國卅六年丁亥）　六十三歲

一月一日，何香凝、彭澤民等致電宋慶齡、毛澤東、張瀾、李濟深、馬叙倫、陳嘉庚暨全國同胞，認爲這次國民大會所通過之憲法『根本已失合法之根據』。

一月五日，撰《美軍在華暴行的責任》。（《文萃》第二年第十四期，一月八日）

一月十二日，設家宴爲即將應聘赴燕京大學任教的嚴景耀餞行。

鄭振鐸日記一月十二日星期日：『四時許，至馬宅，餞別景耀也，又喝酒，談至九時許，歸。』（《鄭振鐸全集》第十七卷，三八一頁）另面簡記：『下午四時半，拉都路馬宅，餞別景耀。』（第十七卷，四八九至四九〇頁）

一月十四日（十二月廿四日），《我在十八歲以後》發表於《新文化》新年特大號。

同日，撰《想起了祀竈》。文章説：『我没有從《封神榜》上去考證當時士兵戰死的多少，我想不見得超過兩次世界大戰和我們貴國三十五年來内戰戰死的數量，那麽竈司堂裏虚位以待的怕還多得呢。』（《評論報》第十一、十二期合刊，一月二十日）

一月十五日，撰《掩護軍事的政治攻勢又來了》，就和談與政治攻勢指出：『現在明顯的事實，政府軍事上的失利，應該是他覺悟的時候。他如果有覺悟，該痛痛快快的真正「還政於民」，卷甲棄兵，聽人民來處置。共産黨如果真是要民主的，他自然也會「聽命於民」。那麽，國事不就大定了？』（《評論報》第十一、十二期合刊）

一月十八日，《萬變不離宗》發表於《世界知識》第十五卷第三期『馬歇爾回國的看法特輯』。

一月十九日，應翦伯贊之邀赴萬壽山酒樓餐叙。

顧頡剛日記一月十九號（十二月廿八日，星期日）：『到萬壽山赴宴。今午同席：馬彝初、鄧初民、周建人、潘梓年、王伯祥、葉聖陶、周谷城、周予同、李季子、田漢、陳家康、傅彬然、蔡尚思、焦敏之、鄭振鐸、李平心、楚圖南、吴澤（以上客），翦伯贊（主）。』（《顧頡剛日記》第六卷，一〇頁）

王伯祥日記民國三十五年夏曆十二月廿八（一月十九日，星期）：『十一時一刻，應伯贊之邀赴西藏路福州路轉角萬壽山酒樓，到者馬夷初、田壽昌、顧頡剛、周谷城、鄧初民、李季、潘梓年等，余則與胡繩、吴澤、李丹新、楚圖南、傅彬然、周予同、陳家康、蔡尚思、鄭西諦、葉聖陶同席。與宴者皆一時史學名流，獨惜郭沫若未至耳。談次覺陳家康英年雋辯，秀出儕輩，雖初見殊傾倒也。二時許散。』（《王伯祥日記》，國家圖書館出版社二〇一一年版，第二十一册，七六頁）

一月廿二日（正月初二），作七律贈徐伯昕，末聯表示：『逆流正待開前路，伴却餘生不敢徐。』（《馬叙倫詩詞選》，一〇九頁）

同日，《馬歇爾離華的聲明》發表於《文萃》第十五、十六期合刊『第二年春季特大號』。按，頻頻在《文萃》發表政論，與編輯温崇實熱心約稿有關。

馬珮《回憶父親馬叙倫》：『上海有一位老會員温崇實，我和他也有聯繫，是看著我長大的。温崇實是共産黨員，參與民主運動，經常給我父親提供素材，包括蔣介石内部的一些情况。共産黨方面提供一些内部消息，知道什麽，他就連夜告訴我父親，父親連夜寫稿發表。』（《民進口述會史資料選輯》第一輯，五七頁）

《學習會史，發揚傳統，搞好政治交接——上海社科院支部召開祝賀温崇實同志入會六十周年座談會》：『温崇實離休前是上海社科院《社會科學》雜誌編委會副主任。他是一九四五年入黨的中共黨員，當時他在上海由共産黨創辦出版的政治性周刊《文萃》任編輯。由於工作的原因，温崇實經常出入中國民主促進會第一届主席馬叙倫門庭，向馬老傳遞鬥争資訊和採訪中得到的材料。由温崇實經手，馬老發表在《文萃》上的文章共有十一篇。』（上海社會科學院黨建網站，二〇〇七年十一月九日）

一月廿四日，撰《我們應該紀念『一·二八』》。（《群衆》周刊第十四卷第四、五期合刊，二月四日）

一月廿八日，出席上海各界『一·二八』十五周年紀念大會，并發表講演。與李濟深、黄炎培、陳銘樞、沈鈞儒、馬寅初、鄧初民、羅隆基等爲主席團成員。大會係大公報社發起。（孫大權、馬大成編著《馬寅初全集補編》，上海三聯書店二〇〇七年版，五七六頁）

一月廿九日，美國政府宣布退出軍事調處執行部。

一月三十日，應鄭振鐸之約晚餐，同席陳叔通、陳慧、嚴景耀等。

鄭振鐸日記一月三十日：『夷初、景耀、叔通父女來晚餐，談甚暢。八時半散，酒喝得不少。』（《鄭振鐸全集》第十七卷，三八六頁）

一月，《中小學教師應當注意中國文字的研究》發表於《國文月刊》第五十一期（開明書店出版），二月號第五十二期續完。

二月一日，下午出席民盟招待會，聽取張東蓀報告民盟概况，并發表演説。晚，應約赴陳叔通寓所餐叙。

黄炎培日記二月一日：『午後二時，民盟假青年會招待各界，張表方主席致詞，張東蓀報告民盟概況，董必武、馬叙倫、朱紹文、張絅伯、吴耀宗、文幼章（加拿大，熟華語）、褚輔成、翦伯贊各演説，羅努生答謝，全會極熱烈精彩。』（《黄炎培日記》第九卷，二四八頁）

鄭振鐸日記二月一日：『二時許，偕健、柯至青年會，稍坐即走。與辛笛、健吾同至紅棉喝咖啡。七時，至叔通宅晚餐，有景耀、夷初、寅初數人。九時歸。』（《鄭振鐸全集》第十七卷，三八六頁）

二月二日，民進發表宣言，揭露上海工商界幾個闊人發動的『和平運動』不過是替好戰者撑場面：『人民與其向好戰的要求停戰而實現和平，不如要求自己停止這兩種的供給！！　本會以爲這次領導和平運動的闊人鉅子，必都早已明白了這點，和平運動也必須從這點上來做！！　纔十足地表現這次運動真正出於天良的激發和決心！！　也十足地操有實現和平的權力！！』（《中國民主促進會對於上海和平運動的宣言》，《文匯報》二月三日）

二月五日，《我在十八歲以後》（二、參與辛亥革命）發表於《新文化》第三卷第三期。

二月九日，赴中華工商專科學校，出席民進第五次會員會議，并報告國内形勢。決議以後化整爲零，分小組活動。鑒於嚴景耀即將離滬，決定替補柯靈爲理事。

同日，偕同馬寅初、郭沫若、羅隆基等於上海勞工銀行出席『愛用國貨，抵制美貨』籌備大會。

二月十日，偕馬寅初、郭沫若、沈鈞儒、華崗等五十餘人聚餐于青年會九樓，紀念較場口血案一周年。

同日，民盟、民進、農工等團體成立『二九慘案』後援會，被推爲後援會主席。（《現代上海大事記》，九七二頁）

二月十一日，《文匯報》消息：『民主促進會將正式合併。』

二月十二日，撰《評『二九』慘案》。（《評論報》第十四期，二月十八日）

二月十五日，『二九慘案』後援會招待上海各界，報告慘案真相，發表講演，要求辨明是非，徹底保障人權。（《現代上海大事記》，九七三頁）

二月十八日，以梁仁達治喪會後援會負責人身份，應約與市長吴國楨辯論。

葉聖陶日記二月十九日（星期三）：『被打死之梁仁達本定今日出殯，而吴市長昨日招治喪委員會負責人談話，謂據聞將有五萬人遊行，而工會方面則有十萬人亦擬遊行（實即党方之一，亦即吴市長方面之人），難保不出事，因令不要出殯。馬夷初、沈衡山、章伯鈞三位則以後援會之負責人被邀。論辯達兩小時。自市長之眼光觀之，治喪會後援會皆搗亂分子也；而自我輩觀之，凡在政府方面者，皆喪心病狂，與衆爲敵也。』（《滬上三年》，一六四頁）

二月廿八日，在民進二届一次理事會上再次當選常務理事。

三月一日，中共中央致電董必武、吴玉章、劉曉等，已取得社會地位的人士，如郭沫若、馬叙倫等，只有暫時韜晦。

三月二日，當選爲中國語文學會監事。另兩位爲郭沫若、鄭振鐸。

葉聖陶日記三月二日（星期日）：『下午二時語文學會開成立會，到十八人，通過會章，選舉理監事。余與雪村、紹虞、予同、望道、光燾、建功當選理事，夷初、沫若、振鐸當選監事。會已成立，而進行研究非易，恐將成爲空名之集團耳。』（《滬上三年》，一六七頁）按，發起人共二十九人，成立會假座開明書店編輯部舉行。（倪海曙著《春風夏雨四十年》，知識出版社，一九八二年版，三三三至三三四頁）

三月三日，撰《給『新社會』説些腐話》。（《文匯報》三月五日）

三月九日，《石屋餘瀋》開始連載於《文匯報》『浮世繪』版。

黄裳《憶馬叙倫》（一九八一年三月十四日）透露組稿經過：『一九四六年他在上海的《民主》《周報》上經常發表鋒利的時論，因此我就想，是否也可以請他給我編的副刊寫些輕鬆的小文章呢？　約好時間，我就到拉都路（現在的襄陽南路）一條弄堂裏的一間樓屋裏去拜訪。馬老穿了半舊的呢長衫，架一副老式玳瑁眼鏡，頭髮灰白了，六十出頭的人依舊非常清健。他的雙眼總是眯起著，帶著笑意，談話温和而委婉，一點都沒有名教授的架式，也和我理想中的革命者全不一樣。我提出的要求，使他感到非常的爲難。當時的一些民主期刊大半是周報，他幾乎把全部空餘的時間都用來趕寫時論了，實在没有餘暇和興致給副刊寫稿。他稍一躊躇就從抽屜裏取出一册厚厚的稿本。這是用大張毛邊紙訂起來的，有三四百葉的本子，封面題著「香影樓日札」幾個字。打開看時，是一色娟秀的小行楷。他把這稿本交給我：「你去翻翻看，也許可以隨便挑選一些發表。」這是出乎我的意料的。只不過初次相見，就將這珍貴的手稿借了給我，一些都没有秘惜之意，這當然是出於對我工作的那張報紙的信任與支持。這以後，就在報紙的副刊上出現了一個「石屋餘瀋」的小專欄，每天發表一或兩節小文章，這是我選了出來請人重抄付排的。』（《書之歸去來》，湖北人民出版社一九九七年版，二三〇至二三一頁）

三月十日，《我在六十歲以前》脱稿，結束語交代：『這年四月，是我六十歲的「初度」，我寫完生平經歷的大概，就此結束。我從得了神經衰弱病以後，記憶力日差，所以對於自身經歷的事情，許多僅僅記得大概，上面寫的恐怕還有顛倒錯亂，將來再修正吧。』（《我在六十歲以前》，一一八頁）

三月十二日，民盟、民進、民建、農工及無黨派人士張瀾、馬叙倫、羅隆基、馬寅初、郭沫若、沈鈞儒、譚平山等五十六人，致電蘇、美、英、法四國莫斯科外長會議，希望與會各國堅守不干涉中國的共同約束，停止給予内戰的任何一方任何援助。（原載《時代日報》三月十三日，轉引自《現代上海大事記》，九七七頁）

三月二十日，撰《人權保障與保障人權》。（《文匯報》三月廿六日『新社會副刊』）

四月三日，爲洛羊著《認識美國》撰序，提出：『美國作爲逆流的主動者，他還是反蘇，還是反全世界的人民？擺在美國大多數國民和中國全體同胞面前。』（《認識美國》，洪流出版社一九四七年版，書名係郭沫若題）

四月六日，出席鄭振鐸五十祝壽會。

鄭振鐸日記四月六日（星期日）：『六時許，偕箴，携寳、貝赴會賓樓，應文協會員們公宴，爲予預祝五十壽也。到者近六十人，極熱鬧。亞子、夷初、衡山諸老，及初民、沫若、聖陶、壽昌、予倩、紹虞、予同諸友均到。酒喝得不少。九時許歸。』（《鄭振鐸全集》第十七卷，四〇六頁）

四月八日，夏承燾爲侄子夏賢洛致函馬瞭解上海情況，以便決定是否返滬復學。

夏承燾日記四月八日：『晴。寫馬夷初先生書，爲賢洛（即子頤）問上海情況，託孫牧心携往，如情況轉好，賢洛擬下旬返上海，附去舊作《雁蕩山中答夷初》七律一首。夷初年來撰論，呼籲禁攻寢兵，斥責政府，甚得青年信心。賢洛諸人仰望，幾如鉅子聖人。』按，賢洛即夏子頤，永嘉人，上海美術專科學校學生，一九四六年三月初入校，編入西畫系二年級，同年五月底參加中共地下黨。孫牧心，即木心，桐鄉人。

四月上旬，浙江湘湖師範學校秋三班學生在班主任駱公望帶領下來訪。

葉達松回憶：『在馬敘倫先生家裏，我們欣賞了他書房裏滿壁的書畫，座談了青年與國家的命運等問題。馬老談鋒鮮明犀利，又富有風趣。他説：「革命總要有犧牲，每次爲争取和平與民主的遊行，我總要走在隊伍前頭。如果被殺害了，還要抬棺遊行。」（中略）我們在滬雖僅短暫的三天時間，但對國民黨政府的腐敗，共産黨和人民軍隊的正確、偉大，國統區學生運動在和平與民主運動中的地位和作用，都有了新的認識。』（葉克成《陶行知精神鼓舞著我們前進》，《樂清文史資料》第十輯，樂清縣政協文史資料委員會一九九二年印，二七八至二七九頁）按，葉文稱一九四七年春假，浙江湘湖師範秋三班學生在班主任駱公望帶領下專程到上海參觀，經老校長方與嚴、陶行知公子陶宏介紹，拜訪馬叙倫、郭沫若、翦伯贊、鄭振鐸諸前輩。他們對浙西南山區有這麼一所貫徹生活教育思想的師範學校表示驚喜。鑒於鄭振鐸日記四月十一日：『湘湖學生十餘人，來此談話。』（《鄭振鐸全集》第十七卷，四〇七頁）而駱公望一行僅逗留三天時間，將他們拜訪的日期繫於本月上旬。

四月十二日，約陳巳生、周建人、鄭振鐸晚飯。

鄭振鐸日記四月十二日：『六時出，到家一轉，即赴馬宅，晤巳生、喬峰諸人，談甚暢。十時回，即睡。』（《鄭振鐸全集》第十七卷，四〇八頁）

四月十三日，《石屋餘瀋》續刊於《文匯報》。

夏承燾日記四月十三日：『晴。休日。閱《文匯報》刊馬夷初《石屋餘瀋》，記卅一年四月廿二日太炎夫人與予偕訪，談黄季剛遺事一則。憶是日與太炎夫人離馬宅，途中所談季剛事，尤多可訝怪者。季剛殆可謂學界之人妖矣。』

四月十四日，《我在十八歲以後》(三)發表於《新文化》第三卷第五期。

四月廿五日，《政府改組後之『施政方針』》發表於《時與文》周刊第七期。

四月，浙江富陽縣參議會樹立《郁曼陀先生血衣冢志銘》，銘文郭沫若撰，馬書。

五月四日，與王紹鏊舉行招待會，民盟沈鈞儒、羅隆基，民建黄炎培、胡厥文，三民主義同志會譚平山、許寶駒，救國會史良、沙千里，農工黨章伯鈞，國際人權保障會吴耀宗等應邀出席，與會者對中央社發表所謂『中共地下鬥争路綫綱領』，誣陷各黨派均爲中共操縱指使之工具，表示憤慨與抗議。(《現代上海大事記》，九八三頁)

同日，應暨大學生自治會之邀到校講演，在陳禮賢、魏忠同學陪同下走進二院禮堂，禮堂座無虚席。

事先，暨南大學學生陳禮賢、魏忠代表學生自治會，邀馬叙倫到校作報告。魏忠晚年回憶：『去的時候，他不在家，等了一會，馬先生和年輕漂亮的夫人回來了，説是去給朋友送葬。』(電話採訪魏忠先生記録)

同日，《中國現代青年之路》發表於《文匯報》五四紀念特刊。

五月六日，應鄭振鐸之約晚餐。

鄭振鐸日記五月六日：『六時半，巳生、夷初等在此晚餐，喝了些酒。十時散。』(《鄭振

鐸全集》第十七卷，四一五頁）

五月十日，《我拿什麽來供獻給中國現代的青年？》發表於《現代新聞》周刊（民盟機關刊）創刊號。

五月十一日，各民主團體會餐，與馬寅初、沈鈞儒、羅隆基、郭沫若等同席。

黄炎培日記五月十一日：『十時，民盟會談參政會出席問題。三時，參加民盟支部會。晚，各團體會餐，馬寅初、馬夷初、沈衡山、羅努生、章伯鈞、譚平山、王却塵、郭沫若、許昂若，惟吴耀宗未到，余與胡厥文爲主人。』（《黄炎培日記》第九卷，二八〇頁）

五月十五日，下午赴清華同學會出席中國國際人權保障會第二次大會，并提議發動各團體聯名函請華萊士來華演講。（《時代日報》一九四七年五月十六日）

五月中旬，國民參政員許德珩來滬，與沈鈞儒、黄炎培、馬叙倫等協商對策。

許德珩回憶：『五月二十日，國民黨政府召開國民參政會，實際上這是參政會的最後一次會議。我雖在北京大學任教，參政員一職仍未辭掉。我接到通知後與中共地下党同志研究，認爲：針對當前的鎮壓政策，我們應當利用合法形式，擴大反飢餓、反内戰運動的宣傳，所以決定我去參加這次會議。我先到上海，受到沈鈞儒、黄炎培、馬叙倫、許廣平四位同志的歡迎。我們一起研究，由我起草并署名一項提案，内容爲堅決反對一党召開國民大會，要求國民黨政府立即停止内戰，實現國内和平。黄炎培同志也是國民參政員，他不參加這次會議，但他和其他參政員共二十人也在我這項提案中簽了名。當我的提案在參政會大會上宣讀時，得到與會者的熱烈掌聲。但是，會上國民黨參政員紛紛反對和談，要求下討伐令。』（《許德珩回憶録》，二二九至二三〇頁）

五月廿二日，與柳亞子、許廣平、張瀾、譚平山、郭沫若、沈鈞儒、馬寅初等十七人舉行五二〇慘案聲援座談會，表示：『學生行爲值得敬愛，《維護社會秩序臨時辦法》限制人民自由，是違法的。』（《現代上海大事記》，九八六頁）

五月廿五日，上海淞滬警備司令部勒令《文匯》《聯合》《新民》三報停刊。

五月廿六日，走訪黄炎培。

黄炎培日記五月廿六日：『盛丕華來。陳叔通、馬夷初，沈衡山、王却塵、劉王立明來。』（《黄炎培日記》第九卷，二八五頁）

約五月廿六日，出席中國國際人權保障會理事會議，討論被捕學生釋放問題。

《中國國際人權保障會要求釋放被捕學生》：『日前召開理事會，當推馬叙倫、朱紹文、陳叔通、劉王立明、沈鈞儒等理事赴市府交涉，要求釋放被捕學生，并擬以法律立場向參政會抗議，向聯合國安理會呼籲。』（《時代日報》五月廿七日）

五月廿八日，民進理事會緊急會議，决定發動對文匯、聯合、新民三報館同人慰勞金捐集活動。

五月卅一日，撰《我在六十歲以前》校後記，表示『常常自己覺得對人民説起來，是一個罪人，因爲革命不曾帶給了他們些微的快樂』，企望時世太平，有『補讀十年書』的福氣。

五月下旬，黄裳歸還《香影樓日札》手稿。

黄裳《憶馬叙倫》：『果然不出馬老所料，《餘瀋》發表了没有好久，報紙被封了。更糟糕的是，抄寫原稿的那位朋友，没有聽從我的囑託，把原書帶到報社，鎖在辦公桌裏，竟自陷於「敵手」。我只好硬著頭皮又到辦公室去走了一轉，取了出來。奇怪的是，散布在走廊裏的特字型大小人物，竟不曾發現、阻止。第二天，我就把這手稿交還給了馬老。如果這本《日札》，今天還保存在什麽地方，我想，那是值得印行的，就是影印也完全值得。』（《書之歸去來》，二三一頁）

五月，大連大衆書店印行《馬叙倫言論集》，收録二十四篇政論文。

六月一日，《從中國文字上看社會和邦國家族的意義》發表於《大學》月刊第六卷第一期。

六月七日，丁伯誠關於民盟組織搶救教育委員會密函：『徑啓者。據報，「民盟爲支援滬市學運，持久滋擾起見，特組織搶救教育委員會，暫借四川北路一三一四號聯合編譯社辦公，願爲各學運團體支援。該會人如下：委員施復亮、馬叙倫、沈鈞儒、沙千里、石肅冲、沈體蘭、張絅伯、郭沫若」等情，至希查照參考爲荷。此致趙静濤同志。丁伯誠啓。卅六

年六月七日發出。』（中國第二歷史檔案館編《中華民國史檔案資料彙編》，第三編『政治』三，第三十一頁）

六月十二日，詹明遠關於馬叙倫在滬組織被捕學生家長後援會情報（密）：『據報：左傾分子上海人民團體聯合會領導人馬叙倫，將定於本月十日，聯合各學校被捕學生家長，組織後援會。關於該校籌備工作，現已開始通知被捕學生家長，前往吴江路六十六號中國婦女協會辦理登記云。』（《中華民國史檔案資料彙編》，第三編『政治』四，第五五九至五六〇頁）

六月十五日，國民黨中央聯秘處關於民主促進會組織情况報告（《黨派活動專報》第十八期），稱民主促進會有兩個：一爲上海民主促進會，設在上海，係三十五年「六二三」反内戰運動後由上海人民團體聯合會改組而成，主要分子爲馬叙倫、鄭振鐸、閻寶航、許廣平、包達三、王紹鏊、盛丕華、張絅伯、雷潔瓊等。一爲中國民主促進會，係三十五年五月在香港組成者，主要分子爲蔡廷鍇、譚啓秀、翁照垣、張文、應雲霖等，多爲前十九路軍舊幹部，李濟深在幕後策動，蔡廷鍇出面主持。該兩個民主促進會之同名係偶然的巧合，最初并無聯繫，後因受中共之策動，同爲中共之周邊，政治主張亦大致相同，民盟召開二中全會之前極力從中説合拉攏雙方合併組織，經上海民主促進會之代表馬叙倫及中國民主促進會代表李濟深、蔡廷鍇、譚啓秀等商討，結果決定合併，仍名『中國民主促進會』。惟中央理事會主席、副主席人選問題及共同行動綱領意見，雙方尚未能一致，故正式合併改組至今仍未能實現。李濟深到港後，又由幕後策動而公開出面主持，且聯合柳亞子、陳樹渠等三民主義同志聯合會分子，組織中央聯席會議，自任主席，并在港澳及兩廣各地招兵買馬，從事軍事活動。蔡廷鍇則自去冬由京返港後，態度轉趨消極。目前兩個民主促進會之合併已完全陷於擱淺中，更加以滬、港兩地相距甚遠，上海民主促進會欲將中心置滬，中國民主促進會欲將中心置港，亦爲不易解決之難題。近來上海民主促進會以兩會正式合併既遥遥無期，又不願其工作陷於停頓，仍決定單獨活動，首先調整其内部人事，名單如下：常務理事馬叙倫、王紹鏊、許廣平，理事陳巳生、李鼎聲、周建人、謝仁冰、朱紹文、徐伯昕、鄭振鐸、嚴景耀、高柯靈、馮少山、曹鴻翥、曹惠群，秘書主任謝仁冰，聯絡部主任陳巳生，財務部主任王紹鏊，事業部主任周建人。最後結論爲：『由上述兩會合併改組之經過情形觀察，由於雙方領導權之争奪相持不下，合併問題恐將長期陷於擱淺中。』（《中華民國史檔案資料彙編》，第三編『政治』三，第七三頁）

六月廿二日，午間爲下關事件一周年於紅棉酒家招待陳叔通、葉揆初、王芸生、黄炎培諸人。晚與章伯鈞設宴招待各公團同仁。

黄炎培日記六月廿二日：『午，盛丕華、馬夷初、張絅伯、蕢延芳爲紀念去年「六二三」下關事件，招餐紅棉，同席陳仲恕（叔通）、葉揆初等，聽王芸生報告在平津所見所聞。夜，馬夷初、章伯鈞招餐馬家，是爲各公團會商。』（《黄炎培日記》第九卷，二一九四頁）

六月，《我在六十歲以前》交生活書店出版。

七月一日，《唱兩句老調子》發表於《講座》（油印報）。

七月二日，撰《從文字上看官吏的由來》。（《大學》月刊第六卷第三、四期合刊，八月二十日）

七月三日，中國民主促進會與中國國民黨民主促進會在滬宣布合併，宣言指出：『我們相信，非民主無以統一，非和平無以圖存，非獨立無以自救，非進步無以復興。』（《現代上海大事記》，九九一頁）

七月四日，國民政府第六次國務會議通過《厲行全國總動員案》，下達《勘亂動員令》。

八月十二日，赴中華職業教育社會商次日與美國總統特使魏德邁談話方針。

黄炎培日記八月十二日：『午後四時，馬夷初等十二人來社，會商明日見魏德邁特使談話準備。』（《黄炎培日記》第九卷，三一二頁）

八月十五日，在一篇關於中國工商業形勢的講話中，分析當前全國工商業的嚴重危機，指出這種危機無法解脱，其癥結就在於内戰。

同日，黄炎培來訪。

黄炎培日記八月十五日：『訪馬夷初其家。』（《黄炎培日記》第九卷，三一三頁）

八月十八日，約鄭振鐸等晚餐。

鄭振鐸日記八月十八日：『六時許，至馬宅晚餐。九時半散。』（《鄭振鐸全集》第十七卷，

四四六頁）

八月二十日，《聞一多先生殉國一周年》發表於《大學》月刊第六卷第三、四期合刊。

八月廿九日，夜出席各公團會餐。

黄炎培日記八月廿九日：『午後三時，民建聯席會。夜，公團會餐，到者夷初、沫若、平山、伯鈞、衡山、絅伯、季龍，余與厥文爲主人。』（《黄炎培日記》第九卷，三一七頁）

九月一日，赴張絅伯家討論新組織籌建工作。

黄炎培日記九月一日：『午後在香山路十四號張絅伯家會商新組織，絅伯、叔通、夷初、衡山、伯鈞、沫若、廣平、季龍、體蘭及余，八時始散。耀宗、寅初、厥文未到。』（《黄炎培日記》第十卷，一頁）

九月十七日，《魏德邁的來去和中國問題的癥結》發表於《時與文》第二卷第二期。

九月二十日，夏承燾來道謝，談及政局。

夏承燾日記九月二十日：『午後岳希夫婦來，岳希邀往杜美影院看蘇聯《索雅傳》。同過逸群，晤其夫人、令妹。見宓夫人手抄予舊詞兩卷，末有馬夷初、湯影觀、任心叔、徐南屏四君跋，皆予未之見者。因詣影觀夫人、夷初翁稱謝。夷初翁三四年不見，尚老健，於政局多深沉語。』

九月廿一日，約黄炎培等人會談。

黄炎培日記九月廿一日：『八時半，夷初家會談。』（《黄炎培日記》第十卷，八頁）

九月，民進印發《民主和平運動提綱》，提出十二條具體要求。

九月，生活書店重印《我在六十歲以前》。

十月十日，《關於中國文字研究的三項詢問》發表於《讀書與出版》第二年第十期（生活書店）。

十月十二日，出席各法團代表會議。

黄炎培日記十月十二日：『午後各公團會議在本樓舉行，余始下二樓。馬叙倫、王却塵、包達三、張志讓、譚平山、許廣平、許昂若、陳叔通、張絅伯、盛丕華、沈體蘭。共夷初深談。』（《黄炎培日記》第十卷，一四頁）

十月廿二日，夏承燾以舊作《答夷初翁》一律示友人。

夏承燾日記十月廿二日：『陰，夏正重陽。過伯尹以舊作《答夷初翁》一律示之，伯尹謂似馬湛翁。』按，馬湛翁，即馬一浮。

十月廿四日，《政府改組後之『施政方針』》《讀普利特『訪華觀感』》發表於《時與文》第二卷第七期。

十月廿七日，内政部發言人宣布民盟爲『非法團體』，勒令解散。同時公開誣陷民進領袖。

十月三十日，立遺囑給衆子女：『余如逮捕，必無幸生，求仁得仁，無所歸怨。余雖不見夫彼之亡，汝曹必能見之，則猶吾見也。余之遺體，若爲毁棄，不必尋求，皮囊盛血，本無足珍，苟得見歸，即付諸火，期於悉成灰燼，播散海陸。汝曹欲寓紀念，可於吾母墓前立石，僅足書姓名，勿事增華也。余雖寫《我在六十歲以前》小册，已布於世，非吾志也，汝曹勿復求人作傳志。余素齊萬有，名相已空，利他之懷，仍多闕憾，汝曹若能繼志，勝此虚文矣。余死自致公憤，但汝曹不必修仇夫己。事畜之計，能不與同朝，上也，否則姑忍須臾，以待清明，余之不責也。』抬頭注明：『此件待余遇害後由諸兒共發。』（民進中央會史工作委員會編《民進會史資料選輯》第一輯，二〇〇〇年鉛印本，二四一頁）

十月底，《論中國民主同盟的被解散》發表於《國訊》一卷四期。

十一月一日，致函國民政府行政院長張群，鄭重聲明：『至倫立身，本末不移，貧富威武，無動於中，達觀早成，生死一致。自今以擁疾之躬，待命陋巷之内，捕殺不辭，驅脅無畏。窮以利劍，投諸濁流，皆繫于政府，於倫無與焉。』（《中國民主促進會簡史》，九六頁）

十一月九日，訪晤鄭振鐸。

鄭振鐸日記十一月九日（星期日）：『下午，夷初、陳惠來，相見甚喜！』（《鄭振鐸全集》第十七卷，四七二頁）按，陳惠，即陳慧。

十一月十三日，黄炎培《七十書懷》致送馬。

黄炎培日記十一月十三日：『分致《七十書懷》于諸友好：馮若飛、唐伯耆、余芷江、林子木、陳伯康、李右之、蔣竹莊、潘仰堯、俞寰澄、朱叔建、徐子爲、吕著青、馬夷初、白蕉、李克成、朱德軒。』（《黄炎培日記》第十卷，二二六頁）

約十一月，回訪黄裳。

黄裳《憶馬叙倫》：『報紙封門之後，馬老到我的住處來過一次。他還是那麽隨隨便便，一點都没有緊張之感。他説，上海是住不下去了，不久就要到香港去。過了些時，寄給我一封信，説我曾託他請沈鈞儒先生寫一張字，可惜「衡老已行」，没有辦到。不久，他也走了。』（《書之歸去來》，二三二頁）

十二月二日，發表廣播講話。

夏承燾日記十二月三日：『今日報載，蚌埠較安定。晚聞同事談，《觀察》雜誌謂徐州激戰曾用小型原子彈，周圍八里内，兩軍死傷皆甚重。此幾乎令人不能信以爲真。昨傳馬夷初有廣播，謂北平、上海、杭州三地，共軍不加破壞。』

十二月，乘德國貨輪離滬，轉往香港。

十二月底，陳叔通自滬來函，告以『近來日暮途窮，倒行逆施愈甚，此間已成恐怖時期』。（《陳叔通致馬叙倫手札選刊》，《文史資料選輯》第一〇〇輯，文史資料出版社一九八五年版，一頁）

本年，《研究中國古代史的必須瞭解中國文字》發表於《中國建設》第四卷第四期。

約本年，同門高誼（性樸）復函討論民主觀。

高誼《致馬彝初書》：『別三十餘年矣，每接書札，如見故人。尊致劉君贊文、夏君瞿禪兩詩，懷念胥庵與不佞，誼於從者奉寄雁蕩之作，有答詩未之寄也。近張甥建興君所爲文謂，海内學者主張民主莫如君，誼姑以平生所見爲同門述之。』作者最後指出：『近世以黨輔政，黨之所趨，民所從之，其有不合於治者，即非民之所從，是知昌言民主者，以党爲名，無非爲民求治，但期民主實現，不爲一黨所專制，即孟子所言「憂民之憂」「樂民之樂」，又安有内訌之未息哉？ 梨洲黃氏作《原君》，謂古者以天下爲主而君爲客，似直謂君實爲天下之公僕，所謂「萬方有罪，罪在朕躬」也。予作《原民》，謂以民爲主，長民者爲客，長民者應讓民之賢者，爲天下之共主，所謂「民之所欲，天必從之」也。』（《薑園續文鈔》，民國三十八年刊本，卷一，五至八葉）按，《原民》收入《薑園續文鈔》卷一。

一九四八年（中華民國卅七年戊子） 六十四歲

一月一日，民革成立於香港，《行動綱領》規定：『本會以實現革命的三民主義，建設獨立、民主、幸福之新中國爲最高理想。』會前馮玉祥致信建議：『馬叙倫先生可以把下關被阻及亂打人的事情，亦詳細寫一段登在報上。』加上沈鈞儒、郭沫若、翦伯贊、鄧初民、郭春濤的文章，『大家凑起來一定能成一本小書，可以宣傳獨裁者之罪，也可以作將來之經

史』。（馮洪達、余華心著《馮玉祥魂歸中華》，文史資料出版社一九八一年版，一八七頁）

一月二日，抵港，趕赴金陵酒家新年團拜茶會。柳亞子賦詩稱：『國共同盟成鼎足，致公民進亦千秋。』按，此處國，指國民黨革命委員會。同盟，指民主同盟。

一月十七日，與柳亞子、何香凝、沈鈞儒等相聚。柳亞子賦詩《即席呈衡老夷老兩君皆南社同人也》，感歎：『異地能欣沈馬逢。』

一月廿二日，撰《做中國人該勇敢地迎接大革命》，認爲：『大革命的意義，是從雙重壓迫底下把絶大多數的人民包含工農階級和小資産階級及其他被壓迫的都解放出來，而他們的目的，是從根本上改造一個新中國。』（《群衆》第二卷第三期，一月廿九日）

一月廿九日，在《從『正名』説到民主國家的叛逆》中鄭重宣告：『决不能任叛逆的匪人還占據了政權。』

二月三日，經薩空了介紹，與沈鈞儒、章伯鈞、郭沫若一道會晤香港大學校長施樂詩，主要談九龍城問題。

二月四日，與郭沫若、侯外廬、沈鈞儒等五十七人聯名在香港《華商報》發表宣言，聲援上海同濟大學等校學生爲争取民主而英勇抗暴的鬥争。

二月十四日，出席民盟新春聚餐會，批評一届三中全會以前的民盟。

二月十五日，撰《論胡適給周鯁生的一封信》，結尾交代：『胡適仗了他曾是新文學運動的提倡者之一，還有迷信他的，寫文章也有些技巧，被美國的侵略主義者和中國的反動政權選中了他做宣傳的喉舌，像這篇文章，看他那「狐媚偏能惑人」的技巧，很可以叫人們暗暗地上了鈎，所以我不得不痛辟之。』（《群衆》二卷第七期）

二月廿四日，撰《中國人民不會再受騙的》，批評美國總統杜魯門的援華計劃：『中國内戰的延長，根本就是美國在支持著，南京自己倒没有這種力量。（中略）人民的敵人——南京政權不消滅，絶没有真正的現代化民主政府實現之可能，也没有和平的希望。可是阻止真正的現代化民主政府和和平的實現的，是美國的援華政策，實際是援蔣政策。』（《馬叙倫政論文選》三三三至三三四頁）

二月廿六日，就美蔣和平攻勢，《華商報》刊出對李濟深、沈鈞儒、馬叙倫、章伯鈞、郭沫若、茅盾等人的訪問記。

二月廿八日，撰《爲臺灣二月革命周年》。（發表何處未詳，收入《馬叙倫政論文選》）

二月下旬，在港各民主黨派領導人聯合聲明，反對美國援蔣借款案。

三月一日，《悼許季茀先生》《國際學聯代表布列小姐巡視中國去》發表於香港《光明報》半月刊新一卷第一期。按，許季茀，即許壽裳，臺灣大學國文系主任，二月十八日遇刺。

三月二日，致薩空了函，要求補齊《自由叢刊》與《群衆》雜誌。

函云：『《自由叢刊》只有九、十、十二三期，餘請補下。《群衆》第四十期以前能盡補下最好，否則有重要文告，如雙十宣言、土地法等各期，正希見補，以便研讀。最近七項研究問題，前由潘先生交付兩紙，已帶給滬友，權請再給兩份，孔僚先生代爲轉致。弟倫敬託。三月二日。』（祝君宙、蕭斌如編《薩空了文集》，上海科學技術文獻出版社二〇〇二年版，四〇三頁）

三月三日，復薩空了函，託轉手書條幅與侯外廬、郭沫若。

原函：『空了先生：昨日此人未至，想已無望，故工部局陳君來談過，已有約矣。奉上拙書小幅乞政，餘致外廬、沫若兩先生者，能爲託便轉交否？即頌晨安。弟倫手上。三月三日。』（《薩空了文集》，四〇二頁）

三月十五日，《平滬的教授們不要上當！》發表於《華商報》。

三月十六日，《這救得了南京獨裁政權的命？》發表於《華商報》。

同日，與沈志遠等在《光明報》新一期『新政協筆談』發表文章。

三月二十日，同王紹鏊代表民進，李濟深、蔡廷鍇代表民促在港發表聯合聲明兩家民主促進會各自恢復。民革成立後，『原有香港之中國（國民黨）民主促進會會員，多數加入民革會，以是原有雙方立場，不能盡同。爲求對於民主運動各盡厥職起見，復經雙方會商，原有香港之「中國民主促進會」恢復原名爲「中國國民黨民主促進會」，原有上海之「中國民主促進會」亦將保持獨立組織』。

三月廿三日，與譚平山、沈鈞儒赴香港大學圖書館，會晤英國援華會主席李斯托維爾。

三月底，徐鑄成赴港籌辦《文匯報》香港版，逗留一周，其間拜訪馬叙倫、譚平山諸先生，轉達前上海副市長兼社會局長吴紹澍的反正意願。

徐鑄成《吴紹澍與上海》：『我旋即赴港，與任公面談創刊《文匯報》的計劃，并在拜訪馬、譚兩先生及潘漢年時，轉達了吴紹澍投奔光明的決心。』吴紹澍曾向徐表示：『史良是我的同學，但早已離開上海。馬夷初和譚平山先生是在上海淪陷時早有來往，但他們都到香港去了。』（《報人六十年》，學林出版社一九九九年版，二〇六頁）按，任公，指李濟深，字任潮。

四月七日，與沈鈞儒、郭沫若、章伯鈞、章乃器、連貫等出席滬江大學校長劉湛恩殉難十周年紀念會。

四月十日，復薩空了函，委託其以民進名義發函。

原函：『手示敬悉。即請用民進名義單獨發函。附上肆拾元乞收。費神感荷。稿請留底，以備存檔也。孔僚先生、薩先生。弟倫手上。四月十日。』（《薩空了文集》，四〇三頁）按，此函抬頭整理者或許誤植，當作薩孔僚先生。

四月十六日，與李濟深、沈鈞儒、郭沫若、翦伯贊、劉王立明等出席中國國際人權保障會在港理事緊急會議，討論内地受迫害學生的援救辦法，并聯名致電聯合國人權保障委員會華萊士，希望敦促美國政府改變對華政策。

四月二十日，《我們該大踏步前進》發表於《華商報》，把南京政權的罪惡歸納爲『賣國』『殃民』兩點。

四月廿五日，聯名致函北平慰問許德珩、袁翰青、樊弘三教授。

許德珩回憶：『國民黨北平市黨部主任吳鑄人則威脅説：「我要忠告三位教授，再勿在共特所召集的會場中，憑一時的快意，作刺激學生的言論。北平有一百七十萬民衆，我們至少有五十餘人，五十萬國民黨人中，有五萬枝手槍，若有一枝手槍走火，就要小心他們的腦袋。」次日，吳鑄人這些以殺人爲威脅的講話公然登之於報端。（中略）旅港民主黨派人士及文化界人士郭沫若、沈鈞儒、馬叙倫、茅盾、鄧初民等同志一百五十余人，於四月二十五日聯名致函慰問我們。』（《許德珩回憶録》，二三六頁）

四月三十日，中共中央發布紀念『五一』節口號。

五月五日，與李濟深、何香凝、沈鈞儒、郭沫若、章伯鈞、蔡廷鍇、譚平山等十二人聯名致電毛澤東并通電全國，表示響應中共『五一』號召，贊同籌備新政協會議。（次日發表於《華商報》）

五月八日，應《華商報》編輯部之邀，出席『目前新形勢與新政協』座談會。

五月十日，陳叔通自上海來信，稱：『前日託墨劃鈔，知已收轉沫、盾。後又託人帶奉長函并人權保障會委託書，已否收到？長函隨便拉雜寫去，恐亦不能示人。七八月，聞南京有新攻勢，應付極代憂慮。□李內外，恐亦難於融洽。革命與非革命之間，無融洽之餘地。郵局檢查甚嚴，《群衆》已久接不到，故信件除託人帶，不可付郵。餘詳長函。美排西，西反美；蔣倚西，亦畏美。故自爲矛盾。李當選，西、蔣均失敗。』落款：兩渾，卅七．五．十』。（《陳叔通致馬叙倫手札選刊》，《文史資料選輯》第一〇〇輯，一至二頁）按，李，指代總統李宗仁。

五月中旬，《讀了中共『五一』口號以後》發表於《群衆》周刊第二卷第二十期，提出民主黨派應具備的四個條件：『無疑地是一貫主張民主，而且有工作的表現，有群衆的擁護，可以代表全國性的政治團體。』這一意見受到民主陣綫各方面的認可和重視。

五月廿四日，《回應中共「五一」口號不僅坐談更應行動——中國民主促進會發表宣言》刊於《華商報》。

六月五日，復函薩空了，談約會、籌款與『費、邵二君事』。

函云：『空了先生：今日先生與曾、劉王二先生之約，弟因有一急事，屆時或未能赴。關於籌款事，民進目前經濟甚爲拮据，勉力擔任貳佰元。此外另召籌款辦法，當由民進盡力者，自當遵辦，請代致此意爲荷。約會地點，弟已遺失，請示悉，或可趕赴，但不必等。爲費、邵二君事，可由中國國際人權保障會提出於聯合國人權保障會，請代告王先生，弟已接滬理事諸公書，託此間諸公分別代表，可呈（疑爲足）法定數也。弟倫。六月五日。』（《薩空

了文集》，四〇二頁）

六月六日，列名港九各界《反美扶日宣言》，痛斥司徒雷登發表荒謬絶頂之聲明。

六月九日，致陳慧信，提及『一位將要在此間出一份報的老闆』（按指《文匯報》嚴寶禮）。

六月十一日，代表民進，會同民盟、民革負責人聯名致電英國援華運動委員會，贊同他們要求政府與華北解放區建立經濟與文化關係的聲明。

六月十四日，陳叔通復信，就新政治協商會議議題有所商討，以爲『社會賢達』須删去，不可蹈蔣政府之轍，以其太無標準。同時轉達星二聚餐會同人的意見。（《陳叔通致馬叙倫手札選刊》，《文史資料選輯》第一〇〇輯，二頁）

六月廿六日，決定籌組民進港九分會。

六月廿七日，《『六二三』下關血案的回憶》發表於香港《星期報》。

六月廿八日，與學術工作者聯名發表《正告美國大使》的聲明，譴責美國的對華政策。

六月，《讀了中共『五一』口號以後》收入《論新政協》，作爲《新政叢書》第一輯由香港南風書屋出版。另收郭沫若、鄧初民、沈志遠等文五篇。

上半年致函黄裳，勸他離開上海。

黄裳《憶馬叙倫》：『到港後還曾來過一信，勸我也離開上海。不久，知道他已進入解放區，等到再度相見，已經是建國以後了。』（《書之歸去來》，二三一頁）

七月十二日，陳叔通回復，就郭沫若主張『聯合政府成立在人民大會之後』，表示不同意見：『似人民大會之前，至少亦須臨時政府。』（《陳叔通致馬叙倫手札選刊》，《文史資料選輯》第一〇〇輯，三頁）

七月十八日，與王紹鏊等民主人士聯名在《華商報》發表文章，控訴獨裁政府屠殺人民的罪行。

七月十九日，發表《蔣管區的同胞應該起來制止獨裁者的罪行》，號召國統區人民自覺行動起來，爲推翻南京獨裁政權而鬥争。

七月中旬，與民進在港理事集中商討新政協施政綱領，决定以書面形式向中共方面提出，并委託侯外廬起草。

七月廿三日，陳叔通復馬七月十日信，略稱：『近聞新協商有提早開，且在哈爾濱開之説，弟則斷爲謡言。新協商爲一種號召，不可輕易攤牌，攤牌即不值錢，更易惹起糾紛，總須與軍事配合。軍事至相當程度，地點尤須有全國性，如四川之類，不能在黄河以北，何况關外！』此函交謝仁冰轉託吴姓帶上。（《陳叔通致馬叙倫手札選刊》，《文史資料選輯》第一〇〇輯，四頁）

七月廿六日，致函陳叔通。

七月卅一日，主持民進在港理事第四次會議，通過《中國民主促進會擬提出於政治協商會議之行動公約及政治綱領》共九章四十條，全面闡述民進的政治主張。《緒言》提出，政協應完成三項任務：（一）加强人民革命統一戰綫的團結與其力量。（二）籌備各革命階級民主聯合政權之施政綱領。（三）籌備召開全國人民代表大會，組織民主聯合政府（并臨時性的）。

七月，《石屋餘瀋》單行本由上海建文書店初版，收録筆記一百三十三則。其中《余之信仰》一則清晰地反映出馬的人生觀：『人生墜地，即入社會，唯有兩利，以了此生，至於得福得禍，各隨因緣。權在於己者，即看明環境，權量輕重，趨於合理，自然得福。若環境所迫，禍不可避，則安而受之，生死不計。如此，則無時無地皆吾歸宿。捨此別求，天堂樂境，果於何在？强求有附，正是「將心來與汝安，亦何從安得」，所謂「坐馳」也。余既於宇宙識其大者，宗教信念，腦際全無，但以任運而生，利他所以利我，利我必須利他，此外無求。所求者，如何方得兩利，使豎盡未來，横蓋大空，無不得所。今之膠膠擾擾，終有清清楚楚之一日，乃余所信仰者耳。』（二一二至二一三頁）

黄裳《憶馬叙倫》：『在報紙上連載的《日札》後來由建文書店印成兩册，估計尚不到原書的五分之一。可惜校印不精，錯字不少，這恐怕在報紙上發表時就已如此了。』（《書之歸去來》，二三一頁）

八月一日，毛澤東覆電香港李濟深、何香凝、沈鈞儒、章伯鈞、馬叙倫等，略稱：『關於召集此項會議的時機、地點、何人召集、參加者的範圍以及會議應討論的問題等項，希望諸先生及全國各界民主人士共同研討，并以卓見見示。』

八月五日，陳叔通回信，主要談民主團體之資格限制問題，附有新政協諸問題。

八月十二日夕，致函陳叔通，託吴君轉交。

八月十五日，赴柯布連道八號三樓華南救濟會出席民進港九分會成立會，并代表民進總部致辭。王紹鏊、徐伯昕、司馬文森、陳秋安、孟秋江、柯靈、温崇實等十八人與會。《學習會史，發揚傳統，搞好政治交接——上海社科院支部召開『祝賀温崇實同志入會六十周年』座談會》：『由於温崇實與馬老的關係，經共産黨批准，温崇實加入了中國民主促進會，幫助馬老籌建港九分會。一九四八年八月十五日，民進港九分會在香港柯布連道八號三樓舉行成立大會，温崇實是十八位簽名到會的代表之一。』（上海社會科學院黨建網站，二〇〇七年十一月九日）

八月廿六日，陳叔通回復，重申『新協商仍須有全國性』之外，主張新協商必須有顧問團。

八月，黄裳著《舊戲新談》由開明書店出版，書名係馬所題。

約八月，陳叔通來函，表示：『新政協期期以爲不可急。有人謂開則可有助力，但是不開反有一種吸力。開而非全國性，或所收分子人望不足，則吸力減少，甚且予以攻擊之

隙。』（《陳叔通致馬叙倫手札選刊》，《文史資料選輯》第一〇〇輯，一四頁）

九月一日，馮玉祥歸國途中在黑海勝利號輪船上失火遇難。

九月三日，《文匯報》香港版創刊。此前主動題寫報頭，但未被採用。總主筆徐鑄成《潘漢年與香港〈文匯報〉的創刊》（一九八二年六月）：『創刊前夕，在港的民主黨派領袖如沈鈞儒、譚平山、彭澤民、蔡廷鍇等都寫來題詞或祝詩，馬叙倫先生還特地寫了「文匯報」三字，希望我們改换報頭，「一新面目」。這就使我很爲難：刊出，無異自己先塗上一層紅色；不登，實在對不起這些可敬的民主鬥士。』事後由潘漢年出面解釋。（《報人六十年》，三八頁）

九月六日，就華北人民政府成立，與李濟深、沈鈞儒、郭沫若、章伯鈞等分別發表談話。馬叙倫稱華北人民政府的成立，是『未來全國民主聯合政府的雛形』。（《華商報》本日消息《華北人民政府成立後民主人士熱烈歡迎》，參見《郭沫若年譜》中册，七四三至七四四頁）民進馳電祝賀，稱華北人民政府的成立『預示世界的新中國之即將誕生』。

九月上旬，與王紹鏊電唁馮夫人李德全，稱『人民皆失長城，吾黨復奪先導，痛悼之餘，益感任重』。

九月十七日，與蔡廷鍇、沈鈞儒、章伯鈞、譚平山諸人非正式聚談擴大紀念馮玉祥辦法。

九月中旬，在紀念『九一八』之際，民進以『警惕國人，新「九一八」又來臨了』爲題發表談話，抗議美國政府扶持日本軍國主義復活，『爭取中國人民革命的最後勝利，把日本戰犯和國内戰犯一起交給人民去審判』。

九月二十日，夜半失眠，因作《悼馮焕章先生》七絶三首，感歎：『不羨從龍成大樹，正期縛虎失長城。』（《馬叙倫詩詞選》，一一二頁）

九月廿九日，選抄詩作四十六首，贈與潘杏媞。

九月，《評〈中國文字的演變〉》發表於《文藝復興》『中國文學研究』專號。

同月，撰《革命戰友的共鳴和鼓勵——讀『迎接新中國的鬥爭任務』後》，表示：『這是中國農工民主黨最近一個重要的決議。（中略）我最近的過去，時時期望一個中共以外最進步的政黨——中國農工民主黨能够在人民民主革命陣營，做一個共同領導者，這決議給了我一個安慰的答覆。』（《中華論壇叢刊》第二輯）按，《迎接新中國的鬥爭任務》，係日前農工民主黨中央擴大會議（香港九龍）上通過的決議。

十月三日，因香港當局阻撓，僅舉行小型追悼會紀念馮玉祥。

十月十日，撰《辛亥革命的追憶》。（何處發表未詳，收入《馬叙倫政論文選》）

同日，《三十七年的雙十節》發表於《華商報》。

同日，民進與各民主黨派在《華商報》聯合發表國慶日告國内外同胞書，認爲今年國慶纔真正到了『否極泰來』的轉捩點，南京獨裁政權的喪鐘響了。

十月十六日，陳叔通回復，結尾提到：『港信檢查甚密，我處門牌已由警備司令抄走。通信萬萬不可，只有帶口信，或妥人帶信。妥人帶信由千里轉，何如？』（《陳叔通致馬叙倫手札選刊》，《文史資料選輯》第一〇〇輯，一二頁）

十月十七日，與郭沫若、翦伯贊等往六國飯店，出席鄧初民六十誕辰祝壽會。

同日，陳叔通來函，提出：『友方克一城市，往往于銀行中人（鐵路服務員亦同）或其人有專業者，往往仍問以願留與否，不願則給川資放回。前鞍山技術人亦如此，或爲宣傳起見，然所得不償所失。似應以我需要爲主，需要不可放回。』（《陳叔通致馬叙倫手札選刊》，《文史資料選輯》第一〇〇輯，一二頁）按，友方，指中共方面。

秋冬之間，陳叔通來函，談到：『上海人物，就我們圈内説，宦鄉，是各方均可用之最有希望之人才（意志堅定，有膽略，文字好，其專門是鐵路管理，手下有人。本人想辦報，但局于辦報尚可惜）。曹未風次之（外交方面、行政方面、教育行政尤熟）。沈體蘭、吴耀宗，可接收教會方面，包括教會學校在内。包達三（其女尚未出獄）可接收商會。盛丕華較弱。沈子槎、邱文奎，工商方面均可用。工人方面，中共地下必有人。外交我仍希望利用努生。張絧伯甚自負，然只可交努生用（葉篤義，我以爲勝於絧伯）。萍兄，婦女界、學生界均可接洽。』（《陳叔通致馬叙倫手札選刊》，《文史資料選輯》第一〇〇輯，一五頁）按萍兄，指許廣平。

十月廿五日，撰《臺灣耻政紀念三周年》。（何處發表未詳，收入《馬叙倫政論文選》）

十月廿六日，赴李濟深祝壽會。

十月三十日，中共中央將《關於召開新的政治協商會議諸問題》修改件密電華南分局，請即抄送李濟深、何香凝、馬叙倫、郭沫若等十一人，徵詢意見。

十一月五日，中共中央致電華南分局、上海局，請他們邀李濟深、馬叙倫、司徒美堂諸位北上解放區，參加新政協籌備工作。

十一月廿三日，與郭沫若、翦伯贊、陳其尤、沙千里、許廣平、許寶駒、黄振聲等一行三十多人乘貨輪秘密離港，奔赴東北解放區。

郭沫若《北上紀行序》：『夜，由香港乘華中輪北上，同行者三十餘人。』（《郭沫若全集》『文學編』二卷）

周海嬰回憶：『這條船爲了安全總共纔上三十幾個人，除了我們母子倆，有郭沫若、馬叙倫、馮裕芳，致公黨的陳其尤，經濟學家沈志遠，民主人士丘哲、朱明生，民革的許寶駒，史學家翦伯贊、侯外廬，法學家沙千里等。同船的還有一位黄振聲，是國統區學生代表，在東北一次大會上還發過言。中共領導連貫、宦鄉、胡繩和幾個不相識的幹部也跟我們同船北上。』（《魯迅與我七十年》，南海出版公司二〇〇一年版，二一六至二一七頁）

十一月廿四日，郭沫若在船上飲酒賦詩，并與同行者組織《波浪壁報》，以俾傳閲。

（《北上紀行序》，《郭沫若全集》『文學編』二卷）

周海嬰回憶：『次日，天尚未大亮，我就起床上了甲板。看到海員在忙碌著清洗甲板，我占了會些廣東話的便宜，詢問現在船到了哪裏，船員告訴我正在向東駛去，時速大約十至十二海里。這是一條千噸級的小海輪，屬於香港船東，挂著葡萄牙國旗，要經過臺灣海峽，目的地説是北方，旁的就説不清了。近年有些回憶護送民主人士北上的文章，對這條船所懸旗幟説法不一，有講是挪威國旗的，但我以爲是葡萄牙旗幟無疑。因爲當時在船上，連貫、宧鄉兩位就告訴我過，爲了懸挂這幅旗幟，所付代價相等於租一趟船的費用，我曾爲此十分吃驚，故而至今仍印象深刻。由於這是一條混裝船，没有正規客房，僅有少量幾間艙房，原是大副、水手長的卧室，臨時讓出來，照顧郭沫若、馬叙倫、馮裕芳等幾位長者。多數人睡統艙，男女分開。睡艙裹又暗又狹，不適宜聊天。頂層大廳是聚首談天之所，但只要風平浪静，大家都到兩邊甲板去漫步閒談。』（《魯迅與我七十年》，二一七至二一八頁）

十一月廿六日，撰五律兩章，以妻女未能隨行爲憾。當晚郭沫若和詩兩首勸慰。

十一月廿八日，途經哈爾濱，其間致函燕京大學教授嚴景耀，委託他代表民進赴華北解放區出席會議。

雷潔瓊回憶：『在歡慶解放的時候，我們接到民進負責人馬叙倫同志由哈爾濱來函，請我的愛人嚴景耀代表中國民主促進會去華北解放區，出席中共中央召開的民主黨派會議。不久，我們又接到人民解放軍四野先遣部隊負責人劉導生同志的通知，邀請我們訪問華北解放區。』（《難忘的回憶——紀念毛澤東同志一百周年誕辰》，《雷潔瓊文集》下册，八六四至八六五頁）

十二月三日晨，抵達安東（今丹東）附近的大王（爺）島，交際處負責人來迎接。『由於解放戰爭進展神速，暫時不用去哈爾濱了，可以直接前往瀋陽待命。』（周海嬰《魯迅與我七十年》，二二四頁）

十二月四日，在大王爺島，同行的連貫、宦鄉、翦伯贊等人轉道去大連。（《郭沫若年譜》中册，七五二頁）

十二月六日，抵瀋陽，下榻鐵路賓館。

十二月十一日，平津戰役開始。

十二月，與徐伯昕布置會員吴企堯利用租借外輪從事貿易的機會，陪送三位文化界人士經朝鮮轉赴東北解放區，同時帶去許多圖書的紙型，以支援解放區的出版事業。

本年，黄裳致函商務印書館張元濟，訪求馬著《讀書小記》。張元濟從福州分館調書到滬，回復略稱：『前承囑代訪商務印書館印行馬氏《讀書小記》，當查得福州分館尚有存書，即日調取來滬。昨經寄到，并已由敝館主管員函達，計荷查及。』（《涉園主人補記》，見《珠還記幸》，三聯書店一九八五年版，二六九頁）按，文章作者交代：『這裏所説的就是馬叙倫《讀書小記》卷六、卷七，薄薄的綫裝小册子。』黄裳在另一篇文章中透露求書緣起：『當時我想看馬叙倫的《讀書小記》卷六卷七，這綫裝小册子出版時正值抗戰初期，印數又少，找了許久找不到，只好寫一封信給張先生試試看。出乎意料的是一個星期以後就收到他的回信，并附來了那本書。』（《涉園主人》，收入《珠還記幸》，二五八頁）

一九四九年（中華民國卅八年己丑）　六十五歲

一月一日，蔣介石發表求和聲明。新華社播發毛澤東新年獻詞《將革命進行到底》。

一月十四日，毛澤東提出懲辦戰爭罪犯、廢除僞憲法等八項條件作爲和談基礎。

一月廿二日，與李濟深、沈鈞儒、郭沫若、譚平山、彭澤民、章伯鈞等五十五人聯名發表《對於時局的意見》，聲明支援毛澤東八項和平條件。

一月廿七日，出席東北各界歡迎民主黨派民主人士大會。即席口占，并書贈李初梨。其二：『喜氣横眉吉語多，已教美帝歎如何。高堂坐論抒長策，衆志成城致太和。正德正須新禮樂，厚生宜急利機梭。且從天半懸吾眼，五十年間清大河。』（《馬叙倫詩詞選》，一一五頁）并跋云：『一九四九年一月廿七日，東北各界歡迎民主黨派民主人士，余以赴政治協商會議與焉，即席口占。是日，初梨先生實任主席，因書以就正。馬叙倫時在瀋陽。』（孟鴻聲《至大至剛的學者書法家馬叙倫》，《民進會史資料選輯》第五輯，一三〇頁）

二月一日，人民解放軍開進北平。與李濟深、沈鈞儒、郭沫若、譚平山、彭澤民、章伯鈞、李錫九、蔡廷鍇、周建人、符定一、章乃器、李德全、胡愈之、沙千里、茅盾、朱學範、陳其尤、黄振聲、朱藴山、鄧初民等五十六位民主人士聯名致電毛澤東、朱德，祝賀平津解放，表示願意『竭力追隨』。

二月二日，毛澤東、朱德電覆李、沈、馬、郭、譚、彭、章等五十六人，表示歡迎，稱：『欲求人民解放鬥争獲得最後勝利，必須全國一切民主力量同德同心，再接再厲，爲真正民主的和平而奮鬥。諸先生長期爲民主事業而努力，現在到達解放區，必能使建設新中國的共同事業獲得迅速的成功。』（《毛澤東書信選集》，人民出版社一九八三年版，三一七至三一八頁）

二月三日，與王紹鏊、許廣平、沙千里、沈志遠、羅叔章等六理事代表上海人民團體聯合會發表《告上海同胞書》，呼籲他們粉碎蔣介石集團的和談陰謀，爲全部實現八項和平條件而奮鬥。

二月四日，領銜發表《告上海、北平、香港及各地本會同志書》。

二月五日，逛街購物，未見中意的瓷器。

隨行的周海嬰回憶：『由於瀋陽的治安很好，領導上允許大家分批出去逛逛商店。有一回我跟著郭老和馬老、侯外廬幾位先生去逛古玩店。進入裏面，似乎生意極其清淡。郭老的目標是青銅器，馬叙倫先生却熱衷於搜集「哥窯」之類古瓷。郭老那天買到「三鳳瓶」和「三龍筆洗」，欣喜之餘賦詩一首。馬老心目中想要的瓷器向來是稀罕物，據説他家藏的珍品不少，店裏的都選不中，只隨意買了點小玩意。而對於我這個小青年來説，却喜歡舊貨攤上的軍用舊望遠鏡，品質雖不高，價格却相當低廉。不想幾位老先生看到我買了這東西，覺得用來看演出倒很合用，差不多每個人都託我去買。』（《魯迅與我七十年》，二二八至二二九頁）

二月初，東北書店總店編輯部將《魯迅小説選》稿費二百九十四萬元送交許廣平。許廣平與周海嬰商量後，將支票送賓館交際處退還。隔日又將支票送交許廣平。許仍退還。王紹鏊得悉後反復動員，并説出馬叙倫的意見，勸許收下。

周海嬰回憶：『王説：「你們如果不接受，别人也不敢收取版税，豈不是影響了一大片？況且，你們在國統區不就是依靠出版書籍爲生的麼！」聽了這番話，母親便提出一個方案，可否代我們捐掉，比如某個文化部門、藝術學校等等。這時王先生説，馬老馬叙倫先生也建議許大姐收下這筆錢。這一來，母親就不能再説什麼了。母親只能先予接受，以後再做處置。』（《魯迅與我七十年》，二三六頁）

二月十四日，周恩來覆馬叙倫、許廣平信，託林伯渠轉交。

信曰：『彝老、景宋兩先生：得電逾月，尚未作覆。不能以忙碌求恕，惟嚮往之心，則無時或已。茲乘林伯渠同志出關迎迓之便，特致歉忱，并祝康健！周恩來。二月十四日。』（中共中央文獻研究室編《周恩來書信選集》，中央文獻出版社一九八八年版，四一五頁）

二月廿五日，由中共代表林伯渠陪同，與李濟深、沈鈞儒、郭沫若、許廣平一行三十五人乘『天津解放號』專列抵北平，受到董必武、林彪、羅榮桓、聶榮臻、薄一波、葉劍英、彭真等人迎接，下榻北京飯店。

周海嬰回憶：『列車將要抵達前門車站時，只見鐵路兩旁的屋頂，每隔十米都有持槍戰士守衛，可見安全保衛工作之嚴密。進站後，大家被直接送到北京飯店，也就是現在夾在新造的北京飯店中間的老樓。母親和我被安排住在三樓。』（《魯迅與我七十年》，二四四頁）

二月廿八日，在民進理事會上被推選爲總發言人。

同日，馬衡來訪。

馬衡日記二月廿八日：『下午訪郭沫若、洪淺哉、馬夷初於北京飯店，僅晤夷初，餘皆他出。』（施安昌、華寧釋注《馬衡日記》，紫禁城出版社二〇〇六年版，四七頁）按洪淺哉，即洪深。

二月，應沈雁冰之邀題字留念。

三月二日，應約赴馬衡家宴，同席郭沫若、洪深、徐悲鴻、田漢等。

馬衡日記三月二日：『至北京飯店，至第一道崗即受盤詰，幸洪深、履兒已在門口遥望，亟來解圍，同車回家。夷初已先在，悲鴻夫婦亦同時到門，沫若、田漢、安娥乘履兒車先發而後至，以彼等二時開會，遂即入座。沫若已止酒，田漢、洪深亦加節制，蓋恐醉後失言也。酒闌客散，稍事休息。』（《馬衡日記》，四七至四八頁）

三月十四日，出席座談北平解放後大學教育管理問題。

三月十八日，馬寅初、柳亞子、陳叔通、葉聖陶、宋雲彬一行抵達北平。與李維漢、葉劍英、沈鈞儒、郭沫若等至東站迎接。

宋雲彬北遊日記三月十八日：『十時許即抵北平東站，葉市長及李維漢、郭沫若、馬夷初、沈衡山等約二十餘人均在車站相候。』（宋雲彬《紅塵冷眼——一個文化名人筆下的中國三十年》，山西人民出版社二〇〇二年版，一一三頁）

三月二十日，就回應擁護世界和平大會問題在北京飯店與郭沫若、柳亞子、馬寅初、茅盾、張奚若、許德珩交換意見。（《人民日報》三月二十一日）

三月廿四日，與李濟深、沈鈞儒、章伯鈞、郭沫若等十三人聯名發表抗議英國迫害馬來亞華僑的聲明。（《東北日報》三月廿六日，轉引自《郭沫若年譜》中册，七六〇頁）

三月廿五日，中共中央、解放軍總部遷入北平，與各黨派人士前往西苑機場迎接，并陪同毛澤東、朱德閱兵。在陪同閱兵之後，賦七絕一組四章，其二道：『萬歲高呼毛澤東，與人衣食即春風。江南百姓皆昂首，何爲遲余解困窮。』（《陪毛主席朱總司令閱兵》，見《馬叙倫詩詞選》，一一五至一一六頁）晚，應毛之邀赴頤和園聚餐。

三月廿六日，出席中國學術工作者協會理事會。

同日，黃炎培邀爲《不熄的燈》作序。

黃炎培日記三月廿六日：『送《不熄的燈》於馬夷初，請作序。』（手稿照片見《黃炎培日記》第九卷一一四頁插圖，文字見第十卷二〇四頁）

三月廿八日，與黃炎培談程硯秋爲人。

黃炎培日記三月廿八日：『夜，歡送出國代表，在長安大戲院演京劇。一、《打漁殺家》，二、《法門寺》，三、《荒山淚》。第三曲程艷秋演得賣力，情節亦最動人。硯秋爲人，篤友誼，重氣節，夷初説。』（《黃炎培日記》第十卷，二〇五頁）按，出國代表，指出席巴黎和平大會代表郭沫若、馬寅初一行。

四月二日，民進在北京飯店舉行常務理事會，同意港九分會改組爲華南分會。同日，與柳亞子談『南社臨時雅集事』。

四月三日，與李濟深、沈鈞儒、章伯鈞、黃炎培諸人，應毛澤東之邀，前往香山雙清別墅，交談國共談判情況與會後方針。

黃炎培日記四月三日：『午後六時，應毛主席招，到其寓廬香山雙清別墅，同被邀者李濟琛（中國國民黨革命委員會主席）、沈鈞儒、章伯鈞（中國民主同盟常務委員）、馬叙倫

（中國民主促進會常務理事）、譚平山（中國國民黨三民主義同志聯合會常務委員）、彭澤民（中國農工民主黨中央監察委員會主席）、李章達（中國人民救國會中央執行委員）、蔡廷鍇（中國國民黨民主促進會代主席）、陳其尤（中國致公黨主席），我以民主建國會常務理事參加。毛主席報告：（一）《反對北大西洋公約聯合聲明稿》修正後正式通過發表，衆同意。（二）中共對國際大勢的看法與其應對方針，衆同意。（三）和談的經過文件與今後方針，決繼續討論。自此中共與各民主團體正式成立統一戰綫。夜一時散會。』（《黄炎培日記》第十卷，二〇七至二〇八頁）

四月四日，列名《各黨派反對北大西洋公約的聯合聲明》，謂將遵守孫中山先生遺囑，與蘇聯合作，向侵略戰爭的發動者作堅決鬥争。

四月十一日，黄炎培來取《不熄的燈》書稿。

黄炎培日記四月十一日：『向馬夷初處取回《不熄的燈》，全稿重檢一過。』四月十七日：『帶來的《不熄的燈》全稿已先後給馬夷初、孫起孟、陳叔通看過。今夜就起孟所標示的，一一重加修正。過十二時纔睡。』（《黄炎培日記》第十卷，二一二、二一四頁）

四月十六日，南社、新南社臨時雅集在中山公園舉行。

四月十八日，黄炎培來函，再次請馬爲《不熄的燈》作序。

黄炎培日記四月十八日：『訊馬夷初，附《不熄的燈》自序，約以十天爲期，序文交

卷。』（《黄炎培日記》第十卷，二一五頁）

四月十九日，夏鼐閲《我在六十歲以前》。

夏鼐日記一九四九年四月十九日：『星期二。閲馬叙倫《我在六十歲以前》（pp.一—一二六）。』

四月二十一日，于右任就未能北行復函解釋。（原函藏國家歷史博物館）

四月廿三日，南京解放。

四月廿八日，與黄炎培、沈鈞儒、譚平山一行登上西山，向李大釗烈士墓行祭告禮。

黄炎培日記四月二十八日：『今天爲吾老友李守常被害二十三周年紀念日。中共發起展墓，我偕沈衡山、章伯鈞、馬夷初、譚平山夫人孫蓀荃和劉清揚坐車至西山，繞過玉泉寺，至萬安公墓，先入靈堂小憩，至墓前展拜。林伯渠就墓前致詞。到頤和園會餐，分六席，我同席彭真、楊秀峰、范文瀾。餐畢，同舟湖遊。』（《黄炎培日記》第十卷，二二〇頁）

四月廿九日，向上海市民發表廣播講話，號召各階層人士協助解放軍，迎接上海解放。（《現代上海大事記》，一〇四五頁）

四月，《石屋續瀋》由上海建文書店初版，收録筆記九十五則。

五月一日，赴北平醫院探望陳叔通，遇馬衡。

馬衡日記五月一日：『下午訪絅伯。于北平醫院視叔通病，夷初在座，叔通已起床，惟眼尚黄耳。』（《馬衡日記》，五八頁）

五月中旬，應毛澤東之邀，就新政協籌備、經濟建設、外交和貿易問題交换意見。

五月廿七日，上海解放。

五月廿八日，中共中央政治局委員周恩來、林伯渠宴請民進在平理事，確定民進今後主要聯繫出版界和中小學教育人士。

五月廿九日，訪晤黄炎培。

黄炎培日記五月二十九日：『馬夷初來。』（《黄炎培日記》第十卷，二三四頁）

六月一日，任華北高等教育委員會常委。

六月六日，華北高等教育委員會于六國飯店舉行第一次會議，偕董必武、張奚若、馬寅初、郭沫若、周揚等四十二位委員與會，就大學學制、課程改革、私立大學管理、秋季招生等交换意見。（《人民日報》六月七日）

六月十日，應女婿壽墨卿之約赴中山公園上林春，與黄炎培等餐叙。

黄炎培日記六月十日：『壽墨卿招餐中山公園上林春，共馬夷初等暢談。』（《黄炎培日記》第十卷，二四〇頁）

六月十一日，代表民進參加新政協籌備會首次會議。

黄炎培日記六月十一日：『五時上香山毛主席所，會議新政協籌備問題，是爲第一次預備會，夜一時歸。出席者：一、毛澤東、周恩來（中共），二、李濟琛（民革），三、沈鈞儒、章伯鈞（民盟），四、黄炎培（民建），五、郭沫若（無黨派民主人士），六、馬叙倫（民主促進會），七、彭澤民（中國農工民主黨），八、（缺）（救國會），九、譚平山（三民主義同志會），十、蔡廷鍇（國民黨民主促進會），十一、陳其尤（致公黨），十二、朱德（中國人民解放軍），十三、李立三（中華全國總工會），十四、劉玉厚（解放區農民團體），十五、陳叔通（産業界民主人士），十六、沈雁冰（文化界民主人士），十七、張奚若（民主教授），十八、廖承志（中華全國民主青年聯合會），十九、蔡暢（中華全國民主婦女聯合會），二十、謝邦定（中華全國學生聯合會），二十一、周建人（人民團體聯合會），二十二、雲澤，内蒙（少數民族），二十三、陳嘉庚，南洋（華僑）。假議决。』（《黄炎培日記》第十卷，二四一頁）

六月十四日，應邀爲《光明日報》創刊題辭：『如日之升，如月之恒。《光明日報》出版之頌。一九四九．六．一四。馬叙倫。』（本書編輯小組編《光明日報四十年》，光明日報出版社一九八九年版，卷首）

六月十五日，下午新政協籌備會第一次全體會議在中南海勤政殿開幕。與王紹鏊、許廣平、林漢達四人代表民進參加籌備會。（《黄炎培日記》第十卷，二四三頁）

六月十六日，新政協籌備會第一次全體會議繼續舉行，被推選爲籌備會常務委員。并任新政協籌備會第一小組成員、第六小組組長，第一小組負責推定各單位出席新政協大會代表名額，第六小組負責擬定國旗國徽國歌方案。

黄炎培日記六月十六日：『午後三時半，新政協籌備會第二天大會，李濟深主席，通過組織條例九條，推選常務委員二十一人。常務委員會周恩來被推主席：（一）通過協商擬推之常委會主任毛澤東，副主任周恩來、李濟深、沈鈞儒、郭沫若、陳叔通。（二）修正通過代表參加小組的辦法。（三）通過小組組長、副組長，我被推第四小組（擬定中華人民民主共和國政府方案）副組長（組長董必武）。夜十一時歸。』（《黄炎培日記》第十卷，二四四頁）

六月十七日，新政協籌備會第一小組成立。組長李維漢，副組長章伯鈞，組員包括李濟深、沈鈞儒、黄炎培、馬寅初、馬叙倫、曾昭掄等廿二人，秘書于剛。

六月十八日，新政協籌備會第二、第三、第四、第五小組分别召開成立會或舉行第一次會議。

六月二十日，因病住院，黄炎培來訪。

黄炎培日記六月二十日：『視馬夷初病於德國醫院。』（《黄炎培日記》第十卷，二四五頁）

六月，至麻花胡同出席何香凝七十晋一祝壽宴會，共十二桌。

六月，受周恩來之託，電邀馬一浮出席新政協會議，馬一浮以爲是朋友間的私人邀請，未應允。（馬鏡泉、趙士世《馬一浮評傳》，百花洲文藝出版社一九九三年版，一三九頁）

七月四日下午，籌備會第六小組舉行成立會，決定設立國旗國徽圖案初選委員會、國歌辭譜初選委員會，公開徵求作品，八月二十日爲截止時間。會議由副組長葉劍英主持。

七月十一日，在北京飯店聚會，商討古物保管會組織問題。

馬衡日記七月十一日：『晚赴北京飯店開會，商討古物保管會組織。與會者爲馬夷初、郭沫若、鄭振鐸、王冶秋及余五人。商討結果，此會應屬中央，推振鐸草擬草案，俟將來中央成立後以備採用。』（《馬衡日記》，七二頁）

七月十四日，籌備會秘書處將《徵求國旗國徽圖案及國歌辭譜啓事》送交七家大報連續刊登。

七月十六日，中蘇友好協會發起人大會于中南海懷仁堂舉行，宋慶齡、劉少奇、周恩來、郭沫若等六百九十八位與會，選出馬在内的五十一人主席團。（《人民日報》七月十七日）

八月一日，列名致電毛澤東，表示要『日益增加革命性，減少派別性』。

八月十七日，新政協籌備會就代表名單登門訪問，徵求意見。

八月十八日，出席籌備會各單位首席代表座談會，商討參加代表名單。

八月廿一日，馬衡請客，同席陳叔通、邵力子、鄭振鐸、沈士遠、王述勤、王世襄諸人。

馬衡日記八月廿一日（星期）：『挈思猛遊中山公園，欲觀反特治安展覽會，會場擁擠不堪，乃放棄參觀，遊園一周而出。約叔通、力子、夷初、西諦、士遠、述勤、暢安父子等午

餐。由乙尊命小邵備菜一席，須減輕油量，客皆稱善。』（《馬衡日記》，七九頁）

八月廿五日，華北大學校長吴玉章致函毛澤東，請示如何著手文字改革。毛澤東轉致郭沫若、沈雁冰、馬叙倫，并附信囑予審議。

八月廿七日，新政協籌備會常委會第四次會議舉行，聽取董必武作中央人民政府組織法草擬經過的報告，會議討論修改，并推定由董必武、黄炎培、李立三、馬叙倫、張奚若組成五人小組，進一步專門研究有關問題，董必武爲召集人。（本書編纂組編《董必武年譜》，中央文獻出版社二〇〇七年版，三四一頁）

黄炎培日記八月二十七日：『續開第四次常務委員會，毛主席出席，仍是周恩來主席。初續討論修正《中華人民共和國中央人民政府組織法》，推五人爲文字上之修正，我亦與焉。李維漢傷假，林伯渠代。夜，餐於中南海。』（《黄炎培日記》第十卷，二七一頁）

八月廿八日，就文字改革問題，與郭沫若、茅盾聯名回函毛澤東，陳述兩條意見：一是主張走拼音文字的道路，認爲『拉丁化的研究者似應注其全力於北方話的拉丁化方案，使其更完備』，同時進行漢字的整理和簡化。二是建議成立專門的文字改革機構。（鄭林曦《郭老熱心文字改革的二三事》，原載《光明日報》一九七八年七月十五日，轉引自《郭沫若年譜》中册，七七三頁）

八月廿九日，毛澤東復函吴玉章，同時轉交郭、茅、馬三人回函，請他提出意見。

原函：『玉章同志：來信已悉。當付郭、茅、馬三先生審議，提出意見。現已接覆信，特附上，請予考慮，并請回答你對於他們的意見的贊成，或反對，或修改的意見。如果你同意的話，請付范文瀾、成仿吾、黎邵（劭）西三位一閱，或者座談一次，以集體意見見告爲盼！此致敬禮！毛澤東。八月二十九日。』（《毛澤東書信選集》，三三六頁）按，范文瀾、成仿吾，當時均爲華北大學副校長。黎劭西，名錦熙，時任北平師範大學校務委員會主席兼國文系主任。

八月三十日，五人小組討論修正《人民政府組織法》。

黄炎培日記八月三十日：『九時，人民政協籌備會常委會五人小組，董必武、張奚若、馬叙倫、李立三及我討論人民政府組織法文字上的修改，至午而畢，頗感滿意。』（《黄炎培日記》第十卷，二七二頁）

九月五日，文字改革協會發起人集會，主要討論馬叙倫、郭沫若、沈雁冰致毛澤東的回函。

葉聖陶日記九月五日（星期一）：『午後二時，至華北大學，開文字改革會第四次發起人會。吴玉章致書于毛氏，告以文字改革之意見。毛氏請馬夷老、沫若、雁冰三人審議之。三人以書覆毛氏，謂新文字當須研究，尚未至推行階段。研究以北方語之拉丁化爲主，顧及方言，徒亂統一之步驟。至於目前之急要者，爲審定若干簡體字，以便易識易寫。今日之會，即據此一書，大致無多更改。余猜此三人之書即代表毛氏之意見，蓋平正通達之道，非好高騖遠之論也。吴老本將于政協會議時提出議案，今日則謂此事殊可不必矣。會至七時散，一坐五小時，甚覺其疲。』（《葉聖陶集》第二十二卷，江蘇教育出版社二〇〇四年版，六二頁）

九月八日，爲陳萬里致馬衡介紹信，告知余紹宋病故。

馬衡日記九月八日：『陳萬里持夷初函來謁。據云余越園以白血症於月前作古。其於毛孔中隨處出血，亦奇癥也。』（《馬衡日記》，八三至八四頁）

九月十一日，中午，張元濟于歐美同學會宴請商務舊友，應邀出席，同席爲郭沫若、沈雁冰、沈鈞儒、馬寅初、黄炎培、陳叔通、葉聖陶、宋雲彬、鄭振鐸、胡愈之、周建人等，賓主凡十六人。

九月十五日，遷入新居，黄炎培來訪。

黄炎培日記九月十五日：『訪馬夷初、王却塵於其新居，後門辛寺胡同四號，視林漢達病。』（《黄炎培日記》第十卷，二七八頁）按，新居在鼓樓，兹後遷朝内大街大方家胡同六十號（前河北省主席于學忠公館）。

九月十六日，籌備會常委會第六次會議通過人民政協、人民政府組織法和共同綱領三個草案，國旗、國徽方案移交政協全體會議主席團決定。

九月十八日，華北人民政府、北平市人民政府等二十團體等宴請全體政協代表。

九月廿一日，中國人民政治協商會議第一屆全體會議開幕，任大會主席團常務委員。民進正式代表爲馬叙倫、許廣平、周建人、王紹鏊、梅達君、徐伯昕、林漢達、雷潔瓊八人，馬叙倫爲首席代表，候補代表嚴景耀。

九月廿二日，第二次大會。

葉聖陶日記九月廿二日（星期四）：『下午三時，至懷仁堂參加全體會議。林伯渠報告政協發起與籌備之經過。譚平山報告起草政協組織法經過。董必武報告起草政府組織法經過。周恩來報告起草共同綱領經過。六時半散。』（《葉聖陶集》第二十二卷，六六頁）

宋雲彬北京日記九月二十二日：『余名列在國旗、國徽、國都、紀年方案審查委員會，計李克農等五十五人，以馬叙倫爲組長，徐壽軒、彭光涵爲秘書。』（《紅塵冷眼》，一六四頁）

九月廿三日，第三次大會。

徐鑄成日記一九四九年九月廿三日（星期五）：『上午九時，赴六國飯店開小組會，商國都、國旗、年號等問題。關於國都，一致主張北平。年號則主張用西曆，均無異議。國旗應徵者二千九百餘件，經籌委會小組選出卅五種供大會採擇，一般意見，均傾向用第三第四號。第三號全紅地，左上角黄是三分之一處一黄條。第四號爲三分之二紅地，上面三分之一黄地，左角綴以紅星。蓋紅色代表革命，黄色象徵和平，紅星則代表中共的領導。余亦贊成第四號，以其簡單、莊嚴、美麗，而又無須詳細説明也。余不贊成一般所稱黄色代表黄種及黄河文化，蓋中國境内有許多少數民族并非黄種，且其文化與黄河無關，國旗應有一般性，否則流於偏狹之大漢族主義矣。下午三時，開第三次大會，主席爲馬寅初、張奚若、李德全、陳雲、烏蘭夫，有李濟深等十八人代表各該單位發表意見。』（徐時霖整理《徐鑄成日記》，三聯書店二〇一三年版，四四至四五頁）

葉聖陶日記九月廿三日（星期五）：『上午至北京飯店參加小組會，討論國旗、國都、紀年之問題。國旗係公開徵求，應徵者甚衆，選出三十餘幅，彩印分發與全體代表，於今日分組討論。余之一組之意見，多數贊同首數幅，即紅旗上綴以黄星，又加一條黄條紋者。黄條紋象徵黄河，示我國文化發源于黄河流域，爲我國之特徵。究竟採用何式，尚待綜合各組意見，反復詳究而後定。』（《葉聖陶集》第二十二卷，六六頁）

九月廿四日，出席第四次大會，并擔任執行主席。

竺可楨日記九月二十四日：『三點開第四次人民政治協商會議大會，主席團蔡廷鍇、史良、高崗、馬叙倫、陳嘉庚五人。今日發言者廿二人，計朱德、沈鈞儒、陳嘉庚、馬明方、邵力子、高崇民、彭澤民、劉英源、張雲逸、烏蘭夫、張難先、沙千里、梅蘭芳、陳其尤、陳瑾昆、鄧穎超、潘震亞、馮文彬、沙文漢、許德珩、連貫及謝邦定。謝代表學生聯合會，年只二十五。張難先年已七十五。今日演説中以勞動英雄代表劉英源及張難先最爲出色。散會已七點一刻，因二十二人演講外尚有三個插曲，即二人獻旗、新疆代表獻旗與衣冠及西北回

族獻旗。』(《竺可楨全集》第十一卷,五三二頁)

宋雲彬日記九月二十四日:『今日執行主席爲高崗、馬叙倫、蔡廷鍇、陳嘉庚、史良。繼續由單位代表作主要發言。』(《紅塵冷眼》,一六五頁)

九月廿五日,出席第五次大會,并代表民主促進會發言。

發言認爲:『中國人民政治協商會議的意義是有世界性的。』并特别指出:『在思想方面,我們應當注意所謂「民主個人主義」的思想,要是不把資本主義的民主主義思想加以澄清,這種思想就會殘留下來而阻礙了新中國的建設的。所以我們必須加緊學習馬列主義、毛澤東思想,并廣大推行這種教育,大家密切團結,改造自己,在新民主主義這一目標下,全心全意爲人民服務,使類似發生於匈牙利的國際大陰謀,在中國没有空子可鑽!』(民進中央宣傳部編《中國民主促進會四十年》,上海人民出版社一九八五年版,一九八頁)

竺可楨日記九月二十五日:『三點至中南海懷仁堂開五次大會,繼續各單位首席代表發表對於三文件之意見。今日講話者共二十人,計郭沫若、劉曉、賀龍、朱學範、陳明仁、薄一波、馬叙倫、張曄、鄧寶珊、孫蘭峰、蔣光鼐、黄紹竑、黄敬、朱俊欣、吴奇偉、李秀真、吴耀宗、錢昌照、周信芳。以農民團體女代表李秀真發言最爲率直。周信芳即麒麟童,説話如在(演)話劇。劉曉講得最長。陳明仁講反正經過最坦白。中間并穿插了蒙古代表及北京女子團體獻花。六點卅一分散。』(《竺可楨全集》第十一卷,五三三頁)

宋雲彬日記九月廿五日：『三時赴懷仁堂出席政協全體會議，發言者有郭沫若、劉曉、賀龍、朱學範、馬叙倫等二十人。其中以陳明仁言辭最誠摯，大可欽佩。錢昌照根據事實發議論，頗不空泛。若馬叙倫之流，大抵八股一套而已。』（《紅塵冷眼》，一六七頁）

徐盈《採訪首屆全國政協手記》：『九月二十五日下午三時，劉伯承主席。一、郭，二、劉曉，三、賀龍，四、朱學範，五、陳明仁，六、薄一波，七、劉格平，八、馬叙倫（反民主個人主義），九、張曄，十、鄧寶珊，十一、孫蘭峰（山東人，大聲喊毛主席萬歲），十二、蔣光鼐，十三、黄紹竑，十四、黄敬，十五、朱俊欣，十六、吴奇偉。』（《檔案與史學》一九九九年第五期，二八頁）

九月廿五日晚，毛澤東、周恩來于中南海豐澤園召集會議，協商國歌國旗問題。郭沫若、沈雁冰、黄炎培、陳嘉庚、張奚若、馬叙倫、田漢、徐悲鴻、李立三、洪深、艾青、馬寅初、梁思成、馬思聰、吕驥、賀綠汀等應邀出席。馬提議：『我們政府就要成立，而國歌根據目前情況一下子是製做不出來的，是否我們可暫時用《義勇軍進行曲》暫代國歌？』許多代表表示贊成，一部分代表提出需要修改歌詞。周恩來表示，就用原來的歌詞：『這樣纔能鼓動情感。修改後，唱起來就不會有那種情感。』毛澤東拍板同意。

九月廿六日，大會休會，應周恩來、林伯渠之邀，赴六國飯店午宴。張元濟居首座，同席何香凝、何燮侯、黄炎培、陳叔通、沈鈞儒、馬寅初、沙彦楷等。周起立説明奉毛澤東之命，就國名問題提案於中華人民共和國名稱下加括弧簡稱中華民國事，特約諸長老至此討論。（中略）最後沈鈞儒説，删去四字，亦無忽視辛亥革命之意。周恩來即取沈説作爲結論。（張元濟《赴會日記》）

黄炎培日記九月二十六日：『午，周恩來、林伯渠邀餐六國飯店，會集徵求人民政協文件中中華人民共和國一名詞下應否去掉原稿簡稱中華民國一個括弧。』（《黄炎培日記》第十卷，二八二頁）

下午，主持國旗國徽國歌國都紀年方案審查委員會（第六小組更名）會議，就此審議作出五項決定。

宋雲彬日記九月二十六日：『三時，出席國旗國徽國歌國都紀年方案審查委員會會議（在北京飯店東餐廳），召集人馬叙倫報告，國旗經第六小組再三研討，認爲覆字第三十二號最爲可取。余首先起立發言，除表示贊同第六小組之決議外，指出上星期五分組商討時，第六小組推薦覆字第三號及第四號之圖案，先予人一種暗示，實爲不妥。審查會決定以下五項：（略）五時許散會。』（《紅塵冷眼》，一六八頁）

九月廿七日，出席第六次大會，并代表國都國旗國歌紀年方案審查委員會作報告。

竺可楨日記九月二十七日：『三點至中南海懷仁堂開第六次大會。今日發言贊助三歷史文件者，又有二十五人，計有黄琪翔、李任仁、工人范小鳳、林礪儒、羅隆基、李承幹、劉清揚、張學思，及高麗、彝族、苗族、藏族、回、黎、高山族七個代表等，講畢已七點。開始討論國都、國旗、紀元、國歌。由方案審查委員會召集人馬叙倫作一報告後，國都決定在北平，改名北京。紀元改用西曆，今年爲一九四九年，用陰曆及民國年號者聽之。國歌暫以《義勇軍進行曲》代，國旗用五星紅旗，均無討論通過。并通過《中華人民共和國中央人民（政府）組織法》及《中國人民政治協商會議組織法》兩個草案，散會已九點半矣。國旗用五星紅旗係審查委員會意見，前次在小組會議討論時注重於第三、第四兩個圖案，而并未提到五星紅旗，今日驟然提出，實無餘暇再行討論矣，故余在投票時棄權。』（《竺可楨全集》第十一卷，五三四至五三五頁）

徐盈《採訪首屆全國政協手記》：『九月二十七日董必武報告十四分鐘。楊衛玉提出：「化學工業部改食品工業，因爲私營化學工業更大，乃將化工改到重工業或輕工業部去。有提問的没有？」馬叙老問：「其他金屬生産何屬？」（中略）馬叙倫：「收集三千件國旗，五百—六百首國歌。」主席提議一一決定：一、改北京，九時〇一分。九時〇四分主席宣布即改北京。二、西元。三、國歌。四、國旗。邵力子説「小星」的「小」字取消。梁思成説不要「小星」之名。李燭塵説不要「小星」。章元善説「小五角星」。』（《檔案與史學》一九九九年第五期，三〇至三一頁）

葉聖陶日記九月廿七日（星期二）：『下午三點，仍至懷仁堂開大會。國旗，決用五星紅旗。五星一大四小，均在四分之一之部分內。四星集向大星，確比前次小組討論者爲好看。至於國名，兩個文件内皆明書「中華人民共和國」，大家不贊同用「中華民國」爲簡稱，以「中華民國」與「中華人民共和國」絶非同物也。』（《葉聖陶集》第二十二卷，六七頁）

九月二十八日，大會休會一日。

九月廿九日，第七次大會。

竺可楨日記九月二十九日：『三點至中南海懷仁堂開第七次會議，周恩來報告後通過《中國人民政治協商會議共同綱領》，定人民政府主席一人，副主席人數爲六人，委員爲五十六人。五點休息後，討論提案，計有郭沫若等所提出向聯合國去電聲明中華人民共和國成立，不得再以國民政府代表出席，及向人民解放軍致慰問各案，五點三刻散。』（《竺可楨全集》第十一卷，五三六頁）

九月三十日，舉行第八次大會，通過《中國人民政治協商會議組織法》《中華人民共和國中央人民政府組織法》《中國人民政治協商會議共同綱領》等文件，通過關於中華人民共和國國都、紀年、國歌、國旗的議案，選舉全國政協委員會與中央人民政府委員會。會議閉幕。當選全國政協委員、中央人民政府委員會委員。

徐盈《採訪首届全國政協手記》：『七時三十分開會。二八八以上的當選。毛澤東五七五票，朱德五七六票，劉少奇五七五票，宋慶齡五七六票，李濟深五六二票，張瀾五六〇

票，高崗五六八票，陳毅五七六票。（以下略）每人都年輕了二十年。』（《檔案與史學》一九九九年第五期，三三頁）

葉聖陶日記九月三十日（星期五）：『下午仍至懷仁堂開會。先選舉全國委員，以候選人一百八十人之整個名單一次舉手通過。尚留空額十八名，俟將來需要時再補。次選正副主席及政府委員，係無記名投票。』（《葉聖陶集》第二十二卷，六九頁）

十月一日，中央人民政府委員會主席、副主席、全體委員宣布就職，選舉林伯渠爲秘書長，任命周恩來爲政務院總理。出席開國典禮。

竺可楨日記十月一日：『三點典禮開始，主席及六位副主席朱德、劉少奇、宋慶齡、李濟深、張瀾、高崗及五十六位政府委員就位，奏《義勇軍進行曲》。毛主席宣布中華人民共和國中央人民政府成立。升國旗，奏國歌，鳴炮，宣讀中央人民政府公告。接下是閱兵。自三：三五直至六點始畢。然後各機關、學校喊口號，依次散。』（《竺可楨全集》第十一卷，五三七頁）

十月四日，教育組小組會議。

竺可楨日記十月四日：『午後二點開教育組小組會議，除教育組人民政協代表外，黄任之亦出席。緣前次教育工作者代表大會籌備會所舉之常務委員主席爲董必武，副主席爲馬叙倫、黄任之，秘書長錢俊瑞，副張宗麟、孫企瑞，幹事吴一聲，而陳鶴琴、俞慶棠均爲常委，今日董、錢均未能到會，由任之主席，鶴琴報告籌備經過。決定教育組開三次座談會。（中略）討論至五點散。』（《竺可楨全集》第十一卷，五三七頁）

十月五日，致函毛澤東請假：『主席：叙倫于昨晨復發貧血症，頭目昏眩，未能起床。特此請假四日，藉便休養，至祈核許。此致敬禮。中央人民政府委員會委員馬叙倫。』毛澤東在請假信上批：『請林老去看馬先生一次，要他静養。會議暫不要邀他。毛澤東。十月五日。』按，林老，即林伯渠。

同日，毛澤東回函：『夷初先生：聞病甚念。務請安心休養，不限時日，病癒再工作。有何需要，請隨時示知。敬祝早日恢復健康！ 毛澤東。十月五日。』（中央檔案館編《毛澤東手書選集》第四卷，北京出版社一九九三年版，第二三頁）

十月八日，廣州『行政院』開會，決定『通緝』中國人民政治協商會議主席團和中央人民政府委員會成員，馬在兩份名單之内。（包天笑《一九四九年日記》，見《釧影樓回憶録續編》，一九七三年香港版，附録）

同日，竺可楨從馬寅初處獲悉，馬將出長教育部。

竺可楨日記十月八日（星期六）：『八點三刻偕邦華至北京飯店二〇七號晤馬寅初，託以邵裴子事。據寅初云：（略）又謂四委員會及卅部之主持人物之所以遲遲不發表，皆由小黨派之各欲占一席。文化教育大概是郭沫若，以錢俊瑞副之。馬夷初爲教育部部長。』

（《竺可楨全集》第十一卷，五四二頁）按，邦華，即蔡邦華，昆蟲學家。

十月九日，全國政協一屆一次會議，因病請假。會上許廣平轉達馬關於確定十月一日爲共和國國慶日的提議。毛澤東表示，交中央人民政府委員會討論决定。當選政協全國委員會常務委員。

黄炎培日記十月九日：『午後三時，勤政殿人民政協全國委員會第一次會議，互推毛澤東爲主席，副主席五人，常務委員二十八人，我在其内，李維漢爲秘書長。』（《黄炎培日記》第十卷，二八八頁）

徐鑄成日記一九四九年十月十日：『今日本謂「雙十節」，昨日林伯渠秘書長談話，謂辛亥革命之成果，已被袁世凱破壞，「雙十節」可以懸旗，但不應再以國慶日紀念，新的國慶日將由政府規定。昨日下午政協全國委員會馬叙倫遂提議，請以十月一日爲國慶日，全場通過，向人民政府委員會建議，故今日京中無任何舉動。』（徐時霖整理《徐鑄成日記》，三聯書店二〇一三年版，六〇至六一頁）

十月十二日，竺可楨獲悉，教育部定馬叙倫、錢俊瑞主持。

竺可楨日記十月十二日（星期三）：『上午方與彦來。方爲東大教育系畢業生，隨陶行知辦曉莊多年，現在宣傳部任事。渠則謂教育部已定馬夷初、錢俊瑞。錢欲余來主持高教工作，余謂張宗麟甚相宜，但張任秘書，事已極忙，余告以高教事余不願幹。』（《竺可楨全集》

第十一卷，五四五頁）

十月十五日，全國政協假北京飯店舉行座談會，討論政府機構人事問題。

竺可楨日記十月十六日（星期日）：『梁叔五來，謂昨日全國委員會開會，已將政務院各部部長、副部長發表。計林墾部部長爲梁希；農業部李書城，副吴覺農；重工業部陳雲；輕工業部黄任之；財政部薄一波；司法部史良；衛生部李德全，副賀誠；教育馬夷初，副錢俊瑞、韋慤；科學院正郭沫若，副李仲揆、陶孟和及余，辦公廳主任嚴濟慈，副丁瓚、惲子强；文化部郭沫若，副周揚、丁西林。』（《竺可楨全集》第十一卷，五四八頁）按，文化部部長爲沈雁冰。

十月十七日，出席文化教育委員會會議。會前拜訪黄炎培。

竺可楨日記十月十七日（星期一）：『晚膳後七點開文教會，到馬夷初、李德全、陸定一、沈雁冰、郭沫若、丁瓚、賀誠、錢俊瑞、周揚、陽翰笙、陳伯達等。討論教育文化委員會名單，除原有三十人外，又加許德珩、錢三强、雷潔瓊、沈體蘭、吴玉章、趙樹理、艾思奇等十餘人。』（《竺可楨全集》第十一卷，五四九頁）

黄炎培日記十月十七日：『馬夷初來談。』（《黄炎培日記》第十卷，二九一頁）

十月十八日，出席座談會，建議增補許廣平爲政務院副秘書長。

黄炎培日記十月十八日：『七時半，北京飯店座談會，再討論修正各機構名單，微有不大方的表示：（一）馬叙倫要求添一個政務院副秘書長，以許廣平推薦。（二）致公黨陳其尤以副部長太低，不肯受。（三）吴羹梅原是財經委員，暗中進行之結果，改爲私營企業局副局長，而去掉委員。章乃器要我向周恩來請求，准其兼任委員。……然此類事還不算多。十二時半始歸。』（《黄炎培日記》第十卷，二九一頁）

十月十七日，在華北區及京津兩市專科以上院校負責人聯席會議上講話。

十月十九日，在中央人民政府委員會第三次會議上，被任命爲政務院政務委員、文化教育委員會副主任、教育部部長，文化教育委員會主任係政務院副總理郭沫若兼。

十月二十日，就民進如何適應新形勢，與許廣平、周建人、徐伯昕、嚴景耀、雷潔瓊、馮賓符、葛志成等理事交换意見，初步擬定總分會的理事全部以個人名義參加民盟，整個團體的前途待定期的會員大會召開時討論决定。

十月廿一日，文化教育委員會在華文學校舉行成立會，負責聯繫文化、教育、衛生三部，新聞總署、出版總署和宗教事務委員會等方面的工作。

竺可楨日記十月二十一日（星期五）：『拾點回華文學校，開中央文化教育委員會成立大會。到四十人，郭沫若主席，四副主席陳伯達、馬夷初、陸定一、沈雁冰均到。委員到者周揚、丁巽甫、錢俊瑞、李德全、賀誠、蘇井觀、（陶）孟和、胡喬木、胡愈之、徐特立、費孝通、吴晗、劉清揚、潘光旦、符定一、沈志遠、陳巳生、沈兹九、謝邦定、歐陽予倩、丁玲、田漢、陽翰笙、錢三强、江問漁、李步青、翦伯贊、錢端升、雷潔瓊、沈體蘭等。郭沫若首先報告開會宗旨，謂文教委員會已派定胡喬木爲秘書長，陽翰笙、馮乃超爲副，辦公地點華文學校，電話四二〇三三。次副部長周揚報告文化部，謂擬設藝術（周自兼）、電影戲劇改良會（田漢）、科學局（巽甫）、文物局（鄭振鐸）、對外文化聯絡局（蕭三、洪深）六部。次教育部馬夷初報告，謂部中將設高等司（副張宗麟）、中等司（林礪儒）、初等司（吴研因）、社會司（俞慶棠）及研究指導處（柳湜），另設高等教育委員會。次衛生部蘇井觀報告。（略）次丁瓚報告科學院。（略）次胡喬木報告新聞總署。（略）次胡愈之報告出版總署。（略）最後陽翰笙報告文教會本身，謂將有人事處（馮乃超、王文元）、審計處（陳炳章）、秘書處（何哲向），將用二百餘人，現只二十餘人而已。另設計劃委員會，有專任委員三至五人，兼任委員九人云云。中膳後繼續討論，指定宣傳《共同綱領》委員會十五人，計沈雁冰、陳伯達、胡喬木、胡愈之、周揚、沈志遠等。三點半散。』（《竺可楨全集》第十一卷，五五二頁）

十月二十四日，在首都人民體育大會閉幕式上講話。

十一月一日，教育部舉行成立典禮。錢俊瑞（兼黨組書記）、韋慤任副部長。辦公處設西單大木倉中國大學舊址。

十一月二日，文教委員會首次工作會議，缺席。

葉聖陶日記十一月二日（星期三）：『飯後二時，至文教委員會開首次工作會議。文教委員會有兩種會議，一爲全體委員會議，一爲工作會議。工作會議由主任、副主任、辦公廳主任及所屬部院之正副長組成之。文教會之主任爲沫若。副主任有數人，今日到者爲陸定一與陳伯達。辦公廳主任爲喬木。餘則文化部副部長周揚，教育部副部長錢俊瑞，衛生部部長李德全及副部長某君，科學院院長沫若，新聞總署喬木與范長江、薩空了三人，出版總署愈之、喬峰與余三人。討論者爲各機構之組織系統代表及局級人選。在工作會議通過，然後送交國（政）務院，由政府委員會批准。六時半散。』（《葉聖陶集》第二十二卷，七九頁）

按喬峰，即周建人，時任出版總署副署長。

十一月十八日，政務院第六次政務會議。

黄炎培日記十一月十八日：『三時，政務院第六次政務會議。陳雲副總理關於物價問題報告。董必武副總理指導接收工作委員會報告。（中略）教育部提請批准李達爲湖南大學校長。』（《黄炎培日記》第十卷，三〇二頁）

十二月一日，應黄海化工研究社李燭塵、孫學悟之約，赴王府井九街敦厚里七號午宴。同席陳叔通、吴玉章、郭沫若、竺可楨、陶孟和等。

竺可楨日記十二月一日（星期四）：『十二點到王府井大街敦厚里七號梁宅。係一著名飲食所。今日黄海李燭塵及孫學悟請客，到陳叔通、馬夷初、吴玉章、郭沫若、孟和、樹人及王星賢等。菜極豐富，有哈時馬、鮑魚、全鴨、鱖魚、蝦球、杏佛湯。余吃紹興酒僅三杯，但膳後覺極不適，未幾滿頭大汗，始覺舒適。余把脉，覺脉極緩。膳後李燭塵提方嘉園一號房屋事，李以爲科學院要此屋，實則法院批示吴憲盜賣公産以後，勞工部欲占此屋也。郭沫若以爲此事應由吴憲出面上訴，而不應由黄海出面，但黄海則以爲無故將其房屋充公，故應由黄海起訴。一點散。』（《竺可楨全集》第十一卷，五七九頁）按，王星賢，名培德，係馬一浮弟子，曾任復性書院編校。

晚，應毛澤東之邀出席中南海頤年堂宴會，同席張瀾、李濟深、沈鈞儒、黄炎培、章伯鈞、茅盾、郭沫若、朱德、周恩來、林伯渠等十六人，商議毛澤東赴莫斯科訂約事宜。

黄炎培日記十二月一日：『夜，毛主席招餐頤年堂，商某要事。被邀者：張表方、李任潮、沈衡山、陳叔通、馬寅初、章伯鈞、沈雁冰、蔡廷鍇、郭沫若、馬夷初、譚平山、朱德、周恩來、林伯渠。連我及主人共十六人。十時半散。』作者補充：『某要事，即毛主席赴莫斯科訂約事。』（《黄炎培日記》第十卷，三〇七頁）

十二月二日，中央人民政府委員會第四次會議通過《關於中華人民共和國國慶日的決定》。

十二月四日深夜，教育部社會教育司司長俞慶棠因腦瘀血逝世，終年五十二歲。

十二月五日，赴中南海春藕齋，聽取華東、華中、東北三軍政委員會負責人饒漱石、鄧子恢、李富春報告三區文教工作。

竺可楨日記十二月五日(星期一):『十一點偕孟和、惲子强二人乘車至中南海居仁堂對門之春藕齋聽取華東、華中、東北三軍政委員會負責人饒漱石、鄧子恢、李富春三人報告三區之文教。到文教會郭沫若、馬夷初、賀誠、胡喬木、胡愈之、范長江、邵荃麟、周建人、葉聖陶、陸定一、錢俊瑞等。饒報告華東實際、上海情形,述及安徽大學合併于南京大學及安徽學院,因而發生八十教授簽名反對,而學生又要合併于南大之事。謂上海教育界之待遇將提高。謂土地改革影響富農,大學中有一部分學生將受影響不能上學,故下年預算教育費必須增加。過去有若干城市中之改革,如取締銀行,均求援于學生,如何解決土地改革而使大學學生不減少成爲問題。衛生方面辦有短期醫科大學。在春藕齋旁膳廳中膳後,改至陸定一處談話,因春藕齋屋大而冷也。鄧子恢報告華中情况,漢口情形與上海相似,中心工作在於訓練幹部,電影如《清宫秘史》《蝴蝶夢》等通行一時。次李富春報告東北狀况,小學生人數太多,房屋不敷用,因之日夜輪流及一星期内輪班上課,一個學校當四個用。明年度教育經費:大學廿萬噸糧食,中學廿五萬噸,衛生十萬噸,文化七萬噸,小學占鄉村經費百分之十以上。東北總部六十二萬噸糧食,按東北預算爲一百二十一億斤即八百萬噸計算,教育經費占百分之九也。四點散。』(《竺可楨全集》第十一卷,五八三頁)

十二月六日,送别俞慶棠。

黄炎培日記十二月六日:『一時到教育部,送俞慶棠殯。』(《黄炎培日記》第十卷,三〇九頁)

十二月七日，文教委員會舉行第二次委務會議。

竺可楨日記十二月七日：『午後二點偕孟和、惲子强至文教會開工作會議，改名委務會議，郭沫若主席。首由邵荃麟報告本月内文教會所將召集之會議，計有教育工作會議、留學生事務會議、春節文化活動會議、電化教育會議、全國報紙經理會議、編譯出版會議等，其中惟編譯出版會議與科學院有關。次討論《共同綱領》。（略）次討論預算，胡喬木報告，謂文教會預算除華東、華中南、西北、西南四區而外，文化教育經費共爲二十四億六千萬斤小米，其中東北地區七億九千二百萬，全國中小學八億四千萬斤，而中央文教事業則爲八億三千八百萬斤，較之原定五億四千萬增三億，其中尚須減去尾數三千八百萬斤。最後討論電影行政會議的報告。（略）六點散。』（《竺可楨全集》第十一卷，五八四頁）

十二月十五日，教育部舉行俞慶棠追悼會，郭沫若、黄炎培、沈雁冰、鄧穎超、張志讓、李德全、胡愈之、茅以升、許廣平、雷潔瓊等出席。上海《文匯報》《解放日報》出版追悼俞慶棠專刊。

十二月十七日，與徐特立出席北大校慶五十一周年紀念集會，并發表講話。

徐特立演講：『北大是一個有偉大歷史意義的學校，今天五十一周年紀念日值得紀念的，并不是它的前二十年，而是五四運動以來的後三十一周年，因爲今天新民主主義革命成功是從五四運動開始的。』馬接著演講，一是强調『時間是不可分割的』，一是稱校慶『正像我們自己的生日』，『單就生日來説，平常得很，没有什麽值得紀念的』。

十二月二十日，在民盟一届四中全會上被增選爲盟中央委員。

黄炎培日記十二月二十日：『九時到教育部，出席全國教育工作人員會議籌備會。二時半，民盟四中全會閉會，我講話一小時半。』（《黄炎培日記》第十卷，三一二頁）

十二月廿三日至卅一日，主持第一届全國教育工作會議，并作報告。

竺可楨日記十二月二十三日（星期五）：『上午九點至西單中國大學舊址教育部開會。今日係第一届全國教育工作會議，到會者有東北、華北、華東、西北、華中南等單位教育工作人員，以及京、津、滬各市代表，計有上海唐守愚，南京徐平羽，東北車向忱、董純才，蘇南劉季平，中南潘梓年。教部辦公廳主任劉愷風、葛志成等招待。首由主席馬叙倫報告，説明此次爲新中國誕生後第一次全國教育工作會議。次郭沫若演説，謂一九五〇年計劃要肅清反動思想，以蘇聯幫助養成大量幹部。次黄任之演説，謂從一九〇三年起從事教育工作，到如今纔發見了人，認識了人，要發現天才，從陶行知理論方向走，設法減少近視云云。徐特立報告過去艱苦奮鬥經過，單讀馬克思書是教條主義，要從體驗中來。陸定一説東北要大量教員，中學明年要一千五百，小學二萬個，冶煉方面要六百六十個專家。并提出四項工作：一是速成農工中學，訓練農工子弟，於短期内可進大學；二是訓練師資；三是檢討過去教材；四是新區教育的改進。次余演講，述科學院工作之緩慢，余來會是學習，科學院與教育部應有聯繫。最後胡愈之講出版總署明年度計劃：明年暑後可出文史中小學全套。農工通俗讀物將爲明年中心工作。大學教科書將大量翻譯蘇聯書籍。與蘇聯外事局訂立合同，進口蘇聯英譯、中譯書籍，國際書店有此任務，明年擬印二千多萬册，約一千種。最後學聯何君講話。十二點半中膳。膳後葉企孫、湯用彤來開會。三點繼續開會，聽錢俊瑞報告一九五〇年上半年中央教育部工作，謂將開高等、中等、初等等各項專家會議，創辦中央人民大學，收模範工人、勞動英雄，大學二至四年，七八年中造就八萬人。』（《竺可楨全集》第十一卷，五九六頁）

黄炎培日記十二月二十三日：『九時，教育部教育工作者會議開幕。我致詞：發見了人，認識了人，怎樣説明人？」』（《黄炎培日記》第十卷，三一三頁）

十二月廿七日，在民盟一届五中全會上當選爲盟中央政治局委員、中央常委。

黄炎培日記十二月二十七日：『夜，民盟五中全會（新補充選舉之結果）北京飯店開會。選定副主席沈鈞儒，常務委員二十七人，我與焉，新加盟之馬叙倫、許廣平（原民促）與焉。中央政治局委員十人，我與焉，馬亦與焉。秘書處主任章伯鈞，組織委員會主任周新民，宣傳羅隆基，財務周鯨文，婦女許廣平，文教張東蓀，工商沙千里，海外彭澤民，聯絡史良。先是四中全會糾紛甚大，今乃得此圓滿結果。』（《黄炎培日記》第十卷，三一四至三一五頁）

十二月，吴研因就任教育部初等教育司司長。

顧頡剛日記一九七五年七月卅一號（六月廿三，星期四）：『吴研因，江陰人，早年爲中華書局編輯小學教科書，其第一課爲「大狗叫，小狗跳」，各家長見之大嘩，以爲失去教育意義，其實有意提倡白話文，爲教育界起一革命也。予年三十，入商務印書館編輯中小學國語教科書，時渠已將第一册編訖，予乃與葉聖陶、周予同等自第二册編起。彼時渠與某女士戀愛，率之赴南洋菲律賓，及抗日戰争中歸國，遂爲教育部羅致爲初等教育司長，予在重慶時常見之。解放後渠入京，馬叙倫爲教育部長，仍延之任原職，故渠于小學教育延續一生。是後我與彼同任政協委員及民主促進會中央委員，見面時多，知其興趣已轉向舊體詩，著有《鳳吹》一集，託汪東爲之選定。』（《顧頡剛日記》第十一卷，三八五頁）

年底，政務院文教委員會召集十五家單位組成辦理留學生回國事務委員會，統籌回國留學生招待及介紹工作、學習，以及對在外留學生的調查、宣傳、接濟等工作，馬兼主任委員。（新華社北京電《20 世紀 50 年代大批留學生回國》，《人民日報》二〇〇九年九月四日）

本年，爲胡山源寫推薦信。

胡山源回憶（一九七四年十一月五日）：『一九四九年春，上海解放不久，我因鄙薄陳高鏞的爲人，退還中國新聞專科學校的聘書，一時没有教書。有個朋友與馬叙倫熟識，并説他是個好好先生，樂於成人之美，便自動地向他爲我討得一張「八行」，薦往某大學任教。我將他的信寄給某大學，以爲或者會有回音，結果是石沉大海，一無消息。朋友怪我，爲什麽不到某大學去跑一趟呢！并説：「現在三顧茅廬的事是不會有的了！」信雖没有發生作用，但我對馬確實很感激，因爲他不認識我，我在他的面前，又只是一個後生小子，他却會聽從我那朋友的請託，爲我作曹邱，他實在是對我有好意的。』（《文壇管窺——和我有過來往的文人》，上海古籍出版社二〇〇〇年版，二〇八頁）

約本年，介紹杭州高級中學原校長、前國大代表方豪入華北革命大學政治研究院學習，畢業後方豪分配到杭州惠蘭中學任教員，直至一九五五年二月病逝。

一九五〇年　六十六歲

一月十一日，應文匯報社之邀出席赴宴。

黄裳《『磁力』漫憶——懷念夏公》：『從一九五〇年元旦起，我在北京住了整整一個月。我的工作是爲報紙組稿，并採訪各方面人士。可舉一月十一日報社在玉華臺請客一事爲例。那次午宴出席者有葉聖陶、馬叙倫、吴晗、羅隆基、邵力子、錢端升、費青、老舍、羅常培、馮至、聞家駟、許德珩、向達、宦鄉、樊弘、曾昭掄等。』（《隨筆》二〇〇六年第五期，一三六頁）

一月十五日，偕周恩來、黄炎培、郭沫若、陸定一等參加俞慶棠追悼大會。

黄炎培日記一月十五日：『接梁漱溟來家長談，九時至下午一時半。同至教育部，俞慶棠追悼會，我致悼詞。』（《黄炎培日記》第十一卷，六頁）

一月上旬，與吴有訓面商工作安排。

竺可楨日記一九五〇年一月十七日（星期二）：『十點開會，余報告星期日在寓中與正之、企孫等談話之結果，謂吴正之已允就近代物理研究所所長兼計劃局事，惟華東方面要其任文化教育部部長兼交大校長，馬叙倫曾爲此事面洽正之。郭謂華東方面誠有意留之，但最重要者尚有正之個人意旨，如堅欲辭去，未始不可云。』（《竺可楨日記》第三卷，科學出版社一九八九年版，一一頁）

一月廿一日，出席文教委會議，郭沫若報告一九五〇年工作計劃。

竺可楨日記一月廿一日（星期六）：『三點，至東四頭條五號文教委員會，到主任郭，副馬、陸、沈，秘書長胡及馮乃超、陽翰笙。（中略）郭將一九五〇年計劃叙述一遍，計一小時十一分鐘。次余報告各方面合作之具體問題，如教育部屬下各大學之訓練人才（中略）等等。』（《竺可楨日記》第三卷，一三頁）

一月廿三日，中央統戰部獲悉，民主促進會中央理事會曾於一九四九年十月廿三日（當爲二十日）開會，决定該會結束，部分會員要併入民盟，但民盟内部尚有不同意見。『部領導聞訊後，即由李維漢部長約該會領導馬叙倫談話，竭力勸阻他們不要結束民進，馬叙倫同志再做工作。』（陳益群《解放初民進曾醖釀自行解散》，《民進會史資料選輯》第五輯，二〇一〇年版，二四頁）

陳益群《柯靈回憶民進成立初期的活動》：『李維漢請吃飯。接著周總理又請了馬老、王却老、周建老、許大姐等吃飯，我也參加了。周總理向大家徵求意見，王却老提出民主黨派活動没有經費。周總理説，現在民主黨派還應該繼續存在，還需要民主黨派活動，民主黨派經費不成問題。這是一次很重要的會。』（《民進口述會史資料選輯》第一輯，二二頁）

一月，應章太炎夫人湯國梨之託，與最高人民法院院長沈鈞儒聯名致函浙江省人民政府主席譚震林，要求免徵西湖章太炎墓地地價税。譚震林回復稱可酌情照顧。

夏承燾日記三月十一日：『陰冷。得太炎夫人蘇州錦帆涇函，謂太炎先生墓地在杭州張蒼水墓旁，近須繳地税，前曾請馬夷初部長、沈鈞儒院長致書浙省譚主席，回書謂可酌情照顧。夫人屬予再託馬寅初校長就近向譚致意，懇其切實照顧。予轉託心叔持函交馬校長，聞馬君今日離杭往滬矣。』

一月，《文匯報》記者黃裳來教育部拜訪。

黃裳《憶馬叙倫》：『我到部裏去訪問，看見他精神振奮、工作緊張，完全不像一位將近七十的老人。即使如此，他依舊是那麽從容、安詳，和一九四六年在上海時没有什麽兩樣。』（《書之歸去來》，二三一至二三二頁）

二月四日，莅杭。杭州市教育界舉行歡迎馬叙倫部長大會，浙大校長馬寅初致辭。

（《浙江日報》二月五日）

二月五日，文教委員會第二次全體會議，缺席。

二月十四日，各黨派會商中蘇問題。

黄炎培日記二月十四日：『午後四時，頤年堂各黨派會商中蘇問題，交閱四文件，劉少奇説明，一致表示同意。』(《黄炎培日記》第十一卷，一六頁)

二月二十日，馬衡來訪，示以李一氓藏《定武蘭亭》。

馬衡日記二月二十日：『訪馬夷初，長談。出示李一氓囑題之五字不損本《定武蘭亭》，甚佳，即一氓囑爲題籤者，當時實未示我以拓本也。』(《馬衡日記》，一一五頁)

二月廿二日，應薄一波之約會商關於土改和徵糧的指示稿，與黄炎培、黄紹竑、邵力子、陳劭先、許寶駒同席。

黄炎培日記二月二十二日：『八時，北京飯店薄一波招往，會商關於土改和徵糧的指示定稿，同被邀者黄紹竑、邵力子、陳劭先、馬叙倫、許寶駒。明日將提出政務會議。十二時散。』(《黄炎培日記》第十一卷，一九頁)

二月廿四日，政務院第二十一次政務會議通過關於土改和徵糧的指示。

黄炎培日記二月廿四日：『午後三時，政務院第二十一次政務會議，通過：一、關於土地改革和徵收公糧的指示。二、關於嚴禁鴉片烟毒和其他毒物的通令。』(《黄炎培日記》第十一卷，一九頁)

二月廿五日，中央人民政府委員座談中蘇新約問題。

黄炎培日記二月二十五日：『夜，中央人民政府座談會，出席者委員也。主席林伯渠爲談論中蘇新約問題，外交部章漢夫副部長報告。』（《黄炎培日記》第十一卷，二〇頁）

二月廿七日，赴北京飯店商討關於新解放區土改及徵收公糧的指示稿。

黄炎培日記二月二十七日：『夜七時，北京飯店最後商定關於新解放區土地改革及徵收公糧的指示稿。薄一波、馬叙倫、邵力子、陳劭先、王昆侖、許寶騤、廖魯言、郭春濤，連我共九人，此稿經過多次討論，至此始决定。』（《黄炎培日記》第十一卷，二〇頁）按，許寶騤，疑爲許寶駒之誤。

二月，發表《我們熱烈擁護中蘇友好同盟互助條約》。

三月，邀毛澤東爲《人民教育》創刊號題辭。

三月九日，應文化部文物局之約邀赴宴。

馬衡日記三月九日（星四）：『晚文物局宴劉肅曾（號盤主人）于同和居。馬夷初、沈雁冰、丁巽甫皆在座。沈部長出示陸志韋書，謂王晋卿《漁村曉雪卷》有稍縱即逝之危險，價不出黄金四十兩，彼願借款買下，政府能於三五年内收回，彼當效勞，意殊可感。馬濟川允送來一閲，明日當函催之。』（《馬衡日記》，一一八頁）

三月十一日，各民主黨派公宴毛澤東、周恩來於勤政殿。

黄炎培日記三月十一日：『五時，各民主黨派公宴毛主席、周總理于勤政殿。我贈所寫詩。』（《黄炎培日記》第十一卷，二五頁）

三月廿九日，出席全國新聞工作會議開幕式并致詞。

葉聖陶日記三月廿九日（星期三）：『九時，偕愈之往新聞總署，參加全國新聞工作會議之開幕式。主要問題爲改進新聞工作之態度、展開批評與自我批評、討論新聞界之分工，并計劃全國新華社之統一。是數者皆與我出版總署方面有相通處。郭沫若、馬夷初、許昂若、李德全、余與丁西林六人致詞。余未預備，胡喬木囑余談語言文字，言之甚不完足爲悵。』（《葉聖陶集》第二十二卷，一〇一頁）

四月二日，毛澤東應邀爲《人民教育》題辭：『恢復和發展人民教育是當前重要任務之一。』并附信：『夷初先生：示悉。遵囑寫了幾個字，是否可用，請酌。此頌日安！毛澤東，四月二日。』

四月十五日，民進在京舉行第一次全國代表大會，與王紹鏊、謝仁冰、陳秋安、周建人、馮少山、趙樸初、許廣平、林漢達、徐伯昕、葛志成等十一人組成大會主席團。通過關於本會應繼續存在并加强工作之决議，同時修改會章，選舉第三届中央理事會。

四月十五日，浙江大學校務會議决定由校務委員會、工會、學生會代表聯名致電周恩來、馬叙倫及華東教育部，委託三位教授起草免調馬寅初校長文稿。

四月二十日，文教委員會舉行第六次委務會議。

四月廿六日，在民進三屆一中全會上當選民進中央主席。副主席王紹鏊，秘書長許廣平，加上周建人、徐伯昕、林漢達、葛志成，七人組成常務理事會。

四月廿七日，文教委員會舉行第八次委務會議，討論教育部關於高教會議之準備問題等。

葉聖陶日記四月廿七日（星期四）：『午後二時，至文委出席委務會議。各部分匯報，花二小時。以後討論教育部對於高教會議之準備問題。此會議於高等學校之課程、組織、地區分配等均將有所改變。談至六時一刻散。』（《葉聖陶集》第二十二卷，一〇七頁）

四月，爲《人民教育》創刊號題辭，號召全國教育工作者『在各人崗位上，根據人民政協共同綱領的新民主主義教育政策，隨時隨地全心全意爲人民服務』。

五月一日，《人民教育》創刊，次年五月確定爲教育部機關刊物。按，《人民教育》編委會主任成仿吾，副主任葉聖陶、柳湜。

五月，將留存杭州的藏書一九四四册（内有稿本、鈔本及明刊本九十餘種）全部移送浙江大學。（浙江省圖書館志編纂委員會編《浙江省圖書館志》，中國書籍出版社一九九四年版，大事記，一九頁）

五月廿三日，華東教育部通知浙江大學：『奉中央教育部函告，中央人民政府委員會已批准任命馬校長爲北大校長。』（蔣銀火《馬校長在浙大的主要活動紀實》，轉引自《馬寅初年譜長

編》，四九二頁）

五月廿八日，任銘善出示馬夷初藏碑拓、古器及舊寫字示客，并以《陳介石先生墓誌》文第一頁贈與夏承燾。

夏承燾日記五月廿八日：『大風雨。休日。午後衡叔來，在心叔處久談。心叔出馬夷初先生藏碑拓、古器及舊寫字示客，以寫周美成《六醜》詞及《陳介石先生墓誌》文第一頁，以有誤字棄去者贈予。』

六月一日，與教育部副部長錢俊瑞、韋慤、曾昭掄，清華大學校長葉企孫，北京師大校長林礪儒等，送馬寅初赴任北京大學校長。北大師生于民主廣場舉行歡迎大會，馬代表教育部致辭。（《光明日報》六月二十四日）

六月一日至九日，主持第一次全國高等教育會議，中心議題是確定新中國高等教育的方針與任務。

六月一日，致開幕詞，要求學校克服舊的、傳統的、脱離實際的教條主義，防止不顧長遠利益與全面利益、輕視理論學習的狹隘實用主義。强調要培養出全面發展的、有真才實學的、富有分析力和創造力的專門人才。（《人民教育》一九五〇年第三期）

黄炎培日記六月一日：『九時，出席教育部全國高等教育會議。致詞大意：中國之有全國性教育會議，最早是一九一一年中央教育會，距今四十年。過去一面辦教育，一面想象、擬議國策，將教育去配合想象、模擬中的國策，政府不管；今則政府來領導我們，將教育去配合國策。眼前高教：一、調整，二、充實，三、發展。我主張：用發展來調整，一面充實，一面發展。調整要顧到各校歷史和它的特長。發展要短長并用，精粗并用，要新舊兼顧，一面培養新者，一面改造舊者。以蘇聯鐵道工程師指示鐵道工程爲例。爲學術而學術，爲教育而教育，是黑暗政治下教育家的苦心；蔡孑民師辦北大，新舊并容，同樣是一片苦心。匈牙利五年計劃期内，培養專門人才四十八萬人，我今全國高教學生僅十三萬四千人。（馬部長致開幕詞。）』（《黄炎培日記》第十一卷，五六頁）

六月八日，政務院總理周恩來就新民主主義教育方針、理論與實際一致、團結與改革等問題向全國高等教育會議作報告。

會議確定，準備和開始吸收工農幹部和工農青年進高等學校，培養工農出身的新型知識份子。高等教育在内容、制度、方法方面，都必須密切配合國家經濟、政治、國防和文化建設，適應國家建設需要，首先適應經濟建設需要。會議通過《高等學校暫行規程》《專科學校暫行規程》《私立高等學校管理暫行辦法》《關於實施高等學校課程改革的決定》《關於高等學校領導關係的決定》等五項草案，討論修訂高等學校各系科課程改革方案，商討解決經費、師資等問題。

六月十四日，在《人民日報》上介紹：『到一九五〇年中期，中國有二百二十七所高等院校，其中一百三十八所公立，六十五所私立，還有二十四所外國教會機構辦，而且分布不均，百分之三十七在華東地區，僅上海就占百分之二十五。（費正清等主編《劍橋中華人民共和國史》，上海人民出版社一九九一年版，二一〇頁）

六月十九日，毛澤東覆信談學生健康問題：『馬部長：另件奉還。此事宜速解決，要各校注意健康第一、學習第二。營養不足，宜酌增經費。學習和開會的時間宜大減。病人應有特殊待遇。全國一切學校都應如此。高教會已開過，中小兩級宜各開一次。以上請考慮酌辦。此致敬禮。毛澤東。六月十九日。』（《毛澤東書信選集》，人民出版社一九八三年版，三八一頁）

六月十四日至廿三日，政協一届二次會議舉行。此次會議以土改問題爲主要内容，其間代表國徽審查委員會作報告。大會主席團決定，馬叙倫、沈雁冰繼續擔任擬製國徽方案的召集人。

六月三十日，政務院副秘書長、參事室主任郭春濤病故，享年五十二歲。

黄炎培日記七月八日：『午後四時，公祭郭春濤於嘉興寺。』（《黄炎培日記》第十一卷，七〇頁）

七月十二日，應展望周刊社之邀赴宴。

黄炎培日記七月十二日：『午爲《展望》周刊張志讓、沈志遠、俞寰澄、千家駒、孫曉郵、楊衛玉七人假歐美同學會招餐。到者：馬叙倫（教育部長）、胡愈之（出版總署署長）及諸作家。我提出兩點：一、願供給大衆讀。二、願專門家寫文章給門外漢讀。』（《黄炎培日記》第十一卷，七二頁）

七月二十八日，政務院第四十三次政務會議。

黄炎培日記：『午後，政務院第四十三次政務會議。通過了《商標注册暫行條例》，公布高等學校兩個決定：《高等學校專科學校暫行規程》《私立高等學校管理暫行辦法》。』（《黄炎培日記》第十一卷，七七頁）

七月底，教育部在北京西城某地舉辦預備留學人員培訓班，爲期一個多月。其間，『教育部長馬叙倫、文化部長沈雁冰分别接見學員，講了許多期望和囑咐的話』。（駱亦粟《新中國派出的第一批留學生》，《中共黨史資料》總七十輯，中共黨史出版社一九九九年版，一一頁）

八月十八日，赴清華大學禮堂，以政務院文化教育委員會副主任身份出席中華全國自然科學工作者代表會議開幕式。與會代表四百六十九名，籌委會主任吴玉章致開幕詞，大會秘書長嚴濟慈作籌備會常委會工作報告。

八月十九日，代表民進發表談話，擁護我國政府對美國間諜李安東、山口隆一的判決。

八月廿四日，文教委員會委務會議，討論明年各部（署、院）概算。

八月廿九日，出席全國新華書店第二届工作會議并致辭。

葉聖陶日記八月廿九日（星期二）：『午後三時，全國新華書店第二届工作會議開幕。郭沫若、馬夷初、李德全演説。繼之胡喬木作報告，分三部分。』（《葉聖陶集》第二十二卷，一二五頁）

八月卅一日，出版總署葉聖陶一行來教育部商討教育出版社籌備事宜。

葉聖陶日記八月卅一日（星期四）：『晨九時，偕愈之、雲彬、蠖生、智賢等驅車往教育部，與部長、司長諸公爲會，籌商成立教育出版社事。彼此同意此社爲一業務機構，猶如書局，由教部爲政治上之領導，出版總署爲業務上之領導。所需資本，以華北上海兩個聯合出版社之國家資本充之。末了決定成立籌備會，由劉皚風、蠖生與余就雙方再邀數人組織之。』（《葉聖陶集》第二十二卷，一二六頁）

九月十六日，在教育部與葉聖陶、魏建功、吕叔湘、鄭林曦、胡喬木會商文字改革事宜，決定由馬撰文鼓吹，以引起各界關注。

葉聖陶日記九月十六日（星期六）：『三時，偕建功驅車至教育部，晤鄭林曦，叔湘應邀先至。繼之晤馬夷老及胡喬木，於是六人會談。喬木叙明要旨，謂擬發動運動，促起各方對於文字改革之注意。毛主席對於此擬加考慮，先欲得簡要之資料，希有人能整理而供給之。決定由馬夷老作文發表，引人注意。資料之整理，則請科學院語言研究所任之。談次，喬木主張文字改革，多造簡體漢字，以毛主席亦傾向此意。余與建功、叔湘皆不甚贊

同，俟他日從長討論。』（《葉聖陶集》第二十二卷，一三〇頁）

九月二十日，在第一次全國工農教育會議上致開幕詞，提出『開展識字運動，逐步減少文盲』的基本任務。同日，毛澤東發布命令，公布國徽。

黃炎培日記九月二十日：『九時，出席教育部舉行工農教育會議，我講話。夜，就午前講稿整理成文，二時始睡。《獻給工農教育會議》。』（《黃炎培日記》第十一卷，九四頁）

九月廿五日，代表教育部召見天主教羅馬教會駐輔仁大學代表芮哥尼談話，并發表書面談話，闡明新中國的教育政策，并義正辭嚴地駁斥其誣衊中國干涉宗教自由的言論，嚴正譴責教會進一步侵犯中國教育主權的行徑。

十月三日，出席中國人民大學開學典禮，并致辭。劉少奇、朱德及蘇聯顧問費利波夫等講話。

十月六日，政務院第五十三次政務會議通過關於處理私立輔仁大學問題的報告。

黃炎培日記十月六日：『午後，政務院第五十三次政務會議。批准關務會議報告。通過處理私立輔仁大學案報告。三時始，八時半止。』（《黃炎培日記》第十一卷，一〇一頁）

十月十二日，就教育部接辦輔仁大學一事招待記者，再次發表書面談話，明令收回自辦是單純的教育主權問題，與宗教信仰毫無關係。（陳大白主編《北京高等教育文獻資料選編》一九四九—一九七六，首都師大出版社二〇〇二年版，六一頁）

十月十三日，出席政務院第五十四次政務會議，代表教育部報告接收輔仁大學經過。

黄炎培日記十月十三日：『午後三時，政務院第五十四次政務會議，周總理赴東北，董必武、陳雲兩副總理病假，郭沫若副總理主席。討論通過：一、關於第一届全國出版會議綜合報告，附指示草案，小組審查。二、教育部馬部長報告接收輔仁大學經過，提請陳垣爲輔仁大學校長，通過。三、任命事項。』（《黄炎培日記》第十一卷，一〇三頁）

十月十九日，出席政務院文教委員會委務會議，并報告接收輔仁大學經過。

葉聖陶日記十月十九日（星期四）：『兩點半至文教委，開委務會議。馬夷老報告接收輔仁大學經過。此校爲天主教會所辦，近教會以辦學宗旨不與相符，欲更換校長，辭退進步教授，而以停止接濟爲要脅。我政府遂收歸自辦，仍命原校長陳援庵爲校長。聲明此舉爲教育權之問題，與宗教問題無涉，誠義正辭嚴也。錢俊瑞報告工農教育會議之經過，并提會議中擬定之條例辦法等六件，供衆討論。大旨爲今後工農教育，不漫指工農，而以在職幹部及老解放區農民爲重。其方式取多種多樣，不限於一格。』（《葉聖陶集》第二十二卷，一二六頁）

十月廿二日，應周恩來之邀赴中南海西花廳會商朝鮮問題，同席黄炎培、章伯鈞、羅隆基、章乃器、史良、周新民等。

黄炎培日記十月廿二日：『（下午）八時半到中南海西花廳。一、與鄧穎超談定出國問題。二、周恩來、羅努生、章乃器、史良、馬叙倫、周新民、章伯鈞八人商朝鮮問題處理方法，一時歸。』（《黄炎培日記》第十一卷，一〇七頁）

十月廿四日，政協全國委員會聽取政務院總理周恩來報告朝鮮問題，討論決定以志願軍名義出兵支援朝鮮。

黄炎培日記十月二十四日：『（午後）七時，全國委員會常務會議在勤政殿别室擴大舉行，到者七十人左右，毛澤東主席。周恩來總理報告朝鮮問題，兩小時畢，陸續發言者紛紛。至廿五日上午一時半，毛主席乃提出結論，二時散。用志願軍名義援朝鮮。』（《黄炎培日記》第十一卷，一〇七至一〇八頁）

十一月三日，周恩來與政務院各部門負責人談抗美援朝問題。

葉聖陶日記十一月三日（星期五）：『二時至懷仁堂，聽周總理講話，到者爲政府各部門之負責人。周談時局，説明於朝鮮事不能不理、不能緩理之故。』（《葉聖陶集》第二十二卷，一四二頁）

十一月四日，各民主黨派聯合宣言表示誓以全力擁護抗美援朝。

葉聖陶日記十一月五日：『民主黨派之時局聲明以今日發表，頗不壞。』（《葉聖陶集》第二十二卷，一四二頁）

十一月十一日，訪晤沈鈞儒。

《沈鈞儒年譜》一九五〇年十一月十一日：『張瀾、閔剛侯、馬叙倫、李維漢相繼來訪。』（三三七頁）

十一月十九日，在民進三届二中全會上作政治報告，并致閉幕詞。會議通過《關於發展與鞏固組織的決議》，確定發展重點是文化、教育、科技工作者。

十一月廿八日，夏承燾得浙大同事、中文系教授任銘善蘇州來信，謂『馬夷初、馬寅初皆欲以中文系主任屬心叔』，而爲拒絶。

吴鷺山《停雲録》：『心叔博學多聞，任大學古漢語課，甚著聲譽，一時文字學專家咸相推許。嘗與馬叙倫通函，商榷疑義，馬亦歎爲畏友。』（盧禮陽、方韶毅編校《吴鷺山集》，綫裝書局二〇一三年版，下册，七一〇頁）

十一月，教育部發布《簡字表（徵求意見）》。

十一月底至十二月初，柳亞子《在民革二届二中全會的兩次發言》回憶：『日本投降後，民聯領導人是李任公、譚平山、郭春濤和我在内。民促領導人也是李任公。馬叙倫是民建。在上海每一個禮拜，中共、民盟、民促、民建等都要開聯席會議。』（見張明觀著《柳亞子史料札記二集》，上海人民出版社二〇一四年版，三一〇頁）按，民聯、民促，分别指三民主義聯合會、國民黨民主促進會。李任公即李濟深。『民建』當作『民進』，會議記録筆誤。

十二月四日，夏承燾與浙大副校長王國松（勁夫）談章太炎墓地事，并致函章夫人湯國梨，建議其去信請馬向毛澤東進言。

夏承燾日記十二月六日：『晴。四時過勁夫，詢太炎先生墓地事。謂昨日已于浙省代表會中晤譚主席、吴市長、劉丹文教廳長、余森文局長，皆商此事，僉謂西湖區以後不得營冢墓，章公迄今未葬，恐須改卜他處云云。看語氣，似不易通融。夕作章夫人復函，爲述三事：一去書北京馬夷初部長，託其向毛主席進言，斡旋杭州舊址。二從章公生前素願，仍葬青田劉文成墓旁。三如謂青田遼遠，即改葬蘇州靈岩范文正墓畔。太炎推重文正，兩賢合併，千載盛事也。』

十二月十一日，出席人民教育出版社成立大會，并致辭。

葉聖陶日記十二月十一日（星期一）：『九時，教育出版社開成立大會。編審部、經理部同人齊集，教育部、出版總署首長咸莅。余以社長致開場白，馬老、韋老、愈之、荃麟、雲彬、吴研翁、張宗麟皆講話。至一時而畢，攝影而散。此是重負，比以前更重，余可謂勉而任之。』（《葉聖陶集》第二十二卷，一五一頁）按，韋老，指教育部副部長韋慤。

宋雲彬北京日記十二月十一日：『上午人民教育出版社成立大會，馬叙倫等來，余代表工作同人講話。』（《紅塵冷眼》，二一五頁）

十二月廿二日，楊樹達閱馬著《金詞銘釋》，以爲：『説形有佳處，惟嫌意必之説仍多耳。』（《積微居回憶録》，三〇六頁）

十二月廿九日，政務院第六十五次政務會議通過關於處理美國津貼的文化教育、救濟機關及宗教團體的方針。

黄炎培日記十二月二十九日：『午後三時，政務院第六十五次政務會議，通過處理美津貼的文化教育宗教事業、精簡節約檢查總結、《私營企業暫行條例》、任免事項。十一時散。』（《黄炎培日記》第十一卷，一三一至一三二頁）

葉聖陶日記十二月廿九日（星期五）：『三時，至政務院，列席政務會議。首由郭沫若報告，提出對於接受外資經營之學校、醫院、教會、救濟事業之處理辦法。討論而後，决定先令登記，然後分别情形，或予接管，收回自辦，或仍任其存在。其次，由劉景範報告政務院各部門精簡節約檢查之總結。劉君報告畢，發言者甚多，後由周總理作結論。及畢已十時矣，列席者先退。』（《葉聖陶集》第二十二卷，一五四頁）

十二月廿九日，毛澤東致信湖南省立第一師範學校校長周世釗，言『師範教育會議，待與馬先生一談，大略是可以的罷』。（《毛澤東書信選集》，三九五頁）

十二月，同陳伯君介紹輔仁大學教育工會主席柴德賡參加民進。

本年，應邀爲柴德賡《墨緣》册頁題詩，落款：『青峰先生正。一九五〇年録舊作。馬叙倫。』（柴念東編《柴德賡來往書信集》，商務印書館二〇一八年版，二八三頁）

本年，游北海公園，參觀武訓小學，應邀題詞『表揚』武訓。

一九五一年 六十七歲

一月十一日，仇岳希託夏承燾與任銘善致馬函謀職。

夏承燾日記一月十一日：『岳希華北革大政研院已卒業，屬予與心叔作書致馬夷初先生問服務事。』

一月十五日，毛澤東就學生健康問題來函，附轉中共華東局電報一份。

毛函云：『夷初先生：關於學生健康問題，前與先生談過，此問題深值注意，提議採取行政步驟，具體地解決此問題。中共華東局一月十一日電報一件附上，請察閱。其中第三項即談到此問題，提出健康第一、學習第二的方針，我以爲是正確的。請與各副部長同志商酌處理爲盼！敬禮！毛澤東。一月十五日。』（《毛澤東書信選集》，四〇一頁）

一月十六日，爲落實政務院上月二十九日《關於處理接受美國津貼的文化教育、救濟機關及宗教團體的方針的決定》，教育部召開處理外國津貼的高等學校會議，華東、中南、西南各大行政區教育部或文教部及山西教育廳的負責人和全國接受外國津貼的二十所高校的董事長、校長及教職員學生代表與會。馬致開幕詞，首先説明這次會議的歷史意義，明確地指出處理的方針原則：爲了堅決徹底地肅清美帝國主義對中國文化侵略的影響，將集中力量解決接受美國津貼的學校的問題。會議歷時七天。

一月廿三日，致信毛澤東，談到注音問題的同時，希望毛澤東能爲即將創刊的《學文化》雜誌題寫刊名。

同日，致函朱德，請朱月底之前爲《學文化》題辭。函云：『朱副主席：中央教育部擬辦一份工人通俗讀物的期刊，定名「學文化」，請您給這刊物寫幾句話，使學文化的工人們能得到您的鼓勵。如得您允許的話，請於本月底前交下。敬禮！馬叙倫。一九五一·一·二三。』（此函原由朱德長孫朱援朝收藏，後贈送高士其基金會總幹事王東，王東再捐贈民進中央，現陳列于北京馬叙倫紀念館）

一月廿七日，函覆勵乃驥。

函云：『德人吾兄：一月十六日函悉。兄服務礦冶工作問題及家中藏書保護問題，頃已函請中共中央統戰部考慮，特函。即頌健康。馬叙倫。一九五一·一·二七。』

一月廿九日，出席中等教育會議預備會，并致辭。

宋雲彬北京日記一月二十九日：『上午偕聖陶赴教育部出席中等教育會議預備會。九時開會，馬夷老致開會詞，林礪儒司長作報告，即宣告散會。』（《紅塵冷眼》，二三〇頁）

葉聖陶日記一月廿九日（星期一）：『上午九時，教部開中等教育會議之預備會，教育出版社須出代表二人，余與雲彬往參加。此預備會須開六日，我二人不能常往出席，只能請同人輪流赴會。馬夷老致辭後，由林礪老報告，希望會議就中等教育重點何在及普通中學應如何改進兩點有所決定。語畢，即按地區分組討論會議應如何進行。余在東北、西北、華北之一組，順便發言，謂語文教學失效，教師無法施教，今後師資愈形缺乏，爲嚴重問題，期於中教會議中有所討論并決定。』（《葉聖陶集》第二十二卷，一六二頁）

一月三十日，湯國梨託陸微昭夫人知會夏承燾，章太炎墓地以得馬、沈二老關照，下葬可無問題。

夏承燾日記一月三十一日：『晴。陸微昭夫人來，謂昨日午後章太炎先生夫人枉過，值予出外失迓。今日往皮市巷廿四號余本年家晤見，謂太炎先生墓地以得馬夷初、沈衡山二老照顧，下葬可無問題。惟十七畝墓地須即植樹，生産所費須千餘萬元，無從籌措。』

二月七日，訪晤葉恭綽。

馬衡日記二月七日（星三）：『偕絅伯詣叔通略談，别去便道訪譽虎。夷初甫入門，而立庵見訪，遂留晚飯。』（《馬衡日記》，一七八頁）

二月八日，梁漱溟來函。

梁漱溟日記一九五一年二月八日：『發馬叙倫信。』（《梁漱溟日記》，上海人民出版社二〇一四年版，八九頁）

二月十日晚，周建人、許寶駒、宋雲彬、沈茲九等返杭出席浙江省人民政府委員就職典禮，與沈鈞儒、吴覺農、胡愈之至車站送行。

宋雲彬北京日記二月十日(星期六)：『七時交際處用汽車來接。同行者周建人夫婦、許昂若夫婦、俞寰宸夫婦及沈兹九。馬夷老、沈衡老及吴覺農、胡愈之均來送行。七點五十五分開車。』(《紅塵冷眼》，二二二頁)按，周建人以出版總署副署長兼浙江省人民政府副主席。

宋雲彬日記二月十六日：『兹九言，喬峰專爲民促拉同志，對民盟頗冷淡云。』

葉聖陶日記三月二日：『喬峰已自杭州返，談南下見聞。』(《葉聖陶集》第二十二卷，一六九頁)

二月十二日，毛澤東題『學文化』三字，并附信回復：『夷初先生：一月二十三日信收到。「學文化」三字照寫，不知可用否？注音問題採取慎重考慮的態度是對的，我亦尚無成熟意見。』

三月廿六日，與副部長韋慤前往文化宫出席教科書出版會議，并講話。

葉聖陶日記三月廿六日(星期一)：『午後一時半，教部馬、韋兩部長到，又有各大行政區之文教當局數位。出席代表將五十人，來賓十餘人，他則我社之全體同人，文化宫居然坐滿。兩點開會，余以主席致辭，講四十分鐘，繼之馬部長講話，愈之又繼之，次之爲華東沈體蘭、東北車向忱、山西某君、上海某君。會以五點散，諸人講話皆切實而緊凑，不流於形式，開端頗好，余爲心慰。六時，會餐于萃華樓，凡七席，七時散。』(《葉聖陶集》第二十二卷，

一七五至一七六頁）

三月十九日，出席全國中等教育會議并致開幕詞。郭沫若與會講話。月底閉幕，會議修正通過《中學暫行規程》《關於積極扶植與改進私立中等學校的決定》《關於學生健康問題的決定》等四項草案。

三月三十日，答覆黃炎培，王重民、袁守和將從美國歸國。

黃炎培日記三月三十日（星期五）：『詢馬叙倫悉北京圖書館館長王重民、袁守和在美，聞將歸。』（《黃炎培日記》第十一卷，一六五頁）按，袁守和并未返國。

三月卅一日，中央人民政府在中南海勤政殿設宴，祝賀副主席張瀾八秩大壽。馬賦詩《壽張表方先生八十》，有句云：『一代禎祥徵上壽，五朝閱歷尚全身。』（《張瀾年譜新編》，四一七頁）按，此詩《馬叙倫詩詞選》失收。

同日，出席全國中等教育會議。黃炎培與會講話。

四月一日，黃炎培來函，附《獻給全國中等教育會議》一文（三月廿九至三十日撰）。

黃炎培日記四月一日（星期日）：『訊教育部馬夷初，附昨講稿。』（《黃炎培日記》第十一卷，一六六頁）

四月二日，夏承燾從任銘善處取得《石屋餘瀋》初稿六册，并連日翻閱。

夏承燾日記四月二日（星期一）：『心叔示馬夷初《石屋餘瀋》初稿，共六本，記温州諸先輩遺事頗多，乃民國元年著筆者。今坊間印本不及此稿之富。』

夏承燾日記四月三日：『晴。春假。閱馬夷初《石屋餘瀋》稿，多記神怪，有甚可愕者。』按，《石屋餘瀋》手稿共八册，另兩册不在任心叔處。

四月七日，赴逸仙堂出席民進北京市分會第二支會（教育部）成立會，林漢達、嚴景耀等與會。

四月上旬，周建人赴杭出席省人民政府會議之際，受民進總部委託籌建民進地方組織，臨行前來道别。

葉聖陶日記四月十一日（星期三）：『喬峰與雲彬今夕又動身往杭州，出席浙江省人民政府之會議。雲彬兼此職務，于社中編輯事務不免略荒矣。』（《葉聖陶集》第二十二卷，一八二頁）

錢江《愛國民主人士馬叙倫與杭州》：『一九五一年，周建人受民進中央委託，來杭州籌建民進組織。臨走時，馬叙倫私下告訴他：「現在只有北京和上海建立了民進的地方組織，杭州也是很有文化内涵的歷史城市，你要設法把杭州的民進組織建起來。我在杭州還有一些朋友學生，如曾是我在浙江第一師範的學生，現在杭州師範學校教書并擔任小學部主任的童友三等，你可以通過中共浙江省委做做他們的工作。」』（民進中央會史工作委員會編《民進會史資料選輯》第五輯，二〇一〇年版，四八頁）

宋雲彬《北京日記》四月二十日：『喬峰此次赴杭，其唯一目的爲組織民進杭市分會，今日下午有六七新會員來開會，俞子夷亦在内，余佯作不聞不見。』（海寧市檔案局整理《宋雲彬日記》，中華書局二〇一六年版，上册，三一九頁）

五月一日，同教育工會全國委員會主席吴玉章聯名發表書面談話，廢除『六六教師節』，改用五一勞動節爲各級學校教師的節日。

五月七日，爲《北京市職工業餘教育優秀教師學員發獎特刊》題辭：『總結推廣良好的教學經驗，爲進一步鞏固和開展職工業餘教育而奮鬥。馬叙倫。一九五一、五、七。』（《北京市職工業餘教育優秀教師學員發獎特刊》，一九五一年五月）

五月十五日，赴頤年堂商討《西藏和平協定》初稿。

黄炎培日記五月十五日：『夜八時，毛主席召至頤年堂，在座毛主席、李維漢、李濟深、陳叔通、馬叙倫、張奚若、章伯鈞、郭沫若、許德珩共十人，商討《西藏和平協定》初稿，十一時散。』（《黄炎培日記》第十一卷，一八〇頁）

五月十八日，在政務院第八十五次政務會議上做《關於一九五〇年全國教育工作總結和一九五一年全國教育工作的方針和任務的報告》。

葉聖陶日記五月十八日（星期五）：『下午三時，列席政務院之政務會議。馬夷老報告教育部過去之工作及今後之計劃，其中談及教科書之出版，由余報告約二十分鐘，以後繼續討論。教育之方面太廣，各據一二點發言，即占時間甚多，十點半始畢事。飯罷而歸，深感疲憊。』（《葉聖陶集》第二十二卷，一九二至一九三頁）

黄炎培日記五月十八日：『午後三時，政務院第八十五次政務會議，教育部工作總結和方針，十時半散。』（《黄炎培日記》第十一卷，一八一頁）

五月二十三日，出席《和平解放西藏辦法的協議》簽字儀式。雙方首席代表李維漢、阿沛・阿旺晋美。

黄炎培日記五月二十三日：『下午去中南海勤政殿《和平解放的辦法》簽字場觀禮。』（附簽字儀式位置圖，《黄炎培日記》第十一卷，一八三頁）

五月卅一日，文委全體會議在教育部閉幕。

葉聖陶日記五月卅一日（星期四）：『午後二時仍至教部。今日爲大會，即此次文委全體會議之結束。陸定一作總結，綜合連日討論學制問題之意見。四點三刻散會。』（《葉聖陶集》第二十二卷，一九六頁）

五月，《人民小詞典》由北京建業書店出版，書名係馬題籤，黎錦熙序。

六月七日，出席敦煌藝術研究所頒獎典禮。

馬衡日記六月七日（星四）：『下午六時應文委之邀舉行敦煌藝術研究所給獎典禮。會晤郭沫若、馬夷初、沈雁冰等，暢談，不覺微醺。』（《馬衡日記》，一九七頁）

六月十三日，中等技術教育座談會舉行。

黄炎培日記六月十三日：『九時，教育部中等技術教育座談會，我致詞。』（《黄炎培日記》第十一卷，一九〇頁）

六月廿九日，第九十一次政務會議討論《高等教育畢業生分配案》。

黄炎培日記六月二十九日：『午後，政務院出席第九十一次政務會議：《治淮報告》（傅作義）、《視察治淮報告》（邵力子）、《高等教育畢業生分配案》。十一時畢。』（《黄炎培日記》第十一卷，一八一頁）

六月，教育部發布《關於開展電影〈武訓傳〉和『武訓精神』的討論與批判的指示》。《人民教育》社論號召打倒『武訓精神』，『希望每一個教育工作者都表示自己的意見』。

七月一日，應毛澤東之邀出席會議，商討朝鮮停戰問題。

黄炎培日記七月一日：『五時，到毛主席邸，會商朝鮮停戰問題。擬用金日成、彭德懷名義，答覆李奇微，主張在開城談判停戰。被邀者：李濟深（革）、張瀾（盟）、陳叔通（全委）、馬叙倫（民進）、郭沫若（無）、許德珩（九三）、張奚若（無）及我（建），中共劉少奇、朱德、陳雲、胡喬木、彭真、李克農、徐冰及毛主席。』（《黄炎培日記》第十一卷，一九六頁）

七月八日，訪馬衡，瞭解易培基當年故宫『盗寳案』情況。

馬衡日記七月八日（星期）：『馬夷初來訪，問易寅村在故宫情形及其財産，不知其是

何用意，因以所知情況告之。』（《馬衡日記》，二〇二頁）

同日，作爲特約代表當選爲浙江省（北京）會館財産管理委員會籌備委員。

《浙江省會館財産管理委員會籌備會成立經過情況報告》（一九五一年八月十四日）：『六月二十一日至二十四日，各館分別選舉代表，並邀請各階層、各部門民主進步人士馬敘倫等二十五人爲特約代表。七月八日開代表會議，選舉馬敘倫等二十一人爲籌備委員，竺可楨等七人爲候補委員。七月二十三日召開籌備委員會，選舉千家駒、戈繩武等九人爲常務委員，常務委員互選俞家驥爲主任委員，戈繩武、陶良爲副主任委員。』（北京市檔案館編《北京會館檔案史料》，北京出版社一九九七年版，一一五二頁）

七月十六日，教育部通知：『以武訓命名的學校，應即更改校名，以消除不良影響。』

七月，在《人民教育》月刊發表《我過去表揚過武訓的自我檢討》，認爲新中國成立後『還來盲目地表揚武訓，更是不可饒恕的錯誤』。

七月，出席中央文史研究館成立會議。

八月十日，政務會議討論通過關於改革學制的決定。

葉聖陶日記八月十日（星期五）：『下午三時至政務院，列席政務會議，討論題仍爲前日座談之改革學制決定。文教方面人員多所説明，繼之發言者甚衆，最後由總理作結通過，已九點過矣。』（《葉聖陶集》第二十二卷，二一六頁）

八月廿三日，葉聖陶致函教育部正副部長馬、錢、韋、曾。

葉聖陶日記八月廿三日（星期四）：『晨作一書致教部四位部長，希望其部原辦工農速成中學之一所房屋撥於我社。』（《葉聖陶集》第二十二卷，二一九頁）按，葉聖陶時任人民教育出版社社長兼總編輯。

八月廿七日，出席全國第一次初等教育與師範教育會議，并致開幕詞。

九月四日，出席出版行政會議閉幕式，并以文委副主任名義致辭。

葉聖陶日記九月四日（星期二）：『三點，準時舉行出版行政會議閉幕式。先由馬夷老以文委副主任名義講話，次即余之結論。計將兩小時，自覺未能滿意，發揮多未暢達。會散，全體照相。』（《葉聖陶集》第二十二卷，二二三頁）

九月十二日，教育部舉行座談會，偕副部長兼黨組書記錢俊瑞出席。

葉聖陶日記九月十二日（星期三）：『上午九時應教部之招，往參加其座談會。到者皆各地區之教育行政當局來京參加初等教育、師範教育會議者。首先談增加我社人力之問題。馬部長致辭後，由余略述我社情況，人手不足，改進爲難。然後提出最低限度須增加若干人。錢部長即請各地區分别擔任，從其幹部中抽調來京，全力集中於完成教科書。諸人或首先應命，或陳述困難，或則謂尚須回去考慮，對於余所提出人數，一時湊集已足。此爲教部關顧我社之重要一步。十一時半，談此事已畢，先行退出。』（《葉聖陶集》第二十二卷，

二三五頁）

九月廿一日，楊樹達致函示以『文字學要目』。

九月廿一日至廿二日，赴天津出席（私立）津沽大學接收典禮和國立天津大學成立典禮。按，天津大學係北洋大學與河北工學院合併而成。

九月廿四日，京津高等學校教師學習委員會成立，主任馬叙倫，副主任錢俊瑞、曾昭掄，委員馬寅初、林礪儒、陳垣、葉企孫等二十一人。（《北京大學紀事》，五二六頁）

九月廿八日，在第一次全國民族教育會議上致閉幕詞。二十日開幕。

十月二日，浙江省文管會舉行文物展，陳列的唐開元間墨寫墓誌係馬所贈。

夏承燾日記十月二日：『午後送采萍返校，因往文物保管會看展覽會，晤孟晋、衡叔、惠衣諸君。見錢鏐鐵券，新自嵊縣錢家移藏館中。南齊墓碑一方，有魯迅考證。孟晋謂南齊志世間惟二方，此其一。唐人墨寫墓誌馬夷初贈，乃開元間物，亦罕見奇珍。』

十月十二日，陳垣來函，邀請十月十四日（星期日）出席新輔仁大學一周年慶祝大會。（陳智超編注《陳垣來往書信集》增訂本，三聯書店二〇一〇年版，七三七頁）

十月廿三日至十一月二日，政協全國委員會第三次會議舉行。

十一月二日，約文物局副局長王冶秋、故宫博物館院長馬衡商談『二希帖』回購事宜。

馬衡日記十一月二日（星五）：『馬夷初約六時在其家談話，下值後赴之，冶秋已先在，

乃以「二希」之始末告之，決定託森玉轉託胡惠春辦理。夷初約明日晤周總理後作最後決定。』（《馬衡日記》，二二一至二二二頁）

十一月五日，赴首都電影院出席蘇聯影片展覽晚會，并代表文委致辭。

馬衡日記十一月五日：『文化部改組後之社會文化事業管理局初次會。（中略）散會時已午後二時矣。當開會時，陽翰笙來覓冶秋談話，余知爲「二希」事，詢之果然。陽索夷初、冶秋及余三人之談話記録，於四時前送政務院。冶秋囑余起草，回家午飯後即將該二帖之真僞問題及保證安全運回問題寫一記録交冶秋送去。局方在神武門開慶祝十月革命晚會，余致詞後即與星樞、于堅、羅歌三人赴首都電影院參加蘇聯影片展覽晚會，時正值夷初致詞。蘇聯大使羅申致詞後，即演電影，先演《蘇聯馬戲團》五彩片，後演《俄羅斯航空之父》。』（《馬衡日記》，二二二頁）

十一月六日，出席全國翻譯工作會議，并代表文委講話。

葉聖陶日記十一月六日（星期二）：『九時，翻譯會議開幕。代表一百五十餘人，實到一百十餘人，旁聽者亦百餘人。首由胡愈之致開幕辭，繼爲文委副主任馬夷老講話，繼爲李達、曾昭掄、陶孟和三位講話，最後由喬木作報告，闡明譯品質量必須提高之義，以及全國翻譯工作必須有計劃進行之要，娓娓言之，聽者忘倦，至十二時而畢。』（《葉聖陶集》第二十二卷，二四六頁）

十一月八日，政務院批復同意回購二帖。

馬衡日記十一月八日：『下午繼續選頤和園銅器，冶秋尋至延禧宮，授余以抄件，乃政務院同意購回《中秋》《伯遠》二帖，指示夷初、冶秋及余以處理辦法者。文曰：「同意購回王獻之《中秋》、王珣《伯遠》帖，惟須派負責人員及識者前往鑒别真僞，并須經過我方現在香港的可靠銀行，查明物主郭昭俊有無訛騙或高抬押價之事，以保證兩帖能够順利購回。所須價款確數，可由我方在港銀行與中南胡惠春及物主郭昭俊當面商定并電京，得批准後墊付，待《中秋帖》《伯遠帖》運入國境後撥還。以上處理手續，請與薄南雨同志接洽。」』（《馬衡日記》，二二三至二二四頁）按，周恩來本月并致函馬叙倫、王冶秋、馬衡，同意從香港購回晋王獻之《中秋帖》、王珣《伯遠帖》原件。

十一月廿三日，政務院第一百一十二次政務會議。

黄炎培日記十一月二十三日：『出席政務院第一百一十二次政務會議，我代總理主席，通過貿易、教育衛生、關於少數民族三個會議的報告。』（《黄炎培日記》第十一卷，二五一頁）

十一月三十日，出席政務院第一百一十三次政務會議，代表教育部作《關於全國工學院調整方案的報告》，會議原則通過。（《北京高等教育文獻資料選編》，九四頁）

十二月初，函覆楊樹達。

《積微居回憶録》一九五一年十二月五日：『今日得覆云：「公餘遲答，至爲惶恐。大著未能細讀，無可貢納。」但仍望續寄。又言「於文字攻鑽卅年，未能自信。稿無副本，不能奉教。遥企丹黄，引爲心恨」云云，語意似頗誠懇。今日局面，對於古文字殊不重視，夷初或有難言之隱，未可知也。』（二三三六頁）

十二月上旬，馬衡代表三人小組起草致政務院的報告稿，由王冶秋修正後轉給馬，經馬删改，打字稿送交總理辦公室。

馬衡日記十二月四日（星二）：『電詢冶秋兩帖已報告政務院否。冶秋謂只夷初看過，須由三人小組作一報告。余力任之，下午草報告。』（《馬衡日記》，二三〇頁）十二月五日：『以報告稿與冶秋，斟酌修正後由彼持示夷初，再行謄清簽名。』十二月七日：『赴文物局。報告又經夷初删改，打字數份，經蓋章後送交總理辦公室，陽翰笙轉呈周總理。』（《馬衡日記》，二三〇頁）

十二月七日，政務院會議討論精簡機構問題。

葉聖陶日記十二月七日（星期五）：『午後三時，列席政務院會議。今日僅討論一題：精簡機構，提高效率。此題甚大，關涉全國。中央各部門負責人均到。』（《葉聖陶集》第二十二卷，二二五六頁）

十二月十日，任民進毛澤東思想學習委員會主委，王紹鏊、周建人爲副主委。

十二月廿三日，約李濟深、沈鈞儒、陳叔通、章伯鈞等至團城觀賞『二希帖』。

馬衡日記十二月廿三日（星期）：『夷初約沈衡老、陳叔老、李任老及章伯鈞等至團城看「二希」，治秋約往招待。夷初我見甚深，指《中秋帖》爲出自老米所摹，不知老米正從大令出也。見米未見王，故有此見解耳。』（《馬衡日記》，二三三頁）按一周之後，陳叔通致函馬衡，謂《清河書畫舫》已言《中秋帖》爲唐人摹本，非真跡也。（《馬衡日記》二三四頁，十二月卅一日）

十二月下旬，籌備成立中國文字改革研究委員會，直屬教育部。

葉聖陶日記十二月廿六日（星期三）：『午後一時半至文委，文委各部門及各部門之直屬單位均有人到，總計將百人。先討論成立文字改革委員會，屬於教育部，將研究并製定中文拼音方案及中國拼音字母。繼之十餘單位匯報三反運動情形，至六點乃畢。』（《葉聖陶集》第二十二卷，二六一至二六二頁）

本年，教育部決定北大、清華、燕京、輔仁四校師生去中南地區參加土改。在集訓動員會上致詞：『毛主席對我說：「狀元三年一考，土改千載難逢。」同學們要珍惜這一千載難逢的好機會。』

本年，原配王瑛病逝於上海。

一九五二年 六十八歲

一月一日，出席中央人民政府元旦團拜會。

黄炎培日記一九五二年一月一日：『晚，毛主席招談頤年堂，各黨派代表到十六人。六時半，團拜聚餐於懷仁堂，共二十席，我和毛主席同席。是夕，大談反貪污問題。』（《黄炎培日記》第十一卷，二六七頁）

一月三日，與范長江主持出版總署系統三反運動匯報會，并致辭傳達毛澤東的意見。

葉聖陶日記一九五二年一月三日（星期四）：『八點半至文委。昨夜接通知，囑出版總署系統之各單位前往匯報三反運動進行情况，馬夷老與長江爲主持人。馬老言毛主席極端重視此舉，甚至謂此事如不徹底進行，其不蹈國民黨之覆轍者，未之能信。斯言沉痛，亦見決心。（中略）十二點散。』（《葉聖陶集》第二十二卷，二六五頁）

一月十八日，政務院第一百二十次政務會議在聽取教育部副部長韋慤的報告後，通過《關於市縣地方教育經費的決定》及《關於適當改善小學教師待遇的指示》。

一月中旬，作爲中國人民抗美援朝總會常委，參加首都各界人民歡迎志願軍代表團和朝鮮人民代表（訪華）大會。

一月廿二日，函覆勵乃驥。

函云：『德仁吾兄：四明醫院總務科謝鳳鳴先生來信，謂兄以肺病在該院治療，至爲馳繫。近當日復健康，南望爲勞。謝先生囑匯奉若干萬元以備醫藥之用，今由人民銀行匯上人民幣叁拾萬元，請上海中學鄭學賢校長轉交，至祈查收見覆。本應多奉，徒以薪給只足開支，力不從願，徒嗚歉焉，尚祈見恕不一，仍候療安。弟馬叙倫。一九五二·一·二二。因不知上海中學地址，故改匯醫院請謝先生轉交。倫又及，同日。』

二月五日，在中國文字改革研究委員會成立大會上，傳達毛澤東關於文字必須改革、要走世界文字共同的拼音方向的意見。馬任主任委員，吴玉章任副主任委員，丁西林、胡愈之、黎錦熙、羅常培、王力、韋慤、陸志韋、林漢達、葉籟士、倪海曙、吕叔湘、周有光等十二人爲委員。

二月，任全國政協學習委員會副主委。

三月八日，瀋陽留影託周海嬰洗出後，題贈五子龍翔。題記曰：『龍翔存。是我和周海嬰在瀋陽時，海嬰爲我攝於鐵路賓館，時一九四九年冬或一九五〇年春也。去年我請求再印一張，一周前海嬰忽送兩張來，感謝無已。記之，一九五二年三月八日，馬叙倫。』按，留影時間誤記，實爲一九四八年十二月。

四月十日，民進中央常務理事會通過《關於在三反五反運動中犯有錯誤及罪行的會員的會内處理辦法》。

五月十九日，宋雲彬來函。

宋雲彬杭州日記五月十八日（星期）：『寫《致日本的讀者》一文，二千字，擬覆吉田岩村信稿，連同吉田來信三通、《中國文學史簡編》一册，寄教育部馬叙倫部長，請其批准，俾得與吉田直接通信。』（《紅塵冷眼》，二八三頁）五月十九日：『寄馬叙倫部長函件，上午雙掛號寄出。』（二八四頁）

六月六日，馬一浮意欲訪問蘇聯，夏承燾獲悉，提議任銘善與馬聯繫，促成此事。夏承燾日記六月六日：『晴熱。夕心叔來，謂劉丹廳長近往訪馬湛翁，湛翁謂俟物力可能時，擬一游蘇聯。予讚促心叔向浙省或馬夷初翁處設法實現此事。如湛翁真成行，對老年人影響甚大。』

六月十四日，毛澤東致函周恩來，指示辦學方針：『一、如有可能，應全部接管私立中小學。二、幹部子弟學校，第一步應劃一待遇，不得再分等級；第二步，廢除這種貴族學校，與人民子弟合一。』（《毛澤東書信選集》，四三七頁）

六月二十日至廿四日，中華全國體育總會成立大會在京舉行。當選爲總會主席。名譽主席朱德。會議聽取榮高棠《爲國民體育運動的普及和經常化而奮鬥》的報告，通過《中華全國體育總會章程》。

六月三十日，教育部、衛生部、軍委總政治部、團中央、全國總工會、全國婦聯等八單位聯合通知，要求貫徹中華全國體育總會成立大會決定的體育運動方針和任務。

六月廿五日，宋雲彬再次來函。

宋雲彬杭州日記六月二十五日：『致馬夷初信。』（《紅塵冷眼》，二八九頁）

六月下旬，教育部函覆宋雲彬。

宋雲彬杭州日記七月三日：『上月二十七日接教育部覆信，謂與吉田岩村通信事須問政務院文教委員會對外文化事務聯絡局，今日特將一應材料檢寄邵荃麟，雙挂號，郵費九千八百元。』（《紅塵冷眼》，二九〇頁）按，邵荃麟曾任文教委員會副秘書長。

八月四日，出席民進第一次全國組織宣教會議，并致開幕詞。會議至十四日閉幕。

八月三十日，浙江省衛生廳廳長洪式閭與宋雲彬談及與馬的約定。

宋雲彬杭州日記八月三十日：『上午出席浙江省政府第六十八次行政會議。邀洪式閭加入民盟，洪謂已與馬夷初有約，如加入民主黨派，必加入民進云云。』（《紅塵冷眼》，二九八頁）按，洪式閭兩年後加入中共。

九月五日，出席政務院第一百四十九次政務會議，報告教育部工作要點，歷時兩小時，錢俊瑞隨後補充。

葉聖陶日記九月五日（星期五）：『下午三點，偕愈之列席政務會議，議題爲教育部本年工作要項。馬老報告歷兩小時有餘，錢俊瑞補充，多人發言討論，至八點乃畢。其次議題爲各地設文史研究館，容納年老失業而較有聲望之人。北京已設有中央文史研究館。會

以九點散，即共晚餐。』（《葉聖陶集》第二十二卷，三六一頁）

九月十五日，以文教委員會副主任身份出席捷克斯洛伐克政府贈送中國政務院文化教育委員會十六箱科學儀器受贈儀式，北京大學校長馬寅初等出席。（《人民日報》九月十七日）

九月廿六日，新華社發布英文電訊稿：『教育部長馬叙倫宣稱，在新的學校體制下，條條大路通向高等教育。』（《劍橋中華人民共和國史》，二一九頁）

九月，《三年來中國人民教育事業的成就》發表於《人民日報》。

十月下旬，政務院文教委員會改組，習仲勳任常務副主任，錢俊瑞任秘書長。

葉聖陶日記十月三十日（星期四）：『午後二時，偕愈之、喬峰至文委，出席委務會議。郭沫若報告文委加强後之陣容，以習仲勳爲專任副主任，錢俊瑞脱離教育部爲專任秘書長，其他機構亦有調整，以適應明年開始五年計劃之新情况。次言年來文教工作方面之成就，舉思想改造、院系調整、愛國衛生運動數項。繼之陸定一、胡喬木發言，皆言今後將入於計劃化，一切工作必須更求切實。（下略）』（《葉聖陶集》第二十二卷，三七七頁）

十月，《獻給人民小學教師》發表於《小學教師》創刊號。

十一月十五日，中央人民政府委員會第十九次會議，決定增設國家計劃委員會、高等教育部、體育運動委員會等。任命馬叙倫爲高等教育部部長，楊秀峰、黄松齡、曾昭掄、劉皚風爲副部長。教育部改以張奚若爲部長，韋慤、董純才、林礪儒、柳湜爲副部長。

十二月廿四日，代表民盟和民進在全國政協常委會第四十三次擴大會議上發言，贊同定期召開全國人民代表大會。

十二月廿五日，高教部成立，在就職典禮上講話。副部長四人。會後高教部、教育部兩部人員合影。

葉聖陶日記十二月廿五日（星期四）：『在家休息。午後一點過，墨忽歸來，謂今日爲高等教育部成立，有習仲勳、錢俊瑞、馬夷老、張奚老四人講話。中午全體同人聚餐。下午放假，此殊無道理。而我社亦隨同放假，尤無道理。』（《葉聖陶集》第二十二卷，三九八頁）按，當時胡墨林供職於人民教育出版社。

同日，應邀爲集美學校題詞：『集美學校的重整和發展，將爲國家培養建設人才，使能更好地爲祖國大規模的建設事業服務。集美學校解放紀念。馬叙倫。一九五二．一二．二五。』

本年，動員浙江湘湖鄉村師範學校校長金海觀加入民進。

錢江《愛國民主人士馬叙倫與杭州》：『同時，他還在一九五二年親自動員浙江湘湖師範校長、著名鄉村教育家金海觀加入杭州民進。』（《民進會史資料選輯》第五輯，四八頁）按，金海觀八月間由祝其樂、童友三介紹入會。

一九五三年 六十九歲

一月十一日，赴頤年堂會商人民代表選舉問題。

黄炎培日記一月十一日：『五時，毛主席招各黨派代表二十多人，集頤年堂會商人民代表、人民政府各級選舉問題。我發言要點在基層幹部必須有足够的瞭解，然後能發揚真正的民意。出席者：毛澤東、周恩來、劉少奇、李濟深、陳毅、陳嘉庚、烏蘭夫、馬寅初、馬叙倫、鄧小平、高崇民、陳叔通、司徒美堂、黄炎培、蔡廷鍇、張治中、李章達、李燭塵、章伯鈞、程潛、張難先、李維漢、齊燕銘、蘇明理、莊希泉。』（《黄炎培日記》第十二卷，九六頁）

一月十三日，列爲中華人民共和國憲法起草委員會（三十三名）委員。

黄炎培日記一月十三日：『中央人民政府委員會第二十次會議，通過：召開全國人民代表大會及地方各級人民代表大會。成立中華人民共和國憲法起草委員會。委員三十三人：毛澤東、朱德、宋慶齡、李濟深、李維漢、何香凝、沈鈞儒、沈雁冰、周恩來、林伯渠、林楓、胡喬木、高崗、烏蘭夫、馬寅初、馬叙倫、陳雲、陳叔通、陳嘉庚、陳伯達、張瀾、郭沫若、習仲勳、黄炎培、彭德懷、程潛、董必武、劉少奇、鄧小平、鄧子恢、賽福鼎、薄一波、饒漱石。毛主席爲主席。選舉法起草委員會二十四人：（略）周恩來爲主席。三時半起，七時半止。毛主席主持。』（《黄炎培日記》第十二卷，九七頁）

一月十八日，回復黄炎培，并贈與《石屋續瀋》。

黄炎培日記一月十八日：『得馬叙倫訊，交還《人民西湖》詩和鍾稿。覆馬叙倫（留稿），贈《石屋續瀋》。提資料，提意見三點。』（《黄炎培日記》第十二卷，九八頁）按，鍾指鍾豐玉，黄炎培南洋公學老同學，次年文稿刊登於《近代史資料》第一輯。

一月廿五日，湖南大學教授楊樹達來信，言：『湖大文學院院長楊榮國學識低劣，萬不可任之爲師範學院院長，希望老友慎重考慮，不予批准楊榮國升任湖南師範學院院長的决定。』未予回復。

按，朱維錚《似已忘却的回憶録》點評：『他不知馬叙倫有職無權，連本部處級官員都没有任免權，怎能干預湖南省委任命師院院長的决定？馬叙倫不予置覆，其實無可奈何。』（《走出中世紀二集》，復旦大學出版社二〇〇八年版，一六〇頁）

一月，《加緊學習，迎接國家建設的新任務》發表於《人民教育》第一期。

二月十一日，出席中央人民政府委員會第二十二次會議，并發言。列名中央選舉委員會（二十八名）委員。

二月十二日，出席中央人民政府委員會第二十三次會議，發言贊成財政部長薄一波的報告和今年國家財政收支預算草案。

二月廿一日，任銘善來函，擬調離浙江師院。

夏承燾日記二月廿一日：『心叔來，謂有書與王欣夫問復旦事，欲捨此往滬，并有函與馬夷翁。』

二月廿三日，出席掃盲工作委員會會議，并代表文委講話。

葉聖陶日記一九五三年二月廿三日（星期一）：『八點半至掃盲工作委員會。自今日始，將開一個星期之工作會議。首由楚圖南報告開會宗旨與辦法。繼之，馬夷老以文委副主任名義講話，謂去年大家熱衷掃盲，視其事甚易，全無計劃化思想，一時成爲高潮，教育部未有預見，至應檢討，後經領導仔細研究，乃決定今年仍爲準備階段云。繼之，華東一位代表、山東一位代表各報告其地區之情況。余聆此四人之發言，知掃盲亦與他項工作同，本爲好事，而以命令主義行之，輒生種種問題。毛主席于此時提出反對命令主義，與去年之提出三反五反同其重要也。』（《葉聖陶集》第二十二卷，四二四頁）

二月廿五日，游修齡將《石屋續瀋》贈與姐夫夏承燾。

夏承燾日記二月廿五日：『雨。修齡來。修齡示予馬夷初之《石屋續瀋》一册，翻閱半本。此老筆勤多著述，然所記亦有甚無聊者。』

三月十三日，在政務院第一百七十次政務會議上報告『全國高等教育的基本情況和今後方針與工作』。（摘要收入《中國教育年鑒》，大百科全書出版社一九八四年版，題『關於目前高等學校教學改革的情況與問題的報告』）

黄炎培日記三月十三日：『午後，政務院第一百七十次政務會議。馬叙倫關於高等教

育報告。我發言約四分鐘，但面已紅，先退。』（《黄炎培日記》第十二卷，一一八頁）

三月廿五日，作爲主任委員，主持文字改革研究委員會第三次全體會議。傳達毛澤東對文字改革工作的意見：『中國文字改革工作關係到幾萬萬人，不可操切從事，要繼續深入研究，多方徵求意見。拼音文字無論如何要簡單，要利用原有漢字的簡單筆劃和草體。筆勢基本上要儘量向著一個方向，不要複雜。方案要多多徵求意見加以改進，必須真正做到簡單容易，纔能推行。』并在會上指出：『製造字母、改革文字，要爲全國大多數人著想，要爲兒童和後代子孫著想，必須力求簡便。』這是最高原則，我們必須一致遵守。

三月廿七日，政務院第一百七十二次政務會議，人事部報告高等學校學生分配工作。

四月廿七日，夏承燾致函報告任銘善病狀，希望得到關照。

夏承燾日記四月廿七日：『晴。晨上一課，講宋詞。發聲越上海覆，告心叔病狀。發馬夷初先生教育部函，告心叔病狀，以心叔託代寫也。』按，任心叔九日住入杭州省立醫院，係胃潰瘍穿孔，引起腹膜炎，即須開刀。

五月上旬，就任心叔病情回復夏承燾。

夏承燾日記五月八日：『晴。得馬夷初先生五日覆，問心叔病，謂醫療事可就近問杭州衛生局陳禮節君。』九日：『以夷初先生函交焦院長，託其問陳禮節局長。』按，陳禮節係杭州市衛生局局長兼民進地方組織負責人，焦院長名夢曉。

五月廿二日，政務院第一百七十九次政務會議通過關於掃除文盲工作的報告。

五月廿九日，政務院第一百八十次政務會議討論高等教育和技術教育工作。

五月廿七日至六月八日，民盟一屆七中全會舉行。撤銷盟中央政治局，增選章伯鈞、羅隆基、馬叙倫、史良、高崇民爲中央副主席，確定沈鈞儒爲第一副主席。會後副主席章伯鈞、羅隆基、史良、高崇民與秘書長胡愈之以五人小組名義主持盟務。

六月十五日，在民進三届四中全會上致開幕詞，并作報告。

六月十六日，民進三届四中全會繼續舉行。

黄炎培日記六月十六日：『中國民主促進會第三届四中全會在文化俱樂部舉行。我代表民建致詞，致詞結語：「今吾改造舊吾，舊人學習新人。」』（《黄炎培日記》第十二卷，一四八頁）

六月，《學習史達林語言學説》發表於《中國語文》雜誌。

七月，主持召開全國高等工業學校行政會議。

八月十一日，與林伯渠、郭沫若、鄧小平等往車站，歡迎中國人民志願軍司令員彭德懷從朝鮮回國。

八月，高教部召開第二次俄文教學工作會議。

九月八日至十一日，政協全國委員會舉行常委擴大會議。

九月十二日，政府委員會第二十四次會議，彭德懷作關於人民志願軍抗美援朝工作的報告。

九月十四日，中央人民政府委員會第二十五次會議，陳雲作財經工作報告。

九月十五日，中央人民政府委員會第二十六次會議，李富春報告蘇聯援助工作。

九月十六日，中央人民政府委員會第二十七次會議，彭真作政法工作報告，郭沫若作文教工作報告。

九月中旬，第一次全國綜合性大學會議召開，高教部副部長黄松齡代表部長馬叙倫作報告。

九月二十日，顧頡剛閲《石屋續瀋》。

顧頡剛日記一九五三年九月二十號（八月十三，星期日）：『看馬叙倫《石屋續瀋》。』（《顧頡剛日記》，聯經出版事業股份有限公司二〇〇七年版，第七卷，四四五頁）

十月二日，黄炎培將馬《光復杭州回憶録》轉交政協全國委員會文史資料委員會范文瀾。

黄炎培日記十月二日：『訊范文瀾，附去鍾豐玉《光復杭州回憶録》、馬叙倫《光復杭州回憶録》。』（《黄炎培日記》第十二卷，一八八頁）

十月上旬，任銘善致函夏承燾（在京出席教育部會議），瞭解馬近況。

夏承燾日記十月九日：『得心叔信，問馬夷初先生病否，以屢次國家盛典皆不出席也。午後以詢教部邵鶴亭君，云聞月前頗篤重，近已稍安。託一女同志再打聽。』

十月十五日，馮玉祥骨灰安放儀式在山東泰山舉行，民進致送花圈。

十一月廿七日，高教部發布《高等學校培養研究生暫行辦法（草案）》。

十二月十一日，政務院發出《關於改進和發展高等師範教育的指示》。至年底，歷時一年半的院系調整基本結束，全國大陸高校共有一百八十三所。

本年，蕭山來裕恂受聘省文史研究館館員，係馬叙倫與沈鈞儒聯名推薦。

一九五四年　七十歲

三月十二日，上午，政務院文教委員會第五次全體會議。下午，全國文教工作會議，會場設紫光閣，郭沫若致開幕辭。至廿三日閉幕。

三月廿三日，出席憲法起草委員會第一次會議，毛澤東代表中共提出憲法草案初稿（四章九十七條）。

三月廿五日，政務院文教委員會第六次全體會議，同意修改《一九五四年文化教育工作的方針和任務》。

四月六日，清理抽屜得陳叔通信札多通，自注：『此爲陳叔通師于一九四九年底余離上海後致余者。』（《陳叔通致馬叙倫手札選刊》，《文史資料選輯》第一〇〇輯）按，一九四九年，當作一九四七年。

四月十七日，致函毛澤東請假：『毛主席：我因希望腦疾好得快些，近十多日來完全不看文字，不多説話和聽話，已有效驗，就想用多接觸新環境的療法，擬於本月二十二日離京，赴杭州休養一月左右，鞏固已得的成效。特此報告，請予批准。敬禮。馬叙倫。一九五四年四月十七日。』（齊德平《毛澤東致馬叙倫兩封書信年份考》，《黨的文獻》二〇一一年第二期）

四月十九日，毛澤東覆信同意：『馬部長：四月十七日函讀悉。休養甚好，時間可不限於一月，以病癒爲度。此覆，順頌康吉。毛澤東。四月十九日。』（中央檔案館編《毛澤東手書選集》第三卷，北京出版社一九九三年版，一八九頁）按此信《毛澤東手書選集》誤繫於一九五〇年。

四月，約蔡元培哲嗣蔡無忌談話，囑其整理父親遺文遺物。

四月廿二日，政務院第二一四次政務會議。

黄炎培日記四月廿二日：『下午三時，政務院第二百一十四次政務會議。郭沫若文教工作報告，沈雁冰文化工作報告。討論時，邵力子提節育問題。』（《黄炎培日記》第十二卷，二五五頁）

四月中下旬，任銘善知會表弟沈幼徵，馬將因私來杭。

沈幼徵《回憶馬叙倫先生》：『一九五四年春天，任銘善先生告訴我：「馬老這幾天要來杭州，是私事。」我想，既是私事，總不致太忙，大概又可以見到馬先生了。可偏偏不巧的是我又患腸出血，住院半月。出院後，任先生告訴我，馬老已來過杭州，没住幾天就回北京了。他到杭的那天，只有教育廳負責同志和幾位親友到車站迎接。他們親見馬先生自己提著沉重的包裹擠出人群。任先生還感慨地説：「要是國民黨的部長，前呼後擁，不知有多威風呢。」我深以没有見到先生爲憾，就寫信去問候，并表示遺憾，信中還帶了一筆，問起《説文解字六書疏證》何時出版。原想先生公務叢集，對這樣一封平凡的問候信，大概不會作答的。哪料到没過幾天，就接到先生的親筆回信，信中還抱歉地説因公務較多，來不及多寫，并要我多注意身體。又告訴我，《説文解字六書疏證》正由友人抄寫，即將付印。這是我收到先生來信中的最後一封。』（《杭州文史資料》第二十三輯，一二四至一二五頁）

四月下旬，轉杭州養病，下榻大華飯店。

曹聚仁《悼念馬叙倫先生》（一九七〇年五月）：『一九五七年夏天，我又到了杭州。在樓外樓，看到了許寶駒先生的感懷詩：「山河如此晝沉沉，白眼看天覺淚深。已誤當年蔡州雪，湖樓滯酒近來心。」那是一九二七年秋天，許氏傷時之作。到了一九五二年，夷初先生過杭，追和許氏原韻，詩云：「不用迂生歎陸沉，倚天一劍酒尊深。當年事等遼東豕，江海浮槎此日心。」』（曹雷編《聽濤室人物談》，上海人民出版社一九九八年版，二八〇頁）按，此章《馬叙倫詩詞選》失收。按，此處『一九五二年』似當作『一九五四年』。

五月一日，任銘善前來看望，託渠帶詩詞稿各一册交夏承燾。

夏承燾日記五月一日：『晴。馬夷初先生前日自京來杭休養。今晨心叔往謁于大華飯店，午後歸，謂體力極衰，面部浮腫，去年病八閱月，幾不起（血管硬化症）；今雖稍瘥，猶時時有危險。以詩詞稿各一册、文一篇託心叔。心叔以其所書寄予雁蕩山中詩一橫幅貽予，又分貽予繭紙二束。此老今年七十，衰病如此，由用思過勞也。』

五月十七日，夏承燾讀《石屋餘瀋》。

夏承燾日記五月十七日：『晴。遇鄭曉滄翁，謂新往湖墅賣魚橋賈家弄三十八號晤徐曙岑行恭。此君與予别二十年。曩夷初先生爲《石屋餘瀋》記羅文幹事，羅以奥款事被誣，曙岑爲財部科長，挺身力證，文幹乃得免於縲絏。予甚佩其人，方打聽其行蹤。曉翁謂見其新詞名「淺月櫳詞」，當作函詢之。』五月十八日：『陰。午後作徐曙岑函，請録近詞，附去馬夷翁《石屋餘瀋》一紙。』

六月十四日，中央人民政府委員會第三十次會議通過憲法草案。

黄炎培日記六月十四日：『下午五時，中央人民政府委員會第三十次會議（從三月二十三日起共參加四十五次），勤政殿，毛主席主持下提出中華人民共和國通過憲法草案。我第四人發言——宣讀昨稿。一致通過。』（《黄炎培日記》第十二卷，二七一頁）

七月五日，出席政協全國委員會常務委員會第五十六次會議，并發言。

黄炎培日記七月五日：『對應由中央提名的全國人民代表大會大部分候選人名單，政協常委會協商通過。』

新華社五日訊：『中國人民政治協商會議全國委員會常務委員會第五十六次會議在五日下午擴大舉行。會議根據《中華人民共和國人民代表大會及地方各級人代表大會選舉法》的規定，對於應該由中央提名的全國人民代表大會的一部分候選人名單進行了協商。在會議上，中共中央統一戰綫工作部部長李維漢對於這個名單的協商經過作了説明。接著發言的有李濟深、沈鈞儒、黄炎培、馬叙倫、彭澤民、陳其尤、許德珩、郭沫若、傅作義、張難先、吴耀宗、盛丕華、章乃器、史良、蔡廷鍇、李燭塵、陳雲、王昆侖、劉少奇、陳叔通等。會議在發言後，一致通過了這一經過各方面充分協商而産生的名單。這個名單即將分别提到各省、市人民代表大會，作爲各省、市人民代表大會選舉全國人民代表大會的候選人名單的一部分。出席這次會議的有：中國人民政治協商會議全國委員會副主席李濟琛、沈鈞儒、郭沫若、陳叔通，常務委員劉少奇、李維漢、王昆侖、蔣光鼐、張瀾、章伯鈞、黄炎培、章乃器、馬叙倫、張奚若、朱德、劉寧一、沈雁冰、梁希、邵力子、林伯渠、鄧小平、羅隆基、許廣平、黄琪翔、許德珩、陳其尤、史良、李四光、盛丕華、吴耀宗、熊克武等三十一人，列席會議的有中央人民政府副主席宋慶齡及中央人民政府委員會委員、政務院政務委員等共十

六人。』(《黄炎培日記》第十二卷,二七八頁)

八月二十日,浙江省第一届人民代表大會第一次會議,選舉宋雲彬、周建人、洪式閭、馬寅初、馬叙倫、陳叔通等三十五人爲出席第一届全國人民代表大會的代表。

八月,發表《認真參加憲法草案的學習和宣傳是我們最光榮的政治任務》。

九月十日,宋雲彬致函談章太炎安葬事。

宋雲彬甲午日記九月十日:『上午無會。寫信給阿莊。(中略)又致函馬叙倫,爲章太炎安葬問題。』(《紅塵冷眼》,三四三頁)

九月十二日,就章太炎安葬事宜函覆宋雲彬。

函云:『雲彬同志:手示奉悉。敝軀自杭歸後,反復數四,近得小痊,承注感甚,謝謝! 章太炎先生葬事,往年章夫人一再相商,得中央許撥張蒼水墓近之地,惟章夫人期之於國葬名義,蹉跎迄今。現據教示,知僅在經費一節,並欲倫爲進商,自當努力,第恐近月總理無此暇日相晤,倘有機會,仍當請命。先此肅復,餘面不一,順祝健康。馬叙倫。一九五四年九月一二日。』

宋雲彬《甲午日記》九月十三日:『馬叙倫有覆信,略謂「章太炎葬事,前年章夫人一再相商,中央許撥張蒼水墓近之地,惟章夫人期之于國葬名義,蹉跎迄今。現據教示,知僅在經費一節,並欲爲之,自當努力,第恐近月總理無此暇日相晤,倘有機會,仍當報命」云

云。字如核桃大，以日本白棉寫成橫幅，其意蓋欲余付之裝裱，留作紀念也。』（《紅塵冷眼》，三四四頁）

九月十五日至廿八日，出席一屆全國人大一次會議。其間作關於高等教育工作的報告。

九月廿四日，應毛澤東之邀，赴頤年堂討論中共中央所擬各項人選名單。

黄炎培日記九月二十四日：『夜，毛主席招談頤年堂。主席、劉少奇、周恩來、李維漢、彭真、陳毅、鄧小平、陳雲（中共）、李濟深、宋慶齡、張瀾、郭沫若、黄炎培、陳叔通、沈鈞儒、張奚若、馬叙倫、章伯鈞、張治中、許德珩、龍雲、傅作義。授閱中共中央所草各項人選名單：（略）共三七二人，但甚多姓名兩見者，也有三見者。談話結果：一致同意。八時半起，十二時散。』（《黄炎培日記》第十二卷，三一三頁）

葉聖陶日記九月廿四日（星期五）：『凡列名于常務委員者，即不入政府部門。愈之、喬峯皆爲委員，蓋以愈之爲民盟要員，喬峯爲民進要員之故。』（《葉聖陶集》第二十三卷，一五二頁）

九月廿六日晚，散會後全國人民代表浙江組赴長安街全聚德聚餐，同席七十歲以上長者有陳叔通、邵力子、馬寅初、竺可楨、錢雨農、包達三、何燮侯等七人。（《竺可楨日記》第三卷，四八二至四八三頁）

九月廿七日，午前浙江小組會在北京飯店舉行，并合影。下午在全國一屆人大一次會議上當選爲全國人大常委會委員。

九月廿八日，一屆人大一次會議通過國務院組成人員名單，決定任命楊秀峰爲高等教育部部長，接替馬叙倫的職務。次日，中華人民共和國主席毛澤東根據一屆人大一次會議的決定，任命楊秀峰爲高等教育部部長。

十月十日，出席最高國務會議。

黄炎培日記十月十日：『夜九時，頤年堂召開最高國務會議，毛主席主持。出席者（二四）：毛主席、朱德副主席、劉少奇委員長、周恩來總理、李維漢、彭真、陳雲、鄧小平、董必武、宋慶齡、李濟深、沈鈞儒、郭沫若、黄炎培、陳叔通、烏蘭夫、程潛、張治中、傅作義、龍雲、陳嘉庚、李四光、馬叙倫、章伯鈞、張奚若。報告和討論（密），十一時散。』（《黄炎培日記》第十三卷，華文出版社二〇一二年版，五頁）按，實際廿五人。

十一月二十日，國務院任命吴玉章爲中國文字改革委員會主任，胡愈之爲副主任，吴玉章、胡愈之、韋慤、丁西林、葉恭綽爲常務委員，開展籌備工作。

十二月八日，民進中央常務理事會決定，增選常務理事周建人爲中央理事會副主席。

十二月十六日，國務院任命王力、朱學範、吕叔湘、邵力子、季羨林、林漢達、胡喬木、馬叙倫、葉恭綽、葉聖陶等廿三人爲中國文字改革委員會委員。

十二月廿一日至廿五日，出席全國政協二屆一次全會。

十二月廿四日，設家宴招待黎錦熙、姜立夫、陳鶴琴、顧頡剛、蘇步青、盧于道、金通尹、陸侃如諸人。

顧頡剛日記一九五四年十二月廿四號（十二月三十，星期五）：『到北京飯店開（政協）小組會，討論本屆宣言。十一時，到馬彜初先生家赴宴，談高（等）教育情形。今日同席：陳鶴琴、劉錫瑛、黎劭西、蘇步青、盧于道、金通尹、陸侃如、姜立夫、葛志成、余之介（以上客），馬彜初先生（主）。』（《顧頡剛日記》第七卷，六二九頁）

十二月廿五日，全國政協二屆一次全會通過政協章程、大會選舉。推定名譽主席毛澤東，主席周恩來，副主席宋慶齡、董必武等十六人，常務委員六十五人，馬繼續當選。

十二月廿七至廿九日，中蘇友好協會第二次全國代表大會。總會換屆，會長宋慶齡，副會長林伯渠、林彪、郭沫若、張瀾、李濟深、吴玉章、沈鈞儒、黄炎培、馬叙倫、程潛、馬寅初等二十人。（《人民日報》十二月三十日）

黄炎培日記十二月廿九日（星期三）：『午餐後，我急急去懷仁堂中蘇續會。我被提爲副會長之一。會長宋慶齡，秘書長錢俊瑞。二時至六時。』（《黄炎培日記》第十三卷，三七頁）

一九五五年　七十一歲

一月七日，中國文字改革委員會發表《漢字簡化方案》（草案）。

二月六日，顧頡剛閲《讀書小記》。

顧頡剛日記一九五五年二月六號（正月十四，星期日）：『到平心處同飯，談至八時，平心以車送歸。看馬叙倫《讀書小記》。』（《顧頡剛日記》第七卷，六五三頁）

二月九日，顧頡剛代李平心起草致馬函。

顧頡剛日記二月九號（正月十七，星期三）：『爲平心草致馬彝初先生函稿。』（《顧頡剛日記》第七卷，六五四頁）此前二月七號：『平心來，邀予及四孩到奇珍閣飯，談至九時歸。』按，平心託顧代爲起草當在是日。

同日，民盟中央主席、全國人大常委會副委員長張瀾病故，享年八十四。下午列名張瀾先生治喪委員會（三十七人），晚前往中山公園親視含殮。

黄炎培日記二月九日：『夜九時，中山堂大斂，參加告别式，陪同毛澤東等繞行遺體一周。』（《黄炎培日記》第十三卷，四九頁）次日，沈鈞儒代理民盟主席。

黄炎培日記二月十三日：『公悼張表方先生，即日移柩八寶山公墓。』（《黄炎培日記》第十三卷，五〇頁）

二月十四日，以中蘇友協副會長身份出席首都慶祝《中蘇友好同盟互助條約》簽訂五周年大會，并赴蘇聯大使館出席慶祝晚宴。

三月九日，出席全國人大常委會討論祝壽問題，贊同黄炎培公家不做壽的意見。

黄炎培日記三月九日：『午後三時，全人代常委會看公文商談明天開會準備，會談祝壽問題。一月二日，我曾函會反對公家祝壽，毛主席、劉委員長、周總理皆同意我函。今天徵衆意，陳叔通、馬叙倫皆同我意。李濟深説：「應該快樂一下。」馬寅初説：「我輩每人出幾萬元，不在乎。」我説：「現在老百姓吃不飽的太多，節約是國策，豈可以這樣浪費？」結果決定：「政府不做，私人不管。」濟深、寅初可謂不仁、無耻。』（《黄炎培日記》第十三卷，五七至五八頁）

四月，電唁洪式閭家屬。唁文云：『浙江衛生廳轉洪式閭故廳長家屬：聞伯容弟猝逝，四十餘年相從之雅，竟爾長别，不勝惜悼，特此致忱，并希節哀。』（《樂清文史資料》第四輯，一九八七年鉛印本，九三至九四頁）

五月十日，應毛澤東之邀，赴中南海頤年堂與會討論農村糧食、外交、臺灣等問題。

黄炎培日記五月十日：『毛主席招談（頤年堂），下午五時始，十一時一刻散。晚餐，定明晚續談。問題：農村糧食、外交、臺灣、赦免、出發視察，略談及預算。被邀者：朱德、周恩來、李濟深、林伯渠、沈鈞儒、郭沫若、黄炎培、彭真、李維漢、陳叔通、馬叙倫、馬寅初、張治中、許德珩、龍雲、羅隆基、陳雲、陳毅、董必武、鄧小平。』（《黄炎培日記》第十三卷，七四頁）

五月十一日，全國人大常委會座談農村糧食、外交、臺灣等問題。

黄炎培日記五月十一日：『午後三時至六時，人代常委會座談昨頤年堂提出問題。』（《黄炎培日記》第十三卷，七五頁）

五月中旬，應夏承燾之託，致函北師大柴德賡，商借館藏《白石詞鈔》武唐俞氏刻本，與夏校勘之用。

夏承燾日記五月十八日：『陰。接北京師範大學柴德賡函，謂得馬夷初先生函，屬爲予借《白石詞》武唐俞氏刻本，不日寄來。十年前嘗與柴君會於湖上。』

五月二十七日：『午後大雨。校武唐俞蘭刊本《白石詞鈔》，此本甚少見，馬夷初先生見假。實出於陳撰洪正治本，首數字句注宫調，皆同洪本，寫刻甚精。』

六月十一日，委託王鍾翰邀請顧頡剛參加民進。

顧頡剛日記一九五五年六月十一號（四月廿一，星期六）：『馬彝初先生遣王鍾翰君來，邀予參加民主促進會，予允考慮。』（《顧頡剛日記》第七卷，六九九頁）

六月十八日，赴故宫博物院，送别文獻館主任沈士遠。

葉聖陶日記六月十八日：『三點半，偕墨至故宫博物院。登神武門，參加沈士遠之追悼會。沈先生于前數日以氣喘舊病去世，墨曾往唁其夫人金耀明。今日見金，金即哀哭，聞之傷惻。繼到者有沈衡老、馬夷老、陳援老，外則博物院同人。四點一刻開會，院長及女

家一人講話。五點散。』（《葉聖陶未刊日記》，載《出版史料》二〇一一年第四期，五一頁）

六月十九日，顧頡剛來訪。

顧頡剛日記六月十九日（四月廿九，星期日）：『到馬彝初先生處談。』（《顧頡剛日記》第七卷，七〇二頁）按，所談當屬應約入民進事。

六月十日，《人民日報》公布『胡風集團第三批反革命陰謀材料』。

六月十一日，《人民日報》集中發表李濟深、沈鈞儒、馬叙倫、陳其尤、鄧初民、曹孟君聲討『胡風集團』的文章。馬文題『堅决粉碎胡風反革命集團』，認爲『胡風集團是十足的站在帝國主義和蔣介石一邊的人民公敵』。

同日，出席民進總部聲討『胡風反革命集團』大會，并發表講話，指出『它是和一切間諜特務組織絲毫没有區别的組織』。

六月，國務院公布中國科學院學部委員名單（二百三十三人），其中哲學社會科學學部六十一名，包括丁聲樹、千家駒、馬寅初、馬叙倫、馮友蘭、錢俊瑞、羅常培諸人。

七月四日，出席第三次最高國務會議。

黄炎培日記七月四日：『夜八時，頤年堂毛主席主持下舉行第三次最高國務會議。一、大會議程等。二、補提代表。三、國内外形勢。出席二十四人：毛澤東、朱德、劉少奇、周恩來、宋慶齡、李濟深、陳毅、陳嘉庚、（譯員）、何香凝、張治中、董必武、鄧小平、傅作義、

李燭塵、沈鈞儒、黄炎培、彭真、馬叙倫、章乃器、李維漢、許德珩、章伯鈞、林伯渠。』(《黄炎培日記》第十三卷,九二頁)

七月五日至三十日,一届全國人大二次會議通過各案,重點是第一個五年計劃。其間,馬寅初、邵力子、李德全聯名提交關於控制人口的提案。會前與柳亞子、李達等應馬寅初之託過目《控制人口與科學研究》一稿。

七月十三日,國務院成立漢字簡化方案審訂委員會,主任委員董必武,副主任委員郭沫若、馬叙倫、胡喬木,委員張奚若、沈雁冰、許廣平、朱學範、邵力子、張修竹、項南、徐忻、老舍、曾昭掄、鄧拓、傅彬然等,審訂《漢字簡化方案(草案)》。

八月,孫子馬慕周出示南京請願時留影,應邀題辭留念:『此爲一九四六年上海人民推余與蕢延芳、盛丕華、包達三、張絅伯、雷潔瓊、胡厥文、俞寰澄、閻寶航、吴耀宗爲代表,赴南京爲反内戰,要和平請願,就道時群衆歡送於車站者十萬人,新聞記者及群衆各有攝,此其一也。一九五五年八月,慕周孫出此相示,余幾忘之矣,遂記之。馬叙倫。』(民進中央會史工作委員會編《民進會史資料選輯》第一輯,二〇〇〇年鉛印本,卷首插頁)

九月,撰《寫〈説文解字六書疏證〉的説明》,交代《疏證》一書的主要任務就在『説清楚中國文字構造的規律,根據規律把九千多的文字,盡能力的可能,把它們整理一下』。

十月三十日,顧頡剛加入民進,與馬同一組(支部)。

顧頡剛日記十月三十號（九月十五，星期日）：『嚴景耀來，送民主促進會入會書，予自此爲民進會員矣。兩星期開會一次，予與馬彝初先生爲一組，則當不在夜中開。』（《顧頡剛日記》第七卷，七五四頁）

十一月八日，設午宴招待新從美國回國的錢學森，并約陳叔通、陳慧父女，徐伯昕，顧頡剛作陪。

顧頡剛日記十一月八號（九月廿四，星期二）：『到馬匹廠馬宅赴宴。今午同席：錢學森、陳叔通、徐伯昕、陳慧（以上客），馬彝初先生夫婦（主）。』（《顧頡剛日記》第七卷，七五七至七五八頁）

十一月三十日，出席民進碰頭會，討論『老幹部』與知識分子之關係。

顧頡剛日記十一月三十號（十月十七，星期三）：『到民進開碰頭會，自三時至六時，由傅彬然傳達毛主席、周總理兩報告，討論「老幹部」與知識分子之關係。今日同會：馬叙倫（主席）、嚴景耀、雷潔瓊、傅彬然、張紀元、李植禮、金芝軒、梁明等十餘人。』（《顧頡剛日記》第七卷，七六六頁）

十一月，《説文解字研究法》由商務印書館重印。

十二月一日，顧頡剛代爲購書。

顧頡剛日記十二月一號（十月十八，星期四）：『到中國書店，爲馬彝初先生購《中西交通

史料彙編》。』(《顧頡剛日記》第七卷，七六六頁)

十二月四日，顧頡剛送交《中西交通史料彙編》。

顧頡剛日記十二月四號(十月廿一，星期日)：『到王姨丈及馬彝初先生處送書。』(《顧頡剛日記》第七卷，七六七頁)

十二月十四日，民進支部開會。

顧頡剛日記十二月十四號(十一月初一，星期三)：『到彝初先生家開會，自三時至六時。今日同會：馬叙倫、陳萬里、李植禮、梁鐸、馮賓符，爲響應周總理號召，吐露知識分子所感受之痛苦。』(《顧頡剛日記》第七卷，七七〇頁)

十二月廿七日，看望顧頡剛。

顧頡剛日記十二月廿七號(十一月十四，星期二)：『馬彝初先生來。』(《顧頡剛日記》第七卷，七七五頁)按，地點應爲顧寓或中科院第一歷史研究所，未詳。

十二月三十日，出席民進十周年紀念會。

顧頡剛日記十二月三十號(十一月十七，星期五)：『到青年宫參加民進十周年紀念會，雷、馬兩先生講話，後看《幸福》話劇，十時半歸。』(《顧頡剛日記》第七卷，七七六頁)按，雷，指雷潔瓊。

十二月，文化部、中國文字改革委員會聯合發布《第一批異體字整理表》。

本年，神經和血管疾病日益嚴重，爲此留下遺言：『哥瓷器具盡獻國家，或國或省，請人商定；書籍凡足資研究我國舊學者，盡貽浙江師範學院，因我過去已將杭州藏書悉贈此院。』

是年，校友鄭曉滄著《戊戌前後浙江興學與林啓的貢獻》，注稱：『養正（書塾）資料殊不多。……曾向北京馬夷初先生函問。……參證補充。』

一九五六年 七十二歲

二月二十日，在民盟第二次全國代表大會上繼續當選民盟中央委員。

二月廿一日，在民盟第二屆中央委員會第一次全會上當選常務委員、副主席。主席沈鈞儒。

二月廿五日，函覆中國科學院社會科學部副主任潘梓年，就所著《莊子天下篇述義》初稿是否可以引用胡適觀點，徵求意見。

函云：『梓年先生：日前得悉您來信，還我寫的《莊子天下篇述義》初稿，囑我再校一道，將由龍門書局出板，我正在細校。但有一個問題，要請您解決的，即這稿中引古今人的解釋不少，其中有胡適的，現在是否可以引用？請您即答覆我爲感。敬禮！馬叙倫。一九五七年．二．二五。』

三月，撰《馬叙倫學術論文集》前言，稱：『現在我有腦病，還須一個時期的休養。』

五月三日，毛澤東在最高國務會議上論十大關係。

七月五日，民進碰頭會。

顧頡剛日記一九五六年七月五號（五月廿七，星期四）：『到馬彝初先生處，并晤徐伯昕、周建人、嚴景耀、許廣平、梁明。』（《顧頡剛日記》聯經出版事業股份有限公司二〇〇七年版，第八卷，八六頁）

七月十一日，顧頡剛寄贈圖書。

顧頡剛日記七月十一日（六月初四，星期三）：『寫彝初先生信，贈書。』（《顧頡剛日記》第八卷，八八頁）按，不久後顧頡剛夫人也加入民進。七月八號：『民進已批准静秋入會。』

七月十六日，顧頡剛來訪。

顧頡剛日記七月十六號（六月初九，星期一）：『四時半起。寫静秋信。到彝初先生處。』（《顧頡剛日記》第八卷，九一頁）

八月一日，夏承燾、任銘善來訪，自謂腦病不能構思。

夏承燾日記八月一日：『晴。晨八時與心叔乘街車往朝陽門内南小街大方家胡同六〇號訪馬夷初翁。汽車行一小時方達。夷翁五六年不見，扶杖而出，精神甚衰，長髯已白，氣貌比前慈祥，自謂腦病不能構思，問浙江尚有知識分子不得其所者否。予告李孟楚事，夷翁知其《屈宋方言考》而不詳其人。又問宋慈抱是宋燕生先生侄否。夷翁今年七十四，一姬人四十餘，耳聾甚，尚有一女孩十四五歲，所住有花木院落。十二時返西苑大旅社。』

八月十一至廿三日，民進第二次全國代表大會舉行。

八月十三日，致開幕詞。

八月十七日，傅雷回函，表示不能再參加任何黨派，『以個人志願及性格而論，亦難對任何集團有任何貢獻，務懇長者曲諒，勿以重違雅命見責』。同日致函周煦良、徐伯昕解釋，黨派工作必須内方外圓者纔能勝任，堅辭民進二大候選人名單。

傅雷致周煦良函略稱：『馬老來了信，我可真睡不著覺了，除了直接去了覆信，還附上致伯昕兄信，請立即轉致，還得再求你老兄大力幫助。』致徐伯昕函稱：『本月八日接煦良來信，昨又奉夷老手教，使我惶恐萬分。諸君子的厚愛及期望，都失之過奢。我的長處短處，兄十年交往，一定知道得很清楚。黨派工作必須内方外圓的人纔能勝任。（中略）爲了免得民進諸君子及夷老誤會，我以十二萬分懇切的心情，央求吾兄善爲説辭，儘量解釋。候選名單，務勿列入賤名。』（傅敏編《傅雷文集·書信卷》，安徽文藝出版社一九九八年版，上册，二五一頁、二五四頁、二五二至二五三頁）

八月廿三日，産生民進第四届中央委員方明、王紹鏊、馬叙倫、吴貽芳、謝冰心、顧頡剛等六十二名，候補中央委員王幸生、陳慧、梁明、嚴寶禮等廿八名。

八月廿四日，在民進四届一中全會上當選中央主席。副主席爲王紹鏊、周建人、許廣平、車向忱、林漢達五人。

八月卅一日，回復勵乃驥。

函云：『德人吾兄：奉到手書，未即裁覆爲歉。倫病在腦，不易見愈，寫文極難，尋常書信往往不終頁而止。兄工作問題既能解决，自以即就爲是。倫本欲奉延爲私人之助，終以有欲牽繫，不得如願，以是更盼於新工作崗位努力自白，則前事不辯而解。國家方事建設，如兄學有專長，决不至於久困也。前承寄我大作，即轉科學院交竺可楨副院長後，從無消息，不審此稿是否亟需索還，乞示爲盼。草草，順候興居不一。馬叙倫，一九五六．八．三一。』

九月九日，中共中央向各民主黨派通報八大籌備情况。

黄炎培日記九月九日：『下午四時毛主席頤年堂招談。在座皆民主人士，爲的是中共八大即將召開，向我們報告會的準備情况。主席、周總理、陳雲副總理、朱德司令先後發言。七時散。』（《黄炎培日記》第十三卷，二五〇頁）

十月廿三日，顧頡剛爲康同璧致函馬。

顧頡剛日記十月廿三日（九月二十，星期二）：『到康同璧處，并晤其女羅儀鳳及張滄江，爲寫馬彝初、黄任之、郭沫若、陳叔通信。』（《顧頡剛日記》第八卷，一三六頁）

十月廿八日，顧頡剛、雷潔瓊、嚴景耀先後來訪。

顧頡剛日記十月廿八日（九月廿五，星期日）：『到馬彝初先生處談。出，遇雷潔瓊夫婦。』（《顧頡剛日記》第八卷，一三八頁）

十月，賦詩賀張元濟九十歲大慶。（原件藏上海圖書館，《解放日報》十月三十日）

十一月九日，《一個承先啓後的革命家——紀念孫中山先生》發表於《光明日報》。

十一月十三日，《紀念孫中山先生九十歲生日片段的回憶》發表於《人民日報》。

十一月，抱病出席首都各界人民支援埃及反抗英美侵略大會，并講話。傳媒報導，他已經好久没有參加社會活動。

本月，任中國人民支援埃及反抗侵略委員會常務委員、孫中山誕辰九十周年紀念大會主席團成員。

十一月三十日：致函□昌顥。

函云：『昌顥同志：我寫了一篇《寫在張心澂先生的〈老子道德經説解、鑒别與批判〉後面》，現將列印的一份，送請代轉所長鑒定。張心澂先生原稿一册附還。如有不妥，請勿客氣，指示爲荷！　馬叙倫。　一九五六．一一．三〇。』（原件甲乙堂藏）按張心澂，字仲清，號泠然，廣西臨桂人，京師大學堂譯學館畢業，當時執教于廣西大學，著有《中國現代交通史》《僞書通考》。

十二月十六日，致函郭沫若，討論老、莊及異同，附贈《修辭九論》《石屋續瀋》。函曰：『沫老：日前面奉拙寫《莊子·天下篇》一卷，原於我讀《莊》《荀》兩書，望有「空石有人」之説。雖古代西北已有佛家之禪寂者，其是否由外輸入，尚在尋獲證明，未便妄斷。惟《莊子内篇》首爲《逍遥遊》，明是喻由黑暗而入光明之義；《天地篇》「凡有首有趾、無心無耳者……盡無」云云，是遮絶時空，此亦惟佛學中有此義；《帝王篇》明用世之術，《在宥篇》更暢其旨，則出無治主義；《天下篇》則高自位置，以天人自處。莊所擇者僅孔、老二家與己爲三耳，然不以天人相許也。此明老、莊極有同異，後世以莊爲老之支流，非確論也。未悉愚鄙之見，有當與否？附奉拙撰兩本。《叢著》中《修辭九論》，恐不適於今，今日於報中讀大著論詩，佩服之至，遂忘其陋，請教請教。《續瀋》備茶餘之用，有不與事實相符之記録，請賜糾正。敬禮！嫂夫人前道候。馬叙倫。一九五六．一二．一六。』

按，所謂『大著』，指郭沫若《談詩歌問題》一文（刊於前一日《光明日報》），認爲新詩的出現，『適應中國社會發展的規律，也是符合中國詩歌發展的規律的』。

一九五七年　七十三歲

二月三日，顧頡剛夫婦、黄仲良來訪。赴和平賓館出席民進春節聯歡會。

顧頡剛日記一九五七年二月三日（正月初四，星期日）：『與静秋到黄仲良處，與之同到馬夷初先生處，同歸，留飯。與静秋同到和平賓館，參加民進春節聯歡茶會，自二時半至五時半。今日同會：馬叙倫、王紹鏊、周建人、許廣平、吴研因、趙樸初、巫寶三、酈平章、吴文藻、謝冰心、嚴景耀、雷潔瓊、吴榮、梁明、嚴幼芝、姚紹華、王澤民、陳慧、宫介壽、葛志成、佘之介、張明養、陶建基、盧文迪、徐楚波、馮賓符、倪之璜、林耀華、梁純夫、章廷謙、陸高誼、陳麟瑞、王力耕、張夢麟、陳選善、顧均正、戴克光，約六七十人。』（《顧頡剛日記》第八卷，一九三頁）

二月廿七日，赴懷仁堂出席第十一次（擴大）最高國務會議。毛澤東作關於處理人民内部矛盾問題的報告。

三月一日，委託周建人在第十一次最高國務會議上就《關於正確處理人民内部矛盾的問題》代爲發言。

黄炎培日記三月一日：『下午四時始，八時止，懷仁堂最高國務會議第十一次，我發言。發言者十餘人：李濟深、章伯鈞、黄炎培、馬叙倫、陳嘉庚、陳叔通、郭沫若、程潛、馬寅初、許德珩、達浦生、劉文輝、車向忱、盛丕華、孫蔚如、黄琪翔。末，毛主席一一答問。』（《黄炎培日記》第十三卷，三〇六頁）

顧頡剛日記三月一日（正月三十，星期五）：『與張明養同到懷仁堂，繼續參加最高國務會議，自四時至九時。今日大會發言者：李濟深、章伯鈞、黄炎培、馬叙倫（周建人代）、陳嘉庚、陳叔通、郭沫若、程潛、馬寅初、許德珩、達浦生、車向忱、劉文輝、盛丕華、孫蔚如、黄琪翔、毛主席。』（《顧頡剛日記》第八卷，二一〇至二一一頁）

三月三日，設家宴招待來京出席政協二届三次全會的謝無量、馬一浮、徐森玉諸人。

顧頡剛日記三月三日（二月初二，星期日）：『到馬彝初先生處赴宴。今日同席：謝無量、馬一浮、徐森玉、陳叔通、錢均夫、黄仲良（以上客），馬夷初（主）。』（《顧頡剛日記》第八卷，二一一至二一二頁）

三月五日至二十日，出席全國政協二届三次會議。

三月十三日，在全國政協二届三次會議上提交書面發言。顧頡剛來函。

顧頡剛日記三月十三日（二月十二日，星期三）：『寫廣西組、政協秘書處、馬彝初先生信。予發言稿約八千言，恐是全體發言中最長之一篇，篇中字斟句酌，費了九天功夫，請多少朋友提意見，大致可以無誤矣。今日下午書面發言者：馬叙倫、郭沫若、江恒源、郝翹然等、沈肇年、孟目的、王明選。』（《顧頡剛日記》第八卷，二一七頁）

四月十五日，預備集合北大校友向臺灣作廣播。

顧頡剛日記四月十五日（三月十六日，星期一）：『馬夷初先生要集合北大舊同學向臺灣作廣播，以同學、校友兩録交予記出。然單是同學一録已萬餘人，看一遍殊不易。』（《顧頡剛日記》第八卷，二三一頁）按，顧頡剛當日開始看《北大同學録》，至十九日看訖，二十一日住院期間看《北大校友録》。

五月一日，中共中央發出《關於整風運動的指示》。

五月廿一日，在北京醫院遇顧頡剛。

顧頡剛日記五月廿一日（四月廿二，星期二）：『二時半雇汽車，與静秋同到北京醫院，由高浴大夫診，并透視，六時歸。遇彝初先生、楊鍾健、馮仲雲。』（《顧頡剛日記》第八卷，二四六頁）

五月，《説文解字六書疏證》三十卷由科學出版社出版，三函十五册。

六月六日，顧頡剛來信。

顧頡剛日記六月六日（五月初八，星期三）：『未成眠。寫馬彝初先生信。到郵局寄信。抄函稿入日記。』（《顧頡剛日記》第八卷，二五三頁）按，此次發信，顯然與昨日『爲民進填北大校友在京者現職』有關。本日日記未見『函稿』。

六月十日，《怎樣幫助黨整風？》發表於《人民日報》，表示：『我不能不憤慨地指出少數別有用心的分子正在「鑽空子」，企圖利用整風運動來進行反黨反社會主義的勾當。民革中央委員盧郁文由於發表了關於擁護党的領導的正當言論，竟遭到匿名信的恫嚇，就是一個活生生的例子。（中略）在黨的整風運動中，我號召全體民進會員要繼續貫徹「徹底鳴放」的精神，堅決地、大膽地揭露「三害」，幫助党勝利完成「整風」大事。但是我們也必須明辨是非，嚴格劃清「反對三害」和反黨、反社會主義的界限。……我們還必須認識認真幫助黨搞好整風，同時也是我們自己進行改造和提高的過程。』

同日，中共中央《關於反擊右派分子鬥争的步驟、策略問題的指示》認爲：『各黨派中，民革、民建、九三、民進等頗好，民盟、農工最壞。』

六月十八日，民盟中央常務委員會召開擴大會議，抱病出席。會上作出决定：立即在盟内開始整風，揭露『右派』的言行。馬叙倫的書面發言託葉篤義代爲宣讀，他認爲『章伯鈞、羅隆基兩位副主席的反黨反社會主義言行不是偶然的，而是有其歷史的思想根源』。書面發言中談到，『章伯鈞、羅隆基等有濃厚的資産階級個人主義的野心，他們可以爲個人野心而衝突，也可以爲個人野心而聯合』。沈鈞儒與胡愈之等人，也對章、羅『反黨反社會主義言行』進行『深刻批判』。

六月底，《争取同共産黨一道長期共存》發表於《人民日報》。

七月一日，《中國共産黨萬歲》發表於《浙江日報》。

七月七日，任民進中央整風領導小組召集人。召集人共六位，其他五人爲王紹鏊、周建人、許廣平、車向忱、楊東蒓。

七月廿九日，浙江師範學院全院大會『揭發』院副教務長、民進浙江省籌委會副主任任銘善『右派言行』。壁報攻擊任銘善告人『馬夷初譽其經學爲江南第一』。（夏承燾日記）

八月十二日，抱病出席民盟中央第七次整風擴大會議，發言時『痛斥』羅隆基解放戰爭期間走『中間路綫』的表現，要求羅『徹底交代』。（新華社通稿，《浙江日報》八月十四日）

八月，女婿壽墨卿（全國工商聯辦公室副主任、民進北京市委常委），因爲就人事組織工作提了意見被確定爲『右派分子』（後改正）。

八月，喜賦《説文解字六書疏證成記之》：『草稿初成廿八篇，敢誇奪席勝前賢。六書規律分明在，仔細分疏到卅年。』（《馬叙倫詩詞選》，一一七頁）

九月三日，《危機、轉機和生機》發表於《人民日報》，號召民進成員徹底打垮右派進攻，加强自我改造。

九月十四日，康生復函，感謝馬贈送《説文解字六書疏證》。

函云：『馬彝老大鑒：承惠《説文解字六書疏證》，展讀之，無任欽佩。以數十年之心血，創皕萬餘言之巨著，而持論之精，國之光榮也，豈僅箴段、桂之膏肓哉？俟讀完後，再當請教，特先草函，以表謝忱。耑此，并祝康健！康生。九月十四日。』（羅文華提供）

九月二十日，民進全國整風會議召開，作出《關於全面展開、徹底深入反右派鬥争的決議》。

九月二十六日，全國人大常委會、政協全國委員會常委會聯席會議，通過成立中國人民慶祝偉大的十月社會主義革命四十周年籌備委員會，由四十四位委員組成，包括王稼

祥、烏蘭夫、馬叙倫、馬寅初等，劉少奇爲主任委員。(《浙江日報》九月二十七日)

十月十三日，出席最高國務會議。(《中國民主促進會四十年》，一〇六頁)討論整風運動和農業發展綱要。

黄炎培日記十月十三日：『九時，勤政殿毛主席召開最高國務會議。出席者約八十人。主席宣布問題：一、談談最近黨召開三中全會主要内容。二、談談農業綱要的修正。鄧小平報告後，主席發言。統戰部將分送記録(今日被召全是民主黨派)。十二時散。』(《黄炎培日記》第十四卷，六三頁)

十月三十日，新華社電，宋慶齡、李濟深、沈鈞儒、黄炎培、郭沫若、馬叙倫等著文紀念十月革命四十周年。

約本年，徐鑄成來探望。

徐鑄成《懷念馬夷初先生》：『大約在一九五五年左右，我赴京公幹，聞夷老已年老患呆滯症，我往探視，尚臉露笑容以示歡迎而口不能開。』(《報人六十年》，學林出版社一九九九年版，二七三頁)

一九五八年　七十四歲

年初，由於血管硬化、腦組織軟化而病情加劇，日夜仰卧，靠鼻飼爲生。

一月，《馬叙倫學術論文集》由科學出版社出版。曾簽贈陳伯達一部，上款『陳伯達先生賜教』。

二月十五日，民進整風座談會，因病請假。

二月廿五日，顧頡剛來訪，因病未見。

顧頡剛日記二月廿五日（正月初八，星期二）：『訪馬彝初先生，以病未見，留條。』（《顧頡剛日記》第八卷，三八七頁）

三月七日，民進北京市委自我改造躍進大會，委託趙樸初宣讀書面發言。

顧頡剛日記三月七日（正月十八，星期五）：『與靜秋到中山堂，參加民進北京市委全體會員自我改造躍進大會，自二時至五時半。今日下午會上發言者：馬叙倫（趙樸初宣讀）、王紹鏊、楊東蓴、雷潔瓊、吴研因、馬敬修、宋毓真、徐楚波、傅彬然（富介壽宣讀），教育部、青年出版社、人民文學出版社、女二中、廿五中、卅三中、卅五中、北京師範學院等代表，馮賓符（主席）。』（《顧頡剛日記》第八卷，二四六頁）

六月五日，護士柯貴賢見馬精神稍好，請求題字。在柯扶持下，勉力題下最後一幅字：『我們止有跟著共産黨走，纔是在正道上行，纔有良好的結果，否則根本上就錯了。』

六月十日，就民盟兼職問題，民盟中央秘書長胡愈之答覆請辭的黄炎培，情形類似者尚有馬叙倫，留待年終盟中央全會或代表大會討論。

黄炎培日記六月十日（星期二）：『九時，武成殿，彭真召集各民主黨派等單位負責人協商各單位中央所提全國人大名單。席問向胡愈之提商我辭民盟常委或脱盟問題。他答，民盟現類於我者不少，首先是馬叙倫。他意待年終開中全會或代表會時再説。』（《黄炎培日記》第十三卷，一四七頁）

六月廿一日，全國人大常委會委員柳亞子病逝於北京醫院，享年七十二歲。當晚列名柳亞子先生治喪委員會。（次日《人民日報》公布）

九月十二日，病重。

顧頡剛日記九月十二日（七月廿九，星期五）：『到民進參加常務委員會，自七時至九時半。與楚波同車。彝初先生病重，恐數日間便將不諱。』（《顧頡剛日記》第八卷，四八九頁）

十二月一日至九日，民進第三次全國代表大會舉行。繼續當選爲會中央委員。

十二月十日，民進中央五届一中全會上繼續當選主席。副主席五人：王紹鏊、周建人、許廣平、車向忱四人留任，林漢達（劃爲『右派』）則由楊東蓴接替，改任常務委員。（民進中央會史工作委員會編《中國民主促進會簡史》，開明出版社一九九五年版，一七五至一七六頁）

顧頡剛日記十二月十日（十月三十，星期三）：『開全體中央委員會，又開小組會討論常務委員人選，又開中委會選舉，至十二時一刻散。今日選舉結果：主席馬叙倫，副主席王紹鏊、周建人、許廣平、車向忱、楊東蓴，秘書長徐伯昕。自上月十六日開四届三中全會起，迄今日代表大會閉幕，凡二十五天，甚勞頓矣。』（《顧頡剛日記》第八卷，五三五至五三六頁）按，上月十六日至十一月三十日，係預備會議。

十二月五日，在民盟第三次全國代表大會上繼續當選爲盟中央委員。

十二月六日，在民盟三屆一中全會上繼續當選副主席。主席沈鈞儒，副主席楊明軒、馬叙倫、史良、高崇民、胡愈之、鄧初民、陳望道、吴晗、楚圖南，常委千家駒、周建人、黄炎培、章伯鈞等二十五人。（《光明日報》十二月七日）

本年，《莊子天下篇義證》（附莊子年表）由上海龍門聯合書局印行，印數二〇三六册。

一九五九年 七十五歲

二月十八日，夏承燾閲馬手稿《東京旬日讀書記》等。

夏承燾日記一九五九年二月十八日：『陰。閲馬夷初先生所著《東京旬日讀書記》及其《莊子義證》諸手稿，其篤學之勤，令人歎佩。』

四月，當選爲第二屆全國人大常委會委員。

五月二日，中蘇友好協會理事會换屆，當選爲副會長。

黄炎培日記五月二日：『午後二時，中蘇友好協會理事會（政協禮堂）。三時，中蘇友好理事會第三次全國代表會。選舉：會長宋慶齡，副會長林伯渠、林彪、郭沫若、李濟深、

賽福鼎、邵力子、李燭塵，理事五十四人。』（《黄炎培日記》第十三卷，二六一頁）

六月中旬，病情好轉。陳禮節自杭州來訪。

夏承燾日記六月廿二日：『午後二時與王季梁先生同赴周建人省長座談會，杭州飯店。同集者馬一浮、張冷僧、邵裴子、葉熙春及季梁、建人，六翁皆七十以上。（中略）晚餐席上裴翁謂陳禮節新自北京歸，見過馬夷初先生，病情近較好轉，能啖五個餛飩，平時則皆從鼻孔灌營養品。冷翁謂浙江圖書館甚盼得夷翁手稿，其友人回信謂不知在何人手。予告心叔留《莊子義證》《東京一月讀書記》及《説文六書疏證》，一部分在予處。冷翁甚望心叔能轉贈浙書館。』

六月廿二日，馬叙倫委員辦公室答覆温州胡珠生，稱：『馬老目前以病正在休養中，遵醫囑嚴禁用腦及批閲函件等，囑爲《宋恕選集》題署封面一節，以手顫不能執筆，尚請原諒。』（原件藏温州博物館）

九月，中共中央發出《關於摘掉確實悔改的右派分子的帽子的指示》。

十月，民革中央主席李濟深病逝。

十一月二十日，顧頡剛閲《讀書續記》。

顧頡剛日記十一月三十日（十一月初一，星期一）：『翻馬叙倫《讀書續記》。十時半服藥眠，上午一時醒。』（《顧頡剛日記》第八卷，七二六頁）

一九六〇年 七十六歲

在住所養病，由特護料理生活。

一九六一年 七十七歲

在住所養病，由特護料理生活。

一九六二年 七十八歲

繼續卧床休養。

十月廿三日，顧頡剛閲《石屋餘瀋》。

顧頡剛日記一九六二年十月廿三日（九月廿五，星期二）：『看馬叙倫《石屋餘瀋》。』（《顧頡剛日記》，聯經出版事業股份有限公司二〇〇七年版，第九卷，五六一頁）

十二月，《讀金器刻詞》由中華書局影印出版，十六開，印數兩千册。

一九六三年 七十九歲

二月廿五日，沈尹默於上海爲《馬叙倫墨蹟選集》作序，略稱：『石屋先生天資强敏，精力過人。早歲蜚聲文苑，震驚諸老輩。從事人民革命事業，栖遑奔走，夷險如一。而博覽群書，著述不輟，臨池弄翰，特其餘事耳。近日得陳叔老及克强昆季來書，欣知即將付諸影印以問世。而陳老更取君小字書扇增益之，且云『是懸腕所爲，至爲難能可貴』。以余與君習而略通書道，來索序言。』感歎：『石屋卧病久矣，末由相與抵掌暢論此事，至堪太息。』

六月十一日，民盟中央主席沈鈞儒病逝，享年八十八歲。

十二月廿六日，中國民主促進會通知書（中字第二號）：『批准葉聖陶同志爲本會會員。』（原件藏蘇州葉聖陶紀念館）按，葉聖陶夫人胡墨林先於一九五一年六月加入民進。

一九六四年　八十歲

一月，《馬叙倫墨蹟選集》由人民美術出版社出版，書名係康生題籤。

本年仍卧床養病。

一九六五年　八十一歲

一月，在四届全國政協一次會議上當選副主席。

本年仍卧床養病，『近過植物性生活』。

夏承燾日記十一月七日：『午後與心叔往蔣莊候馬湛翁。過西山公園，登樓晤湛翁，雙目幾盡瞽，左手亦僵木，謂服食尚佳，談吐如常，記憶力尚不衰。爲馬夷初之子謂其父近過植物性生活，談一小時，辭去。』

十二月，民建中央主委黄炎培病逝。

一九六六年 八十二歲

本年，仍靠鼻飼維持生命。

二月，夏鼐閱《石屋續瀋》。夏承燾購得馬手書立軸。

夏鼐日記一九六六年二月三日：『星期四。晚間閱馬叙倫的《石屋續瀋》（一至一百八十頁），乃筆記及掌故，有涉及吾鄉孫鏘鳴、陳介石、宋平子者。』

夏承燾日記一九六六年二月廿四日：『以三元購得馬夷初先生大字，寫「鐵肩擔道義，辣手著文章」一巨幅。』三月十八日：『心叔送題馬夷初「鐵肩擔道義，辣手做文章」立軸來，謂馬翁尊人輔臣亦善書。馬翁書褚河南《枯樹賦》，後見石室寫經，風格乃大變。』

五月二十日，顧頡剛擔憂患病與馬類似。

顧頡剛日記一九六六年五月二十日（四月初一，星期五）：『睡時雖多，而頭仍暈，是否將如馬彝初先生大腦動脉硬化，所不敢言。只望此後多進中藥，漸減西藥，庶幾不爲所毒

耳。』(《顧頡剛日記》,聯經出版事業股份有限公司二〇〇七年版,第十卷,四六三頁)

七月三十一日,民進第五届中央常務委員會會議決定,由周建人代理主席職務。

一九六七年　八十三歲

仍靠鼻飼維持生命。

一九六八年　八十四歲

本年,仍靠鼻飼維持生命。

三月三日,民進中央副主席許廣平病故,享年七十歲。按許一九六一年六月六日加入中共。

一九六九年　八十五歲

本年,仍靠鼻飼維持生命。

秋,外交部部長助理龔澎因腦血管瘤住進北京醫院。當龔澎昏迷後,周恩來派其護士和保健醫生郭普遠到馬叙倫家裏,瞭解他成爲植物人的護理經驗,以供救治龔澎參考。兩人到馬宅觀察了兩周時間,把護理過程拍攝下來,并以照片加文字説明製成一本大相册,

報送周恩來。（韓三洲《一個中南海保健醫生的往事追憶》，《炎黄世界》二〇一二年第九期）

一九七〇年 八十六歲

三月卅一日，民進中央副主席、全國政協常委王紹鏊病故，享年八十四歲。

五月四日，凌晨以並發肺炎逝世。

顧頡剛日記一九七〇年五月四日（星期一）：『馬叙倫今日卒，年八十六，病十餘年矣。』（《顧頡剛日記》，第十一卷，二〇七頁）

茅盾日記一九七〇年五月五日：『上午聞馬夷初病故，其實他神經失知覺已十餘年矣，此十餘年雖生猶死也。徑電政協詢停靈何處，答以不知，數分鐘後來電謂在北京醫院。十時許我至北京醫院，尸在「冰室」，啓布視之，面色仍紅潤，但較傳聞爲瘦。致敬肅哀片刻而出。醫院云，他的單位（指政協或民進）尚未有人來聯繫，故不知何時火化也。歸途至聖陶家，則滿子出迎，謂聖陶到教育部學習去，他尚不知馬故世事，又謂周建人適來未遇剛去，或者即爲馬事來亦未可知，談約半小時告辭。』（《茅盾全集》第四十卷，『日記』二集，人民文學出版社二〇〇一年版，五五二頁）

曹聚仁《悼念馬叙倫先生》（一九七〇年五月）：『電訊傳來，馬夷初先生已在北京逝世了。浙江三馬，一浮老人、寅初和夷初先生，都是我所敬仰的學人，如今又凋謝了一個了。』（曹雷編《聽濤室人物談》，上海人民出版社一九九八年版，二八〇頁）

夏承燾日記一九七二年七月十七日：『得夏作銘北京考古所復函，唁予悼亡，言孫仲容先生遺稿及《尹文子》事，已與王冶秋談及，云已囑北京圖書館派專人赴杭，與孟晋面洽。馬夷初先生已于七〇年五月去世，八十六歲，《人民日報》已載此消息。』

柯靈《〈周報〉滄桑録》（一九八五年四月六日）：『情况最特殊的是馬夷老的遭遇。反右以後，他忽然因爲血管硬化、腦組織軟化而病倒。病情也特别：不言不動，不識不知，不吃不喝，日夜仰卧。但内臟無恙，照常運動，靠鼻飼輸送牛奶、雞汁、菜泥之類高級營養品維持生命。黨中央爲此請了專人，精心護理，竟這樣的帶病延年，到一九七一年五四節那一天，纔溘然長逝。鼻飼延續十幾年，爲醫學史開了空前的記録。』（《新文學史料》一九八六年第一期，一五七頁）按，此處所言一九七一年，當係一九七〇年之誤植。

章乃器之子章立凡回憶：『父親受老莊哲學的影響至深，對於氣功的研究，顯然是從這裏入門的。他曾對我講，馬叙倫先生是研究老子的，晚年病癱之後還能生存很多年，蓋與其哲學修養有關。』（許水濤《章乃器：理想和實幹鋪就的坎坷人生——章乃器之子章立凡訪談録》，載章立凡主編《記憶：往事未付紅塵》，陝西師範大學出版社二〇〇四年版，一七二頁）

保健醫生郭普遠著《五十年回眸：中南海——北京醫院》（中國老教授協會醫藥專業委員會二〇〇八年編印）：『護理馬叙倫的護士是協和醫院的柯貴賢。十二年中她製訂了全面的護理計劃，加上家人的全心照顧，馬叙倫象睡著了一樣安詳地躺在床上，皮膚細嫩，面色紅潤。其護理經驗，總結爲七條：

一、在保温、避風的情况下，每日用温水全面擦身一次，手指縫、脚趾縫要特别清洗。

二、每日灌腸一次。每次用温開水近一萬毫升，分次用灌腸管灌入五〇〇至一〇〇〇毫升，用手揉肚子，直至水排出，再次灌入，如此數次，最後排出的水幾乎是清水。柯氏認爲只有這樣病人纔會感到舒服。

三、鼻飼（菜泥、水果汁、牛奶、雞湯、牛肉湯、米糊糊）每日三餐。熱量是按馬的基礎代謝率計算，每日三餐，按時鼻飼。鼻飼管每三天左右鼻孔輪换一次，可防止因長期一側鼻飼管受壓迫引起壓傷。

四、翻身：每兩小時一次，日夜不間斷，同時在躺壓過的部位做輕微按摩。每次兩人同時進行，上身一人，下身一人，同時翻身。（費力很大，某些工作人員曾爲此扭傷腰肌。）

五、保温：冬夏室温都保持在二十二至二十三度之間。馬住平房，有暖氣，但是還有煤球爐配合。在保温的同時還要通風。通風時要把病人用布簾和屏風擋起來，防止直接被風吹。

六、刷牙洗臉：按常人進行。

七、防止鼻、口腔乾燥，經常用棉簽沾水擦拭，定時向口内滴水，保持濕度。』

五月六日下午，在八寶山舉行骨灰告别儀式，李先念、郭沫若、周建人、李四光、傅作義、許德珩、胡愈之、張奚若等，民進在京中央委員、機關工作人員等參加。（新華社報導）

一九七一年

三月，顧頡剛再次擔憂患病結果與馬類似。

顧頡剛日記一九七一年三月二十日（二月廿四，星期六）：『静爲我到工農兵醫院打聽病况，醫云此是血管硬化所致。不知予將如馬叙倫否？』（《顧頡剛日記》，第十一卷，二九四頁）

一九七二年

三月，夏承燾抄家物品發還，内有《石屋餘瀋》手稿四册。

十月，夏承燾幫孫孟晋從杭州大學圖書館借孫詒讓《札迻》（原係馬藏本）。

一九七四年

十二月，《老子校詁》四卷由中華書局重印。

一九七七年

七、八月間，顧頡剛閲《讀書小記》《讀書續記》，并抄録馬論文。

顧頡剛日記一九七七年七月十六日（六月初一，星期六）：『翻馬叙倫先生《讀書小記》及

《續記》。看報。』（《顧頡剛日記》第十一卷，四六八頁）

七月十七日（六月初二，星期日）：『翻馬叙倫《讀書續記》。看報。未成眠，續看馬書。』（《顧頡剛日記》第十一卷，四六八頁）

八月廿八日（七月十四，星期日）：『抄馬叙倫論己兩文同義文入册。』（《顧頡剛日記》第十一卷，四八四頁）

一九七九年

十月，周建人當選民進中央主席。

一九八三年

十二月，《我在六十歲以前》新版由三聯書店據作者遺留的校訂本印行兩萬零五百册。

一九八四年

六月，《中國當代社會科學家》第六輯（書目文獻出版社）發表周德恒《馬叙倫傳略》。

九月，胡道静倡議編輯馬叙倫全集，託劉哲民向民進中央提出。

十月廿六日，民進中央答覆劉哲民，略稱：『至於編纂出版馬老全集，會中央因限於人力、財力條件，目前尚無此計劃。如上海出版界同志願爲此事作出努力，我們表示十分贊同并當盡力支持。』（劉哲民《編纂馬叙倫全集芻議》，一九八五年）

十一月，《石屋餘瀋》《石屋續瀋》由上海書店複印出版，各印一萬册。内《石屋續瀋》第十四則《房中術》兩頁文字被删，并將後文第九十《車夫之言》提前填補相應位置。後由上海書店收入周谷城主編《民國叢書》。

一九八五年

三月，周德恒編、周振甫校《馬叙倫詩詞選》由文史資料出版社出版，印數七千册。趙樸初題書名。

四月二十七日，馬叙倫誕辰一百周年紀念大會在全國政協禮堂舉行，四百餘人出席。中共中央政治局委員習仲勛講話：『馬叙倫先生是著名的教育家、堅强的民主戰士、忠誠的愛國主義者。他堅持真理，思想進步。在中國民主革命的長時期裏，他同帝國主義、封建主義和官僚資本主義進行了不屈不撓的鬥争。他爲新中國的創立，爲社會主義革命和社會主義建設事業作出了重要貢獻。他是中國人民無限忠誠的公僕，是同中國共産黨榮辱與共、肝膽相照的知心朋友。』會前，全國政協主席鄧穎超會見馬叙倫親屬。

四月，民進中央宣傳部編《馬叙倫政論文選》由文史資料出版社出版，鄧小平題籤書名。平裝定價二點一零元，印數七千册；精裝定價三點六零元。

柯靈《〈周報〉滄桑録》（一九八五年四月六日）：『因爲曾經滄海，他大量掊擊現實的文章，常常引據故實，反復論證，以見歷史潮流的不可逆轉。』（《新文學史料》一九八六年第一期，一五四頁）

四月，《説文解字六書疏證》由上海書店縮印重版，分八册。

五月三十日，上海舉行紀念馬叙倫先生誕辰一百周年大會，生活書店老職員丁之翔代表生前友好致辭。

丁之翔回憶：『我參加了《民主》周刊的工作，因而認識了馬老，在長期接觸中，受到了馬老對我的教育。《民主》周刊一共出了五十四期，馬老在這個刊物上寫的文章就有五十篇，幾乎期期都有他的文章，只有少數幾期没有。每篇都有數千字，也就是説一個星期就要寫數千字，他當時已是六十多歲的人了，還爲其他報刊寫文章，參加許多社會活動。』（《紀念馬叙倫先生》，見《書店生涯六十年》，三聯書店貴陽聯誼會一九九九年版，四四頁）

五月，壽墨卿編《馬叙倫書法選》由人民美術出版社出版。

一九八六年

六月五日至七月五日，中國革命博物館舉辦馮玉祥、柳亞子、沈鈞儒、馬叙倫文物資料展覽。内有馬血衣、文稿、手跡、照片等兩百件。

六月，《讀書續記》五卷由北京中國書店重版。卷八至卷十五未刊稿存國家圖書館。

一九八七年

六月，千家駒著《懷師友》由人民日報出版社出版，内收《懷念馬夷老》一文，對馬叙倫的人生軌跡有過中肯的分析：『有人稱馬老爲「三朝元老」，他在北洋政府、國民黨政府、新中國都擔任了教育部部長或副部長，這在當代中國，并世無第二人。也有人説馬老善「變」，但馬老的變，正是他不斷地追隨時代的變，是順應世界潮流的變，是嚮往革命的變。他是從一個清末的士大夫階級成員轉變爲一個新民主主義革命的戰士、共産黨親密的戰友，這正是他不斷追求真理，追求進步，經過長期革命實踐的結果。』

七月，江渤著《馬叙倫》由遼寧教育出版社出版。

一九八八年

二月，《説文解字研究法》由中國書店重版。

一九八九年

四月，《馬叙倫先生法書選集》由上海書畫出版社出版。

一九九〇年

十一月，《六書解例》由天津市古籍書店出版。

一九九四年

二月，郵電部發行《愛國民主人士》紀念郵票第二組，内有『馬叙倫』一枚，面值五十分，華中師大副教授朱振庚設計，印數爲五五一九点二五萬枚。

十二月，臺北龍文出版社股份有限公司出版《我在六十歲以前》。

一九九六年

一月，《石屋餘瀋 石屋續瀋》張繼紅點校本由山西古籍出版社出版，收入《民國筆記小説大觀》（第一輯）。

一九九八年

八月，岳麓書社將胡適《四十自述》、馬叙倫《我在六十歲以前》和陳鶴琴《我的半生》三種合訂一册，收入《舊籍新刊叢書》出版。

一九九九年

九月，盧禮陽著《馬叙倫》由花山文藝出版社出版。

二〇〇〇年

十二月十三日，紀念民進成立五十五周年座談會暨馬叙倫思想與實踐研討會在京舉行。

二〇〇四年

五月，馬烈著《馬叙倫與中國民主促進會》由廣東人民出版社出版。

二〇〇五年

四月廿八日，民進中央在京舉行紀念馬叙倫先生誕辰一百二十周年座談會。

二〇〇七年

十二月，杜鋼建著《中國近百年人權思想》由汕頭大學出版社出版，其中第七章專門評述馬叙倫的人權思想。

作者説，作爲著名學者和愛國民主運動戰士，馬叙倫一生發表過大量政論文章，不斷揭露和批判專制獨裁，宣揚民主主義思想。研究馬叙倫的思想對於瞭解國共兩黨以外第三種政治勢力的人權要求，總結中國民主人權運動的經驗和教訓，是有益的。馬叙倫的人權思想充分體現了反對一黨專政、反對領袖獨裁、反對官僚政治的民主主義精神。他的人權思想對於我們在新的歷史時期加强政治文明建設有啓迪意義。馬叙倫爲人權真理而勇敢鬥争的革命精神當爲後人所欽佩和繼承。

二〇〇八年

十一月，余麗芬著《正道上行——馬叙倫傳》由浙江人民出版社出版。

二〇一〇年

六月，林輝鋒著《馬叙倫與民國教育界》由北京師範大學出版社出版。

二〇一二年

六月，《我在六十歲以前》收入《三聯經典文庫》第一輯再版。

十月，中國大百科全書出版社將《我在六十歲以前》《石屋餘瀋》《石屋續瀋》合訂出版，題名『馬叙倫自述』。

二〇一四年

十月，盧禮陽著《馬叙倫》由北京群言出版社出版修訂本，分平裝精裝兩種。

二〇一八年

三月，《馬叙倫全集》開始由浙江古籍出版社出版。

二〇一八年九月廿一日傍晚，雷雨交加，脱稿于温圖研究室

九月廿三日秋分，夜雨綿綿，改定于温州東港路寓所

九月廿八日下午，象山、寧海休養歸來再改于温圖

跋

編撰《馬叙倫年譜》，不是哪個部門立項或託付的課題，而是在馬叙倫精神的感召之下，一種充滿敬意的投入。

如果從一九九四年三月，在《南社研究》（第五輯，中山大學出版社）發表《馬叙倫年譜》初稿算起，二十四個寒暑不知不覺過去了。其間應兩家出版社之約，撰寫出版了《馬叙倫》及其修訂本。但近些年一直致力於温州歷史文獻的整理出版業務，不僅年譜的編撰提不上工作日程，而且辜負了浙江古籍出版社的一番好意，没有完成編輯馬叙倫集外文章的委託。今年春，《馬叙倫全集》的責任編輯陳小林先生再次盛情相邀，希望我編寫一部《馬叙倫年譜》。馬叙倫是温州陳介石的得意門生，他津津樂道：『予生平友人，于故温州爲獨多。』作爲新温州人的一員，我責無旁貸，一口答應。好在相關文獻資料手頭畢竟有點積累，這次能派上用場，令人欣慰。經過半年斷斷續續的工作，現在可以交卷了。

在編撰過程中，得到各地師友的關心和支持。北京王世儒、馬忠文、張玉亮先生，南京王春南、王振羽、張元卿先生，天津羅文華先生，山西韓石山、馬斗全先生，上海柳和城先生、林寧女士，广东徐玉福先生，杭州姚宏偉女士、張小宇先生，台州朱汝略先生，衢州王漢龍先生，温州黄樂萍女士，蔡鋼鐵、楊瑞明、謝作拳、沈迦、方韶毅先生，或慷慨借閲圖書資料，或熱情提供珍貴綫索，或仔細辨認疑難文字。諸位師友不厭其煩，紛紛伸出援手，借此機會，向他們表示最誠摯的謝忱。

最近我服務的温州圖書館閉館裝修，暫停外借，雖然多家日記已經提前借出，但後續的查考工作畢竟受到影響，加之其他因素，這部《年譜》難免存在不足，衷心希望聽到各界讀者的批評意見，以便今後修訂再版。

盧禮陽

二〇一八年九月廿九日，温圖研究室